Jan Hermelink

Kirchliche Organisation und das Jenseits des Glaubens

Eine praktisch-theologische Theorie der evangelischen Kirche

Gütersloher Verlagshaus

Bibliografische Information der Deutschen Nationalbibliothek
Die Deutsche Nationalbibliothek verzeichnet diese Publikation
in der Deutschen Nationalbibliografie; detaillierte bibliografische Daten
sind im Internet über https://portal.dnb.de abrufbar.

Entdecken Sie mehr auf
www.gtvh.de

Unveränderter Nachdruck der 1. Auflage 2011
Copyright © 2011 by Gütersloher Verlagshaus, Gütersloh,
in der Verlagsgruppe Random House GmbH, München

Dieses Werk einschließlich aller seiner Teile ist urheberrechtlich geschützt. Jede Verwertung außerhalb der engen Grenzen des Urheberrechtsgesetzes ist ohne Zustimmung des Verlages unzulässig und strafbar. Das gilt insbesondere für Vervielfältigungen, Übersetzungen, Mikroverfilmungen und die Einspeicherung und Verarbeitung in elektronischen Systemen.
Das Gütersloher Verlagshaus, Verlagsgruppe Random House GmbH, weist ausdrücklich darauf hin, dass im Text enthaltene externe Links vom Verlag nur bis zum Zeitpunkt der Buchveröffentlichung eingesehen werden konnten. Auf spätere Veränderungen hat der Verlag keinerlei Einfluss. Eine Haftung des Verlags für externe Links ist stets ausgeschlossen.
Umschlagmotiv: magic house © artSILENSEcom/fotolia
Satz: SatzWeise, Föhren
Druck und Einband: Books on Demand GmbH, Norderstedt
Printed in Germany
ISBN 978-3-579-08118-2

www.gtvh.de

GÜTERSLOHER
VERLAGSHAUS
G

Inhalt

Dank 11

1. **Einleitung –**
   Herausforderungen und Prinzipien einer praktisch-theologischen
   Kirchentheorie 13
   1.1 Kirchentheorie als Bearbeitung kirchlicher Krisen 13
   1.2 Kirchentheorie als Organisationstheorie 16
   1.3 Kirchentheorie als Konflikttheorie (Ernst Lange) 19
   1.4 Kirchentheorie als Leitungstheorie (Friedrich Schleiermacher) 24
   1.5 Gegenstand und Aufbau der Kirchentheorie 27

2. **Systematische Perspektiven** 31
   2.1 Einsichten der Reformation 32
       2.1.1 Die Kommunikation des Evangeliums als Strukturprinzip der
           verborgenen und der sichtbaren Kirche – Luther und die
           Confessio Augustana 32
           (a) Das Wesen der Kirche als gottesdienstliche Gemeinschaft . 33
           (b) Verborgene und sichtbare Kirche 34
           (c) CA 7 als Grundformel der lutherischen Kirchentheorie . . 36
           (d) Allgemeines Priestertum und kirchliches Amt 38
           (e) Weltliche und geistliche Leitung der Kirche 40
       2.1.2 Die Regierung der sichtbaren Kirche – Calvin und die
           Reformierten Bekenntnisse 43
           (a) Die theologische Bedeutung der sichtbaren Kirche 43
           (b) Die Regierung der Kirche durch die Ämter 45
           (c) Das Amt der Ältesten – religiöse und politische Funktionen 47
       2.1.3 Grenzen der reformatorischen Kirchentheorie 49
   2.2 Einsichten des neuzeitlichen Protestantismus 51
       2.2.1 Der Kompromisscharakter der Volkskirche in der modernen
           Welt – Ernst Troeltsch 52
           (a) Werk- und zeitgeschichtliche Kontexte 52
           (b) Typologische Rekonstruktionen 53
           (c) Volkskirchliche Orientierungen 56
       2.2.2 Selbstkritische Bezeugung göttlichen Handelns –
           die Barmer Theologische Erklärung im Kontext von
           Karl Barths Ekklesiologie 58
           (a) Die theologisch-kritische Struktur der Ekklesiologie . . . 58

> (b) Die Kirche als Aktion Jesu Christi und als Ereignis von
> »Gemeinde« 59
> (c) Die Sichtbarkeit der Kirche in ihrem Zeugnis 60
> (d) Die Gestalt der zeugenden Kirche 61

2.3 Römisch-katholische Einsichten 63
> 2.3.1 »Lumen Gentium« als Ausdruck des römisch-katholischen
> Kirchenverständnisses 63
> 2.3.2 Die Kirche als Werkzeug, Zeichen und Sakrament der Einheit 64
> 2.3.3 Die eine Kirche und die Vielfalt der religiösen und kirchlichen
> Verhältnisse 66
> 2.3.4 Die kirchliche Hierarchie 68
> 2.3.5 Anfragen an eine evangelisch-theologische Theorie der Kirche 70

2.4 Einsichten der aktuellen Dogmatik 71
> 2.4.1 Kirchliche Ordnung und theologische Selbststeuerung –
> Eilert Herms 71
>> (a) Die Kirche in Dogmatik und christlichem Leben 71
>> (b) Die wesentliche Ordnung der Kirche 73
>> (c) Die Leitung der Kirche: Entscheidung, Auslegung der
>> Lehre, theologische Aufsicht 75
> 2.4.2 Öffentliche Wirkung und geplante Reform – Wolfgang Huber 77
>> (a) Rhetorik der Kirchenreform 77
>> (b) Nötigung zu öffentlicher Wirkung 79
>> (c) Nötigung zu kirchlicher Planung 80
>> (d) Theologie als Kirchenleitung 81

2.5 Grundeinsichten soziologischer Gesellschaftstheorie 82
> 2.5.1 Gesellschaftliche Differenzierung 84
> 2.5.2 Gesellschaftliche Ordnung 86

2.6 Der praktisch-theologische Begriff der Kirche 89
> 2.6.1 Organisation – die Ordnung der Kirche 89
>> (a) Die kirchliche Rezeption des wirtschaftlichen
>> Organisationsbegriffs 90
>> (b) Der systemtheoretische Organisationsbegriff und seine
>> kirchentheoretische Rezeption 91
>> (c) Der systemisch-dialektische Organisationsbegriff und
>> seine kirchentheoretischen Entsprechungen 95
>>> – Bekenntnis und Glauben 97
>>> – Agende und Andacht 97
>>> – Amt und Person 98
>>> – Engagement und Beobachtung 99
>>> – Kirchenleitung und öffentliches Interesse 100
>>> – Kirchliche Reform und widerständige Praxis 101

     2.6.2 Institution – »Volkskirche« 103
       (a) »Institution« als soziologischer und theologischer Begriff 104
       (b) Soziologische und theologische Kritik an der Institution   105
       (c) Die Volkskirche als »Institution der christlichen Freiheit« . 106
       (d) Die Selbständigkeit des Glaubens als Horizont kirchlicher
            Praxis 108
     2.6.3 Interaktion – »Gemeinde der Heiligen« 110
       (a) Zur Soziologie der »Interaktion« 111
       (b) Normative und kritische Akzente der kirchlichen
            Gemeinschaftsbildung 112
       (c) Institutionelle und organisatorische Bedingungen 114
     2.6.4 Inszenierung – öffentlich erkennbarer Glauben 116
       (a) Der Zeichencharakter der Kirche 116
       (b) Die kirchliche Inszenierung des Gottesdienstes 118
       (c) Die Symbolik der kirchlichen Ordnung 119
       (d) Die kirchliche Inszenierung des christlichen Lebens 121
       (e) Resümee: Die Reflexivität der evangelischen Kirche 122

3. **Historische Organisationstypen** 125
3.1 Parochie 126
     3.1.1 Die Entwicklung der mittelalterlichen Parochie 127
     3.1.2 Das Parochialsystem und seine gegenwärtige Bedeutung . . . 130
     3.1.3 Praktisch-theologische Würdigung 132
3.2 Landeskirche 134
     3.2.1 Die Entwicklung von »Landeskirchen« vom 16. bis zum
            18. Jahrhundert 135
     3.2.2 Landeskirchliche Strukturelemente nach dem preußischen
            Allgemeinen Landrecht und in der Gegenwart 137
     3.2.3 Praktisch-theologische Würdigung 140
3.3 Vereinskirche 144
     3.3.1 Entwicklung und Verkirchlichung des evangelischen
            Vereinswesens im 19. Jahrhundert 144
     3.3.2 Vereinskirchlichkeit in der »Gemeindebewegung« und in der
            Gegenwart 146
     3.3.3 Praktisch-theologische Würdigung 150
3.4 Konventskirche 152
     3.4.1 Die Bedeutung von Gottesdienst und Gemeinschaft angesichts
            politisch-gesellschaftlicher Marginalisierung 152
     3.4.2 Kirchlich-»gemeinsames Leben« nach Bonhoeffer und in der
            Gegenwart 154
     3.4.3 Praktisch-theologische Würdigung 158

3.5 Funktionskirche 160
    3.5.1 Kirchliche Pluralisierung und Professionalisierung in den
        1960er Jahren 160
    3.5.2 Strukturelle und theologische Programme der »Kirchenreform« 161
    3.5.3 Praktisch-theologische Würdigung 165
3.6 Bündelung: Strukturelle und normative Dimensionen der
    »Gemeinde« 168
    3.6.1 Strukturelle Besonderheiten der kirchlichen Organisation . . . 168
    3.6.2 Semantisch-normative Aspekte der kirchlichen Organisation
        als »Gemeinde« 171

4. **Empirische Bestandsbedingungen** 175
4.1 **Mitgliedschaft** 175
    4.1.1 Die Grenzen der Mitgliedschaft und ihre Bilder der Kirche . . 176
        (a) Kirchenaustritt: Strukturelle, kulturelle und individuelle
            Bedingungen 176
        (b) (Wieder-) Eintritt: Biographische Horizonte und
            kirchliche Wahrnehmung 178
    4.1.2 Die Organisation der Mitgliedschaft 179
        (a) Zum kirchlichen Recht der Mitgliedschaft 180
        (b) Kirchensoziologische Perspektiven 183
    4.1.3 Zugehörigkeit zur Kirche als Institution 186
    4.1.4 Zugehörigkeit zur Kirche als Interaktion 191
        (a) Semantische Polarität der Zugehörigkeit 191
        (b) Faktische Pluralität der Interaktion 192
        (c) Rechtliche Stufung der Mitgliedschaft? 197
    4.1.5 Inszenierung der Mitgliedschaft 198
        (a) Die Taufe als Grund der Mitgliedschaft 199
        (b) Intensives Engagement als sichtbares Ideal? 201
        (c) Die liturgische Gestaltung der Bindungsmuster 202
        (d) Was die Kirche sichtbar macht 204
4.2 **Finanzen** 206
    4.2.1 Die Institutionalität des kirchlichen Finanzwesens 207
    4.2.2 Die Organisation des kirchlichen Finanzwesens 209
    4.2.3 Finanzen als Thema kirchlicher Interaktion 212
    4.2.4 Zur öffentlichen Darstellung des kirchlichen Finanzwesens . . 213
    4.2.5 Theologische Maßgaben kirchlicher Finanzentscheidungen . . 216

5. **Orientierung: Kirche leiten** 219
5.1 »Leitung in der Kirche« als theoretisches Problem 219
5.2 Aufgaben und Kriterien 223

5.3 Organe und Funktionen 228
  5.3.1 Kirchliche Rechtsordnungen 228
    (a) Kirchenrecht und Leitungspraxis 228
    (b) Zum rechtlichen Bestand – institutionelle Bedingungen
        kirchlicher Leitung 229
    (c) Theologische und juristische Begründungen der
        kirchlichen Organisationsordnung 232
    (d) Die symbolische Bedeutung des Kirchenrechts 234
  5.3.2 Verwaltung und kollegiale Gremien 236
    (a) Zur Stellung der Verwaltung in der Kirche 236
    (b) Die historische Prägung der Kirchenverwaltung 237
    (c) Der spezifische Beitrag der Verwaltung zur Kirchenleitung 238
    (d) Der religiöse Charakter der Kirchenverwaltung 239
  5.3.3 Synodale Gremien 240
    (a) Die Bedeutung der presbyterial-synodalen Leitungsstruktur
        in der evangelischen Kirche 240
    (b) Probleme der presbyterial-synodalen Leitung in der
        Gegenwart 241
    (c) Formen und Funktionen der synodalen Gremien in der
        Geschichte 243
    (d) Kirchenvorstand und Synode als Leitungsinstanzen der
        kirchlichen Organisation 245
    (e) Die politisch-institutionelle Funktion der synodalen
        Gremien 246
    (f) Synodale Strukturen als Ermöglichung konziliarer
        Interaktion 248
    (g) Kirchenvorstand und Synode als Inszenierung des
        evangelischen Glaubens 249
  5.3.4 Pastorales Amt 251
    (a) Leitung im Pfarramt als praktische Aufgabe und
        theoretisches Problem 251
    (b) Pastorales Management der kirchlichen Organisation
        vor Ort? 252
    (c) »Öffentliche Verkündigung« als institutionelle
        Gemeindeleitung 254
    (d) Die Ordination als Begründung der pastoralen Leitungs-
        kompetenz 256
    (e) Pastorale Verstörung der gemeindlichen Organisation . . 258
    (f) Pastorale Förderung religiöser Interaktion 261
    (g) Pastorale Regie der gemeinsamen Inszenierung des
        Glaubens 263

5.3.5 Episkopales Amt 265
   (a) Zur Geschichte des episkopalen Amtes in der
      evangelischen Kirche 265
   (b) Episkopale Leitung der Organisation durch Personal-
      entscheidungen 269
   (c) Episkopale Förderung einer Interaktion der Ordinierten 272
   (d) Episkopale Leitung der Institution durch Visitation und
      öffentliche Predigt 274
   (e) Das episkopale Leitungsamt als Inszenierung der einen
      evangelischen Kirche 277
5.3.6 Projekt- und Steuerungsgruppen 280
   (a) Neue Leitungsinstanzen 280
   (b) Interaktion der Engagierten in Projekten 283
   (c) Flexibilisierung und Zukunftsbindung der kirchlichen
      Organisation 281
   (d) Strukturelle und religiöse Vorgaben projektförmiger
      Leitung 284
   (e) Inszenierung einer kirchlichen Selbst-Artikulation und
      Selbst-Verantwortung 286
5.4 Spezifische Formen 287
   5.4.1 Entscheidung – Konziliarität 288
   5.4.2 Personalentwicklung – Berufung 290
   5.4.3 Leitbildentwicklung – Predigt 292
   5.4.4 Inspektion – Visitation 294
   5.4.5 Symbolische Strukturierung – Ordnung des Gottesdienstes . . 295
5.5 Die geistliche Dimension kirchlicher Leitung:
   Religiöse Formen und theologische Reflexion 299

Anmerkungen 303

Anhang: Häufig zitierte Werke 328

Dank

Die hier vorgelegte Theorie der evangelischen Kirche beruht auf einer längeren Lehr- und Forschungstätigkeit, bei der ich vielfache und vielfältige Unterstützung erfahren habe.

Immer wieder konnte ich einschlägige Überlegungen auf Pfarrkonventen und Pastoralkollegs, mitunter auch auf internationalen Tagungen vorstellen. Das anhaltende Interesse hat mich ermutigt; die angeregten Diskussionen haben, so hoffe ich, zum Praxisbezug des Buches beigetragen.

Ausgesprochen wertvoll, inhaltlich klärend und persönlich motivierend waren die regelmäßigen Gespräche zum Thema in der Göttinger praktisch-theologischen Sozietät. Von ihren Mitgliedern haben einige die fortschreitende Arbeit auch mit detaillierter Sachkritik befördert – ich danke hier besonders Angelika Behnke, Alexandra Eimterbäumer, Regina Fritz, Julia Koll, Konrad Merzyn, Christian Stäblein und Amrei Störmer-Schuppner.

Um die äußere Textgestalt – die bekanntlich stets auch inhaltliche Implikationen hat – haben sich die Hilfskräfte am Lehrstuhl in großer Sorgfalt und freundlicher Geduld verdient gemacht. Mein Dank geht vor allem an Theodor Adam, Kirstin Becker, Martin Pyrek und Insa Siebels. Im Gütersloher Verlagshaus war und ist es Diedrich Steen, dem ich viel Ermutigung, Hilfestellung und Klärung verdanke.

Schließlich, aber nicht zuletzt bin ich Birgit Klostermeier für eine Begleitung dankbar, die große sachliche Nähe und stetes persönliches Interesse zeigte – und die zugleich die Grenze zwischen Lehre und Leben wahrt.

März 2011 *Jan Hermelink*

Kapitel 1 – Einleitung
Herausforderungen und Prinzipien einer praktisch-theologischen Kirchentheorie

1.1 Kirchentheorie als Bearbeitung kirchlicher Krisen

Literatur:[1] *Huber, Wolfgang:* Kirche in der Zeitenwende. Gesellschaftlicher Wandel und Erneuerung der Kirche, Gütersloh 1998. – Kirche der Freiheit. Perspektiven für die evangelische Kirche im 21. Jahrhundert. Ein Impulspapier des Rates der EKD, hg. v. *Kirchenamt der EKD,* Hannover 2006. – *Kunz, Ralph:* Kybernetik, in: C. *Grethlein/H. Schwier* (Hg.), Praktische Theologie – eine Theorie- und Problemgeschichte, Leipzig 2007, 607–684. – *Nüchtern, Michael:* Kirche evangelisch gestalten, Berlin 2008.

Seit Mitte der 1990er Jahre hat die öffentliche Debatte über die evangelischen Großkirchen in Deutschland ein neues Stadium erreicht. Auch wenn diese Debatte schon seit den reformatorischen Anfängen, erst recht seit der Aufklärung durchgängig als ein Krisendiskurs erscheint (vgl. *Kunz,* 606), so führen die sinkenden Einnahmen der Kirchen doch derzeit zu einer umfassenderen Problemwahrnehmung (a), zu neuartigen Ansätzen ihrer Bearbeitung (b) und zu spezifischen theoretischen Anstrengungen (c). Die praktisch-theologische Theorie der evangelischen Kirche, im Folgenden kurz »Kirchentheorie« genannt, ist damit in besonderer Weise herausgefordert[2].

(a) Zum ersten Mal, seit die evangelischen Großkirchen in Deutschland 1919 aus der staatlichen Administration gelöst wurden, sind ihre Einnahmen aus der Kirchensteuer seit etwa zwanzig Jahren – mitunter dramatisch – rückläufig; dies ist vor allem demographisch, durch zunehmende Überalterung der Kirchenmitglieder, dazu steuerpolitisch sowie durch den innerkirchlichen, west-östlichen Finanzausgleich bedingt.

In diesem Kontext erscheint auch das schon lange beobachtete Absinken der Mitgliedschaftszahlen als bedrohlich. Hier, wie auch in abnehmendem Gottesdienstbesuch und rückgängigen Kasualbegehren, scheint sich eine nachhaltig schwindende Relevanz der Kirche für die individuelle Lebensführung zu zeigen. Dem korrespondiert der Eindruck, auch im öffentlichen Leben, in bio- oder wirtschaftsethischen Debatten wie im Bildungssystem nehme das Gewicht kirchlicher Positionen ab, obwohl Religion durchaus als bedeutsames Thema gilt. Es sind jedoch die nicht-christlichen Religionen, besonders der Islam, denen derzeit die mediale wie die politische und juristische Aufmerksamkeit gilt.

Angesichts ihrer schwindenden Ressourcen sehen sich die kirchlichen Organisationen zu umfassenden Strukturveränderungen genötigt. Das betrifft vor allem die Reduktion von Stellenplänen und Gebäudebeständen, die verstärkte Kooperation oder Fusion von Arbeitsbereichen, Gemeinden, Dekanaten oder Landeskirchen sowie – nicht zuletzt – geänderte Bewirtschaftungsregeln. Diese Reaktionen erfolgten zunächst ad hoc und unsystematisch; für eine rasche, zugleich umfassende und einvernehmliche Reform scheinen die kirchlichen Kommunikations- und Leitungsstrukturen derzeit kaum geeignet (vgl. zum Ganzen *Huber*, 223 ff.).

(b) Reformvorschläge, »pia desideria« oder kirchenkritische Thesenreihen prägen die protestantische Selbstverständigung seit ihren Anfängen. Durch die skizzierten Krisenwahrnehmungen ist freilich eine Debatte ausgelöst worden, deren systematisch-analytische oder pragmatische Beiträge nicht mehr nur von Einzelnen oder Gruppen innerhalb oder außerhalb der Kirche stammen, sondern in der auch die Organe der Kirchenleitung selbst sich genötigt sehen, »Sparzwang« und »Strukturveränderung« in den Kontext einer – mehr oder weniger – systematischen Bestimmung von »Auftrag und Gestalt« der Kirche zu stellen[3]. So werden von Gemeinde- und Kirchenkreisvorständen »Leitbilder« beschlossen; Landessynoden, Bischofsräte und Kirchenleitungen publizieren »Zielorientierungen« oder »Perspektivprogramme«[4]. Die gegenwärtigen Herausforderungen werden nicht zuletzt von den Leitungsinstanzen wahrgenommen; dazu passt, dass das Thema »Leitung in der Kirche« in Publikationen wie in der Aus- und Fortbildung mehr und mehr Beachtung findet.

Paradigmatisch für die Themen und Argumentationsweisen solcher Reformprogramme aus der Innenperspektive erscheint das Impulspapier »Kirche der Freiheit«, das der Rat der Evangelischen Kirche in Deutschland (EKD) 2006 vorgelegt und seither zur Grundlage eines umfassenden »Reformprozesses« gemacht hat. Das Papier thematisiert zunächst die »Chancen und Herausforderungen«, die die gegenwärtige gesellschaftliche, besonders die religiöse Situation wie die innerkirchliche Lage darstellt; dabei werden diese Verhältnisse mittels zahlreicher *empirisch-sozialwissenschaftlicher* Befunde erhellt. Aus diesen Befunden ergibt sich die Nötigung zu umfassender »Veränderung« – die kirchliche Organisation beschreibt sich derzeit vor allem *pragmatisch*, ziel- und handlungsorientiert; die theologische, genauer ekklesiologische Selbstklärung fällt dagegen knapp und eher skizzenhaft aus.

Das Impulspapier wie die meisten kirchlichen Reformprogramme thematisieren in pragmatischer Hinsicht vor allem *strukturelle* Veränderungen: Über einen Umbau der Gottesdienst- wie der Gemeindestrukturen soll die »Beheimatung« der Einzelnen in Kirche und Glauben gestärkt werden, bei den Mitarbeitenden sind das Ehrenamt zu stärken und die berufliche Kompetenz weiter zu professionalisieren. Die gesellschaftliche Wahrnehmung von kirchlicher Diakonie, Bildung und Ethik soll verbessert, die kirchliche Organisation in finanzieller wie in struktureller Hinsicht durchsichtiger, flexibler und einheitlicher werden. Insgesamt bemühen sich die aktuellen Reformvorschläge, unterschiedliche Anliegen und Positionen zu *integrieren;* auch deswegen stehen weniger inhaltlich-theologische Reflexionen im Vordergrund als vielmehr die Strukturen des Handelns und seine soziale Wirkung: Die Kirche erscheint weniger als Überzeugungs- oder Glaubensgemeinschaft und eher, auch ausdrücklich, als eine spezifische religiöse *Organisation.*

(c) Von daher wird die gegenwärtige Debatte zur Kirchenreform, was ihren theoretischen Zuschnitt betrifft, vornehmlich organisationswissenschaftlich geführt. Nicht selten werden dabei Methoden, Theoreme und Sprachmuster rezipiert, die aus der ökonomischen Theorie betrieblicher Organisation stammen; aber auch die einschlägigen Debatten zur Gestaltung sozialer, pädagogischer oder politischer Organisationen, die vielfach systemtheoretisch argumentieren, werden oft herangezogen.

Fachtheologische, auch praktisch-theologische Beiträge spielen dagegen in der gegenwärtigen Debatte eine vergleichsweise geringe Rolle. Zwar liegen zu einigen zentralen Fragen wie der Ortsgemeinde, der Kirchenmitgliedschaft oder der Leitungsstruktur konzeptionell gewichtige Arbeiten vor[5]; die spezifisch neuen Momente der gegenwärtigen Krisendebatte werden hier aber eher implizit angesprochen, wenn etwa alternative Strukturmodelle skizziert (U. Pohl-Partalong), zielorientierte Gemeindeentwicklung angeregt (H. Lindner) oder kirchliche Entscheidungstheorien entwickelt werden (R. Preul). Die meisten praktisch-theologischen Beiträge legen den Akzent auf pragmatische Aspekte oder sie argumentieren eher historisch und grundbegrifflich[6]. Eine Verbindung theologisch-theoretischer Reflexion mit empirischer Detailwahrnehmung der gegenwärtigen Verhältnisse ist dagegen bisher nur selten gelungen (vgl. aber *Nüchtern*).

Die in diesem Buch vorgelegten Überlegungen zielen auf eine solche Gesamtschau, auf eine systematische Theorie der gegenwärtigen kirchlichen Situation. Die dabei leitenden Grundsätze sollen im Folgenden anhand der Beobachtung erläutert werden, dass die aktuelle kirchliche Krisendebatte in ihrem Interesse an empirischer Vergewisserung, in ihrer Fokussierung auf Strukturen wie auch in ihrem begrifflichen Inventar in hohem Maße durch eine bestimmte Organisations- und Theorie-*Geschichte* bedingt ist. Es sind vor allem drei kybernetische »Achsenzeiten« (*Kunz*, 634) struktureller wie theoretischer Reorganisation, die die gegenwärtige Lage zutiefst prägen: die Entstehung einer rechtlich, finanziell und programmatisch selbständigen evangelischen Kirchenorganisation nach 1918 (↗ 1.2); die Epoche praktischer wie theoretischer Ansätze zu einer dezidierten »Kirchenreform« in den 1960er

Jahren (↗ 1.3) sowie, zeitlich davor, der Entwurf einer sich – mittels der Theologie – eigenständig steuernden evangelischen Kirche, wie ihn Friedrich Schleiermacher entfaltet hat (↗ 1.4). Der Rekurs auf diese Achsenzeiten ordnet die gegenwärtige Debatte in einen weiteren Horizont ein; von daher sind schließlich das Verständnis des Gegenstands wie der Aufbau der hier vorgelegten Kirchentheorie plausibel zu machen (↗ 1.5).

1.2 Kirchentheorie als Organisationstheorie

Literatur: *Schian, Martin:* Grundriss der Praktischen Theologie, Gießen 1922. – *Dibelius, Otto:* Das Jahrhundert der Kirche. Geschichte, Betrachtung, Umschau und Ziele, Berlin 1926, ⁶1928. – *Bloth, Peter C.:* Praktische Theologie, Stuttgart u. a. 1994, 63–72.

Seit den 1880er und bis in die 1930er Jahre erscheint das Thema »Kirche« in der öffentlichen Debatte wie in der theologischen Literatur außerordentlich prominent. Den realgeschichtlichen Hintergrund der vielschichtigen Diskussion bildet die Verselbständigung der evangelischen Landeskirchen, die 1919/20 im Ende der Staatskirche kulminiert. Die politischen, die theologischen und auch die juristischen Debatten zur »praktischen Ekklesiologie« (*Bloth*, 65 ff.) gehen auch in der Weimarer Republik und am Beginn der NS-Zeit weiter, denn die neue kirchliche Lage der Kirche ist nach außen, im Blick auf Staat und Gesellschaft (a) wie nach innen, im Blick auf Leitungsinstanzen und Gemeindeorganisation (b) zu klären und theologisch zu begreifen (c). Die in dieser Achsenzeit gebildeten Strukturen, Argumentationen und Schlüsselbegriffe sind für die kybernetische Reflexion bis heute grundlegend.

(a) Seit Mitte des 19. Jahrhunderts werden die evangelischen Landeskirchen innerhalb der staatlichen Verwaltung eigenständiger; dies zeigt etwa die Ausgliederung der Kirchenbehörden, die Einführung einer besonderen Kirchensteuer seit den 1880er Jahren oder das wachsende Gewicht synodaler Gremien. Gleichwohl muss das *Verhältnis von Staat und Kirche* nach 1919 noch einmal ganz neu geordnet werden. Auf der Ebene der Reichs- und Landesverfassungen wie in Einzelgesetzen werden, z. T. nach langen Auseinandersetzungen, rechtliche Regelungen ausgehandelt, die oft bis heute gelten – etwa der Status der Kirche als »Körperschaft öffentlichen Rechts«, ihre starke Stellung im Bildungswesen, in der Wohlfahrtspflege oder im Steuerrecht. Die gegenwärtigen Strukturdebatten sind nicht zuletzt auf diesem Hintergrund zu verstehen.

Mit und neben dieser staatsrechtlichen Neuordnung muss die Kirche auch das Verhältnis zu ihren *Mitgliedern* neu bestimmen. Die Kirchensteuer, dazu die ebenfalls dem 19. Jahrhundert entstammenden Regelungen zum Kirchenaustritt, zur Ziviltrauung oder zur Schulaufsicht gewinnen nach 1919 hohe Brisanz. Denn die Großkirchen können sich der Unterstützung durch die einzelnen Gläubigen keineswegs selbstverständlich und in jeder Frage sicher sein: Wird die kirchliche Präsenz in der öffentlichen Schule Anfang der 1920er Jahre noch durch eine massenhafte Mobilisierung von Eltern durchgesetzt, so müssen die kirchenleitenden Organe um 1930 geradezu hilflos zusehen, wie ihre Mitglieder mehrheitlich Parteien wählen, die der verfassten Kirche höchst kritisch gegenüberstehen. Von hieraus ist noch das gegenwärtige Bedürfnis zu begreifen, sich der religiösen Einstellungen und kirchlich-organisatorischen Erwartungen der Menschen empirisch-sozialwissenschaftlich zu vergewissern.

Insgesamt wächst in den 1920er Jahren bei den kirchlich Verantwortlichen die Einsicht, dass die Kirche sich nicht nur gegenüber Staat und Einzelnen, sondern auch in der *Öffentlichkeit* neu zu positionieren hat. Die gesellschaftliche Stellung der Kirche wird seither unter dem vieldeutigen Stichwort einer »Volkskirche« verhandelt[7], die sowohl von der Staatskirche wie – etwa bei E. Troeltsch (↗2.2.1) – von der weltabgewandten »Sekte« zu unterscheiden ist und die, um kulturell und »sittlich« wirken zu können, spezifische publizistische wie politische Anstrengungen unternimmt.

(b) Nach innen findet die institutionelle Verselbständigung nach 1919 ihren deutlichsten Ausdruck in einer komplexen landeskirchlichen *Leitungsstruktur*. Neben die Konsistorien/Landeskirchenämter, die eine starke Stellung behalten, treten einerseits synodale Gremien, deren »weltliches« Element gestärkt und denen – durch Wahl- und Haushaltsrecht wie Gesetzgebungskompetenz – die oberste organisatorische Verantwortung zugewiesen wird. Andererseits installieren alle Kirchenverfassungen eine personale Leitungsposition, von der vor allem »geistliche Leitung« erwartet wird[8]. Besonders wirkungsvoll artikuliert der kurmärkische Generalsuperintendent und nachmalige Berliner Bischof – Otto Dibelius – in seinem Bestseller »Das Jahrhundert der Kirche« (1926) den Zusammenhang zwischen organisatorischer Selbständigkeit der evangelischen Kirche, ihrer gesellschaftlichen Wirksamkeit und der Notwendigkeit »bischöflicher Persönlichkeiten« (a. a. O., 96).

Es sind diese oberen landeskirchlichen Instanzen, dazu die beginnende übergreifende Organisation durch den »Deutschen Evangelischen Kirchenbund« und seine reichsweiten »Kirchentage«, die am stärksten in die gesellschaftliche Öffentlichkeit wirken und die auch innerkirchlichen Reformbedarf am deutlichsten artikulieren. Die ausgesprochen pragmatische, organisationsbezogene Ausrichtung der jüngsten Reformpapiere ist auf diesem Hintergrund zu sehen.

Nicht selten geraten Bischöfe und Kirchenleitungen damit in einen gewissen Gegensatz zu den *örtlichen Kirchengemeinden*. Über die praktische Organisation der Gemeinde, die Gewinnung hauptamtlicher Mitarbeiter oder die Integration der zahlreichen christlichen Vereine wird schon in der »Gemeindebewegung« des späten 19. Jahrhunderts sehr differenziert diskutiert; in den kirchlichen Verfassungs-, Wahl- und Finanzordnungen der 1920er Jahre erhalten die Ortsgemeinden daraufhin großes Gewicht. Die anhaltende Spannung zu übergemeindlichen Arbeitsfeldern, Pfarrämtern und Leitungsinstanzen, die die kirchliche Debatte bis heute beschäftigt, ist nicht zuletzt in diesen strukturellen Entscheidungen begründet.

(c) In einer außerordentlich intensiven, vielschichtigen und kontroversen literarischen Debatte wird versucht, die skizzierten Strukturveränderungen nicht nur politisch und gesellschaftlich, sondern vor allem religiös-theologisch zu deuten und zu (de-)legitimieren[9]. Der *Begriff der Gemeinde*, der schon seit Luther hierarchie- und herrschaftskritisch konnotiert ist, erhält dabei eine prominente Rolle. Die »Gemeinde« wird im 19. Jahrhundert zum Kampfbegriff gegenüber »Amtskirche« und »Obrigkeit«; mit diesem Schlagwort sollen, auch in den Verfassungen, die engagierten Christen vor Ort aufgewertet werden. Die Bekenntnissynoden seit 1932 haben die theologische Dignität »der Gemeinde« dann kirchenpolitisch gegen die Tendenzen der »Gleichschaltung« akzentuiert; das entsprechende Selbstbewusstsein der »Kerngemeinde« ist bis heute spürbar. Nur auf dem Hintergrund dieser Begriffsgeschichte wird verständlich, wie hoch besetzt und zugleich wie inhaltlich vieldeutig mit ›der Gemeinde‹ bis heute für oder gegen Veränderungen argumentiert wird.

Die Debatte um die »Volkskirche« ist im gegenwärtigen Krisendiskurs zurückgetreten[10]. Die in den 1920er und 1930er Jahren diskutierte Frage, inwiefern eine Volks- zugleich »Bekenntniskirche« sein kann (vgl. *Bloth*, 66 f.), bleibt jedoch dergestalt aktuell, dass nach wie vor nach einem *explizit theologischen* Verständnis der spezifisch großkirchlichen Strukturspannungen gefragt wird, etwa zwischen Ortsgemeinde und landesweit profilierter Kirche, zwischen Pastoren- und Laienkirche, zwischen Kirchenverwaltung und synodalen Gremien oder zwischen Kirchenrecht und kirchlichem Auftrag.

Der *Begriff der Organisation*, der dabei gegenwärtig in den Vordergrund tritt, spielt schon in den praktisch-theologischen Debatten zu Beginn des 20. Jahrhunderts eine Rolle. So argumentiert das Lehrbuch von M. Schian mit Blick auf die ersten Gemeinden wie auf die zeitgenössische Situation:

»Ohne Ordnung kann die Gemeinschaft ihren Zwecken nicht genügen, ihr Wesen nicht vollenden. Die gemeinsame Übung der Frömmigkeit verlangt Ordnung (1 Kor 14,33.40), die Übung der Liebe nicht minder (Apg 6). Dazu kommen die äußeren

Bedürfnisse des Gemeinschaftslebens, die Aufbringung der Mittel, die Beschaffung der Räume, die Bestellung von Leitern, Sprechern, Helfern [...]. Endlich will jede religiöse Gemeinschaft für Ausbreitung, Nachwuchs, Fortbestand sorgen; und die Aufgaben gemeinsamer Selbstbehauptung, gemeinsamer Abwehr heischen ebenfalls geordnetes Vorgehen. Ordnung bei Verhältnissen größeren Maßstabes aber ist Organisation. *Die Pflege christlicher Frömmigkeit fordert Organisation.*« (Schian, 11; vgl. a. a. O., 6 ff., 32 ff. u. ö.)

Der Begriff der Organisation legt sich offenbar nahe, wenn unter dem Druck »gemeinsamer Selbstbehauptung« komplexe, auch spannungsvolle Verhältnisse integriert werden sollen, indem gemeinsame Ziele oder »Zwecke« öffentlich vertreten und nach innen mittels starker Leitungsinstanzen verfolgt werden. Für ein solches, derzeit wieder aktuelles Selbstverständnis der evangelischen Großkirchen hat die kybernetische Achsenzeit von 1880 bis 1930 wesentliche Grundlagen geschaffen. Wenn im Folgenden die Eigenart der großkirchlichen Sozialgestalten unter dem Begriff der religiösen Organisation wahrgenommen und reflektiert wird, so ist daher auf die strukturellen wie auf die konzeptionellen Entscheidungen jener Epoche immer wieder zurückzukommen.

1.3 Kirchentheorie als Konflikttheorie (Ernst Lange)

Literatur: *Marsch, Wolf-Dieter:* Institution im Übergang. Evangelische Kirche zwischen Tradition und Reform, Göttingen 1970. – *Lange, Ernst:* Predigen als Beruf. Aufsätze zu Homiletik, Liturgik und Pfarramt, München ²1982. – *Ders.:* Kirche für die Welt. Aufsätze zur Theorie kirchlichen Handelns, München 1986. – *Gestrich, Christoph:* Die Heilung einer doppelten Entfremdung. Ernst Lange über Kirche und eine »Theorie kirchlichen Handelns«, in: BThZ 2 (1985), 33–52. – *Hermle, Siegfried/Lepp, Claudia* u.a (Hg.): Protestantismus und soziale Bewegungen in den 1960er und 70er Jahren, Göttingen 2006.

Nachdem die westdeutsche kirchliche Organisation seit den 1950er Jahren – im Zuge der allgemeinen kulturellen und wirtschaftlichen Restauration – ihren Gebäudebestand, ihr hauptamtliches Personal und auch ihre sozialdiakonischen Aktivitäten ganz erheblich ausgeweitet hat, mehren sich – im Kontext des gesamtgesellschaftlichen Reformklimas der 1960er Jahre – auch in den Großkirchen kritische Stimmen, die die staatsanaloge öffentliche Stellung der Kirche sowie ihre pastoren- und gemeindezentrierte Organisation anfragen (vgl. *Marsch*, 211 ff.). Die breite, in sich vielfältige Bewegung der »Kirchenreform« fordert u. a. Pfarr- und Leitungstätigkeit im Team, die Stärkung der kirchlichen Regionen und der übergemeindlichen Arbeit sowie die Stützung von »Dienstgruppen« aus engagierten Laien und Theologen (↗ 3.5.2).

Der Berliner Pfarrer und Publizist Ernst Lange hat jene Bewegung u. a. durch die Gründung einer »Ladenkirche« (1960 in Berlin-Spandau) sowie durch diverse kirchentheoretische Skizzen mit geprägt (vgl. *Lange*, Kirche für die Welt). Deutlicher als viele seiner Mitstreiter begreift Lange die zunehmende *Pluralität* der kirchlichen Organisation wie der darin artikulierten religiösen Überzeugungen als Herausforderung zur vertieften praktisch-theologischen Reflexion.

Lange identifiziert die Ortsgemeinde als eine spezifische Institution zur Bearbeitung jener Pluralität (a. a. O., 184 ff.); und er beschreibt dabei insbesondere die Rolle des Ortspfarrers, in einer bis heute anregenden Weise, als ein »Spannungsfeld, das durch drei nicht auflösbare Konflikte bestimmt ist« (Predigen als Beruf, 145), nämlich einen »vertikalen« Konflikt zwischen den Ansprüchen der Kirchenleitung und den Forderungen vor Ort, einen »horizontalen« Konflikt zwischen den Erwartungen verschiedener Mitgliedergruppen und einen Konflikt in der »Temporalen« zwischen kirchlich-religiöser Traditionsbewahrung und Erneuerung. Alle diese Konflikte sind, so betont Lange, nicht nur deshalb unauflösbar, weil sämtliche Positionen – die Gemeinde wie die Kirchenleitung, die volkskirchlichen wie die vereinskirchlichen Mitglieder, auch die Konservativen wie die Reformer – gesamtgesellschaftlich verbreitete Bilder und Erwartungen an die Kirche zum Ausdruck bringen und weil diese Erwartungen sich *soziologisch* als Resultat der neuzeitlichen Ausdifferenzierung des Christentums erklären lassen. Sondern alle Konfliktparteien können auch ein *theologisches* Recht beanspruchen: Im Streit über die Gestalt der Kirche spiegelt sich die irreduzible Pluralität der christlichen Frömmigkeit selbst.

Die Wahrnehmung einer unhintergehbaren, konfliktträchtigen Pluralität des kirchlichen Lebens vertieft Lange Anfang der 1970er zu einer theologisch wie gesellschaftstheoretisch pointierten Deutung:

»Die Kirche institutionalisiert einen Widerspruch. Sie stellt den Einspruch Jesu gegen die Selbstzerstörung des Menschen auf Dauer. Jesus *ist* für sie dieser Einspruch, und sie bekennt ihn als den Einspruch Gottes, der die Selbstzerstörung des Menschen überwindet und ihm Heil eröffnet. – Die Vergesellschaftung des Widerspruchs Jesu gegen des Menschen Selbstzerstörung gelingt immer nur in einer höchst widersprüchlichen Weise. Weil der Einspruch Jesu konkreter Einspruch gegen eine bestimmte gesellschaftliche Gestalt der Entfremdung und der Selbstzerstörung des Menschen ist, bedarf er der immer neuen Übersetzung in immer neue Situationen und immer neue Sprachen. [...]. Eben diese jeweils spezifische ›Indigenisation‹ des Einspruchs Jesu in einem konkreten soziokulturellen Zusammenhang, in eine gemeinschaftliche Lebenspraxis *ist* die Kirche.

Kirchbildung gelingt und dauert aufgrund einer eigentümlichen Interessenkoinzidenz. Die Kirche lässt sich auf die Gesellschaft ein, weil sie nur so den lebensrettenden Einspruch Jesu gegen des Menschen Selbstzerstörung hörbar, verbindlich, praktizierbar machen kann. Die Gesellschaft ihrerseits lässt sich auf die Kirche ein aufgrund einer doppelten Notwendigkeit. Sie bedarf der Religion zu ihrer Selbsterhaltung, zur positiven Sanktionierung aller Einstellungen und Verhaltensweisen, die sie zusammenhalten [...]. – Zugleich und in Spannung dazu bedarf die Gesellschaft der Religion aber auch zu ihrer Selbsterneuerung. Genauer, sie bedarf eben jener Kräfte, die sie bewusst und mit Hilfe der Religion verdrängt, doch in anderer Form auch wieder als Energien der konstruktiven Verständigung [...], und sie erwartet diese Energiezufuhr wiederum von der organisierten Religion.

Der geschichtliche Erfolg des Christentums hängt sicher auch damit zusammen, dass es diese Doppelfunktion als Instrument der Sozialisation und der Emanzipation besonders nachhaltig zu erfüllen scheint. Die Kirche eignet sich so als Spielraum der Gesellschaft, in dem die systemgefährdenden Konflikte [...] fort und fort in des Wortes voller dialektischer Bedeutung ›aufgehoben‹ werden.« (*Lange*, Kirche für die Welt, 199–201)

Das längere Zitat macht deutlich, wie intensiv Ernst Lange sich den kulturellen wie den begrifflichen Kontext der 1960er Jahre zu eigen macht; zugleich markiert es wiederum die prinzipielle Verschränkung zweier Dimensionen jener Konfliktdynamik, die eben darum unhintergehbar und unauflösbar erscheint. Zum Einen kann die kirchliche Organisation (oder »Institution«, wie Lange sagt), weil sie gesellschaftlich verfasst ist, gar nicht ohne tief greifende, auf verschiedensten Ebenen und in verschiedensten Formen ausgetragene Auseinandersetzungen über ihre zukünftige Gestalt existieren. Das bedeutet im Übrigen, dass eine zureichende Bearbeitung jener Konflikte ohne eine Rezeption *sozialwissenschaftlicher Theorie* nicht mehr denkbar ist. In der Konsequenz hat sich Lange an der groß angelegten empirischen Selbsterkundung, die die evangelische Kirche seit Anfang der 1970er Jahre betreibt, intensiv beteiligt[11].

Zum Anderen sind die Spannungen und Widersprüche der kirchlichen Organisation aber nur mit genuin *theologischen Kategorien* zureichend zu beschreiben. Denn die »Konfliktträchtigkeit« dieser Organisation ist auch, ja vor allem Ausdruck des »Widerspruchs Jesu gegen des Menschen Selbstzerstörung«; die Kirche stellt Gottes heilsamen »Einspruch« gegen die Sünde »auf Dauer«. Auch der missionstheologische Begriff der »Indigenisation« oder die homiletisch-hermeneutische Metaphorik einer »Übersetzung in immer neue Situationen« markieren die christologische Formatierung dieser »Theorie kirchlichen Handelns« (*Lange*, a.a.O., 197 ff.). Hinter eine solche doppelt codierte Wahrnehmung der kirchlichen Spannungsverhältnisse wird die praktisch-theologische Kirchentheorie nicht zurückgehen dürfen.

Die zünftige Praktische Theologie hat diese Sicht etwas verzögert, aber dann doch energisch aufgegriffen. Historisch-begrifflich besonders avanciert ist D. Rösslers Einbettung der kirchlichen Organisationsgestaltung in die »Theorie des neuzeitlichen Christentums«[12], das sich nicht mehr nur in kirchlichen, sondern zugleich in individuellen und öffentlichen Ausdrucksformen manifestiert. Es ist darum durch »die Menge gleichwertiger und gleichrangiger religiöser Positionen bestimmt [...], deren Relationen nicht durch die Beziehung auf einen übergeordneten Lehr- oder Glaubensstandpunkt, sondern durch den verbindenden Diskurs herzustellen sind. [...] Neuzeitliches Christentum ist stets das Produkt von Auslegung« (a.a.O., 91f.); und dies gilt für die öffentlichen wie für die innerkirchlichen Debatten.

So sehr Rössler also bereit ist, die Vielfalt kirchlicher Anliegen und Bewegungen anzuerkennen – sie sind doch zugleich dadurch zu relativieren, dass sie zum Gegenstand verbindender (und verbindlicher) *Diskurse* werden, die sich ihrerseits als (praktisch-)theologische »Auslegung« ihrer gemeinsamen Grundlagen vollziehen. Die »evangelische Kirchenleitung« wird hier als eine historisch und hermeneutisch geschulte »Moderation der Diskurse« konzipiert[13], die deren »Beziehungen und Verbindungen, die unkenntlich geworden und verdeckt sind, aufklären und an den Tag bringen« soll[14].

Setzt dieser Vorschlag vor allem auf einen theoretischen, theologisch-diskursiven Umgang mit der kirchlichen Pluralität, so wirbt Ernst Lange selbst für ein religiös-praktisches Modell: die »*Konziliarität*«. Er skizziert dieses Modell im Blick auf ökumenische Konflikte im Anschluss an einschlägige Texte der ÖRK-Kommission »Faith and Order«; dabei wird jedoch erkennbar, wie eine solche Deutung auch Binnenkonflikte um Frömmigkeit und Ordnung zu inszenieren wie zu relativieren erlaubt.

»Alle Beteiligten [eines kirchlichen Konflikts, JH] teilen die Hoffnung auf die Zukunft der Wahrheit, rechnen grundsätzlich damit, dass der Konsensus, nach dem sie suchen, mehr sein kann und mehr sein wird als die Summe der Einzelmeinungen oder der Kompromiss aus kontroversen Positionen oder der totale Sieg der stärksten Fraktion oder der stärksten Argumente. In den christlichen Räten – so jedenfalls die Theorie – treffen Einzelne, Gruppen, Gemeinden, Kirchen aufeinander, die sich gegenseitig wahrnehmen als Konkretionen der Gegenwart Christi, als Manifestationen der Erneuerungskraft des Heiligen Geistes. Eben darum erwarten sie von ihrem Zusammentreffen den Mehrwert der größeren Wahrheit. [...]

Alle am Rat Beteiligten sind gleichen Rechts und gleicher Eigenständigkeit. Da aber alle diese Eigenständigkeiten als Konkretionen der einen Gnade wahrgenommen werden müssen, sind sie nicht Hindernisse, sondern Quellen der Einung. Ohne diese Eigenständigkeiten gibt es die Einheit, die erwartet wird, gar nicht. Jede Einheit, die weniger wäre als die Fülle dieser Eigenständigkeiten, wäre nicht nur weniger als Einheit, sie wäre das Gegenteil von Einheit: Spaltung, Aufspaltung der bunten Gnade Gottes (1. Ptr. 4, 10). [...]

Konziliarität [...] ist angewandte, operationalisierte Trinitätslehre [...] Es geht [...] darum, den Konflikt in Gott, dessen geheimnisvollstes Zeichen das Kreuz ist, als einen wirklichen Konflikt, nicht als einen Scheinkonflikt [...] verstehen und festhalten zu können. Die konziliare Einheit der Kirche ist ganz entsprechend durchaus keine konfliktlose Einheit. Sie ist der Streit um die Wahrheit in der gemeinsamen Hoffnung auf die Zukunft der Wahrheit.«[15]

Lange skizziert die konziliare Struktur in Analogie zu den radikaldemokratischen Modellen seiner Zeit: den »Räten« oder »Runden Tischen«, wie sie politische Umbrüche kennzeichnen. Zugleich wird diese Form der Konfliktbearbeitung biblisch-theologisch grundgelegt: mit Hinweisen auf Apg 15, auf die altkirchlichen Konzilien und auf Kreuzes- wie Trinitätstheologie. Muss die kirchliche Realität unter den Bedingungen neuzeitlicher Pluralisierung geradezu als ein Konglomerat tiefgreifender religiöser und organisatorischer Auseinandersetzungen erscheinen, so kann dies doch als Ausdruck eines vielstimmigen »Streits um die Wahrheit« gedeutet werden; jene Spannungen und Widersprüche gehören dann zum Wesenskern der Kirche.

Wird die evangelische Kirche begriffen als *im Kern konziliar verfasst*, so ergeben sich diverse normative Konsequenzen für ihre Gestaltung, etwa was eine umfassende Beteiligung aller Betroffenen, ihre Würdigung als »Konkretionen der Gegenwart Christi« oder was die prinzipielle Revidierbarkeit aller Entscheidungen im Blick auf »die Zukunft der Wahrheit« betrifft. Kirchliche Leitung zielt dann zunächst nicht auf die Herstellung von Konsens, sondern auf die *Darstellung von Dissens*, weil allererst auf diese Weise die »bunte Gnade Gottes« zur Wirkung kommen kann.

Orientiert sich die praktisch-theologische Kirchentheorie an solchen Einsichten, dann wird ihr Interesse offenbar auf die *ästhetische Dimension* des kirchlichen Handelns und Leitens gelenkt: Inwiefern bringen Strukturen und Diskurse die spannungsvolle, ja widersprüchliche Verfassung der evangelischen Kirche zum Ausdruck? Und inwiefern kann die kirchliche Leitung, auf allen Ebenen, die Bearbeitung jener Konflikte durch ihre Inszenierung im Lichte der gemeinsamen »Hoffnung auf die Zukunft der Wahrheit« befördern? Diesen Fragen widmet die vorliegende praktisch-theologische Theorie der Kirche besondere Aufmerksamkeit.

Zur »ökumenischen Utopie« der Konziliarität gehört für Lange schließlich die *gesellschaftliche* Wirkung dieser pneumatologisch fundierten, partizipativen und performativen Form der Konfliktinszenierung: »Gerade wenn die Kirchen sehr prononciert ihr eigenes Projekt verfolgen, ohne sich [...] als Vorhut der Menschheit zu dramatisieren, gerade wenn sie ihre besonderen Möglichkeiten [...] des Glaubens nutzen, werden sie als instituitionalisierte Irritation der [menschlichen] Friedensbemühung [...], als Hüter des Shalom immer auch ein Impuls für diese Bemühung sein.«[16] Nutzt und inszeniert die Kirche ihre spezifische Form des Umgangs mit religiöser und organisatorischer Pluralität, so kann sie hoffen, »Spielraum der Gesellschaft« zu sein, die sich ihrerseits als plural, von Konflikten durchzogen begreifen muss.

1.4 Kirchentheorie als Leitungstheorie (Friedrich Schleiermacher)

Quellen: *Schleiermacher, Friedrich D. E.:* Kurze Darstellung des theologischen Studiums zum Behuf einleitender Vorlesungen, [1]1811, [2]1830, krit. Ausgabe hg. v. *Heinrich Scholz*, Leipzig 1910. – Die praktische Theologie nach den Grundsätzen der evang. Kirche im Zusammenhange dargestellt. Aus Schleiermachers handschriftl. Nachlass und nachgeschr. Vorlesungen hg. v. *Jacob Frerichs*, Berlin 1850 (SW I/13), Nachdruck Berlin/New York 1983.

Literatur: *Dinkel, Christoph:* Kirche gestalten. Schleiermachers Theorie des Kirchenregiments, Berlin/New York 1996. – *Gräb, Wilhelm:* Praktische Theologie als Theorie der Kirchenleitung: Friedrich Schleiermacher, in: *Chr. Grethlein/M. Meyer-Blanck* (Hg.), Geschichte der Praktischen Theologie, Leipzig 2000, 67–110.

Angesichts der gegenwärtigen Krisen- und Reformdiskurse ist für die praktisch-theologische Kirchentheorie noch eine dritte kybernetische Achsenzeit von Bedeutung, nämlich die Wende vom 18. zum 19. Jahrhundert. Die kulturellen wie die politischen Umbrüche und Revolutionen, die die Jahrzehnte etwa ab 1780 kennzeichnen, stellen den äußeren Bestand der deutschen evangelischen Kirchentümer, aber auch ihre innere Orientierung so nachhaltig wie selten zuvor in Frage. In dieser Situation entwickelt insbesondere Friedrich Schleiermacher eine philosophisch avancierte Kultur- und Sozialtheorie, die der Kirche eine sozial unverzichtbare Funktion zuschreibt: Indem sie den christlichen Glauben in Gottesdienst, Seelsorge und Bildung zum Thema macht, wird den Einzelnen eine Klärung, Vertiefung und wechselseitige Bereicherung ihrer je eigenen religiösen Überzeugungen eröffnet. Auf diese Weise fördert die Kirche das freie und selbständige Handeln der Individuen und zugleich den sittlichen – und politischen – Fortschritt einer Gesellschaft, die auf Freiheit, Gleichheit und Mündigkeit beruhen soll.

Kirchentheoretisch revolutionär sind nun insbesondere die Folgerungen, die Schleiermacher für das *Verständnis der Theologie* zieht. Die gesamte wissenschaftliche Theologie wird von ihm nicht mehr aus der Idee des Glaubens oder der christlichen Kirche heraus konzipiert, sondern durch den Bezug auf eine bestimmte Profession, auf die spezifischen Aufgaben der kirchlichen Amtsträger. Das theologische Studium zielt demnach auf die Aneignung »derjenigen wissenschaftlichen Kenntnisse und Kunstregeln, ohne deren Besitz und Gebrauch eine zusammenstimmende Leitung der christlichen Kirche [...] nicht möglich ist« (Kurze Darstellung, §5). Angesichts der zeitgenössischen

Umbruchs- und Krisenerfahrungen begreift Schleiermacher das pastorale Handeln wesentlich und durchgehend als ein *Leitungshandeln*, mit dem das kirchliche Leben koordiniert, profiliert und theologisch verantwortet wird.

Dieses Konzept der Theologie als Theorie der Kirchenleitung wird von Schleiermacher bekanntlich durch einen dreigliedrigen Aufbau konkretisiert (vgl. a. a. O., §§ 24–31): Die »philosophische Theologie« bestimmt das Wesen des Christentums und seiner Gemeinschaftsformen; sie erarbeitet damit die fundamentalen Kriterien aller Kirchenleitung. Die »historische Theologie« vermittelt »die Kenntnis des zu leitenden Ganzen« in seinem jeweils geschichtlich gewordenen Zustand; sie umfasst genetisches wie empirisch-statistisches Wissen zur Verfassung der Großkirchen in ihrer sozialen, kulturellen und politischen Verflechtung. Und die »praktische Theologie« hat die Regeln und Methoden zu reflektieren, denen die konkreten Leitungsvollzüge einer »besonderen Kirchengemeinschaft« im Ganzen wie im Einzelnen zu folgen haben.

Das Zusammenspiel von Wesensbestimmung, historisch-empirischer Detaileinsicht und methodischer Reflexion nutzt Schleiermacher in seinen praktisch-theologischen Vorlesungen, um u. a. eine Theorie des »Kirchenregiments« zu entfalten, die – zum ersten Mal – auch die Fragen kirchlicher Gestaltung jenseits der Ortsgemeinde zum Thema der Theologie macht (vgl. Praktische Theologie, 521–798). Die Darstellung ist hier in hohem Maße an einschlägigen *Konflikten* orientiert, wie sie etwa zwischen »Klerus und Laien« (a. a. O., 569 ff.), zwischen Einzelgemeinde und Kirchenregiment (587 ff.) oder einzelnen Landeskirchen, und nicht zuletzt zwischen verschiedenen Richtungen der Frömmigkeit zu bearbeiten sind (630 ff.). Das ideale, kulturtheoretisch begründete Bild einer Kirche, die sich aus staatspolitischer wie moralischer Fremdbestimmung zu lösen hat, wird auf diese Weise praktisch konkretisiert; ebenso wenn Schleiermacher detailreich für eine presbyterial-synodale Verfassung argumentiert, in der geistliche und weltliche Kompetenzen sowie lokale und zentrale Instanzen zu vermitteln sind.

Konstitutiv für ein dezidiert evangelisches, theologisch verantwortetes »Kirchenregiment« ist für Schleiermacher – neben einer balanciert verfassten, amtlich-professionellen Organisation – die Wahrnehmung eines »ungebundenen« Impulses, der in der »freien Einwirkung auf das Ganze, welches jedes Mitglied der Kirche versuchen kann«, besteht und ohne den eine »Verbesserung der Verfassung« nicht denkbar ist (Kurze Darstellung, § 312). Diese *»freie Geistesmacht«*, die Schleiermacher programmatisch am Schluss seiner Ausführungen thematisiert, wird durch theologisch-akademische Lehre und religiöse Publizistik ausgeübt; sie ist darum, stärker noch als das »gebundene Element« der Leitung, auf eine »möglichst unbeschränkte Öffentlichkeit« des religiösen und wissenschaftlichen Austauschs angewiesen (a. a. O., § 328). Die Leitung der Kirche ist demnach gerade in Krisen- und Umbruchzeiten auf eine offene, vielfältige und öffentliche Kommunikation angewiesen; die organisiert-amtlichen Entscheidungen werden durch jene freie Geistesmacht angeregt, interpretiert – und relativiert.

Offenbar bringt sich in dieser Auffassung von Kirchenleitung Schleiermachers spezifisches Verständnis der christlichen Religion zur Geltung: Religion ist ein wesentlich kommunikatives, auf subjektiver Expression und freier Aneignung beruhendes Phänomen wechselseitiger »Mitteilung« und »Darstellung«, das eng mit der Kunst verwandt ist[17]. Von daher bestimmt Schleiermacher die *Methoden* der Kirchen- und Gemeindeleitung dezidiert als »Kunstregeln«, deren konkrete Anwendung nicht nur – wie bei »mechanischen Regeln« – Wissen und Übung erfordert, sondern dazu »ein besonderes Talent«, eine unverfügbar subjektive Disposition (Kurze Darstellung, § 265). In ähnlicher Weise ist auch das *Medium* jenes Leitungshandelns durch die Momente der individuellen Freiheit und ihrer Darstellung bestimmt. Eine sachgemäße Kirchenleitung vollzieht sich für Schleiermacher nicht durch Anweisung oder autoritative Entscheidung, sondern durch »bestimmte Einwirkung auf die Gemüter«, als »Seelenleitung« (a.a.O., § 263)[18]. Die Kunstregeln der Praktischen Theologie beschreiben kein äußerlich zwingendes, sondern ein gleichsam ästhetisches, auf Stimmigkeit und Überzeugung zielendes Handeln.

Die materialen Zielbestimmungen, denen das kirchliche Handeln nach Schleiermacher unterliegt, sind an den gleichen Grundsätzen orientiert. Wenn es in der »Praktischen Theologie« heißt: »Jeden selbständiger zu machen im ganzen Gebiet seines Daseins, ist die Tendenz der evangelischen Kirche« (a.a.O., 569), so wird hier nochmals der enge Zusammenhang von religiöser, geistiger und politischer Freiheit markiert, wie er sich in Gottesdienst und Seelsorge, aber ebenso im gesellschaftsöffentlichen Handeln der Kirche manifestieren soll. Und deren Leitung kann, so heißt es in der »Kurzen Darstellung«, nur den »Zweck haben, die Idee des Christentums nach der eigentümlichen Auffassung der evangelischen Kirche in ihr immer reiner zur Darstellung zu bringen, und immer mehr Kräfte für sie zu gewinnen« (a.a.O., § 313).

Mit einer solchen, dezidiert *ästhetischen* und ebenso dezidiert *ressourcenorientierten* Zielformulierung bezieht sich Schleiermacher offenbar sehr präzise auf den Eindruck der kulturellen Marginalisierung und der organisatorischen Verunsicherung in der Kirche seiner Zeit. Wird die kirchliche Lage in der Gegenwart – mutatis mutandis – ganz ähnlich wahrgenommen, dann sind jene Überlegungen zum Zusammenhang von evangelischer Freiheit, deren öffentlich überzeugender Darstellung, und einer sowohl empirisch wie auch theologisch reflektierten Leitungstheorie für die praktisch-theologische Kirchentheorie von hohem Interesse.

1.5 Gegenstand und Aufbau der Kirchentheorie

Literatur: *Breitenbach, Günter:* Gemeinde leiten. Eine praktisch-theologische Kybernetik, Stuttgart u. a. 1994. – *Preul, Reiner:* Kirchentheorie. Wesen, Gestalt und Funktionen der Evangelischen Kirche, Berlin / New York 1997. – *Winkler, Eberhard:* Gemeinde zwischen Volkskirche und Diaspora. Eine Einführung in die praktisch-theologische Kybernetik, Neukirchen 1998. – *Lindner, Herbert:* Kirche am Ort. Eine Gemeindetheorie, Stuttgart u. a. 1994, NA 2000.

Schleiermachers Ansatz, die gesamte akademische Theologie als Theorie einer »zusammenstimmende[n] Leitung der Kirche« zu konzipieren, hat sich weder wissenschafts- noch institutionsgeschichtlich durchgesetzt: Die Kybernetik ist zu einer praktisch-theologischen Subdisziplin geworden, deren Zusammenhang mit der Organisationsgeschichte der Kirche wie mit der systematisch-theologischen Ekklesiologie keineswegs selbstverständlich erscheint und die auch nicht ohne Weiteres auf die Fragen kirchlicher Leitungsmedien und -organe zu reduzieren ist. So begreift etwa R. Preul als Gegenstand der »Kybernetik« zwar einerseits nur das »disponierende Handeln«, das durch geeignete Rahmensetzung die verschiedenen kirchlichen Handlungsfelder strukturiert und koordiniert (*Preul*, 6 f.); andererseits macht seine Kirchentheorie – im Blick auf die gesamtgesellschaftlichen Bezüge der Kirche – doch auch die »Amtshandlungen« oder die politischen Stellungnahmen zum Thema (vgl. a. a. O., 13–17). Praktisch-theologische Theorie der Kirche und Theorie der Kirchenleitung, Kybernetik im weiteren und im engeren Sinne sind offenbar nicht leicht ins Verhältnis zu setzen.

In einer »kybernetischen Situation« (*Kunz*, 609 f.), in der die gesellschaftliche Stellung der Kirche, ihr öffentliches Profil wie ihre Relevanz für die Lebensführung fraglich erscheinen, scheint Schleiermachers Ansatz, das gesamte Handeln des »Geistlichen« als Leitungshandeln zu konzipieren, erneut an Plausibilität zu gewinnen. Es ist offenbar die ganze, in sich höchst vielfältige Praxis der Kirche, die die »Idee des Christentums nach der eigentümlichen Auffassung der evangelischen Kirche […] immer reiner« oder eben auch unklar und irritierend »zur Darstellung zu bringen« vermag (Kurze Darstellung, § 313). Nicht nur die Predigt[19], auch unterrichtliche, seelsorgliche oder administrative Vollzüge vermitteln und prägen stets ein bestimmtes Bild der Kirche; das Handeln wie das Verhalten aller Mitarbeitenden trägt *implizit* zu ihrem öffentlichen Profil bei und beinhaltet insofern auch eine kirchenleitende Dimension (↗ 2.6.4).

Gerade diese Einsicht eröffnet zugleich die Wahrnehmung von Akten *expliziter* Kirchenleitung, in denen – wiederum nach Schleiermacher – die »zusammenstimmende« Darstellung der kirchlichen Praxis sowie deren gezielte organisatorische Koordination ausdrücklich in den Vordergrund treten.

Hier muss nach den Grundsätzen wie den Instanzen jener »zusammenstimmenden« Leitung gefragt werden sowie danach, wie sich die explizite Leitungstätigkeit zur darstellend-expressiven Dimension aller kirchlichen Praxis verhält. Eine solche Theorie expliziter Kirchenleitung (Kybernetik im engeren Sinne) bildet demnach nicht – wie bei R. Preul – den Ausgangspunkt, sondern – wie etwa bei G. Breitenbach (a. a. O., 236 ff.) – den Zielpunkt einer umfassenderen Reflexion der kirchlichen Gestalt (Kybernetik im weiteren Sinne).

Im Rekurs auf die drei kybernetischen Achsenzeiten liegt es nahe, den sachlichen Zusammenhang zwischen impliziter und expliziter kirchenleitender Praxis bei der manifesten *Vielfalt* des kirchlichen Lebens zu suchen sowie bei den Auseinandersetzungen und *Konflikten*, die diese innere Pluralität der evangelischen Großkirchen seit Langem verursacht. Prägen solche Konflikte das Bild der Kirche implizit – und darum umso nachhaltiger – auf allen Ebenen und in allen Bereichen, so wird eine explizite Gemeinde- und Kirchenleitung jene Konflikte in ihrer historischen Genese, ihrer soziologischen wie psychologischen Prägung und nicht zuletzt in ihrer theologischen Bedeutung zu verstehen haben; und sie wird über Verfahren verfügen müssen, um diese Auseinandersetzungen verantwortlich zu »moderieren« (D. Rössler) und auf diese Weise – wenn nicht zu lösen, so doch – zu klären. Angesichts dieser Aufgabenstellung kann die praktisch-theologische Kirchentheorie sich an Schleiermachers Aufbau des theologischen Studiums im Ganzen orientieren und systematisch-prinzipielle, historisch-empirische und schließlich pragmatische Reflexionen unterscheiden (vgl. etwas anders *Kunz*, 666 ff.).

Die *systematisch-prinzipielle* Kirchentheorie rekonstruiert zum Einen systematisch-theologische Modelle der Ekklesiologie (↗ 2.1–4) in kybernetischem Interesse[20]. Die exemplarische Auswahl konzentriert sich auf diejenigen Entwürfe, die in der gegenwärtigen Debatte besonders erhellend, auch irritierend wirken. Ein knapper Blick gilt darum der römisch-katholischen Ekklesiologie; weitere ökumenische und internationale Perspektiven wären wünschenswert, können aber aus Platzgründen nicht entfaltet werden.

Zum Anderen muss, wie schon die Konzepte von Lange und Schleiermacher zeigen, eine prinzipielle kybernetische Besinnung auch den Rekurs auf die gesellschaftsstrukturellen Verhältnisse der Gegenwart umfassen (↗ 2.5). Im Anschluss an den gegenwärtigen praktisch-theologischen Diskurs werden hier vor allem systemisch-soziologische Theorien herangezogen[21]; psychologische und auch ökonomische Perspektiven treten dagegen in den Hintergrund, weil sie die strukturellen Besonderheiten der kirchlichen Organisation zu wenig berücksichtigen.

Theologische und systemisch-soziologische Theoriebildung wird schließlich in einem praktisch-theologischen Begriff der evangelischen Kirche zusammengefasst (↗2.6). Die empirisch sichtbare Kirche lässt sich insofern als »Organisation« begreifen, als ihre soziale Verfassung – spätestens seit 1918 – die inhaltliche Selbständigkeit ihrer Praxis wie auch deren gesellschaftliche Verflechtung zum Ausdruck bringt.

Die Geschichte der theologischen Kirchentheorie, etwa Schleiermachers Hinweis auf die »freie Geistesmacht«, aber auch die soziologische Reflexion zeigen freilich, dass die evangelische Kirche als Organisation nicht hinreichend bestimmt ist. Zu ihrer sozialen Gestalt gehören vielmehr drei weitere, organisationsrelativierende Dimensionen: als »Institution« steht sie für eine gesellschaftlich vorgegebene religiöse Kultur, die theologisch als Ausdruck der organisatorisch unverfügbaren Freiheit des Geistes zu deuten ist. Als »Interaktion« manifestiert sich die Kirche in den gottesdienstlichen Versammlungen wie in den seelsorglichen, diakonischen oder katechetischen Begegnungen, in denen der Glaube unmittelbar ausdrücklich wird. Und als »Inszenierung« ist die Kirche insofern zu beschreiben, als sie den christlichen Glauben, seine inhaltlichen Gründe wie sein gemeinschaftliches Leben ausdrücklich, aber auch beiläufig zu öffentlicher Darstellung bringt. Im Ganzen hat die praktisch-theologische Kirchentheorie die evangelische Kirche daher als eine Organisation zu beschreiben, die den christlichen Glauben gerade darin zur Wirkung und zum Ausdruck bringt, dass sie sich offen hält für die Manifestationen des Glaubens *jenseits* der Organisation.

In zwei *historisch-empirischen Kapiteln*, die das Thema von Schleiermachers »historischer Theologie« aufnehmen, sind jene kybernetischen Prinzipien zu konkretisieren und zu bewähren. Gelegentlichen Hinweisen von P. C. Bloth wie von U. Pohl-Patalong folgend[22] werden zunächst einige *historische Typen der kirchlichen Organisation* untersucht, die bis heute strukturell wie im Blick auf verbreitete Bilder ›idealen‹ kirchlichen Lebens wirksam erscheinen. Von besonderem Interesse sind dabei die Parochie, die Landeskirche und der christliche Verein (↗3.1–3), weil hier die organisationsrelevanten Dimensionen der Mitgliedschaft, der Mitarbeit, der Leitung und der Baulichkeiten eine je in sich geschlossene Gestalt gewonnen haben und auf diese Weise die Organisation, aber auch die Institutionalität, die Interaktion und die Inszenierung der Kirche nachhaltig prägen. Was im binnenkirchlichen Sprachgebrauch unter »der Gemeinde« verstanden wird, lässt sich eher begreifen, wenn die kirchliche Sozialität vor Ort als historisch gewachsene Kombination jener idealtypischen Muster rekonstruiert wird (↗3.6).

In einem weiteren, noch stärker exemplarisch verfahrenden Kapitel werden zwei Strukturelemente kirchlicher Organisation, die deren empirische Bestandsbedingungen betreffen, näher betrachtet. Sowohl die *Mitgliedschaftsbeziehungen* (↗4.1) als auch die *finanzielle* Verfassung der Kirche (↗4.2) werden wiederum historisch-typologisch, dazu im Blick auf die vier o. g. Dimensionen kirchlicher Organisation, Institution, Interaktion und Inszenierung untersucht. Dabei kommen auch Entwicklungen wie das Fundraising oder die Frage nach abgestufter Mitgliedschaft in den Blick, die in der gegenwärtigen Debatte eine besondere Rolle spielen.

An der Systemstelle von Schleiermachers »praktischer«, pragmatisch-technischer Theologie kommt in der vorliegenden Kirchentheorie schließlich die *Reflexion der expliziten kirchlichen Leitungspraxis* zu stehen (↗5). Aus der kybernetischen Theoriegeschichte ist hier die Einsicht aufzunehmen, dass als Subjekte gezielter Einflussnahme auf die Gesamtgestalt der Kirche keineswegs nur (Pfarr-)Personen anzusprechen sind[23]. Auf Gemeinde- wie auf überörtlicher Ebene wird von den Kirchenordnungen vielmehr auch anderen Hauptamtlichen, etwa Juristen oder Verwaltungskräften, vor allem jedoch ehrenamtlich arbeitenden, synodalen Gremien Leitungsverantwortung zugeschrieben. Dies wird in der kirchenjuristischen Literatur regelmäßig, in der praktisch-theologischen Debatte jedoch nur selten gesehen; zuletzt hat G. Breitenbach »presbyteriale«, »episkopale« und »kongregationale« (zu ergänzen sind konsistoriale) Leitungsstrukturen reflektiert (*Breitenbach*, 311 ff.). Neben den Prinzipien sowie den spezifischen Formen bildet daher eine Betrachtung der *Subjekte kirchlicher Leitung* den Kern der hier vorgelegten Kybernetik im engeren Sinne (↗5.3).

Die Kirchentheorie behandelt nicht nur Methoden, Strukturen und Prinzipien der Leitungspraxis, sondern muss auch die gängigen Begriffe reflektieren, in denen die einschlägige innerkirchliche Verständigung sich üblicherweise vollzieht. Neben der Rede von »der Gemeinde« (↗3.6) und »den Mitgliedern« (↗4.1.4) ist darum schließlich auch der Begriff der *»geistlichen Leitung«* zu bedenken (↗5.5). Der im Titel des Buches markierte Ansatz bei der »Organisation« wird hier so aufgenommen, dass geistliche Leitung nicht im Gegensatz zur »weltlichen« oder »organisatorischen« Leitung erscheint, sondern vielmehr als eine spezifische Dimension *aller* kirchlichen Leitungspraxis, die diese – in religiösen Formen wie in theologischer Reflexion – für das Handeln des Geistes offen hält.

Kapitel 2 – Systematische Perspektiven

Literatur: *Kühn, Ulrich:* Kirche, Gütersloh 1980 (HST). – *Preul, Reiner:* Kirchentheorie. Wesen, Gestalt und Funktionen der Evangelischen Kirche, Berlin / New York 1997.

Die gegenwärtige kirchentheoretische Debatte zehrt – ausdrücklich oder unbenannt – von einer reichhaltigen Theoriegeschichte. Die leitenden Begriffe, die prägnanten Bilder und selbstverständlichen Zuschreibungen, mit denen die Aufgaben der Kirche für die Einzelnen wie für die Gesellschaft beschrieben werden, verdanken sich dieser Tradition ebenso wie gängige Postulate zu notwendigen Strukturreformen. Die theoriegeschichtlichen Skizzen, die hier in den Kapiteln 2.1 bis 2.4 vorgelegt werden, mögen die gegenwärtige Debatte darum in verschiedener Hinsicht bereichern.

Zunächst soll der exemplarische Rekurs auf reformatorische, neuzeitliche, römisch-katholische und auf aktuelle protestantische Gestalten der Ekklesiologie die Herkunft gängiger Leitbegriffe und -unterscheidungen erhellen und damit zur Präzisierung, auch zur Korrektur des üblichen Sprachgebrauchs beitragen. Sodann sollen einige systematische Ansätze, die wirkungsgeschichtlich besonderes Gewicht bekommen haben, in ihrer Binnenlogik vorgeführt werden. Der normative Anspruch, den jene Ansätze mit sich führen, wird weder bestritten noch schlicht affirmiert; durch die Skizze der jeweiligen Argumentationsstruktur kann vielmehr die Schlüssigkeit ihrer systematischen Konstruktion, ihrer spezifischen Perspektive zur Geltung kommen. Auf diese Weise könnte das Folgende schließlich zur produktiven Irritation beitragen: Die Theoriegeschichte speichert ekklesiologische Argumente, Hinsichten und Fragestellungen, die derzeit zu wenig oder gar nicht im Blick sind.

Auf dem Hintergrund der konflikt-, organisations- und leitungstheoretischen Ausrichtung der vorliegenden Kirchentheorie (↗ 1.2–4) wird im Folgenden zunächst nach den sozialen und institutionellen Kontexten und spezifischen *Konflikten* gefragt, in denen das kirchliche Leben jeweils wahrgenommen wird. Sodann werden die *theologisch-normativen Kriterien* benannt, denen sich die jeweiligen Aufgaben- und Wesensbestimmungen der Kirche verdanken. Dabei sind die außertheologischen, empirischen bzw. theoretischen Horizonte im Blick zu behalten, die jene Kriterien prägen; und es wird namhaft gemacht, welche *Leitungsformen* damit in den Vordergrund treten. Zudem wird gefragt, welche *organisatorischen Strukturen* die Autoren für konstitutiv halten – und inwiefern sich diese Optionen auch tatsächlich realisiert haben. Nicht zuletzt sind auch die *Grenzen* der jeweiligen systematischen Perspektive zu benennen, wie sie sich in der Rückschau ergeben, wie sie aber gelegentlich auch von den Autoren selbst benannt werden.

Die systematische Rekonstruktion exemplarischer ekklesiologischer Ansätze dient nicht zuletzt der Vorbereitung eines eigenen Vorschlages, ›Kirche‹ praktisch-theologisch zu konzipieren. Mit diesem Ziel wird zunächst eine knappe *gesellschaftstheoretische Skizze* vorgelegt (↗ 2.5), um die spezifische Perspektive anzudeuten, in der die gegenwärtige Situation der Kirche hier thematisiert wird. Sodann wird die systemische Soziologie nach N. Luhmann und A. Nassehi zur Entfaltung eines praktisch-theologischen *Begriffs der kirchlichen Organisation* genutzt, der auch die ›Schatten‹, die nicht organisierbaren Aspekte der kirchlichen Sozialgestalt umfasst. Die vier Dimensionen dieses Begriffs – Organisation, Institution, Interaktion und Inszenierung – lassen sich ekklesiologisch wie soziologisch entfalten (↗ 2.6); sie strukturieren die vorliegende Kirchentheorie dann auch in ihren anderen Kapiteln.

2.1 Einsichten der Reformation

2.1.1 Die Kommunikation des Evangeliums als Strukturprinzip der verborgenen und der sichtbaren Kirche – Luther und die Confessio Augustana

Quellen: *Luther, Martin:* Dass eine christliche Versammlung oder Gemeinde Recht und Macht habe, alle Lehre zu urteilen und Lehrer zu berufen, ein- und abzusetzen: Grund und Ursach aus der Schrift (1523), WA 11, 408–416; zitiert nach: Martin Luther, Ausgewählte Schriften, hg. v. *K. Bornkamm/G. Ebeling*, Bd. 5: Kirche, Schule, Gottesdienst, Frankfurt/M. 1982, 7–18. – *Ders.:* Von den Konzilien und Kirchen (1539), WA 50, 509–653; Teil 3 zit. nach a. a. O., Bd. 5, 181–220.

Literatur: *Wendebourg, Dorothea:* Kirche, in *A. Beutel* (Hg.), Luther-Handbuch, Tübingen 2005, 403–414. – *Korsch, Dietrich:* Martin Luther. Eine Einführung, Tübingen ²2007, 103–117.

In der gegenwärtigen Diskussion über die Gestaltung der Kirche wird immer wieder auf Aussagen Martin Luthers und auf die von seiner Theologie bestimmten Sätze der Confessio Augustana zurückgegriffen. Luthers Einsichten wie die einschlägigen Formeln der CA sind darum ausführlicher zu skizzieren. Dabei ist zu bedenken, dass Luther stets angesichts aktueller Herausforderungen und Auseinandersetzungen argumentiert: Die prägnanten Begriffe, Unterscheidungen und Begründungsmuster, die bis heute die kirchentheoretische Debatte prägen, entstammen spezifischen Konfliktlagen. Vor allem zwei Konfliktlinien sind bedeutsam.

Zum Einen reagieren Luthers kirchentheoretische Äußerungen auf den Widerstand, den seine Grundeinsicht, die Rechtfertigung allein durch den Glauben, in der *kirchlichen Hierarchie seiner Zeit* erfährt. Immer deutlicher ist er überzeugt: Der Anspruch der römischen Kirche, über Leben und Glauben der Einzelnen verbindlich urteilen und ihnen den Zugang zur Gnade Gottes eröffnen oder verweigern zu können, widerspricht der Einsicht in die Zueignung des Heils »sola fide« prinzipiell und darum auch strukturell. Daher sieht sich Luther genötigt, das eigentliche Wesen der Kirche (↗(a/b)), den Sinn kirchlicher Ämter (↗(d)) und die Prinzipien der kirchlichen Leitung (↗(e)) aus dem Wesen des Glaubens heraus zu explizieren.

In dem Maße, in dem jene Einsichten auch zu organisatorischen Veränderungen, zur Bildung reformatorischer Gemeinden und ganzer Territorien führen, sieht sich Luther zum Anderen veranlasst, konkrete *Einzelfragen kirchlicher Gestaltung* zu bedenken: von der Gottesdienst- und Finanzordnung über die Einsetzung evangelischer Pfarrer und Bischöfe bis zur Kompetenz kirchlicher Aufsichtsorgane. Theologisch zu klären ist dabei jeweils auch die *Rolle der politischen Instanzen*, der Magistrate bzw. der Fürsten und ihrer Verwaltung. Angesichts der staatlichen Indienstnahme religiöser Institutionen im Landesherrlichen Kirchenregiment, dessen Wirkungsgeschichte bis in die Gegenwart reicht (↗3.2), verdienen Luthers Einsichten zur kirchlichen Stellung der ›Obrigkeit‹ besonderes Interesse (↗(e)).

(a) Das Wesen der Kirche als gottesdienstliche Gemeinschaft

Im Zentrum aller theologischen Lehre steht für Luther bekanntlich die Einsicht, dass die Rechtfertigung des Menschen vor Gott »sola fide« und »solo verbo« geschieht. Die Beziehung zu Gott kann nicht durch irgendwelche menschliche Anstrengung zurechtgebracht werden, sondern das Heil verdankt sich allein dem Handeln Gottes, der den Menschen im Glauben an das Evangelium von Jesus Christus gerecht macht. Dabei versteht Luther den *Glauben* als ein genuin sprachliches Geschehen: Es ist Gottes *Wort*, das das Herz des Menschen trifft, es tröstet und vergewissert. Glaube ist dann genauer zu fassen als ein Ineinander von göttlicher Anrede und menschlichem Vertrauen darauf, dass dieses Wort ›mir‹ gilt und ›mich‹ von Sünde, Angst und allen anderen Mächten befreit, die von Gott trennen könnten.

Wird das Heilsgeschehen derart in die Person, in das individuelle Hören und Vertrauen auf das Evangelium verlegt, dann kann die Kirche nicht mehr als hierarchische, ›von oben nach unten‹ gegliederte Institution aufgefasst werden, die Gottes Gnade sakramental wirksam zueignet (oder verweigert). Luther begreift die Kirche vielmehr primär genossenschaftlich: *als Gemein-*

schaft der Glaubenden, als Sammlung oder »Haufen« all der Menschen, die auf das Wort Gottes vertrauen. Von hieraus kann er eine elementare, nicht institutionell, sondern personal akzentuierte Definition formulieren: »Es weiß gottlob ein Kind von sieben Jahren, was die Kirche sei, nämlich die heiligen Gläubigen und ›die Schäflein, die ihres Hirten Stimme hören‹.«[1]

Während die römische Lehre von der Kirche ihre religiöse Aktivität, ihre sakramentale Macht betont, den Einzelnen wie der Gesellschaft den Zugang zu Gott zu eröffnen, versteht Luther die Kirche primär als »ecclesia audiens«: Sie entsteht aus der Passivität des Hörens und ist somit von *fundamentaler Ohnmacht* geprägt. Dabei ist die Kirche – als »creatura Evangelii«[2] – nicht nur im Blick auf ihre Entstehung ohnmächtig. Sondern auch dort, wo sie – als »ecclesia docens« – ihrerseits das evangelische Wort verkündigt, hat sie es nicht in der Hand, ob jenes Wort Glauben findet. In genauer Entsprechung zum individuellen Glauben gilt auch für dessen Gemeinschaft, dass sie nicht durch eigene Anstrengung zur »Kirche« werden kann, sondern allein durch Gottes Handeln, der in ihr (und durch sie) Glauben schafft.

Weil Luther die Kirche als eine Genossenschaft von (glaubenden) Personen versteht, benennt er sie gerne mit Sozialbegriffen wie »christliches, heiliges Volk«, »christlicher Haufe« oder »Sammlung«, oder eben »Gemein(d)e«.[3] Als »heilige Christenheit« (BSLK, 656) existiert die Kirche in aller Welt; sie ist nicht an einen bestimmten Ort oder eine spezifische Ordnung gebunden. Sie manifestiert sich jedoch vor allem an dem sozialen Ort, an dem der Glauben selbst entsteht und immer neu vergewissert wird: Es sind die konkreten *gottesdienstlichen Versammlungen*, in denen die Glaubenden »ihres Hirten Stimme hören«. Wenn in CA 7 darum von der Kirche nicht – traditionell – als »communio«, sondern – spezifischer – als »congregatio sanctorum« gesprochen wird, so entspricht dies Luthers ekklesiologischem Grundverständnis: Im Gottesdienst wird deutlich, dass die Kirche ein durch das Wechselspiel von göttlichem Wort und menschlichem Vertrauen konstituiertes kommunikatives Geschehen ist.

(b) Verborgene und sichtbare Kirche

Als Gemeinschaft der Glaubenden verdankt sich die Kirche allein dem Wirken des göttlichen Geistes. Wie und wo dieser Geist wirkt, das ist freilich dem empirischen Urteil verborgen: »Abscondita est ecclesia, latent sancti.« (WA 18, 652) Wenn Luther die Verborgenheit der ›eigentlichen‹ Kirche so sehr betont, dass er gelegentlich von »zwei Kirchen« sprechen kann, nämlich einer »geistlichen, innerlichen Christenheit«, die niemand sieht, und einer »leiblichen, äußerlichen« und darum auch erkennbaren Christenheit[4], so ist das offenbar gegen zwei Seiten kritisch akzentuiert.

Zum Einen widerspricht Luther der »schwärmerischen« Vorstellung einer gleichsam reinen Kirche, zu der – eindeutig erkennbar – nur die wahrhaft Glaubenden gehören (dürfen). Von daher lehnt er jede Form einer Sammlung geistlich Entschiedener ab, die sich als die ›eigentliche‹ Kirche verstehen. Denn ein solcher Anspruch, in der Kirchengeschichte immer wieder erhoben, übergeht die Einsicht, dass überhaupt niemand von sich oder anderen sagen kann, ob er zu den Glaubenden gehört: Wie die Person im Herzensgrund bestimmt ist, das sieht nur Gott selbst; dazu gilt auch und gerade für den Glaubenden, dass er sich immer (nur) als »simul iustus et peccator« verstehen kann.

An der Frage nach dem numerischen Umfang der verborgenen bzw. der sichtbaren Kirche ist Luther daher kaum interessiert; ihn beschäftigt weniger die geistliche Qualität der Mitgliedschaft als vielmehr – zum Anderen – die geistliche Bedeutung ihrer *organisatorischen Struktur*. Während die römisch-katholische Lehre – bis heute – die rechtlich fixierte Hierarchie der Kirche als wesentlichen Aspekt ihres geistlichen Wesens begreift, so dass die religiöse Vollmacht von Papst und Bischof als »ius divinum« gilt, bestreitet Luther mit dem Hinweis auf die »absconditas« der Gemeinschaft der Glaubenden, dass dem kirchlichen Recht geistlich bindende Autorität zukommt und dass die sichtbare Kirche – sei sie römisch, sei sie protestantisch verfasst – sich als eindeutige Manifestation der »innerlichen Christenheit« begreifen dürfe.

Von hieraus kann Luther die sichtbare Kirche schärfer, teilweise vernichtender Kritik unterziehen; diese Kritik zeigt jedoch zugleich, dass den sichtbaren Strukturen der Kirche selbst eine wesentliche, »geistliche« Qualität eignet. Die »zwei Kirchen« sind in Luthers Sicht keineswegs getrennt, sondern sie bezeichnen, wie die Metaphorik »geistlich/leiblich« erkennen lässt, zwei Aspekte oder *Dimensionen* der Gemeinschaft der Glaubenden. Die verborgene Kirche markiert jene Gemeinschaft unter dem Aspekt des göttlichen Handelns; (nur) ihr kommen darum die »notae« der Einheit, Heiligkeit, Katholizität und Apostolizität zu. Die sichtbare Kirche dagegen erscheint als Resultat menschlichen Handelns, das darauf befragt werden kann, wie es sich zu jener geistlichen Wirklichkeit verhält – oder genauer: wie in dieser menschlich-sichtbaren Institution die geistliche Kirche selbst *zum Ausdruck kommt*.

Luther markiert vor allem zwei Bezüge der sichtbaren auf die verborgene Kirche. Zum Einen fragt er: »Woran […] kann doch ein armer, irrender Mensch merken, wo solch christliches, heiliges Volk in der Welt ist?« (WA 50, 628) Wenn der angefochtene Glauben sich nicht mehr in der sakramentalen Institutionalität der (römischen) Kirche bergen kann, dann wird die Frage drängend, wie – und wo – der verunsicherte Mensch Zugang zum Evangelium findet. Luther nennt in diesem Sinne eine ganze Reihe von Kennzeichen, die die reale Präsenz der Gemeinschaft des Glaubens markieren, etwa die Absolution, geordnete Ämter und die Verfolgung, das »Kreuz« der Kirche[5].

Zugleich betont er, dass eindeutige Gewissheit nur durch die Predigt des Evangeliums sowie durch die Sakramente zu erlangen ist. Das hör- und sichtbare Wort markiert die verborgene Kirche, denn »Gottes Wort kann nicht ohne Gottes Volk sein [...] Wer sollte es sonst predigen oder predigen hören, wenn kein Volk Gottes da wäre?« (WA 50, 629)

Diese und ähnliche Passagen verdeutlichen, dass die äußeren Kennzeichen nicht nur *signifikativ* auf die Präsenz der geistlichen Kirche verweisen, sondern dass jene Strukturen – zum Anderen – eine kausative oder *konstitutive* Bedeutung für die geistliche Dimension haben[6]. Weil Gottes Geist den Glauben durch die Mittel (CA 5: »instrumenta«) des gepredigten und leiblich-sakramentalen Wortes schafft, darum ist dieses von Menschen ausgeteilte Wort notwendige Bedingung für die Entstehung und Erhaltung der Gemeinschaft des Glaubens.

Zusammengefasst ergibt sich für die Gestaltung der sichtbaren Kirche, die allein Gegenstand praktisch-theologischer Reflexion sein kann, nach Luther: Zwar darf jene Gestaltung nicht darauf zielen, die geistliche Wirklichkeit der Kirche – gleichsam schwärmerisch – sichtbar verwirklichen zu wollen, wohl aber kann und soll die kirchliche Organisation auf ihre geistlich-verborgene Seite *verweisen*, sie soll jene geistliche Gemeinschaft spiegeln, sie – mit Schleiermacher gesprochen – *zur Darstellung bringen*.

(c) CA 7 als Grundformel der lutherischen Kirchentheorie

Luthers rechtfertigungstheologischen Einsichten zum Wesen der Kirche sind historisch vor allem dadurch wirksam geworden, dass sie die einschlägigen Aussagen der Confessio Augustana geprägt haben. Insbesondere deren 7. Artikel »De ecclesia« hat, wie D. Rössler bemerkt, »Geschichte gemacht. Er bildet seither den Grundstein der evangelischen Ekklesiologie.«[7] Einige Aspekte dieser ekklesiologischen Basis seien hier markiert. Nach der Versicherung, »quod una sancta ecclesia perpetua mansura sit«, heißt es in CA 7 (BSLK 61) bekanntlich:

>»Est autem ecclesia congregatio sanctorum, in qua evangelium pure docetur et recte administrantur sacramenta.«

Die Kirche wird hier zunächst als »Versammlung« beschrieben; der Gemeinschaft der Glaubenden eignet auch in ihrer geistlichen, ewig bleibenden Dimension eine *erfahrbare soziale Gestalt*. Diese Gestalt wird freilich nicht, wie im römischen Katholizismus, durch fixierte Institutionen oder besondere Amtsrollen bestimmt, sondern durch eine *spezifische Praxis*. Auch die beteiligten Personen sind erst und allein durch die praktische Austeilung des Wortes als Glaubende (als »Heilige«) bestimmt; durch inhaltliche Überzeugungen oder individuelle Einstellungen wird die Kirche demnach gerade nicht konstituiert. Konstitutiv ist vielmehr genau dasjenige Geschehen, in dem ihre innere, von Gott gewirkte Seite mit ihrer äußeren, durch menschliche Praxis bewirkten Seite zusammenkommt: CA 7 bezeichnet die Kirche in ihrer verborgenen wie in ihrer sichtbaren Dimension *zugleich*.

Im Kontext der CA ist jene Praxis durch einen spezifischen *inhaltlichen* Bezug gekennzeichnet: Das »evangelium« wird in CA 5 als Lehre von der Rechtfertigung »non propter nostra merita, sed propter Christum« präzisiert; die Kirche kommt dadurch und nur dadurch zustande, dass in ihr die *Rechtfertigung*, wie sie fundamental in CA 4 umrissen wird, situationsgerecht entfaltet und verkündigt wird. Die sichtbare Kirche wird demnach als ein inhaltlich bestimmtes Kommunikationsgeschehen, genauer: als ein *Bildungsgeschehen* oder eine Bildungsinstitution gekennzeichnet (vgl. *Preul*, 140 ff. 151 f.).

Die Nennung der Sakramente verhindert dabei, dass die den Glauben ›bildende‹ Kommunikation rein verbal und kognitiv (miss-)verstanden wird. Zur Austeilung des Gotteswortes gehören nichtsprachliche Medien, die ihm eine mit allen Sinnen erfahrbare Gestalt verleihen. Zugleich markieren die Sakramente die *konkrete soziale Gestalt* der Kirche: Mit der Taufe wird die individuelle Zugehörigkeit, mit der Teilnahme am Mahl wird die leibliche Präsenz in der »Versammlung der Heiligen« und deren Gemeinschaft zur Darstellung gebracht[8].

Was die konkrete Ausgestaltung dieser Gemeinschaft betrifft, beschränkt sich CA 7 dezidiert auf eine Art Minimaldefinition. Das betrifft nicht nur die empirische wie die geistliche Verfassung der *beteiligten Personen* – in CA 8 werden auch »hypocritae et mali« als mögliche Empfangende wie als Austeilende des Wortes genannt. Auch die geistliche *Einheit* der Kirche bedarf nach CA 7 keiner weiteren Sicherungen:

»Et ad veram unitatem ecclesiae satis est consentire de doctrina evangelii et de administratione sacramentorum. Nec necesse est ubique similes esse traditiones humanas seu ritus aut ceremonias ab hominibus institutas [...].«

Dass »menschliche Traditionen« oder »Zeremonien« für die kirchliche Einheit keine konstitutive Bedeutung haben, richtet sich im zeitgenössischen Kontext gegen den religiösen Herrschaftsanspruch des römisch-katholischen (Kirchen-) Rechts. Die knappe Formel »satis est« kann aber, wie ihre Wirkungsgeschichte zeigt, auch positiv verstanden werden[9], nämlich als Eröffnung einer außerordentlichen Freiheit zur kirchlichen Selbst-Gestaltung, in der sich wiederum die Welt gestaltende *Freiheit des Glaubens selbst* spiegelt. Weder bestimmte Traditionen, seien sie noch so ehrwürdig, noch spezifische Rituale und andere Vollzüge, seien sie noch so eindrücklich und wirkungsvoll, gehören notwendig zur sozialen Gestalt der Kirche.

Vielmehr ist ihrer verantwortlichen Gestaltung kein anderes Kriterium vorgegeben als die Sorge um die inhaltliche Klarheit und die kommunikative Zugänglichkeit desjenigen Wortes, durch das Gott den Glauben – und damit die Gemeinschaft des Glaubens – schafft. Eben diese ›minimalen‹ äußerlichen Bedingungen der Glaubenskommunikation werden in der CA, aber auch bei Luther selbst immer wieder zum Thema, und zwar unter dem Stichwort des »ministerium verbi«.

(d) Allgemeines Priestertum und kirchliches Amt

Die Frage nach einem evangelischen, der Rechtfertigung allein durch das Wort entsprechenden Verständnis des kirchlichen Amtes hat Luther prägnant beantwortet anlässlich eines konkreten Konflikts um das Recht der Stadtgemeinde Leisnig, sich selbständig, ohne die Zustimmung des kirchlichen Patronats einen Pfarrer zu wählen. Die diesbezügliche Schrift von 1523 beginnt mit dem Hinweis, die christliche Gemeinde sei »mit Gewissheit« daran »zu erkennen, dass da das reine Evangelium gepredigt wird« (Dass eine christliche Versammlung, 8), und zitiert im Folgenden wiederum Joh 10:

»›Meine Schafe kennen meine Stimme‹; ferner ›Meine Schafe folgen den Fremden nicht, sondern fliehen vor ihnen [...]‹. Hier siehst du ganz klar, wer das Recht hat, über die Lehre zu urteilen: Bischof, Papst, Gelehrte und jedermann hat die Vollmacht zu lehren, aber die Schafe sollen urteilen, ob sie die Stimme Christi oder die Stimme der Fremden lehren.« (9f.)

Wird die Gemeinde durch die Kommunikation des Evangeliums begründet, das bei den Einzelnen Glauben findet, so ist die Existenz einer Gemeinde nicht denkbar ohne *individuelle Aneignung*, ohne das je eigene »Urteil« der Hörenden, dass sie hier in der Lehre der Predigt tatsächlich die (Glauben wirkende) Stimme Christi gehört haben.

Die Einsicht in die Konstitution der Gemeinde durch die religiöse Stellungnahme jedes Einzelnen wendet Luther zunächst *kritisch* gegen »alle Bischöfe, Stifte, Klöster, hohe Schulen mit ihrer ganzen Körperschaft«, insofern »sie das Urteil über die Lehre den Schafen auf schamlose Weise wegnehmen und sich selber aneignen« (a.a.O., 10): Die hierarchischen Instanzen bedrohen die Selbständigkeit des Glaubens, weil sie die objektive Geltung ihrer Lehre vor und ungeachtet aller subjektiven Anerkennung behaupten. Diese Anmaßung macht sie gänzlich untauglich; eine Gemeinde, in der das Evangelium gepredigt wird, hat diese Autoritäten »zu meiden, zu fliehen, abzusetzen« (12).

Gleichwohl ergibt sich aus der kommunikativen Struktur der Kirche, »dass sie ja dennoch Lehrer und Prediger haben müssen, die das Wort ausrichten« (12). Dieses Wortamt kommt zunächst und bleibend allen Christen zu. Luther greift zur Begründung auf die neutestamentliche Figur des *Priestertums aller Glaubenden* (vgl. etwa 1. Ptr 2,5.9; Apk 1,6; 20,6) zurück und wendet sie kritisch gegen das Priestertum seiner Zeit[10]: Nicht etwa der bischöflich geweihte Amtsträger eröffnet den Einzelnen den Zugang zu Gott, sondern durch die Taufe sind *alle* Christen beauftragt, vor Gott bittend für Andere einzutreten und vor den Menschen das Wort Gottes nicht nur zu beurteilen, sondern »es zu bekennen, zu lehren und auszubreiten« (13). Damit wird die Austeilung des Wortes zur »Lebensaufgabe jedes einzelnen Christen. Alle treiben je an ihrem Ort das Predigtamt; das gilt namentlich für Eltern und Schulmeister und ganz besonders für die Hausväter, die ihre Kinder und ihr Gesinde anhand des Katechismus unterweisen.« (*Preul*, 105)

Zugleich hält Luther im Blick auf die öffentliche, d. h. der ganzen Gemeinde geltenden Verkündigung des Wortes die Einsetzung *besonderer Amtsträger* für erforderlich, ja für kirchlich konstitutiv. Dafür gibt er immer wieder zwei einander ergänzende Begründungen, wie sie besonders prägnant in »Von den Konziliis« formuliert sind:

»Man muss Bischöfe, Pfarrer oder Prediger haben, die öffentlich und gesondert die [...] Heilsmittel geben, reichen und üben, wegen der Kirche und in ihrem Namen, viel mehr aber wegen der Einsetzung Christi, wie Paulus Eph 4,11 sagt [...]. Denn der Haufen im Ganzen kann das nicht tun, sondern sie müssen es einem anbefehlen oder anbefohlen sein lassen. Was sollte sonst werden, wenn jeder reden oder die Sakramente reichen und keiner dem anderen weichen wollte.« (Von den Konziliis, 194)

Zunächst: Gerade weil alle aus dem christlichen »Haufen« die Kompetenz der Lehre haben, müssen sie, um nicht in eine verwirrende, chaotische Konkurrenz untereinander zu geraten, einer Person die Ausübung der »Heilsmittel« Wort und Sakrament im Namen aller und für alle anvertrauen. »Wegen der Kirche und in ihrem Namen« muss die Gemeinschaft Einzelne beauftragen, um die Klarheit des öffentlichen Wortes wie ihr eigenes ›Priestertum‹ nicht zu beschädigen. Dabei betont Luther, dass diese Beauftragung nur durch die Gemeinde geschehen kann; niemand soll »sich selbst [...] hervortun, sondern sich berufen und hervorziehen lassen, dass er anstelle und mit Auftrag der anderen lehre und predige« (Dass eine christliche Versammlung, 14). Übergemeindliche Instanzen sollen diese Berufung bestätigen, aber niemanden »ohne Wahl, Willen und Berufen der Gemeinde« zum Prediger einsetzen (a. a. O., 16).

Diese menschlich zu ordnende Übertragung des Amtes »wegen der Kirche und in ihrem Namen« wird von Luther zugleich auf eine »Einsetzung Christi« zurückgeführt: Die *Struktur* des Amtes entspringt nicht menschlicher Vernunft. Vielmehr ist sie für die inhaltliche Klarheit und die Prägnanz des Wortes – und damit für die Existenz der Kirche – unerlässlich; sie muss darum als von Gott selbst gegeben begriffen werden. Eben dies formuliert

CA 5, »De ministerio ecclesiatico«: »Ut hanc fidem consequamur, institutum est ministerium docendi evangelii et porrigendi sacramenta.«

(e) Weltliche und geistliche Leitung der Kirche

Die theologische Begründung des kirchlichen Amtes als eines Wort- oder Predigtamtes ist für Luther auch deswegen so bedeutsam, weil sie eine zentrale Frage der kirchlichen »Ordnung« berührt: Nach welchen Prinzipien und durch welche Instanzen ist die Kirche im Ganzen zu gestalten, wenn das römische Kirchenrecht in seiner Geltung fundamental bestritten wird? Auch zu diesen Fragen äußert sich Luther vor allem im Kontext konkreter Auseinandersetzungen.

Zeigt sich das Wesen der Kirche primär in einer gemeinsam verantworteten Kommunikation des Evangeliums vor Ort, so müssen zunächst alle der Gemeinde übergeordneten Autoritäten der Kritik verfallen: »Bischöfe, Äbte, Klöster und was es für Regiment dieser Art gibt« sind »abzutun oder zu meiden« (Dass eine christliche Versammlung, 12). Terminologisch macht Luther diese *prinzipielle Eigenständigkeit* jeder Glaubensgemeinschaft dadurch deutlich, dass er den Bischofstitel programmatisch auf den Gemeindepfarrer bezieht: Sein Amt ist das einzige, das in einer evangelischen Kirche göttliche Begründung beanspruchen kann.

Angesichts der radikalen Änderungen, die 1522 unter der Führung Karlstadts an der Ordnung der Wittenberger Messe, der Praxis der Sakramentsausteilung und der Heiligenverehrung vorgenommen werden und zu erheblichen, auch politischen Unruhen führen, kritisiert Luther in den Invokavit-Predigten auch die Geistlichen vor Ort: Sie setzten Einsichten des Glaubens mit liebloser Gewalt durch und griffen damit in Gottes eigenes Recht ein: »Wir haben zwar das Recht des Wortes, aber nicht Ausführungsgewalt. Das Wort sollen wir predigen, aber die Folge soll allein in Gottes Gefallen sein.«[11] Über Änderungen in der Gestalt des Gottesdienstes und der Frömmigkeit können nicht allein die theologischen Experten bestimmen, sondern hier ist die – allein durch Gott gewirkte – Glaubenseinsicht aller Einzelnen gefragt. Diese Struktur genuin kirchlicher Reform konkretisiert Luther im Blick auf die Reform der Messe:

»Macht ihnen kein Gesetz, dringt auch nicht auf eine allgemeine Ordnung. Wer da folgen wollte, der folge, wer da nicht wollte, bleibe draußen. Derweil fiele das Wort tief in das Herz und wirkte. So wird der eine gleich gefangen und gibt sich schuldig, geht hin und fällt ab von der Messe; morgen kommt ein anderer. So wirkt Gott mit seinem Wort mehr, als wenn du und ich alle Gewalt auf einen Haufen brächten. Wenn du also das Herz hast, dann hast du ihn erst gewonnen. So muss dann das Ding zuletzt von selbst zerfallen und aufhören, und wenn danach alle Gemüter und Sinne zusammenstimmten und vereinigt würden, so schaffe man dann die Messe ab.«[12]

Was Luther vorschwebt, ist offenbar eine gemeinschaftliche, im religiösen Austausch urteilsfähiger Subjekte entstandene Verabredung, ein einsichtsvoller Konsens über die Gestalt der Gemeinde, der durch die Lehre der Amtsträger angeleitet, aber nicht erzwungen werden kann. Es ist die kommunikative Konstitution des Glaubens selbst, die in dieser Form der Gemeindeleitung zum Ausdruck kommt.

Eine solche genossenschaftliche Leitung, die Luther offenbar auch für die überregionale Verständigung mehrerer Gemeinden vorschwebt, kann freilich in der sozialen Realität des 16. Jahrhunderts nur als Idealfall erscheinen. Faktisch vollzieht sich alle Reform und Neuordnung des Kirchenwesens auf Initiative oder doch mit Unterstützung der *politischen Instanzen*, der städtischen Magistrate bzw. der Territorialfürsten und ihrer Verwaltung. Als Subjekt kirchlicher Reform ist die weltliche Obrigkeit von Luther sehr früh, vor allem in der Adelsschrift von 1520 in Verantwortung genommen worden; konkret hat der fürstliche Schutz nicht nur sein Leben und Wirken bewahrt, sondern auch die Installation evangelischer Prediger ermöglicht.

Dass die weltliche Obrigkeit für den äußeren Bestand des Kirchenwesens zu sorgen hat, darin sind reformatorische Theologen und ihre Fürsten einig. Strittig bleibt die Frage, wie weit die politischen Instanzen auch in die innere Ordnung der Gemeinde, vor allem in Lehr- und Gottesdienstordnungen eingreifen dürfen, um den Frieden und die religiöse Einheit eines Territoriums zu bewahren.

Konkret diskutiert Luther diese Frage vor allem anhand der kirchlichen Visitationen, die seit etwa 1525, und seit 1528 auch im sächsischen Kurfürstentum, durchgeführt werden. Sie beziehen sich auf die rechtlichen und finanziellen Verhältnisse der Gemeinden, auf die Eignung ihrer Pfarrer, damit auch auf Predigt und Gottesdienst. Die einschlägigen Instruktionen, von fürstlichen Räten und Theologen gemeinsam verfasst, enthalten darum stets auch umfängliche Darlegungen zur evangelischen Lehre[13]. Luther ist nun einerseits, wie seine Vorrede zu Melanchthons »Unterricht der Visitatoren« erkennen lässt, daran interessiert, diese Lehrinstruktion nicht als ein religiös verbindliches Gesetz erscheinen zu lassen – »auf dass wir nicht neue päpstliche Dekretalen aufbringen, sondern [...] ein Zeugnis und Bekenntnis unseres Glaubens« (88). Andererseits ist die Visitation doch ein Akt der weltlichen Obrigkeit »aus christlicher Liebe [...] und um Gottes Willen, dem Evangelium zugut und den elenden Christen in Seiner Kurfürstlichen Gnaden Landen zu Nutz und Heil« (87). Darum sollen die Gemeinden und Pfarrer vor Ort diesen »Eifer« der Obrigkeit »nicht undankbar und stolz verachten, sondern sich willig, ohne Zwang, nach Art der Liebe dieser Visitation unterwerfen [...], bis Gott der heilige Geist durch uns oder durch sie Besseres anfange« (88). Auch das politische Interesse an einer einheitlichen, religiös fundierten

Ordnung der Territorialherrschaft wird also geistlich begrenzt; dass jenes Interesse aber auch in einen Gegensatz zur Lehre des Evangeliums treten könnte, wird hier nicht bedacht. Angesichts der politischen Realität, nicht zuletzt angesichts der Schutzbedürftigkeit des reformatorischen Kirchenwesens kann Luther eine strikte Unterscheidung von weltlicher Obrigkeit und geistlichem Amt nicht durchhalten; das »landesherrliche Kirchenregiment«, das die evangelische Glaubens- und Gottesdienstordnung für Jahrhunderte – und mit Folgen bis in die Gegenwart – unter das Regiment der Territorialfürsten stellt, kann als Folge dieser unklaren Grenzziehung verstanden werden.

Eindeutiger wird die Unterscheidung von weltlicher und geistlicher Gewalt in der Kirche dort zum Ausdruck gebracht, wo – wie in CA 28 – nicht die politische, sondern die kirchliche Obrigkeit selbst im Blick ist. Die einschlägigen Bestimmungen der *Confessio Augustana* haben ihre Wirkung darum vor allem nach dem Ende der Staatskirche in Deutschland entfaltet.

Zur kirchlichen Leitungsvollmacht gehört es nach CA 28 einerseits, »dass die Bischöfe oder Pfarrer mögen Ordnungen machen, damit es ordentlich in der Kirche zugehe. [...] Solche Ordnung gebührt der christlichen Versammlung um der Liebe und des Friedens willen zu halten [...]; doch also, dass die Gewissen nicht beschwert werden« (BSLK 129). Die organisatorische Ordnung in der Kirche unterliegt den gleichen Bedingungen wie jede politische Ordnung (vgl. CA 15 f.): Sie darf keine religiöse Verbindlichkeit beanspruchen und muss »ohne Sünde« eingehalten werden können (BSLK 71). In diesem Rahmen ist sie, um des Friedens willen, vor Ort ebenso allgemein verbindlich wie übergemeindlich – wiederum wird das Leitungsamt des Bischofs ausdrücklich unter die gleichen Kriterien gestellt wie die pastorale Gemeindeleitung.

Andererseits eignet auch der übergemeindlichen Kirchenleitung eine spezifisch geistliche Vollmacht: »So ist es das bischöfliche Amt nach göttlichem Recht (iure divino), das Evangelium predigen, Sünde vergeben, Lehre urteilen und Lehre, die gegen das Evangelium ist, verwerfen; die offensichtlich Gottlosen aus der christlichen Gemeinschaft ausschließen – ohne menschliche Gewalt, sondern allein durch Gottes Wort (sine vi humana sed verbo)« (BSLK, 124). Wiederum wird die Leitung der Gesamtkirche exakt mit den kommunikativen Vollzügen beschrieben, die das Amt des Wortes in jeder Gemeinde kennzeichnen: öffentliche Predigt, Absolution und eine Verwaltung der Sakramente, die sie den öffentlichen Sündern im Zuge der Kirchenzucht vorenthält.

Das Augsburger Bekenntnis traut – ganz im Sinne Luthers – es der Kommunikation des Evangeliums offenbar zu, nicht nur den individuellen Glauben, sondern auch die soziale Gestalt der Kirche – ihre Lehre, ihre Ordnung und den Umfang ihrer Mitgliedschaft – so verbindlich wie zwanglos zu regeln. Die rechtsförmigen, zwangsbewehrten Regeln, die »um der Liebe und des Friedens willen« auch in der Kirche gelten müssen, sind in dieser Hinsicht nicht mehr als ein politisch gewährter Rahmen oder Schutzraum, in dem sich eine genuin religiöse, auf der Predigt des Evangeliums und dem selbständigen, individuellen Glaubensurteil basierende Kommunikation vollziehen kann, und zwar sowohl in der örtlichen Gemeinde wie auch zwischen den Gemeinden eines Territoriums, ja in der ganzen Christenheit.

2.1.2 Die Regierung der sichtbaren Kirche – Calvin und die Reformierten Bekenntnisse

Quellen: *Calvin, Jean:* Ordonnances ecclésiastiques (1541/61). – *Ders.:* Institutio Christianae Religionis (1559), Buch IV, bes. Kap. 1, 3, 11, 12. – Heidelberger Katechismus (1563), bes. Frage 54, 55.
Literatur: *Barth, Karl:* Die Theologie Calvins (1922), in: Karl Barth GA, Abt. II, hg. v. H. Scholl, Zürich 1993, bes. 237–250, 357 ff. – *Weinrich, Michael:* Calvins Vision von der Kirche, in: M. Böttcher (Hg.), Die kleine Prophetin Kirche leiten, Wuppertal 2005, 225–239.

Calvins Denken über die Kirche, von Anfang an sehr viel konkreter und differenzierter als bei Luther, vollzieht sich seit 1536, dann 1541 im Horizont des Genfer Stadtstaates und dessen Interesse an einer umfassenden Reform der kirchlichen Verhältnisse. Dieses Reforminteresse ist religiös und sozial motiviert, es hat aber stets auch *politische* Implikationen, etwa im Blick auf die Konkurrenz Genfs mit anderen Städten wie Bern oder Basel, oder auf das prekäre Verhältnis zwischen den Eingesessenen und den eingewanderten (vor allem französischen) Flüchtlingen (vgl. *Weinrich*, 226 f.). Calvins Sicht der Kirche formt sich daher nicht allein in Auseinandersetzung mit der römischen Kirchenlehre, sondern auch im Gegenüber, ja oft im *Konflikt* mit dem Interesse des städtischen Magistrats an klaren und stabilen Verhältnissen. Zugleich sind hier – stärker noch als bei Luther – stets auch die (für den evangelischen Glauben oft bedrohlichen) Verhältnisse in anderen (west-)europäischen Staaten im Blick.

(a) Die theologische Bedeutung der sichtbaren Kirche

Calvins Theologie, deren Letztgestalt sich in der »Institutio Christianae Religionis« von 1559 findet, ist besonders an der Erfahrbarkeit der Kirche interessiert. Die empirische Kirche ist die »Mutter aller Glaubenden«[14], weil sie den Glauben nicht nur »erzeugt und vermehrt«, ihn gleichsam mit »mütterlicher Fürsorge« nährt, sondern weil sie – angesichts der menschlichen Trägheit und Eigensucht – den schwachen Glauben der Einzelnen auch »regiert«, schützt und stärkt (1,1). So kann Calvin – ganz katholisch – formulieren: »Wer Gott zum Vater hat, der muss auch die Kirche zur Mutter haben.« (1,1)

Calvin versteht die Kirche als eine lebenslange *Schule des Glaubens* (1,1; 1,4), als Ort einer geistlichen »Erziehung«, die der individuellen Vervollkommnung wie der Heiligung der ganzen Gemeinschaft dient (1,5). Das innere Leben der Kirche vollzieht sich daher wesentlich als wechselseitige, *durchstrukturierte Belehrung*: »Die Heiligen sind durch kein anderes Band miteinander zusammen gehalten, als wenn sie einhellig lernend und weiterschreitend die Ordnung der Kirche bewahren, die Gott vorgeschrieben hat.« (1,5)

Die kirchlichen Ordnungen sind für Calvin von genuin theologischer Bedeutung, ja die »sanctorum communicatio« ist auch in ihrer äußerlichen Gestalt Gegenstand des Glaubensbekenntnisses, denn »die Heiligen werden nach der Ordnung zur Gemeinschaft mit Christus versammelt, dass sie all die Wohltaten, die Gott ihnen gewährt, gegenseitig einander mitteilen« (1,3). Was in Luthers Vorstellung der kommunikativen Konstitution des Glaubens schon angelegt ist, wird hier ausdrücklich: Die geistliche Gemeinschaft ist wesentlich darauf angewiesen, dass die Glaubenden miteinander auch in *leiblicher* Kommunikation stehen, damit sie »ein Herz und eine Seele sind« (ebd., nach Apg 4,32).

Diese wechselseitige Bedingtheit von verborgener und sichtbarer Kirche kommt auch im Heidelberger Katechismus zum Ausdruck, wenn er die »Gemeinschaft der Heiligen« in Frage 55 doppelt definiert:

»Erstlich, dass alle Gläubigen als Glieder an dem Herrn Jesus Christus und allen seinen [...] Gaben Gemeinschaft haben. – Zum anderen, dass ein jeder seine Gaben zu Nutz und Heil der anderen Glieder willig und mit Freuden anzulegen sich schuldig wissen soll.«

Im Heidelberger Katechismus wie auch schon bei Calvin wird die sichtbare Kirche allerdings nicht vornehmlich im Hinblick auf den individuellen Glauben begründet. Vielmehr denkt die Reformierte Theologie auch die Kirche ›von oben‹, vom erwählenden Handeln Gottes und dann erst von der menschlichen Situation des Glaubens her. Wie W. Kreck in Anlehnung an den Heidelberger Katechismus (Frage 54) unterstreicht, ist nicht nur die verborgene, sondern auch und gerade die sichtbare Kirche eine »Aktion Gottes, der in Jesus Christus durch den heiligen Geist hier auf Erden sein Volk erwählt und erhält von Anbeginn der Welt bis ans Ende. Kirche war, ehe ich geboren wurde, ehe ich glauben konnte, und Kirche wird sein, wenn wir, die heute Lebenden, längst vergangen und vergessen sein werden.«[15]

Zugleich ist Calvin stärker als Luther an den konkreten Akteuren der kirchlichen Praxis interessiert. Seine Auskunft, die wahre Kirche werde daran erkannt, »dass Gottes Wort lauter gepredigt und gehört wird und die Sakramente nach der Einsetzung Christi verwaltet werden« (1,9), nimmt die Bestimmungen von CA 7 auf, ergänzt sie aber in charakteristischer Weise: Die sichtbare Kirche ist nicht allein an ihrer sach- und stiftungsgemäßen Botschaft erkennbar, sondern an von deren »lauterer« Verkündigung und an ihrem erkennbaren Effekt im menschlichen Hören. K. Barth pointiert: »Als eigentliche notae führt er Eigenschaften und Betätigungen nicht des kirchlichen Instituts als solchen, sondern der Menschen an, die als Gottes Erwählte an diesem Institut teilhaben. [...] Calvin sucht die Beziehung, er sucht die lebendigen Menschen, wenn er nach den ›electi‹, den ›membra ecclesiae‹ fragt«. (*Barth*, 246)

Weil die individuelle Lebensführung der »electi« für die religiöse Prägnanz der ganzen Kirche von hoher Bedeutung ist, räumt Calvin bekanntlich der *Kirchenzucht* einen hohen Rang ein: »Wie also die heilbringende Lehre Christi die Seele der Kirche ist, so steht die Zucht an der Stelle der Sehnen: Sie bewirkt, dass die Glieder des Leibes, jedes an seinem Platz, miteinander verbunden leben. Jeder also, der begehrt, die Zucht sollte abgeschafft werden [...], der sucht [...] unzweifelhaft die völlige Auflösung der Kirche.« (12,1) Allererst die Kirchenzucht ermöglicht, diesem Bild zufolge, den Zusammenhalt der Organisation und damit ihre religiöse Funktion für die Glaubenden wie für die Gesellschaft.

Dem entspricht es, dass Calvin vor allem die *Außenwirkung* der Zucht betont, die ja im öffentlichen Ausschluss der Unwürdigen vom Abendmahl gipfelt: Aus deren »Ruchlosigkeit« könnte sich sonst »für den Christennamen ein übler Ruf ergeben«; dazu würden die »Guten [...] durch den fortgesetzten Umgang mit den Bösen verdorben werden« (12,5). Wieder zeigt sich, dass Calvin die sichtbare Kirche vor allem im Blick auf ihre soziale und religiöse *Wirkung im Ganzen* bestimmt. Von daher ist er – viel mehr als Luther – an der inneren Verfassung der Kirche, an ihrer »Regierung« interessiert.

(b) Die Regierung der Kirche durch die Ämter

Die »Ordnung, in der die Kirche nach dem Willen des Herrn regiert werden soll« (3,1), ist nach Calvin die Ordnung eines funktional differenzierten kirchlichen Amtes: Die »Kirche gestaltet sich ganz wesentlich als Amtskirche« (*Weinrich*, 4). Mit der detaillierten Beschreibung der Ämter, ihrer Aufgaben und ihrer Einsetzung befasst sich Calvin daher ausführlich und gleich zu Anfang seiner Ekklesiologie (IV,3–7); auch die Genfer Kirchenordnung von 1541/1561 stellt, bevor sie allerhand theologische und pastorale Einzelfragen regelt, in ihrer ganzen ersten Hälfte eine Ämterordnung dar.

Dabei begründet Calvin die Institution kirchlicher Ämter nicht etwa aus dem Priestertum aller Glaubenden, das bei Luther erst in einem zweiten (freilich notwendigen) Schritt das Amt der öffentlichen Predigt aus sich heraussetzt (↗2.1.1 (e)). Die reformierte Tradition betont zunächst die alleinige Herrschaft, die Christus über die Kirche hat und für die er »gleichsam [...] vertretungsweise [eine] Tätigkeit von Menschen« in Anspruch nimmt (3,1). Nicht nur diese christologische Herleitung kirchenamtlicher Autorität klingt durchaus römisch-katholisch; auch ihr Ziel wird von Calvin traditionell beschrieben: »Zur Aufrechterhaltung der gegenseitigen Liebe war nichts geeigneter, als die Menschen durch das Band zusammenzufassen, dass *einer* zum Hirten eingesetzt wird, um die anderen zusammen zu unterweisen« (ebd.). Das Amt dient – das wird immer wieder betont – der *Einheit* der Kirche, ihrem sozialen und religiösen Zusammenhalt; ohne eine solche Ordnung droht nicht allein die »Zerstreuung«, sondern der »Zerfall oder der Untergang der Kirche« (3,2).

Calvin legt – bei aller Betonung des pastoralen Wort-Amtes – Wert auf eine *Vielfalt von kirchlichen Ämtern*, die der Vielfalt der für das Leben der Gemeinde nötigen Aufgaben oder Dienste entsprechen, und die einander gleich geordnet sind. Dabei kann er mit der neutestamentlichen Ämterpluralität argumentieren, aber auch mit der geschichtlichen Erfahrung (vgl. 3,4–9). Wesentlich sind ihm vier Ämter, die auf Dauer erforderlich sind, um die kirchliche Gemeinschaft unter dem Wort und mit der Zucht zusammenzuhalten. In der Genfer Kirchenordnung heißt es dazu:

> »Es gibt vier Ordnungen oder Arten von Ämtern, die unser Herr für die Leitung (gouvernement) seiner Kirche gestiftet hat: einmal die Pastoren, dann die Doktoren, danach die Ältesten, viertens die Diakone. Wenn wir eine wohlgeordnete und unversehrte Kirche haben wollen, müssen wir uns an diese Gestalt der Leitung (cette forme de regime) halten.«[16]

Das Amt der *Pastoren* wird – ungeachtet der Ablehnung von Rangunterschieden – in der reformierten Tradition stets hervorgehoben, weil sie den »Dienst am Wort« (3,8 u. ö.) in besonderer Weise ausüben. Sie haben ihr Hirtenamt so auszuüben, »dass sie nicht etwa eine müßige Würde innehaben, sondern mit der Lehre von Christus das Volk zu wahrer Frömmigkeit unterweisen, die heiligen Sakramente verwalten und die rechte Zucht bewahren und üben« (3,6). Die wesentliche Differenz zum lutherischen Konzept des (einen) kirchlichen Amtes besteht wiederum in der Relevanz der *Kirchenzucht;* ausdrücklich betont Calvin: »Die Unterweisung geschieht nun aber nicht allein in öffentlichen Predigten, sondern sie erstreckt sich auch auf persönliche Ermahnungen.«[17]

Mit den schriftgelehrten »*Doktoren*« oder (Gymnasial-)»Lehrern« haben sich die Pastoren – so bestimmt es die Genfer Kirchenordnung – wöchentlich zum gemeinsamen, teils öffentlichen Schriftstudium zu versammeln. Diese »venerable compagnie des pasteurs« ist zugleich Dienstbesprechung, Wahlgremium und – mindestens vierteljährlich – auch Ort einer wechselseitigen Aussprache über Lehre und Leben der Einzelnen, also intensiver religiöser und zugleich sozialer Kontrolle der Amtsträger [18]. Die kirchliche Zucht betrifft demnach zuerst und vor allem diejenigen, die für die rechte ›Regierung‹ der Gemeinde verantwortlich sind, selbst; die Genfer Ordnung enthält darum nicht zuletzt eine ausführliche Disziplinarordnung für die Pastoren (Ordonannces, 246–249).

Als drittes Amt benennen die Genfer Ordnungen die *Ältesten*, denen – gemeinsam mit den Pastoren – die Aufsicht über die individuelle Lebensführung der Gemeindeglieder obliegt (↗(c)). Die Beteiligung dieser vom städtischen Rat delegierten Amtsträger an der Kirchenleitung realisiert sich durch ihre Mitgliedschaft im »consistoire«; dies stellt in Genf nicht primär ein Verwaltungsorgan dar, sondern »eine eigentliche Synode, in der sämtliche Pfarrer und Älteste saßen und gemeinsam über kirchliche Angelegenheiten beschlossen« (*Jehle*, 6). – Kommunale und zugleich gemeindliche Aufgaben nehmen schließlich auch die *Diakone* wahr, von denen einige die Armenfonds verwalten, andere auch selbst in der Armen- und Krankenpflege tätig sein sollen [19].

Die skizzierte Aufgabenbeschreibung der vier Ämter, ihre Zusammenfassung in diversen Gremien, aber auch die detaillierten Berufungsordnungen machen deutlich, dass die auf diese Weise »regierte« Gemeinde nicht nur in religiöser, sondern auch in sozialer Hinsicht eine *öffentlich erkennbare Institution* darstellt, die das gemeinsame Leben der Glaubenden umfassend zu regeln beansprucht. Diese *politischen* Implikationen der reformierten Ämterordnung werden beim Amt der Ältesten sowohl theoretisch als auch praktisch besonders deutlich.

(c) Das Amt der Ältesten – religiöse und politische Funktionen

Auch wenn Calvin in der Institutio großen Wert darauf legt, die kirchliche von der weltlichen Gerichtsbarkeit strikt zu unterscheiden und auch die Kirchenzucht als ein Amt der Gemeinde auszugestalten (vgl. 11,3 ff. bzw. 12,1–3), markieren die konkreten Bestimmungen der Genfer Kirchenordnung für dasjenige Amt, welchem jene Aufgaben anvertraut sind, doch deutlich seinen genuin politischen Charakter: Es ist der Kleine Rat, also die Stadtregierung, der die Ältesten auswählt (die Pastoren haben dabei nur beratende Funktion), und zwar aus dem Kreis der Stadtverordneten selbst [20]; und ihr Wirken hat, wie es in der Eidesformel heißt, allein darauf zu zielen, »dass die Stadt in guter Ordnung und Gottesfurcht erhalten bleibt«. Die Überwachung der Lebensführung aller Gemeindeglieder, die »freundliche Ermahnung« unter vier Augen, die – im Konsistorium beschlossenen – »brüderlichen Zurechtweisungen« wie auch – als ultima ratio – der Ausschluss vom Abendmahl: Dies alles sind Maßnahmen, die der religiösen und zugleich der *sozialen Disziplinierung* der Einzelnen dienen; bis dahin, dass auch der rechtliche oder gar physische Ausschluss aus der Bürgerschaft, durch Verbannung oder Hinrichtung, in der Konsequenz eines Wirkens der Ältesten liegen kann.

Gerade weil diese Grenzfälle in der heutigen Wahrnehmung der Genfer Reformation stark hervortreten, ist zu betonen, dass die Kirchenzucht nach Calvin »in erster Linie als ein Konfliktregulierungsinstrument anzusehen ist« (*Weinrich*, 7), das auf ein »geschwisterliches Zusammenleben« der Gemeinde zielt. Indem die Ältesten die religiöse wie die ethische Lebensführung der Einzelnen auf vielerlei Weise »bewachen«[21], sorgen sie für die Reinheit wie für die Einheit der sichtbaren Kirche vor Ort; sie üben – aus der kirchlichen Binnenperspektive – ein genuin *religiöses* Amt aus.

Wirkungsgeschichtlich ist die Ämterordnung, wie Calvin sie entworfen hat, insofern höchst bedeutsam, als hier auch *Laien* unmittelbar an der Regierung der Kirche beteiligt werden, und zwar aus theologischen Gründen: Gehört nicht nur die reine Lehre, sondern zugleich das einmütige und überzeugende Zusammenleben der Christen zum Wesen der sichtbaren Kirche, dann müssen auch diejenigen, die dieses Zusammenleben im Einzelnen verantworten, Sitz und Stimme in der Kirchenleitung erhalten.

Die religiöse Aufwertung, die das Konzept der »Ältesten« für ein genuin politisches Amt bedeutet, hat in Genf selbst bekanntlich zu zahlreichen Konflikten geführt; sie hat jedoch dort, wo die reformierten Gemeinden sich im Kontext katholischer (oder lutherischer) Obrigkeit bewegten, auch höchst konstruktive Folgen gehabt[22]. In Frankreich, in Schottland, auch in den niederländischen Territorien sehen sich die Reformierten genötigt, einen Konsens zu Lehr- und Ordnungsfragen über die einzelnen Gemeinden hinaus zu suchen. In die entsprechenden Gremien, die »classis«, »assemblies« oder »Konvente« auf regionaler wie nationaler Ebene werden nicht allein Pastoren, sondern auch Älteste und Diakone aus den einzelnen Gemeinden entsandt. Auf diese Weise bilden sich institutionalisierte Vertretungskörperschaften heraus, in denen Theologen und Laien Fragen der Lehr- und Lebensordnung für ihre jeweilige kirchliche Region bearbeiten[23] und zugleich nach außen wirken: Es sind diese Konvente und ihre Vorsitzenden, die für die jeweilige staatliche Obrigkeit zu Ansprechpartnern werden und so eine *politische Funktion* bekommen: Sie artikulieren die öffentliche Präsenz des reformierten Glaubens.

Die presbyterial-synodale Kirchenverfassung, die sich auf diese Weise im ausgehenden 16. Jahrhundert entwickelt, ist »die aus der Not geborene Gestaltung einer unabhängig vom Schutz der staatlichen Obrigkeit existierenden Kirche«[24]. Gerade weil das reformierte Synodalwesen im 19. Jahrhundert als eine besonders »demokratische« Form kirchlicher Selbstgestaltung verstanden wird (↗ 5.3.3), ist sein theologischer Ursprung zu betonen: Die Ältesten agieren weder vor Ort noch in den übergemeindlichen Synoden als gewählte Vertreter der Gemeindeglieder, sondern als Repräsentanten der Herrschaft Christi. Auch und gerade in Konsistorien, Konventen und Synoden gründet sich die reformierte Kirche nicht im allgemeinen Priestertum, sondern in einem funktional gegliederten Amt: Sie stellt auch hier eine »Amtskirche« dar.

2.1.3 Grenzen der reformatorischen Kirchentheorie

Die reformatorische Reflexion von Wesen, Aufgabe und Gestaltung der Kirche, wie sie exemplarisch an Luther und Calvin vorgeführt wurde, ist nicht nur deshalb bedeutsam, weil die Bekenntnisschriften, auf die die evangelischen Großkirchen sich beziehen, eben diese reformatorische Kirchentheorie artikulieren. Sondern die Beschäftigung mit diesen Ansätzen ist praktisch-theologisch auch deswegen angezeigt, weil hier in großer Konsequenz versucht wird, die neuen evangelischen Einsichten über die Bildung und Bewährung des Glaubens im Blick auf die Verfassung einer Kirche zu entfalten, deren Handeln sich jener Glauben verdankt und der er zugleich – auch kritisch – gegenüber tritt. Zu den bleibenden Einsichten der Reformation gehört es daher, von ›Kirche‹ stets in unhintergehbar *mehreren Dimensionen* zu sprechen: Sie ist zu begreifen als Geschöpf des göttlichen Wortes, als gottesdienstlich-gemeinschaftliche Erfahrung, als soziale Organisation und als öffentliche, nicht zuletzt politisch zu gestaltende Größe[25].

Angesichts der hohen, derzeit unbestrittenen Bedeutung reformatorischer Einsichten ist jedoch zugleich auf deren Grenzen hinzuweisen, wie sie sich schon in der (vergleichenden) immanenten Rekonstruktion zeigen, erst recht aber im Kontext tiefgreifend gewandelter sozialer, religiöser und kirchlicher Verhältnisse. Drei Aspekte seien skizziert:

(a) Die Einsicht in die personale, kommunikativ-genossenschaftliche Struktur des Glaubens erschwert es Luther offenbar, nach den rechtlich-organisatorischen Bedingungen der sichtbaren Kirche zu fragen. Inwiefern das öffentliche Predigtamt nicht nur theologisch, sondern auch politisch geprägt ist, wie sich seine geistliche Leitungsfunktion zur weltlichen Gewalt verhält, das kann – angesichts der massiven landesherrlichen Interessen – nicht hinreichend reflektiert werden.

Umgekehrt scheint es Calvin, der die Kirche weniger gemeinschaftlich und eher juristisch und pädagogisch beschreibt, schwer zu fallen, die wesentliche Freiheit und Individualität des Glaubens festzuhalten. Das von Anfang an umstrittene Konzept der Kirchenzucht markiert das ungeklärte Verhältnis zwischen der »Mutter Kirche«, der Selbständigkeit ihrer Mitglieder und den politischen Instanzen, die ihrerseits an dieser Selbständigkeit wie an jener Zucht interessiert sein müssen.

Die Reformation bearbeitet das hier thematische Verhältnis von individuellem Glauben und kirchlicher Organisation vornehmlich mit dem Konzept des (ggfs. gegliederten) Amtes. Im Rückblick fällt auf, dass die Möglichkeit eines individuellen kirchlichen Engagements, das nicht »ordentlich berufen« (CA 14), das nicht amtlich geordnet und beschränkt ist, in jenem Amtsverständnis nicht vorkommt. Dies ist auf dem Hintergrund der frühneuzeitlichen Verhältnisse nachvollziehbar – in einer Gesellschaft jedoch, für die eigenes, frei gewähltes Engagement konstitutiv geworden ist, kann der reformatorische Dual von individuellem Glauben und wesentlich amtlicher Organisation die kirchentheoretische Reflexion nicht mehr normieren.

(b) Luthers Vorstellung einer genossenschaftlichen, von geteilter Lehre und wechselseitigem Trost bestimmten Gemeinschaft des Glaubens reibt sich mit einem zeitgenössischen politischen System, für das soziale Stabilität, territoriale Einheit und zugleich massive Bildungsdifferenzen konstitutiv erscheinen. In anderer Weise stößt auch Calvins Konzept, Gottes Heilshandeln nicht zuletzt an der Lebensführung der Einzelnen und an der guten Ordnung der Gemeinde sichtbar zu machen, auf den Widerstand städtischer Regierungen, die sich ihrerseits für diese Ordnung verantwortlich sehen.

Das Verhältnis von kirchlicher Sozialgestalt und politischer Ordnung kann schon im 16. Jahrhundert offenbar nur im Konflikt zwischen religiösem Ideal und sozialer Realität ausgearbeitet werden. Sind Staat, Kirche und Gesellschaft aber derart auseinander getreten wie in der Gegenwart, dann muss das Verhältnis von kirchlicher und politischer Ordnung offenbar kritisch wie konstruktiv neu bestimmt werden. Weder die reformatorische Indienstnahme des kirchlichen Lebens für die Zwecke staatlicher Erziehung oder gesellschaftlicher Orientierung kann heute noch ungefragt vertreten werden noch reicht es aus, Kirche und Politik schlicht als getrennte Sphären zu begreifen.

(c) Im Rückblick zeigt sich schließlich auch dort eine Lücke der reformatorischen Kirchentheorie, wo der Erfahrungs- und Gestaltungshorizont der Ortsgemeinde überschritten wird. Zwar skizziert Luther ein Konzept der überregionalen Visitation, das neben lehramtlicher Aufsicht auch pastorale Beratung vorsieht; die Ausgestaltung der einschlägigen Ämter muss er aber im Wesentlichen den politischen Instanzen überlassen. Calvins Konzept des Ältestenamtes bildet zwar die Basis für eine synodale Selbstorganisation der Reformierten Kirche auch auf überregionaler Ebene; eine inhaltliche Verständigung und eine organisatorische Vernetzung der einzelnen Gemeinden scheint aber nur um den Preis immer neuer Separationen erreichbar zu sein.

Gerade weil die Schwäche einer evangelisch-kirchlichen Selbstorganisation jenseits der Ortsgemeinde auch durch die politischen und kulturellen Verhältnisse des 16. Jahrhunderts erklärbar ist, bedarf es angesichts der gestiegenen Bedeutung überregionaler Kommunikationsstrukturen einer kirchentheoretischen Reflexion, die das reformatorische ›Urbild‹ der lokalen, gottesdienstlichen Kommunikation des Glaubens ergänzt und relativiert.

2.2 Einsichten des neuzeitlichen Protestantismus

An den Anfang dieses Kapitels gehört eine Rekonstruktion der zahlreichen Einsichten, mit denen *F. D. E. Schleiermacher* die kirchentheoretische Debatte bereichert hat. Gerade weil Schleiermachers Theorie der Kirche und der Kirchenleitung bis heute fundamentale Bedeutung zukommt, sind ihre Grundzüge jedoch bereits in der Einleitung skizziert worden (↗1.4). Zu diesen fundamentalen Einsichten gehört die Notwendigkeit, die Funktion der Kirche in der Moderne nicht nur theologisch-deduktiv, sondern auch religions- und vor allem auch gesellschaftstheoretisch zu begründen (↗2.5), nämlich als eine »zwecklose« Unterbrechung des rationalen Alltags, die eben damit eine unverzichtbar vergewissernde und orientierende Funktion übernimmt. Von hier aus kann Schleiermacher – ebenfalls bis heute maßgebend – zeigen, dass die kommunikativen Medien, die das religiöse und kirchliche Leben wesentlich bestimmen, nämlich die wechselseitige Mitteilung und die – ästhetisch zu reflektierende – *Darstellung* des Glaubens, auch beim kirchlichen Leitungshandeln im Zentrum stehen müssen (↗2.6.4; 5.4.5). Ebenso gelten die Kriterien, die das Handeln der Geistlichen in der Gemeinde bestimmen, offenbar stets zugleich dort, wo eine Verantwortung für die Kirche als Ganze übernommen wird: Es ist die *Freiheit* des Glaubens, die *Selbständigkeit der je eigenen Religion*, auf die das kirchliche Handeln gegenüber den Einzelnen ebenso zielen muss wie in seinem Verhältnis zu Politik und Gesellschaft.

Während die kirchliche, auch die kirchentheoretische Entwicklung im 19. Jahrhundert diese Impulse – kommunikative Wechselseitigkeit des Glaubens, ästhetische Religionspraxis, Freiheit und Selbständigkeit der Kirche – nur am Rande aufgenommen hat, treten sie angesichts dramatisch gewandelter kirchlicher Verhältnisse um die Wende zum 20. Jahrhundert neu in den Vordergrund. Das lässt sich exemplarisch an E. Troeltschs Kirchentheorie zeigen (↗2.2.1); und auch K. Barths ›Barmer‹ Ekklesiologie kann – mutatis mutandis – als Versuch gelten, den inneren Zusammenhang von Offenbarung, Glaubenspraxis und moderner Gesellschaft sowohl im Blick auf das kirchliche Handeln wie auf seine Leitung zu entfalten (↗2.2.2).

2.2.1 Der Kompromisscharakter der Volkskirche in der modernen Welt – Ernst Troeltsch

Quellen: *Troeltsch, Ernst:* Protestantisches Christentum und Kirche in der Neuzeit (Berlin 1906, ³1922), Berlin / New York 2004 (KGA 7). – Religiöser Individualismus und Kirche (1910), in: GS 2, Tübingen 1922, 109–133. – Die Kirche im Leben der Gegenwart (1911), in: GS 2, 91–108. – Die Soziallehren der christlichen Kirchen und Gruppen, Tübingen 1912 (GS 1).

Literatur: *Anselm, Reiner:* Ernst Troeltsch (1865–1923), in: *Chr. Axt-Piscalar/J. Ringleben* (Hg.), Denker des Christentums, Tübingen 2004, 208–231. – *Fechtner, Kristian:* »Subjektivierung des Kirchentums«. Zur praktischen Ekklesiologie Ernst Troeltschs, in: *A. Grözinger/G. Pfleiderer u. a.* (Hg.), Protestantische Kirche und moderne Gesellschaft, Zürich 2003, 191–205.

(a) Werk- und zeitgeschichtliche Kontexte

Im Vorwort zu seinem Werk über »Die Soziallehren der christlichen Kirchen und Gruppen« markiert Ernst Troeltsch eine Denkbewegung, in der weit greifende historische Untersuchungen doch »nur der Lösung der systematischen Aufgabe dienen, nun selbständig mit rückhaltloserem Eingehen auf die moderne Welt die christliche Ideenwelt zu durchdenken« (a. a. O., VIII). Auf diese Weise soll eine »Glaubens- und Lebenslehre« entstehen, die den Sachgehalt der Tradition mit den religiösen und kulturellen Verhältnissen der Gegenwart vermittelt. So ergibt sich die »Frage, wie ein derartig neu zu bildender Begriff der christlichen Lebenswelt zu ihren alten Organisationen, den Kirchen, sich verhalte, ob sich eine solche neue Erfassung überhaupt auf die alten Organisationen aufpfropfen lasse, und wenn nicht, welche Möglichkeiten der Gemeinschaftsbildung [...] eine solche Neubildung überhaupt habe« (ebd.).

Ganz ähnlich lassen auch andere Texte den kirchentheoretischen Fluchtpunkt von Troeltschs Denken erkennen. Seine vielfachen Anläufe, den protestantischen Glauben unter den Bedingungen der modernen Welt zu reformulieren, münden immer wieder in die Erörterung »der großen Frage nach der Stellung und Bedeutung der Kirchen im Leben der Gegenwart«[26]. Das methodische Programm für deren Beantwortung kann Troeltsch so formulieren:

»Nicht ein irgendwie gearteter theologischer Begriff der Kirche, auch nicht ein philosophischer Begriff der Religion, schließlich auch kein abstrakter Begriff der Kultur kann die Antwort [...] geben, sondern nur eine Analyse der konkreten gegebenen Verhältnisse und der in ihnen liegenden Möglichkeiten und Interessen. Ebendeshalb hat die Antwort auch nur Bedeutung für die Gegenwart, nicht für die frühere Geschichte und Bedeutung der Kirche und nicht für alle vor uns liegende Zukunft.« (Kirche, 108)

Auch wenn Troeltsch auf ekklesiologische und religionstheoretische Begründungen keineswegs verzichtet, ist es doch zunächst ein empirischer, oft geradezu journalistisch anmutender Blick auf das zeitgenössische religiöse und kirchliche Leben, der die einschlägigen Texte bestimmt. Auf diese Weise kommt das Bild einer zutiefst krisenhaften Situation zustande: Der Protestantismus in Deutschland erscheint vielfach »zerklüftet« und gespalten; der kirchliche Einfluss auf individuelle Orientierungen wie kulturelle Strömungen der Zeit schwindet; breite Schichten wenden sich von kirchlichen Gemeinschaftsformen ab, während zugleich ein wachsendes Bedürfnis nach »freier« oder »alternativer« Religion zu verzeichnen ist[27]. Um nur eine von vielen kritischen Skizzen zu zitieren:

»Die konservative Natur aller Organisationen verlässt sich auf das bloße Schwergewicht ihres Vorhandenseins, auf die Verknotung zahlreicher Interessen in ihrem Bestande und stärkt ihre Positionen durch die Aufnahme der pietistischen Gefühls- und Bibelreligion. In der Hauptsache sind so die modernen Volkskirchen pietistisch-orthodox mit großer Unbestimmtheit der Lehre, aber starker Exklusivität gegen alle modernen Gedanken geworden. Seltener verbinden sich einzelne Gruppen [...] mit den Bestrebungen der protestantischen Bildungsreligion.« (Protestantisches Christentum, 457)

Die Passage lässt erkennen, wie Troeltsch sich um eine gleichsam kulturwissenschaftliche, umfassende Perspektive bemüht. Die kirchliche Lage wird nicht nur sozial-, frömmigkeits- und theologiegeschichtlich analysiert, sondern zugleich soziologisch und organisationstheoretisch. An anderen Stellen werden auch politik- und rechtswissenschaftliche Kategorien herangezogen, um die »Volkskirchen« – ein von Troeltsch erstmals theoretisch ausdifferenzierter Begriff – in ihrer gegenwärtigen Verfassung zu erhellen (↗ (b)) sowie Leitlinien ihrer Gestaltung zu skizzieren (↗ (c)).

(b) Typologische Rekonstruktionen
Troeltschs umfangreiche historische und zeitdiagnostische Analysen sind dadurch gekennzeichnet, dass sie ihr Material immer wieder in eingängigen Typen anordnen. So akzentuiert Troeltsch das Gegenüber von »Alt- und Neuprotestantismus«[28], er skizziert das »Verhältnis notwendiger Verknüpfung und inneren Gegensatzes« zwischen Religion und Kirche[29], oder er differenziert für das 19. Jahrhundert in erhellender Weise zwischen »Volkskirche« und »Vereinskirche«[30]. Besonders wirkmächtig ist die Unterscheidung von »drei Haupttypen der soziologischen Selbstgestaltung der christlichen Idee« geworden: »die Kirche, die Sekte und die Mystik«[31]. Alle diese Typologien sind einerseits historisch-phänomenologisch gemeint, andererseits handelt es sich um dezidiert theologisch-systematische Unterscheidungen, um Ideal-

typen, die historisch nie ›rein‹, sondern stets in Mischungs- und Überschneidungsformen begegnen[32].

Die drei Idealtypen, die Troeltsch – unter Aufnahme der Arbeiten M. Webers und G. Simmels – für die soziale Selbstgestaltung der christlichen Religion (re-)konstruiert, werden durchweg religionssoziologisch begründet: Christliche Religion manifestiert sich als umfassende, gesellschaftsprägende Institution, als religiöser Verein, der die Ursprungsimpulse bewahren will und den Gegensatz zur ›Welt‹ betont, und als innerliche, persönlich vertiefte Frömmigkeit, die Distanz zu jeder Vergemeinschaftung wahrt. Zugleich betont Troeltsch das *theologische* Recht aller drei Sozialgestalten, wenn er in der Predigt Jesu sowohl einen »unbedingten Individualismus« wie einen absoluten »Universalismus« der Weltzuwendung konstatiert (Sozialllehren, 39) und wenn er hervorhebt, dass rigide christliche Gruppen die eschatologische Kraft des Ursprungs oft reiner bewahrt hätten als die auf Kompromiss bedachten Großkirchen.

Zu den Pointen dieser eingängigen Typologie gehört es dann nicht zuletzt, die »*Sekten*« als ein religiös legitimes und sozial innovatives Segment der Christentumsgeschichte zu begreifen: Religiöse Erneuerungsbewegungen haben sich stets zunächst als Sekten formiert; auch und gerade die persönlich engagierte Aneignung der christlichen Idee tendiert eher zur Sekten- als zur Kirchenbildung. Auf diese Weise lassen sich die zeitgenössischen religiösen Gruppenbildungen in ein tendenziell konstruktives Verhältnis zu den Großkirchen bringen.

Für die Analyse des modernen Protestantismus ebenso wichtig ist Troeltschs typologische Sicht der individuellen *Religion:* »An und für sich ist die Religion [...] der direkte Gegensatz gegen die feste Form der Kirche. Die Religion ist flüssig und lebendig, jederzeit durch unmittelbare Berührung aus Gott schöpfend, höchst innerlich, persönlich, individuell und abrupt.«[33] Indem Troeltsch die »lebendige« Religion am Ursprung des Christentums findet und sie als »Mystik« oder »Spiritualismus« durch die Geschichte verfolgt, kann er gerade die modernen, subjektiven Formen des Glaubens als »Religion im Lebenszusammenhang des Protestantismus identifizieren« (*Fechtner*, 200). Der »religiöse Individualismus«, den Troeltsch mit großer Sympathie rekonstruiert, hat – so scheint es – gerade im »Neuprotestantismus« mehr Heimatrecht als das »alte Landeskirchentum« in seiner sozial verengten, politisch konservativen und kulturell immer einflussloseren Gestalt.

Umso bedeutsamer erscheint die Frage, wie nun doch auch der *Typus der Kirche* nicht nur soziologisch rekonstruiert, sondern auch theologisch legitimiert wird[34]. Zentral ist hier der Begriff der »Anstalt«: Als »Heils- und Gnadenanstalt« verkörpert die Kirche das »objektive« Vorgegebensein der Wahrheit und des Heils, unabhängig von subjektiven, je eigenen Leistungen oder

Überzeugungen. Auch und gerade der Kirchentypus hält demnach eine reformatorische Grundsicht fest.

Religionssoziologisch funktional ist die Kirche insofern, als sie unabhängig vom religiösen Status der Einzelnen »die verschiedensten Stufen der Reife und Verchristlichung umfassen« kann (Soziallehren, 980). Nur als »Kirche«, als ein »mit der öffentlichen Sitte eng verbundenes Erziehungsmittel der großen Massen« kann das Christentum zu einer gesellschaftsprägenden »Institution« werden – und damit den eigenen universalen Anspruch realisieren (Protestantisches Christentum, 455).

Der Typus des Kirchlichen bleibt für Troeltsch aber auch aus gleichsam gesellschaftspolitischen Gründen unverzichtbar. Würde man, wie er 1912 erwägt, »den Alpdruck des Staatskirchentums und die Unwahrhaftigkeit seiner Konventionsherrschaft zu beseitigen streben«, dann »entfesselt man Mächte mit unberechenbarer Tragweite [...]. Man wird in den Kirchen die Orthodoxie und den Kulturgegensatz steigern, und andererseits große Massen jeder religiösen Einwirkung entziehen.«[35] Es ist der Bezug auf »das Ganze« der modernen Gesellschaft wie auf den »Gemeingeist« der christlichen Religion[36], der die Kirche auch in Zukunft unentbehrlich macht.

Troeltsch hält freilich auch fest: »Alle Kirchentümer haben zu ihrer Aufrechterhaltung [...] mit der rein moralischen Macht nicht ausgereicht, sondern den weltlichen Arm in Anspruch nehmen müssen. Ohne seine Hilfe gibt es kein dauerndes [...] Kirchentum. Es ist ohne Zwang nicht denkbar, und der Zwang ist wiederum nicht denkbar ohne Hilfe des Staates.« (Soziallehren, 981) Der Kirchentypus realisiert sich wesentlich als Staatskirche – oder zumindest als eine Sozialgestalt, die den Einzelnen ähnlich selbstverständlich, öffentlich und unentrinnbar, gleichsam »als eine alle Bürger umfassende Atmosphäre« gegenübertritt (Kirche, 96).

Für die Gegenwart des frühen 20. Jahrhunderts, in der sich der Konnex von (Zwangs-)Staat und (Einheits-)Kirche mehr und mehr auflöst, kann dann von rein (volks-)kirchlichen Verhältnissen schon nicht mehr die Rede sein. Das protestantische Kirchentum unterliegt vielmehr einer nachhaltigen »Subjektivierung«, es hat sich »mit Sektenmotiven und mystisch-spiritualistischem Relativismus durchsetzt« (Soziallehren, 982). Insofern sich auch und gerade in dieser »Subjektivierung« genuin protestantische Impulse verwirklichen, kann Troeltsch die Relativierung, ja Schwächung der Volkskirche nicht kritisch sehen – im Gegenteil: »Die Kirchen sind Schalen, welche allmählich den Kern verholzen, den sie schützen.«[37] Die »Zukunftsaufgaben« liegen in »der gegenseitigen Durchdringung der drei soziologischen Grundformen« (Soziallehren, 982).

(c) Volkskirchliche Orientierungen

Die »gegenseitige Durchdringung« der drei Sozialgestalten stellt nicht erst die Zukunft, sondern bereits die Gegenwart des Protestantismus dar. Dabei »behaupten die alten Landeskirchen nunmehr als Volkskirchen immer noch die eigentlich leitende Stellung; sie halten die religiöse Grundsubstanz am Leben, in deren kritischer Zersetzung und persönlich freier Gestaltung sich der reine Individualismus, und in deren exaltierter Verengung und exklusiver Zuspitzung sich das Sektentum betätigt« (Protestantisches Christentum, 456). Mit solchen Formulierungen markiert Troeltsch den konstitutiven Beitrag der Volkskirchen: Indem sie den Übergang eröffnen von individueller zu gemeinschaftlicher, von exklusiver zu inklusiver, kulturprägender Religion, ermöglichen sie allererst die vielschichtige Dynamik, die das moderne Christentum auszeichnet. Als Institutionen der religiös-soziologischen »Oszillation«[38] sind die großen Kirchen andererseits von »kritischer Zersetzung« bzw. »Verengung« bedroht; in der Gegenwart bedürfen sie besonders besonnener, aber zielbewusster Gestaltung.

Dabei macht Troeltsch in einer Nebenbemerkung deutlich, in welchem Kontext er eine solche Gestaltung für möglich hält: Entziehen sich die Sekten einer Beeinflussung von außen, so ist eine »Stellungnahme« doch gegenüber den Kirchen möglich, »auf die staatliche Organisation und Verfassung, öffentliche Meinung und wissenschaftliche Arbeit wirken können« (Kirche, 98). Es sind vor allem *die prägenden Kräfte der modernen Gesellschaft*, denen ein Einfluss auf die Kirchen zugetraut wird – eben weil diese sich selbst in jenem Kraftfeld bewegen. Auch und gerade Troeltschs eigene Hinweise sind dann offenbar als Ausfluss wissenschaftlicher Arbeit und als Beitrag zur öffentlichen Meinungsbildung intendiert; sie nehmen die »freie Geistesmacht« in Anspruch, die Schleiermacher zufolge wesentlich zur Kirchenleitung gehört.

In diesem Sinn spricht sich Troeltsch immer wieder dafür aus, die Durchdringung der Kirche mit Elementen des Individualismus wie der Sekte nicht einfach hinzunehmen, sondern dezidiert »den modernen Lebensbewegungen Platz bei sich ein[zu]räumen«; die protestantischen Kirchen müssen »elastisch werden zur Beherrschung der verschiedenen, mit der Religion sich eigentümlich verbindenden Strömungen des heutigen Lebens« (a. a. O., 104). Im Blick auf die inneren, organisatorischen Verhältnisse einer derartig »elastisch gemachten Volkskirche« skizziert Troeltsch etwa folgende Maximen:

> »Mir scheint, es ist nichts anderes möglich, als durch eine gute wissenschaftliche Bildung und eine gründliche praktische Lebenskenntnis den Geistlichen und Religionslehrern ein wirkliches Eingehen auf die moderne Welt zu ermöglichen und im Übrigen ihnen eine möglichst persönliche, lebendige und frische eigene Ausbildung ihres religiösen Denkens und Fühlens freizugeben [...]. Weiterhin wäre den Einzelgemeinden gleichfalls in Pfarrwahl, Liturgie und Liebestätigkeit möglichst freier

Spielraum zu lassen, auch hier mit der Folge recht verschiedener einzelner Gestaltungen. Schließlich und vor allem wäre zu wünschen eine stärkere Beteiligung des ganzen Laienelements an den kirchlichen Aufgaben, ein Druck auf den Staat zur [...] Erleichterung dieser Freiheiten, eine Mitwirkung an den Gemeinden zur Ausnützung dieser Freiheiten und zu praktischer Arbeit, womit die Kirchenregierungen aus ihrer bureaukratischen Uniformität herausgelockt werden könnten.« (a.a.O., 101)

Bemerkenswert an dieser Skizze ist nicht nur das strukturierende Element des »freien Spielraums« sowie das Vertrauen darauf, dass sich dieser Spielraum im Wechselverhältnis möglichst aller volkskirchlichen Akteure einstellen wird. Bemerkenswert ist auch die Vielfalt der Adressaten, denen Troeltsch eine Gestaltung der kirchlichen Freiheit zutraut. Dabei treten – auch in anderen Texten – vor allem zwei Instanzen hervor:

Zum Einen markiert Troeltsch immer wieder die »Anforderungen an das Kirchenregiment« (Religiöser Individualismus, 125), das – ganz im Gefolge Schleiermachers – als Instanz des Ausgleichs und der Moderation zu sehen ist. Um als Aktionszentrum der kirchlichen Dimension des Protestantismus zu fungieren, ist den leitenden Positionen »weitausgreifende Bildung« und Menschenkenntnis zu wünschen (a.a.O., 126).

Zum Anderen sind es die einzelnen »Geistlichen und Religionslehrer«, kurz die Theologen, denen Troeltsch eine bewusste (Um-)Gestaltung der Kirchen zutraut[39]. Auch hier setzt er auf das Zusammenspiel von wissenschaftlich gebildeter Perspektiverweiterung und persönlicher »Verinnerlichung«; auch hier werden individuelle Freiheit und Gewissensernst betont – zugleich aber wiederum die Fähigkeit, »Konzessionen zu machen« und Kompromisse zugunsten des Ganzen zu suchen (Religiöser Individualismus, 128 f.).

Die Kriterien und Maximen (volks-)kirchlicher Leitung sind demnach auf allen Ebenen der Institution gleichermaßen einschlägig: Auf der Basis religiöser wie theologischer Bildung wird es stets darum gehen, die Individualität religiöser Praxis ebenso zu fördern wie ihre verschiedenen Gemeinschaftsformen und deren freies Wechselspiel; dabei ist zugleich der ›kirchliche‹ Sinn für das Ganze des gegenwärtigen Christentums wie für seine geschichtlichen Wurzeln zu stärken.

Die – zunächst und bis heute sehr kritische – Wirkungsgeschichte Troeltschs hat gezeigt, wie voraussetzungsvoll dieses auf »Kompromiss«, »Oszillation« und gegenseitige »Durchdringung« gestimmte kybernetische Konzept ist. Erscheinen die religiösen, auch die theologischen Konfliktlinien schärfer und – wie in der Wort-Gottes-Theologie – unversöhnlicher, so kommt dieses Konzept ebenso an seine Grenzen wie dort, wo die zugleich angestrebte und vorausgesetzte, im Grunde doch einheitliche »christliche Lebenswelt« nicht (mehr) existiert[40]. Troeltschs Kybernetik eines typologisch profilierten, pluralitätsoffenen Kompromisses dürfte jedoch auch dort anregend sein, wo die religiöse Pluralität heute noch erheblich komplexer, auch kulturell »zerklüfteter« erscheint.

2.2.2 Selbstkritische Bezeugung göttlichen Handelns – die Barmer Theologische Erklärung im Kontext von Karl Barths Ekklesiologie

Quellen: *Burgsmüller, Alfred/Weth, Rudolf* (Hg.): Die Barmer Theologische Erklärung. Einführung und Dokumentation, Neukirchen-Vluyn 1983 u. ö. – *Barth, Karl:* Die Not der evangelischen Kirche (1931), in: *Ders.*, »Der Götze wackelt«. Zeitkritische Aufsätze, hg. v. *K. Kupisch*, Berlin 1961, 33–62. – *Ders.:* Offenbarung, Kirche, Theologie. Drei Vorträge (April 1934), in: *Ders.*, Theologische Fragen und Antworten. Ges. Vorträge 3, München 1957, 158–184. – *Ders.:* Kurze Erläuterung der Barmer Theologischen Erklärung (Juni 1934), in: *Ders.*, Texte zur Barmer Theol. Erklärung, hg. v. *M. Rohkrämer*, Neukirchen-Vluyn 1984, 9–24.

Literatur: *Lessing, Eckhard:* »Selbständigkeit« und »Freiheit« der Kirche. Eine Notiz zum Kirchenverständnis Dibelius' und Barths, in: KZG 1 (1989), 426–436. – *Peters, Albrecht:* Die Barmer Theol. Erklärung und das Luthertum, in: *W.-D. Hauschild u. a.* (Hg.), Die lutherischen Kirchen und die Bekenntnissynode von Barmen, Göttingen 1984, 329–359. – *Scholder, Klaus:* Die Krise der dreißiger Jahre als Frage an Christentum und Kirche, in: *Ders.*, Die Kirchen zwischen Republik und Gewaltherrschaft. Ges. Aufs., Berlin 1988, 113–130.

Die »Theologische Erklärung« der Bekenntnissynode, die Ende Mai 1934 in Barmen tagte, hat Ordnungen wie Selbstverständnis der Nachkriegskirchen vielfältig und nachhaltig geprägt[41]. Kirchentheoretisch bedeutsam ist die Barmer Theologische Erklärung (im Folgenden: BTE) zudem deswegen, weil sie – ungeachtet ihrer komplexen Entstehungsgeschichte und ihrer synodalen Autorschaft – doch als eine profilierte Zusammenfassung der ›reifen‹ *Ekklesiologie Karl Barths* gelten kann, die er im Rahmen von KD IV breit entfaltet (1953 ff.), deren kritische wie konstruktive Pointen er aber zuerst in Auseinandersetzung mit O. Dibelius sowie im Kontext des »Kirchenkampfes« formuliert. Barths einschlägige Texte aus den frühen 1930er Jahren können als – ihrerseits wirkmächtiger – Kommentar zur BTE gesehen werden.

(a) Die theologisch-kritische Struktur der Ekklesiologie

Die systematische Gestaltungskraft Barths, dazu der komplexe Redaktionsprozess der BTE führen dazu, dass hier jede einzelne Wendung im Kontext des Ganzen zu interpretieren ist und dass die Aussagestruktur erhebliche inhaltliche Implikationen hat. Es ist das allenthalben bei Barth zu findende theologische, genauer christologische *Aussagegefälle:* von Gott zum Menschen, vom Hören zum Tun etc., das den Gesamtaufbau der BTE bestimmt, wenn sie mit »Jesus Christus« einsetzt und mit dem Auftrag der Kirche »an alles Volk« endet. Jenes markante Gefälle bestimmt ebenso ihre Einzelsätze und nicht zuletzt den Binnenaufbau der sechs Thesen: Dem als Anrede verstandenen Schriftwort folgt »das Ja des Glaubens, das heute zu sprechen ist und endlich das Nein, das sich aus diesem Ja ergibt« (*Barth*, Erläuterung, 118).

Insgesamt ist der »eigentliche Aussagesinn der BTE [...] ein ekklesiologischer«[42] – das zeigt sich etwa dort, wo schon die Verwerfung der ersten These Lehre und Verkündigung der *Kirche* thematisiert; dies gilt auch für fast alle weiteren Verwerfungen. Weil die Kirche ihrerseits durch das Handeln Christi konstituiert wird, setzt die BTE mit Jesus Christus ein, der »das eine Wort Gottes« ist, »in der Heiligen Schrift bezeugt« und einzige Quelle der Verkündigung (These 1). Man erkennt unschwer Barths Lehre vom dreifachen Wort Gottes (KD I/1), die er selbst im April 1934 kirchlich-kritisch wendet: »Die Schrift regiert die Kirche, nicht hat die Kirche die Schrift zu regieren. Aber wohlverstanden: die Schrift als Werkzeug in *Gottes* Hand.« (Offenbarung, 171)

Es ist für die Wirkung der BTE im »Kirchenkampf« entscheidend, dass jener Kampf hier gerade nicht als politische oder kirchenpolitische, sondern als genuin *theologische* Auseinandersetzung begriffen wird (vgl. *Scholder*, 117 f., 123 f.): Auch und gerade die ekklesiologischen Positionen der Thesen 3, 4 und 6 stehen im Horizont fundamentaltheologischer Sätze über Gottes Handeln. Zugleich jedoch haben sie *situativen* Sinn, als »echte und rechte Streitsätze aus dem Streit, in den die Kirche heute verwickelt ist« (*Barth*, Erläuterung, 118).

Die christologische Ekklesiologie der BTE ist eine Ekklesiologie *im Konflikt*. Gerade *in* dieser kritischen Zuspitzung kann sie sich als genuin theologische Rede verstehen, weil Barth die Offenbarung *selbst* als ein kritisches, ja kämpferisches Geschehen versteht: als »Angriff Gottes«[43]. Der polemische Charakter der Barmer Ekklesiologie ergibt sich aus ihrem Ausgangspunkt, dem göttlichen, wesentlich konfrontativen Handeln.

(b) Die Kirche als Aktion Jesu Christi und als Ereignis von »Gemeinde«

Wenn die 3. These der BTE die Kirche auf das gegenwärtige Handeln Jesu Christi »in Wort und Sakrament durch den Heiligen Geist« gründet, so markiert dieser Bezug auf CA 7 und den Heidelberger Katechismus die Kontinuität des Bekenntnisses – und zugleich die Verwerfung einer »beliebigen«, außertheologisch geleiteten Selbstgestaltung. Die Kritik an kirchlicher »Selbstherrlichkeit« (These 6) durchzieht nicht nur die gesamte BTE, sondern auch sämtliche Einlassungen Barths zum Thema, besonders markant in seinem Protest gegen Dibelius (»Quousque tandem ...?«) oder in einer Formulierung von 1934: »Wo ein eigenmächtig ersonnener Erlösungsplan oder Erlösungsweg, beruhend auf einer eigenmächtigen Vorstellung von Gott und vom Menschen, das Feld beherrscht, da mag die Meinung noch so herzlich gut und fromm sein – […] da ist nicht Kirche.«[44]

Die Betonung des strikt abgeleiteten, »gehorsamen« Charakters aller Kirchengestaltung relativiert zunächst deren *soziale Kontexte:* »Die Kirche ist nicht das Volk, die Kirche ist nicht der Staat, die Kirche ist nicht die Gesellschaft, sie ist eine Gemeinde von Brüdern, […] nicht Blutsbrüder«, sondern so, dass Christus als ihr Bruder »sie nun auch zu Brüdern macht« (*Barth*, Erläuterung, 20). Das Primat des Handelns Jesu schließt aus, dass menschliche Institutionen und vorgegebene Verhältnisse die Kirche wesentlich bestimmen; vielmehr wird sie sich diesen Institutionen gegenüber »immer wieder als ein Ereignis, eine Handlung des ewigen Wortes« je neu und unverfügbar bilden (*Barth*, Offenbarung, 171).

Dem Verdikt menschlicher Eigenmächtigkeit verfallen bei Barth sodann die von Troeltsch entfalteten *Selbstbeschreibungen* der Kirche als »Anstalt« und als »freier Verein«[45]. Denn in der Anstalt, wie sie der römische Katholizismus verkörpert, scheint »Gottes Wille, Wahrheit und Gnade […] in die Verfügung und Verwaltung des Menschen übergegangen«; und die »religiöse Gesellschaft« ist »aus menschlicher Wahl, Entscheidung und Stellungnahme zur Offenbarung« entstanden. Nicht nur in der Praxis kirchlicher Selbstgestaltung, sondern auch in ihrer soziologisch inspirierten Theorie sieht Barth die exklusive Herkunft der Kirche aus dem göttlichen Handeln verdunkelt.

Positiv resultiert aus diesem Kirchenverständnis, das den Kernsatz von CA 7 »durchaus ergänzt und vertieft« (*Peters*, 352), ein spezifisches Bild der »Gemeinde«. Dem alten wie dem neuen Bekenntnis zufolge wird die Kirche anschaulich in der *gottesdienstlichen Versammlung* (»congregatio«), in einer »Gemeinde von Brüdern«, die die Herrschaft Jesu Christi durch das Ereignis von »Wort und Sakrament« immer aufs Neue erfährt. Es ist der gemeinsame Gottesdienst einer konkreten Gemeinde, der die wesentliche *Passivität* der Kirche – »das schlichte, offene, gemeinsame Hören« – für die Beteiligten darstellt und zum Ausdruck bringt (Offenbarung, 167).

(c) Die Sichtbarkeit der Kirche in ihrem Zeugnis
These 3 der BTE führt die indikativische, vom göttlichen Handeln redende Bestimmung der Kirche durch eine imperativische Formulierung weiter, die das menschliche Handeln in der Kirche umschreibt – und zwar als deren »Bezeugen«, das ihre exklusive Begründung durch und ihren exklusiven Bezug auf das Wort Jesu Christi zum Gegenstand hat. Das kirchliche Handeln darf nichts anderes sein als die Kehrseite, die unmittelbare, »gehorsame« Konsequenz des gemeinsamen Hörens. Schon in der Form eines – auf etwas

anderes verweisenden – Bezeugens markiert die Aktivität der Kirche, dass sie aus einer passiven Bestimmtheit »allein« durch göttliches Handeln erwächst.

Wird das kirchliche Handeln als »Bezeugen« beschrieben, so wird es jedoch zugleich in gewisser Weise *selbstbezüglich* verstanden: Die handelnde Kirche soll zum Ausdruck bringen, nach welchen Maßstäben und Orientierungen sie selber »lebt und leben möchte«. Ihr gehorsames Handeln verweist auf Christus als den unverfügbaren Grund der Kirche, aber es verweist zugleich auf die verborgene Dimension ihres eigenen »Lebens«. Zugespitzt: Die Kirche wird dort als Kirche Jesu Christi sichtbar, wo sie erkennen lässt, dass sie sich im Grunde selbst entzogen, für *sich selbst* verborgen ist.

»Das hier Bezeichnete aber, Jesus Christus, steht nicht zu unserer Verfügung [...]. Evangelische Kirche wird sich diese Beschränkung gefallen lassen müssen. Sie wird mit keinem Satz und mit keiner Gebärde ihre Zeichen mit dem Bezeichneten in eins setzen, aber mit dem Ernst des Glaubens, der sucht, was droben ist, nach allen Seiten ihre Zeichen geben, und wo und wann sie das nach Gottes Urteil im Gehorsam tut, wird sie die eine sichtbare Kirche sein.« (*Barth*, Not, 40)

Das menschliche Handeln, in dem Kirche erfahrbar wird, bezieht Barth einerseits strikt auf das Handeln Gottes. Andererseits liegt alles daran, menschliches und göttliches Handeln nicht in eins zu setzen; die Kirche »hat Christus in keiner Weise auf den Plan zu führen, darzustellen und wirksam zu machen« (a. a. O., 39). Was sie »darstellen«, wovon sie »Zeichen geben« kann, das ist dann nur die *Wirkung*, der Effekt des göttlichen Handelns in ihrer eigenen Verfassung: eben wie sie »lebt und leben möchte« (BTE, These 3). Die evangelische Kirche wird – so ist diese These zu verstehen – nur so zur Christuszeugin, dass sie *sich selbst zeigt* als ganz und gar von seinem Wort bestimmt[46].

(d) Die Gestalt der zeugenden Kirche

Das menschliche Handeln, das seinerseits bezeugend auf das Handeln des gegenwärtigen Christus verweist, wird in These 3 ausgesprochen umfassend bestimmt: Die Zeichensetzung der Kirche vollzieht sich »mit ihrem Glauben wie mit ihrem Gehorsam, mit ihrer Botschaft wie mit ihrer Ordnung«. Drei Implikationen dieser Formulierung seien hervorgehoben:

(i) Zunächst wird auf diese Weise der *Praxischarakter* aller kirchlichen Äußerungen markiert: Auch die Botschaft und ihre Verkündigung, auch der »Glaube« sind Formen menschlichen Gestaltens, von ihr selbst zu verantworten. Nicht der ›geistliche‹, sondern der ›weltliche‹ Charakter des gesamten kirchlichen Tuns ist hier hervorgehoben.

(ii) Zugleich wird dieses Tun in den Dienst einer Bezeugung gestellt. Nicht nur die Predigt, auch nicht nur das als »Gehorsam« verstandene Handeln der Christen gelten als Verweis auf das göttliche Wirken, sondern sämtliche Lebensäußerungen der Kirche:

»Zeichen ist ihre Verkündigung, Zeichen ihre Anbetung, Zeichen ihr Sakrament, Zeichen das Zeugnis des Lebens ihrer Glieder sowohl wie das Zeugnis, das sie als Kirche der Gesellschaft gegenüber ablegt [...]. Zeugnis ist sowohl ihre rechtliche Organisation wie ihr theologisches Bekenntnis.« (*Barth*, Not, 40)

Barths Formulierung markiert ebenso wie die Formel der BTE zunächst den Zeichencharakter *aller* kirchlichen Vollzüge, seien sie nach innen wie nach außen gerichtet, seien sie von individuell-spontanem wie von organisatorischem Charakter. Im kritischen Kontext der BTE können weder das Ethos der Christen noch die rechtliche, die organisatorische Ordnung der Kirche der externen Maßgabe »jeweils herrschender [...] Überzeugungen überlassen« werden.

Mit der umfassenden Indienstnahme aller kirchlichen Handlungsformen ist allerdings wohl nicht gemeint, dass die Kirche – wie es die lutherischen Kritiker gerade dieser Formel verstanden – mit ihrer organisatorischen Gestalt *auf gleiche Weise* Zeugnis geben kann wie mit ihrer expliziten Verkündigung: Das kirchliche Recht ist – auch dem späten Barth zufolge – »bekennendes« und »liturgisches«, aber nicht predigendes Recht (vgl. KD IV/2, 772ff., 787ff.).

(iii) Wohl aber sind mit der Formulierung der BTE alle, auch die organisatorischen Dimensionen der Kirche als Zeichensetzung bestimmt. Daher sind sie vom göttlichen Handeln Jesu Christi selbst zu unterscheiden, aber auch – und darauf legt die BTE den Akzent – von den weltlichen Formen sozialen Handelns. Dies wird – in These 4 – an der kirchlichen Ordnung der *Ämter* markiert.

Diese These ist wirkungsgeschichtlich immer wieder für eine reformierte Sicht in Anspruch genommen worden, die – gegenüber der lutherischen Betonung des einen Verkündigungsamtes – eine konstitutive Mehrzahl von Ämtern behauptet. Der begleitende Vortrag des Lutheraners Asmussen[47] wie der Kontext der Theologie Barths lassen aber erkennen, dass es in These 4 nicht um eine bestimmte Ämterordnung, sondern um deren entscheidendes Kriterium, ihren Charakter als »Dienst« geht: »Das Zeichen, das die Kirche aufzurichten hat, oder vielmehr: das Zeichen, unter das die Kirche von Haus aus gestellt ist, heißt Dienst und nicht Herrschaft.« (*Barth*, Offenbarung, 173) Der wesentlich dienende Charakter aller Ämter bezeugt zum Einen die Differenz zu allen »menschlichen« Sozialordnungen[48]; zum Anderen wird noch einmal die »gehorsame« Zuordnung des menschlichen Handelns zum Wirken Gottes betont: »Denn jedes Amt in der Kirche kann nur bedeuten: Hier wird ein Auftrag ausgeführt [...].« (*Barth*, Erläuterung, 21)

2.3 Römisch-katholische Einsichten

Quelle: Lumen Gentium. Die dogmatische Konstitution über die Kirche (1964), in: *K. Rahner/H. Vorgrimler* (Hg.), Kleines Konzilskompendium. Sämtliche Texte des Zweiten Vatikanums, Freiburg 1966 u. ö., 123–200.

Literatur: *Kirschner, Martin:* Gotteszeugnis in der Spätmoderne. Theologische und sozialwissenschaftliche Reflexionen zur Sozialgestalt der katholischen Kirche, Würzburg 2006. – *Miggelbrink, Ralf:* Einführung in die Lehre von der Kirche, Darmstadt 2003. – *Pesch, Otto Hermann:* Das Zweite Vatikanische Konzil (1962–1965). Vorgeschichte – Verlauf – Ergebnisse – Nachgeschichte, Würzburg ³1994. – *Rahner, Johanna:* Creatura evangelii. Zum Verhältnis von Rechtfertigung und Kirche, Freiburg/Br. 2005. – *Ratzinger, Joseph:* Die Ekklesiologie der Konstitution Lumen Gentium, in: *St. Horn/V. Pfnür* (Hg.), Communio. Weggemeinschaft des Glaubens, Augsburg 2002, 107–131.

2.3.1 »Lumen Gentium« als Ausdruck des römisch-katholischen Kirchenverständnisses

Das gegenwärtige Selbstverständnis der römisch-katholischen Kirche lässt sich vornehmlich der dogmatischen Konstitution »Lumen Gentium« entnehmen, die 1964 vom II. Vatikanischen Konzil verkündet wurde. Die Konstitution stellt die bei weitem ausführlichste ekklesiologische Äußerung des katholischen Lehramts in seiner gesamten Geschichte dar; und sie beansprucht, wie eine Fülle der Zitate aus Bibel und Kirchenvätern zeigt, eine umfassende Lehre von der Kirche vorzulegen.

»Lumen Gentium« präsentiert eine große Fülle von Aussagen, die erhebliche Spannungen, auch Widersprüche aufweisen. Die Konstitution stellt einen Kompromiss verschiedener ekklesiologischer Strömungen dar, die die Kirche etwa – traditionell – als »societas perfecta« begreifen oder – eher progressiv – als »wanderndes Gottesvolk«, in dem alle Gläubigen aneinander gewiesen sind. Die Rezeptionsgeschichte von »Lumen Gentium« ist darum bis heute durch zahlreiche Interpretationskonflikte geprägt, in denen sich zentrale Strukturprobleme dieser Kirche spiegeln. Zu nennen sind etwa das Verhältnis von Universal- und Ortskirchen (vgl. LG 13), von Papstamt und dem Kollegium der Bischöfe (vgl. LG 18 ff.), das Verständnis des Priesteramtes gegenüber den Laien (vgl. LG 10) und deren Beteiligung am Leben der Kirche (LG 14 ff.), und schließlich das Verhältnis zu anderen Kirchen und Religionen (vgl. LG 8 und 15). Fast alle diese Konflikte betreffen offenbar das Verhältnis von kirchlicher Einheit und Universalität einerseits und der Vielfalt regionaler, funktionaler und religiöser Besonderheiten andererseits.

Ein ähnliches Grundmuster charakterisiert auch die Debatten über die Ekklesiologie der Konstitution im Ganzen. Wenn in »Lumen Gentium« Aussagen zum Volk Gottes als gesellschaftlichem Integral, zur kirchlichen Organisation und zur Interaktion in einzelnen Gemeinden gefunden werden (und damit Luhmanns Differenzierung von sozialen Systemebenen reproduziert wird)[49] oder wenn eine neuere Arbeit hier »drei komplementäre Perspektiven« rekonstruiert, nämlich eine traditionell-institutionelle, eine aktuell-gemeinschaftliche und eine messianisch-avangardistische Dimension (vgl. *Kirschner*, 207 ff.), so ist einerseits das Bemühen erkennbar, eine unhintergehbare »Mehrdimensionalität von Kirche« anzuerkennen, »deren Realität in einem Bild, [...] einem Sprachspiel nicht zureichend auszusagen ist« (a. a. O., 397) – andererseits wird auf diese Weise doch der ›katholische‹ Anspruch der Konstitution bekräftigt: Sie will in der (irreduziblen) Vielfalt der Bilder und Bezüge die Einheit der Kirche wie ihren Auftrag erkennbar machen, auf die »volle Einheit in Christus« hinzuwirken (LG 1, s. u.).

2.3.2 Die Kirche als Werkzeug, Zeichen und Sakrament der Einheit

»Lumen Gentium« setzt mit programmatischen Sätzen ein, die die prinzipiellen wie die aktuellen Bezüge der Kirche markieren und ihr eine spezifische Aufgabe zuweisen:

»Da Christus das Licht der Völker ist [Lumen gentium cum sit Christus], wünscht dieses [...] Konzil dringend, alle Menschen durch seine Herrlichkeit, die auf dem Antlitz der Kirche widerscheint, zu erleuchten [...]. Da aber die Kirche in Christus gleichsam das Sakrament oder Zeichen und Werkzeug für die innigste Vereinigung mit Gott und für die Einheit des gesamten Menschengeschlechts ist, möchte sie [...] ihr Wesen und ihre universale Sendung ihren Gläubigen und der gesamten Welt eingehender erklären.

Die heutigen Zeitverhältnisse geben dieser Aufgabe [...] eine noch dringlichere Bedeutung, damit nämlich alle Menschen, die heute durch vielfältige soziale, technische und kulturelle Bande enger verbunden sind, auch die volle Einheit in Christus erlangen.« (LG 1,1)

Von vorneherein wird die Kirche in doppelter Weise relativiert: Zum Einen wird sie auf *Christus*, sein gegenwärtiges und zukünftiges Wirken bezogen. Diese Begründung findet sich ebenso in vielen weiteren Einzelausführungen: Es ist Christus, der die Kirche immer aufs Neue zum »Werkzeug« seines Handelns macht. Dieses Heilshandeln zielt zum Anderen auf einen weltweiten Horizont, auf *alle Völker*. Die von Christus gegründete Kirche wird, wie es an anderer prominenter Stelle heißt, »von ihm als Werkzeug der Erlösung aller in Anspruch genommen und [...] in alle Welt gesandt« (LG 9,2).

Durch den Begriff des Werkzeugs (instrumentum) wird die Funktion der Kirche mit ihrem Wesen identifiziert: Sie ist Instrument der »Vereinigung mit

Gott« und Werkzeug einer Vereinigung der Völkerwelt. Zugleich wird ein doppelter zeitlicher Index markiert: Als Werkzeug der Sendung Christi ist die Kirche bezogen auf die »heutigen Zeitverhältnisse«, und diese erscheinen ihrerseits in einer Bewegung immer engerer Verbundenheit: Die aktuelle ›Globalisierung‹ soll die Kirche aufnehmen und in die künftige, »volle Einheit in Christus« überführen.

Der instrumentale Charakter der Kirche wird von der Kirchenkonstitution weiter konkretisiert durch den Begriff des »Zeichens«. Als »signum levatum inter nationes« ist die Kirche schon im Vatikanum I benannt worden[50]. Damit wird die *Sichtbarkeit* der Institution markiert sowie wiederum ihr Bezug auf die Gesamtheit der sozialen und politischen Verhältnisse und deren künftige Sammlung im Reich Gottes (vgl. Jes 11,12).

Der zentrale Begriff, mit dem die Bedeutung der Kirche in »Lumen gentium« theologisch strukturiert wird, ist jedoch der des *Sakramentes*[51]. Gegenüber einer ekklesiologischen Tradition, die die manifeste Struktur der römischen Kirche betont hatte, bindet diese – seinerzeit von K. Rahner entfaltete – Begrifflichkeit das Wesen der Kirche an ihre liturgischen Grundvollzüge, vor allem an die Eucharistie, und sie markiert damit den *prozessualen* Charakter der Kirche. Wie die Sakramente des Mahles, der Taufe oder der Beichte vermittelt die Kirche das Heil in einem spezifischen, praktischen Vollzug; ihre Sichtbarkeit verdankt sich einer bestimmten *Bewegung*, die sich von Gott in Christus auf die Welt richtet. Die Kirche kommt nur dadurch zu sich selbst, dass sie den Völkern wie allen Einzelnen die Gnade öffentlich – und ›objektiv‹, nämlich ohne subjektive Vorbedingungen – zugänglich macht[52].

Von diesem sakramentalen Ansatz her kommt in »Lumen Gentium« das Verhältnis von sichtbarer und verborgener Kirche in den Blick:

»Der einzige Mittler Christus hat seine heilige Kirche [...] hier auf Erden als sichtbares Gefüge verfasst und erhält sie als solches unablässig; so gießt er durch sie Wahrheit und Gnade auf alle aus. Die mit hierarchischen Organen ausgestattete Gesellschaft aber und der geheimnisvolle Leib Christi, die sichtbare Versammlung und die geistliche Gemeinschaft, die irdische Kirche und die mit himmlischen Gaben beschenkte Kirche sind nicht als zwei Dinge zu betrachten, sondern sie bilden eine einzige komplexe Wirklichkeit, die aus menschlichem und göttlichem Element zusammenwächst.« (LG 8,1)

Nicht die kritische Differenz zwischen menschlich gestalteter und durch Gott gewirkter Kirche steht hier im Vordergrund, sondern deren »komplexe« Einheit – eine Einheit freilich, die als allererst ›zusammen wachsend‹ gedacht wird. Es ist dieses Modell einer *dynamischen*, bereits sichtbar, institutionell-hierarchisch ›gefügten‹ und zugleich erst im Eschaton zu vollendenden *Einheit der kirchlichen Wirklichkeit*, mittels dessen die konflikträchtige Vielfalt der individuellen und institutionellen Gegebenheiten, außerhalb wie innerhalb der Kirche, betrachtet werden kann.

2.3.3 Die eine Kirche und die Vielfalt der religiösen und kirchlichen Verhältnisse

Das ekklesiologische Schema einer »einzigen komplexen Wirklichkeit« wird in LG 8 bekräftigt und auf die faktische Vielfalt der religiösen Situation bezogen.

Die im Glaubensbekenntnis bekannte Kirche ist zugleich »in dieser Welt als Gesellschaft verfasst und geordnet«, und sie »ist verwirklicht [subsistit] in der katholischen Kirche, die vom Nachfolger des Petrus und von den Bischöfen in Gemeinschaft mit ihm geleitet wird. Im Übrigen [licet] finden sich auch außerhalb ihres Gefüges viele Elemente der Heiligung und der Wahrheit, die als der Kirche eigene Gaben auf die katholische Einheit hindrängen.« (LG 8,2)

Mit der – ökumenisch viel diskutierten – Formulierung »subsistit« differenziert die Kirchenkonstitution zwar die bis dato oft betonte Identifikation (»est«) von göttlich gewirkter und empirisch gestalteter Kirche. Gleichwohl kommt hier gewiss kein »ekklesiologischer Relativismus« zum Ausdruck; »subsistit« bezeichnet vielmehr, wie J. Ratzinger später erläutert hat, ein »eigenständiges« Sein, markiert hier also, »dass die Kirche als konkretes Subjekt in der Welt anzutreffen ist« (*Ratzinger*, 127). Die sprachliche Differenz zur Tradition hat einen konkretisierenden und zugleich kritischen Sinn:

»Die Differenz zwischen *subsistit* und *est* schließt aber das Drama der Kirchenspaltung ein: Obwohl die Kirche nur eine ist und wirklich besteht, gibt es Sein aus dem Sein der Kirche, kirchliche Realität auch außerhalb der einen Kirche. [...] In [...] der Differenz zwischen Einzigkeit und Konkretheit der Kirche einerseits und Bestehen kirchlicher Realität außerhalb des einen Subjekts andererseits spiegelt sich das Widersprüchliche menschlicher Sünde, das Widersprüchliche der Spaltung.« (ebd.)

Wird die Kirche als Instrument der Einheit zwischen Gott und Mensch gedacht, dann kommt alsbald alles in den Blick, was dieser Einheit – noch – entgegensteht. Viel stärker als die evangelischen Kirchen ist die römische Kirche darum von der fehlenden Einheit des sichtbaren kirchlichen »Gefüges« (LG 8) beunruhigt. Sie kann, wie Ratzinger zeigt, diese ausstehende Einheit als Ausdruck menschlichen Versagens, ja als Sünde sehen; die Vielfalt der religiösen Realität gerät, wenn sie nicht strikt auf die Einigung ausgerichtet ist, leicht in ein ausgesprochen kritisches Licht. Jene Vielfalt kann aber, wie der Fortgang des Zitats aus LG 8 zeigt, auch positiver gewertet werden, nämlich als eine Pluralität von religiösen Phänomenen, die die Kirche als ihr Eigenes erkennt und denen sie ein »Hindrängen« auf die *unitas catholica* unterstellt.

Diese dynamische, gleichwohl ekklesiozentrische Sicht des Pluralen zeigt sich auch dort, wo »Lumen Gentium« den *individuellen Glauben* in den Blick nimmt:

> Zur »katholischen Einheit des Gottesvolkes« sind »alle Menschen berufen, und auf verschiedene Weise [...] sind ihr zugeordnet die katholischen Gläubigen, die anderen an Christus Glaubenden und schließlich alle Menschen überhaupt, die durch die Gnade Gottes zum Heil berufen sind.« (LG 13,4)

In gleichsam konzentrischen Kreisen bestimmt die Konstitution zunächst die »katholischen Gläubigen« als solche, die sich mit dem »sichtbaren Gefüge« der Kirche verbinden, »nämlich durch die Bande des Glaubensbekenntnisses, der Sakramente und der kirchlichen Leitung und Gemeinschaft« (LG 14,2). Dieser Betonung der hierarchischen Institutionalität wird jedoch, über die Tradition hinaus, die kirchliche »Gemeinschaft« sowie die individuelle Überzeugung im »Herzen« (ebd.) zugefügt.

Im Blick auf die nichtkatholischen Christen nimmt die Konstitution ebenfalls ihre subjektiven Qualitäten in den Blick – den Gehorsam gegenüber der Bibel, den »religiösen Eifer«, den Gottesglauben – und dann auch die objektiven Zeichen der Taufe, der Eucharistie und – wiederum – des Episkopats. Die Kirche hat sich so zu erneuern, »dass das Zeichen Christi auf dem Antlitz der Kirche klarer erstrahle« und auf diese Weise »alle [...] in der einen Herde unter dem einen Hirten sich [...] einen mögen« (LG 15).

Das sakramentale Grundverständnis einer Kirche, die ganz der Einheit in religiöser wie in sozialer Hinsicht dienen soll, wird sodann relevant im Blick auf das Verhältnis der einen, universalen »Weltkirche« zu ihren regionalen Gliederungen, den *Orts- oder »Teilkirchen«* (LG 13,3). Dieses Thema gehört – in Gestalt etwa der Konflikte um die lateinamerikanische Befreiungstheologie, den Umgang mit der afrikanischen Ahnenverehrung oder der westeuropäischen Individualisierung – zu den basalen Strukturproblemen der römischen Kirche.

Auch hier sind zwei Perspektiven erkennbar. Auf der einen Seite kann – mit LG 13,3 – konzediert werden, dass »sich das Volk Gottes nicht nur aus den verschiedenen Völkern sammelt, sondern auch in sich selbst aus vielfältigen Ordnungen gebildet ist« – so dass »auch in der kirchlichen Gemeinschaft zu Recht Teilkirchen« mit eigener Tradition und eigener kultureller, auch religiöser Prägung bestehen. Auf der anderen Seite hat die römische Glaubenskongregation 1992 betont, dass die Gesamtkirche den einzelnen Teilkirchen »ontologisch und zeitlich vorangeht«, und ihr damaliger Leiter J. Ratzinger hat dies 2002 unterstrichen: »Diese ontologische Vorgängigkeit der Gesamtkirche, [...] des einen Leibes, der einen Braut, vor den konkreten empirischen

Verwirklichungen in den Teilkirchen scheint mir [...] offenkundig.« (*Ratzinger*, 116)

Hier zeigt sich eine argumentative Verschiebung, die in der Ekklesiologie der »einen komplexen Wirklichkeit, die aus göttlichem und menschlichem Element zusammenwächst«, wohl prinzipiell angelegt ist. Während LG 13 zunächst empirisch argumentiert und auch die Auseinandersetzungen zwischen regionalen Bischofskonferenzen und der »Weltkirche« konkret die organisatorische Kompetenz der römischen Kurie, auch des Papstes betreffen, hebt Ratzinger diese Spannungsverhältnisse, gleichsam fundamentalekklesiologisch, in die Differenz von Leib Christi und seinen »konkreten empirischen Verwirklichungen« hinein auf. So kann er die Vorgängigkeit des Ganzen und dann auch dessen römischer Leitung behaupten. Eine Ekklesiologie, die die Aufgabe der Kirche primär in der Einheit zwischen Gott und Menschheit sieht, wird auch die kirchlich-institutionelle Einheit höher schätzen als die Pluralität der regionalkirchlichen – oder gar der individuellen – Verhältnisse.

2.3.4 Die kirchliche Hierarchie

Im zweiten Kapitel von »Lumen Gentium« wird das »Volk Gottes« zunächst in seinem Ursprung in Gottes Handeln an Israel und in Christus skizziert und es wird die Versammlung der Glaubenden hervorgehoben, die »allen und jedem das sichtbare Sakrament der heilbringenden Einheit« sein soll (9,3). Alsbald wird jedoch die Differenz zwischen »gemeinsamen Priestertum der Gläubigen« und dem »Amtspriestertum« markiert (LG 10,2). Konstitutiv für die hierarchische Gliederung des Gottesvolkes ist die Wirksamkeit des eucharistischen Vollzugs und dann auch der anderen Sakramente, von der Taufe bis zu Krankensalbung und Ehe (LG 11). Vor allem die sakramentale Vollmacht der Geweihten markiert die Präsenz der universalen Kirche in jeder Ortsgemeinde (vgl. *Ratzinger*, 121–124) – priesterliche Hierarchie und kirchliche Einheit hängen unmittelbar zusammen.

Weit bedeutsamer als das priesterliche Amt ist für diesen Zusammenhang freilich die *Stellung des Bischofs*. Die Kirchenkonstitution führt das episkopale Amt auf die Einsetzung der Apostel durch Christus selbst zurück (LG 19) und sieht in der Versammlung der Bischöfe Christus selbst am Werk: »Durch ihren Dienst verkündet er das Wort Gottes allen Völkern und spendet den Gläubigen beständig die Sakramente [...] und lenkt und ordnet durch ihre Weisheit und Klugheit das Volk des Neuen Bundes« (LG 21). Die bischöfliche Leitungsgewalt, ihre »sacra potestas« (LG 18, vgl. 10,2) stellt den personalen Kern des kirchlichen Dienstes an der Welt und am Gottesvolk dar.

Deutlicher als in »Lumen Gentium«, das in wechselnden Formulierungen die Lehre, die sakramentale Heiligung und die Leitung nennt, wird die bischöfliche ›potestas‹ im Kirchenrecht unterschieden in die »Weihegewalt« (potestus ordinis), die vor allem die Sakramente, besonders die Priester- und die Bischofsweihe selbst betrifft, und die »potestas regiminis«, die Leitungs- oder Organisationsgewalt[53]. Auch diese ist ganz auf den Bischof konzentriert, er kann freilich exekutive und richterliche Funktionen an nachgeordnete Instanzen delegieren[54]. Eine Beteiligung von Laien an der ordnenden, gleichsam gesetzgebenden Gewalt des Bischofs ist für die römisch-katholische Kirche jedoch undenkbar; »Räte« oder »Synoden«, in denen Laien mitarbeiten, können nie mehr als beratenden Charakter haben[55].

Die zentrale Stellung des Bischofs zeigt sich auch darin, dass das priesterliche Amt ganz von ihm aus entworfen wird: Die Priester sind lokale Vertreter der Kirche, »die in der Ausübung ihrer Vollmacht von den Bischöfen abhängen« (LG 28,1). Auch und gerade die Eucharistie wird ›eigentlich‹ vom Bischof präsidiert (LG 26). Nicht die örtliche Versammlung um Wort Gottes und Sakrament, sondern der *regionale Vollzug des Bischofsamtes* in den Ortskirchen stellt den Kern der kirchlichen Organisation dar.

Dabei betont die Konstitution, dass die bischöfliche Vollmacht »ihrer Natur nach nur in der hierarchischen Gemeinschaft mit dem Haupt und den Gliedern des Kollegiums ausgeübt werden« kann (LG 21,2) und markiert auf diese Weise wiederum das Primat der Gesamtkirche. Von diesem Prinzip her kommt schließlich auch das Amt des Papstes immer wieder in den Blick. So heißt es etwa:

»Die kollegiale Einheit zeigt sich [...] in den wechselseitigen Beziehungen der einzelnen Bischöfe zu den Teilkirchen und zur Gesamtkirche. Der Römische Bischof ist als Nachfolger des Petrus das immerwährende und sichtbare Prinzip und Fundament für die Einheit der Vielheit sowohl von Bischöfen als auch von Gläubigen. Die einzelnen Bischöfe aber sind sichtbares Prinzip und Fundament der Einheit in ihren [...] Teilkirchen, in denen und aus denen die eine und einzige Katholische Kirche besteht. Aus diesem Grunde stellen die einzelnen Bischöfe ihre Kirche dar [repraesentant], alle zusammen aber mit dem Papst die ganze Kirche im Band des Friedens, der Liebe und der Einheit.« (LG 23,1)

Es ist offenbar die Kategorie der Repräsentation, der *Darstellung*, die die zentrale Stellung des hierarchischen Amtes begründet. Besteht das Wesen der Kirche darin, das auf umfassende Einigung zielende Werk Christi sichtbar zu machen, so muss diese Einheit in der überschaubaren Region, also durch den Bischof, ebenso dargestellt werden wie im Horizont der Weltgesellschaft. Diese Repräsentation geschieht durch das Kollegium der Bischöfe, sie geschieht aber vor allem durch das Amt »des Stellvertreters Christi und des Hirten der ganzen Kirche«, der »die volle, höchste und allgemeine Vollmacht« der Leitung »immer frei ausüben kann« (LG 22). Die absolute Leitungsgewalt des Papstes, die auch seine lehrmäßige Unfehlbarkeit einschließt, leitet sich konsequent aus dem Begriff einer Kirche ab, die die künftige Einheit der Menschheit wie deren Einheit mit Gott zeichenhaft und zugleich wirksam, also sakramental repräsentiert.

2.3.5 Anfragen an eine evangelisch-theologische Theorie der Kirche

Die eindrucksvoll geschlossene Theorie einer Kirche, die Einheit wie Universalität des Werkes Christi »sakramental«, und das heißt wesentlich durch ein hierarchisches Lehr-, Heiligungs- und Leitungsamt zur Darstellung bringt, markiert für eine evangelisch-theologische Theorie der Kirche, die stärker (aber keineswegs einlinig) vom rechtfertigenden und heiligenden Glauben des Einzelnen her konzipiert ist, eine Reihe von Fragen:

– Auch für die evangelische Kirche ist der individuelle Glauben auf die Begegnung mit einer kirchlichen Organisation angewiesen, die ihm das Wort Gottes zur Darstellung bringt. Wie kann diese Organisation den universalen Bezug jenes Wortes, seine *Relevanz für die Gesellschaft*, ja für »die Völker« (LG 1) zum Ausdruck bringen?
– Welche Rolle spielt für diese öffentliche Darstellungsaufgabe das *Kollegium der Amtsträgerinnen und -träger* – und welche Rolle spielen hier synodale Gremien?
– Wie lässt sich insbesondere die *episkopale Aufgabe*, die Sorge für die Repräsentanz der Einheit der Kirche wie ihres Ursprungsbezugs, so fassen, dass sie nicht allein vom örtlichen Verkündigungs- und Leitungsamt getragen werden muss?
– Schließlich, aber nicht zuletzt erinnert das römisch-katholische Verständnis der »*sacra potestas*« daran, dass kirchliche Leitung sich – aus theologischen Gründen – nicht »allein durch das Wort« vollzieht. Welche Bedeutung kommt dann den Leitungsmedien des sakramentalen Vollzugs und des Rechts zu – und vor allem der Beauftragung? Dass die Entscheidung über die *Besetzung personaler Ämter* eine entscheidende Dimension der Leitung darstellt, das zeigt nicht nur die Praxis, sondern auch die Theorie der römisch-katholischen Kirche deutlich.

2.4 Einsichten der aktuellen Dogmatik

2.4.1 Kirchliche Ordnung und theologische Selbststeuerung – Eilert Herms

Quellen: *Herms, Eilert:* Erfahrbare Kirche. Beiträge zur Ekklesiologie, Tübingen 1990. – Kirche für die Welt. Lage und Aufgabe der evang. Kirchen im vereinigten Deutschland, Tübingen 1995. – Was heißt es, im Blick auf die EKD von »Kirche« zu sprechen? Eine Fallstudie zum Verhältnis zw. Partikularkirche und Universalkirche im reformatorischen Verständnis, in: MJTh 8 (1996), 83–119. – Kirche – Geschöpf und Werkzeug des Evangeliums, Tübingen 2010.

Literatur: *Brandt, Sigrid:* Kirche als System? Zu den Theoriegrundlagen von Eilert Herms' Buch »Erfahrbare Kirche«, in: EvTh 51 (1991), 296–304. – *Hermelink, Jan:* Praktische Theologie der Kirchenmitgliedschaft, Göttingen 2000, 33–54.

Eilert Herms (geb. 1940), der zuletzt in Tübingen Dogmatik und Sozialethik lehrte, hat seit den 1980er Jahren ein umfangreiches und vielschichtiges theologisches Oeuvre vorgelegt, zu dem – vor allem in den 1990er Jahren – auch diverse ekklesiologische Beiträge gehören. Hier wird regelmäßig eine – reformatorisch akzentuierte – Reflexion auf das Wesen der Kirche verbunden mit der Skizze von Konsequenzen jener Wesensbestimmungen für die Bedeutung der »erfahrbaren Kirche« (a), für die Gestalt ihrer »Ordnungen« (b) und für ihre verantwortliche Leitung (c). Im Folgenden können von diesem ekklesiologischen System[56] nur wenige Grundzüge und Pointen skizziert werden, die in der kirchentheoretischen Debatte Resonanz gefunden haben[57] – oder doch Resonanz finden sollten.

(a) Die Kirche in Dogmatik und christlichem Leben
Herms versteht Dogmatik als die Theorie des christlichen »Gesamtlebens« (Schleiermacher): Sie beschreibt die Eigenart derjenigen Institutionen, Handlungsweisen und individuellen Überzeugungen, die sich dem Glauben an die Christusoffenbarung verdanken und die sich, wie Herms betont, stets (aber gegenwärtig besonders deutlich) in einem *pluralen Kontext* weiterer Institutionen vorfinden, die ihrerseits von anderen Grundüberzeugungen getragen sind. Konstitutiv für das christliche Gesamtleben – und seine gesellschaftliche Prägekraft – sind darum Klarheit und Prägnanz derjenigen Grundeinsichten oder »*Daseinsgewissheiten*«, die das christliche Leben der Einzelnen, ihre Gemeinschaften und ihre Interaktionen mit Nichtchristen steuern.

Die spezifisch christliche Daseinsgewissheit, die Gewissheit der Rechtfertigung, ist als eine passiv zustande kommende Einsicht zu verstehen, die sich der Offenbarung Gottes in Christus durch den Geist verdankt. Um nachhaltig angeeignet und im Lebensvollzug wirksam zu werden, bedarf diese Glaubensgewissheit jedoch einer inhaltlichen Entfaltung – eben dies leisten die reformatorischen Katechismen ebenso wie die Glaubensbekenntnisse der Tradition und deren entwickelte Gestalt: die *christliche Lehre*. Die überzeugungs- und dann auch handlungsleitende Wirkung dieser Lehre ist davon abhängig, dass sie den Glaubenden (wie den Nichtglaubenden) in einsichtiger und konsensfähiger Form zugänglich gemacht wird. Hier sieht Herms nicht nur die Aufgabe der Predigt und aller kirchlichen Kommunikation, sondern insbesondere die Aufgabe der Theologie und ihres Kerns, der Dogmatik: Sie hat zunächst und vor allem die kategorialen Grundeinsichten der christlichen Lehre, das »Wirklichkeitsverständnis des christlichen Glaubens«[58] zu entfalten: im Blick auf alle Glaubenden, besonders aber auf die kirchlichen Amtsinhaberinnen und -inhaber. Es dient der Bildung einer *gemeinsamen* Überzeugung, wenn diese lehrmäßige Entfaltung, in der Theologie wie in der Predigt, sich als Auslegung fundamentaler Texte vollzieht, etwa der reformatorischen Bekenntnisse, aber auch – im Blick auf die Kirche – des einschlägigen Lehrtextes der Leuenberger Kirchengemeinschaft[59].

Nicht nur die Theologie, auch die Kirche selbst wird von Herms im funktionalen Kontext des christlichen Gesamtlebens und dessen Pluralismusfähigkeit verstanden: Die Kirche stellt dasjenige Ensemble von Institutionen, von geregelten Handlungszusammenhängen dar, das dem christlichen Leben die Bewahrung seiner – inhaltlich bestimmten – *Identität* ermöglicht. Nur in der regelmäßigen Interaktion mit den kirchlichen Institutionen können die Christen sich auf den unverfügbaren Ursprung des Glaubens in der Offenbarung, auf seine fundamentalen Gewissheiten und auf die daraus resultierenden religiösen und ethischen Orientierungen besinnen.

Vor allem im (seinerseits regelmäßigen) *Gottesdienst* begegnen die Glaubenden einer ausdrücklichen Darstellung der Offenbarung in verbaler und leiblicher, sakramentaler Gestalt, die dezidiert auf ihre individuelle wie gemeinsame Aneignung zielt[60]. Zudem sind es vor allem die Gottesdienste, in denen die einzelnen Christen ihre Zusammengehörigkeit und zugleich – vor allem im Mahl – ihre Gemeinschaft mit dem erhöhten Christus erleben. In den Gottesdiensten findet das christliche Gesamtleben nicht seine einzige, aber doch eine besonders eindrückliche und wirkungskräftige Gestalt.

In etwas anderer Akzentuierung kann Herms die kirchlichen Institutionen auch als *Bildungsinstitutionen* verstehen[61]. Die christliche Daseinsgewissheit muss sich, um orientierungskräftig zu werden, den Einzelnen in einem biographisch unabschließbaren Prozess der Herzensbildung einprägen: Der innere Mensch wird dadurch genährt und gekräftigt, dass er sich immer aufs Neue der Kommunikation des Evangeliums aussetzt. Herms plädiert darum dafür, das »Institutionengefüge« der kirchlichen Bildung in der Gemeinde

(Gottesdienst, Kindergarten, kirchlicher Unterricht etc.) und der Erwachsenenbildung durch allgemeinbildende Schulen in kirchlicher Trägerschaft zu ergänzen. Denn erst auf diese Weise kann – angesichts der gesellschaftlichen Pluralität von religiösen Gewissheiten – der innere Zusammenhang des christlichen Lebens nachhaltig erfahren und eingeübt werden.

Die Kirche erscheint demnach in Herms' dogmatischer Theoriebildung insbesondere als ein *erfahrbares* Phänomen: als ein inhaltlich bestimmter sozialer Zusammenhang, der zwar nur einen Teilaspekt des christlichen Lebens darstellt, der für dessen fortwährende Bildung und stets erneute Vergewisserung jedoch von fundamentaler Bedeutung ist.

(b) Die wesentliche Ordnung der Kirche
Die Erfahrbarkeit der Kirche, ihre soziale Verfassung als ein spezifisches Institutionsgefüge bestimmt Herms näherhin durch eine doppelte Abgrenzung. Einerseits ist gegenüber der römisch-katholischen Ekklesiologie zu betonen, dass die Sichtbarkeit der Kirche, die ihr als einem Resultat menschlichen (Zusammen-)Wirkens zukommt, nicht unmittelbar und eindeutig ihren Charakter als Werk Gottes, als creatura verbi divini zum Ausdruck bringt: Menschliches und göttliches Handeln sind auch und gerade im Blick auf die Kirche zu unterscheiden.

Andererseits darf die sichtbare Kirche aber auch nicht – wie es im neuzeitlichen Protestantismus verbreitet ist – als uneigentliche oder gar als falsche Kirche denunziert werden. Die geschichtliche Gemeinschaft des Glaubens existiert vielmehr *zugleich* als göttliches wie als menschliches, leibhaftes Werk; beide Aspekte gehören »gleichursprünglich« zu ihrem Wesen: »Die durch die Christusoffenbarung geschaffene Gewissheitsgemeinschaft ist keine unsichtbare Gemeinschaft bloßer Innerlichkeit [...], sondern eine leibhaft erfahrbare soziale Realität inmitten des Zusammenlebens aller Menschen.« (Kirche – Geschöpf, 52) Herms ekklesiologische Beiträge akzentuieren vornehmlich diese »erfahrbare soziale Realität«, deren angemessene Gestaltung für das christliche Gesamtleben weder irrelevant noch beliebig ist. Denn diese soziale Realität kann »insgesamt nichts anderes sein wollen als Ausdruck und Bezeugung des [...] sie tragenden gemeinsamen Gewisssseins« (a. a. O., 51). Auch für Herms ist die erfahrbare Kirche also eine »Zeugnisgemeinschaft«, die ihr Wesen in der menschlichen *Darstellung* des göttlichen Grundes der Kirche hat.

In der dogmatischen Perspektive auf die erfahrbare Kirche treten vor allem ihre regelhaften Züge in den Vordergrund. In Aufnahme soziologischer Einsichten kann Herms jene Regeln als *Institutionen*, als durch Gewohnheit, Recht oder Einsicht geregelte Interaktionszusammenhänge beschreiben; in Aufnahme traditioneller Terminologie spricht er von der *Ordnung* der Kirche, deren Grundzüge sich aus dem Wesen der Glaubensgemeinschaft selbst ergeben (vgl. Erfahrbare Kirche, 102 ff.). Nur einige dieser Grundzüge seien hier skizziert.

Innerhalb der kirchlichen Ordnung können verschiedene, einander bedingende *Regelungsbereiche* unterschieden werden. Zentral ist die Ordnung der kirchlichen Lehre (verstanden als nomen actionis), in der sowohl die normativen Grundlagen der Bezeugung des Evangeliums als auch die Kriterien ihres situationsangemessenen Vollzugs festgelegt sind. Diese Ordnung des Lehrens ist Kern einer Ordnung des Gottesdienstes, in der die Rhythmen, Funktionen, Medien und Grundthemen der christlichen Versammlung geregelt werden. Den dritten, gleichsam äußersten Bereich bildet eine Regelung der materiellen und personellen Voraussetzung des Gottesdienstes und der anderen kirchlichen Bildungsinstitutionen. Herms spricht von der »Organisationsordnung«, die »die konkreteste, aber auch die komplexeste Gestalt kirchlicher Ordnung« darstellt (a. a. O., 110).

Herms markiert das sachliche Gewicht der kirchlichen Institutionalität wiederholt so, dass er den *rechtlichen* Charakter jener Ordnungen betont (vgl. Erfahrbare Kirche, 110 ff.). Damit wird deren Verbindlichkeit hervorgehoben, die der erkennbaren Verlässlichkeit des Handelns ebenso dient wie dem Schutz aller Beteiligten vor Übergriffen. Dazu gewährleistet die Rechtsförmigkeit der kirchlichen Institutionen ihren Zusammenhang mit dem allgemeinen gesellschaftlichen Leben – und sie erlaubt zugleich die Unterscheidung zwischen der allein geistlichen, inneren Verbindlichkeit der Offenbarung selbst und der äußeren Verbindlichkeit aller kirchlichen Ordnung: Diese bezeugt zwar den göttlichen Grund der Kirche, aber sie ist doch selbst kein »ius divinum«, sondern stets – auf ihrerseits geregelte Art – durch die Beteiligten zu verändern.

Der Rechtscharakter der kirchlichen Ordnungen erlaubt Herms schließlich eine bemerkenswerte Unterscheidung zwischen verschiedenen *organisatorischen Ebenen*[62]. Die Kompetenz, »alle für die erfahrbare Sozialgestalt erforderlichen Ordnungsleistungen *selbst* zu erbringen«, kommt nur den »Partikularkirchen« – das sind im evangelisch-deutschen Kontext wesentlich die Landeskirchen – zu: Nur diese Organisationsebene verfügt über verfasste Organe, mit denen das Recht der Organisation, des Gottesdienstes und der Lehre der Glaubensgemeinschaft begründet, gepflegt und geändert werden kann. Die lokalen Gemeinden sind dagegen in rechtlicher Hinsicht – und das heißt eben auch: wesentlich – *unselbständige* kirchliche Organisationen; und auch die kirchlichen Gemeinschaften, zu denen Herms neben den konfessionellen Bünden etwa die EKD zählt, sind insofern keine kirchlichen Organisationen im Vollsinn, als sie ihre Ordnungen nicht unabhängig von den sie bildenden Partikularkirchen gestalten können.

Auch die dogmatische Reflexion der wesentlichen Aufgaben und Vollzüge kirchlicher Leitung wird dann die *Landeskirchen*, die in der Regelung ihrer Ordnungen autonom sind, in den Mittelpunkt der Betrachtung rücken.

(c) Die Leitung der Kirche: Entscheidung, Auslegung der Lehre, theologische Aufsicht

Infolge seiner Betonung der Institutionalität der Kirche, also ihres Charakters als eines von Menschen gestalteten und zu verantwortenden Handlungszusammenhangs hat sich Herms gelegentlich, und zwar konkreter als die meisten dogmatischen Theologen, auch zu den konstitutiven Strukturen der kirchlichen Leitung geäußert. Denn als ein Institutionsgefüge mit einem klaren, inhaltlich bestimmten Auftrag oder Ziel gehört die erfahrbare Kirche zu den sozialen »Organisationen«, die sich im Blick auf dieses Ziel *selbst steuern* und eine dementsprechende interne Struktur geben können.

Was das *inhaltliche* Ziel dieser Selbststeuerung angeht, so betont Herms neben der Funktion der Kirche für die Bildung, Vergewisserung und Lebensorientierung der einzelnen Christen und ihres Zusammenwirkens (↗(a)), dass die Organisation auch eine unvertretbare Aufgabe an den überindividuellen »Mächten und Gewalten« (Eph 3,10) der Gesellschaft hat: nämlich die christlichen Grundeinsichten, die das Wesen des Menschen und der menschlichen Gesellschaft betreffen, im Kontext von deren faktischer Pluralität deutlich und eindrücklich zu kommunizieren. Dies geschieht wesentlich durch die Art und Weise der kirchlichen Ordnung selbst: Auch und gerade diese Ordnung *bezeugt das Evangelium*, sie stellt dar, was das göttliche Werk des Glaubens und der (verborgenen) Kirche ausmacht und für das soziale Leben bedeutet.

In *formaler* Hinsicht versteht Herms die Leitung der kirchlichen Organisation vornehmlich als einen Zusammenhang von *Entscheidungsvollzügen*[63]. Diese haben – in allen Organisationen – prinzipiell einen verbindlichen und sanktionsbewehrten, insofern rechtsförmigen Charakter; zugleich sind sie jedoch darauf ausgelegt, nicht einfach durch Sanktionsfurcht, sondern aus innerer Einsicht in ihre sachliche Angemessenheit befolgt zu werden. Auch die Leitungsentscheidungen in der Kirche müssen sich also erkennbar und nachvollziehbar an deren inhaltlichem Ziel ausrichten.

Näherhin reflektiert Herms vor allem diejenigen Entscheidungen, die nicht »direktiv« einzelne Sachverhalte betreffen, sondern die »konditionierend« den Rahmen oder die Bedingungen bestimmen, innerhalb dessen der kirchliche Auftrag je situations- und adressatenbewusst zu erfüllen ist[64]. Die spezifische Eigenart dieser Leitungsentscheidungen in der Kirche ist dann darin zu sehen, dass sie sich als situationsbezogene Entfaltung oder *Auslegung der Lehre* zu vollziehen haben. Dies betrifft zum Einen ihren sachlichen Bezug, insofern alle Entscheidungen über die kirchlichen Lehr-, die Gottesdienst- und die Organisationsordnungen, die ja ihrerseits das Evangelium bezeugen, erkennbar auf dessen normative Formulierung in den Bekenntnissen bezogen werden müssen – und zwar eben so, dass der mögliche Konsens über diese Entscheidungen ihr wesentliches »Qualitätsmerkmal« darstellt (Erfahrbare Kirche, 84).

Zum Anderen erscheint die reformatorische Lehre für die *Reichweite* der kirchlichen Selbststeuerung bedeutsam[65], insofern sie zu unterscheiden anleitet zwischen verbindlich zu regelnden Ausdrucksgestalten der Kommunikation des Evangeliums, auch seiner Organisation einerseits, und der Rezeption jener Kommunikation bei den einzelnen Menschen und in der pluralen Welt der sozialen Institutionen andererseits, die von der Kirche eben nicht verbindlich geregelt werden kann. Die reformatorische Einsicht in die Unverfügbarkeit der geistgewirkten »Daseinsgewissheit« des Glaubens gilt insofern auch und gerade für die Rezeption kirchlicher Leitungsentscheidungen.

Schließlich zieht Herms aus diesen Überlegungen auch Konsequenzen für die *Subjekte* oder Instanzen, denen die – inhaltsbezogenen – Rahmenentscheidungen über die kirchliche Ordnung zukommen. Hier ist zum Einen zu betonen, dass die »Funktion der Leitung« oder das »ordnende Amt« wesentlich bei der *ganzen Gemeinschaft der Glaubenden* verbleibt (Kirche – Geschöpf, 54). Herms verweist auf den reformatorischen Grundsatz des Priestertums aller Glaubenden, denn dieses Priestertum realisiert sich nicht zuletzt in der undelegierbaren Kompetenz, die Lehre zu beurteilen, die den Glaubenden durch die Ordnung der Kirche und durch ihre Amtsträgerinnen und -träger vorgetragen wird. Auch und gerade an den »konditionierenden«, den rahmenden Leitungsentscheidungen müssen daher auf allen Ebenen synodale Vertretungsorgane aller Glaubenden beteiligt sein; und dies gilt prinzipiell auch für Entscheidungen über die Lehr- und die gottesdienstliche Ordnung. Es gibt also, so spitzt Herms es zu, keinerlei leitende »Entscheidungen, die dem ministerium verbi alleine vorbehalten wären« (Kirche – Geschöpf, 224).

Gleichwohl ist gerade dieses »ministerium verbi«, genauer: das durch die Ordination nach CA 14 übertragene *Amt* auch als ein Leitungsamt zu verstehen. Weil kirchliche Leitung sich wesentlich als situations- und problembezogene Auslegung der Lehre vollzieht, muss das Amt, dem diese Auslegung in öffentlicher Kommunikation anvertraut ist, an den Leitungsentscheidungen unabdingbar beteiligt werden. Vor allem sind die ordinierten Amtspersonen und -träger mit der »Aufsicht« darüber betraut, ob die – allen Glaubenden zustehende – Verkündigung übereinstimmt mit dem apostolischen Zeugnis des Evangeliums, ob also Verkündigung und bezeugende Ordnung der Kirche ihrem Auftrag gemäß geschehen (vgl. a. a. O., 54 f.). Es ist wesentlich ein *hermeneutisches*, ein den jeweiligen Entscheidungsrahmen kritisch prüfendes und auslegendes Handeln, das den Pfarrerinnen und Pfarrern aufgetragen ist. Es zielt »darauf, dass alle Glieder der Kirche Klarheit über die schlechterdings verbindlichen Grundlagen und Spielräume ihrer jeweiligen Entscheidung gewinnen« (a. a. O., 225). Ob diese Klarheit freilich organisatorisch wirksam wird, das ist wiederum – undelegierbar – die Sache *aller* Glaubenden.

Nur in diesem Wechselspiel zwischen allen Glaubenden, die der jeweiligen kirchlichen Organisation zugehören, und einer ursprungs- wie situationsbezogenen Auslegung der sie tragenden Glaubensgewissheit kommen die prägenden Leitungsentscheidungen der Kirche sachgemäß zustande. Insofern bringt auch und gerade die Art und Weise, in der eine kirchliche Organisation sich selbst steuert, ihren unverfügbaren Grund zum Ausdruck.

2.4.2 Öffentliche Wirkung und geplante Reform – Wolfgang Huber

Quellen: *Huber, Wolfgang:* Kirche (1979), München ²1988. – Kirche in der Zeitenwende. Gesellschaftlicher Wandel und Erneuerung der Kirche, Gütersloh 1998 u. ö. – Kirche für das 21. Jahrhundert. Ein theologischer Entwurf, in: *M. Kock* (Hg.), Kirche im 21. Jahrhundert, Stuttgart 2004, 147–158. – Evangelisch im 21. Jahrhundert. Hauptvortrag beim Zukunftskongress der EKD in Wittenberg, Januar 2007. – Der christliche Glauben. Eine evangelische Orientierung, Gütersloh 2008.

Der ehemalige Berlin-Brandenburgische Bischof (1994-2009) und EKD-Ratsvorsitzende (2003–2009), der zuvor Systematische Theologie und Sozialethik in Marburg und Heidelberg lehrte, hat sich seit seiner Habilitationsschrift über »Kirche und Öffentlichkeit« (1973) immer wieder zur Kirchentheorie geäußert, und zwar nicht nur in Büchern, wissenschaftlichen Aufsätzen und Vorträgen, sondern auch in populären Kontexten wie dem Kirchentag, dessen Präsident er 1983–85 war, und in massenmedialen Foren. Huber fügt den bisher skizzierten Einsichten der evangelischen Ekklesiologie, die er in großer Breite rezipiert[66], inhaltlich kaum Neues hinzu, akzentuiert jedoch bestimmte Aspekte inhaltlich wie rhetorisch in einer Weise, die für die kirchenleitenden Theologen und Theologinnen der Gegenwart als repräsentativ gelten kann.

(a) Rhetorik der Kirchenreform
In Hubers Beiträgen ergänzen sich Inhalt und sorgfältig gestaltete Form der Äußerung wechselseitig. Das lässt sich exemplarisch an seinem knappen »Entwurf« zur »Kirche für das 21. Jahrhundert« verdeutlichen. Einleitend heißt es dort:

»Die theologische Lehre von der Kirche hat sich traditionell darauf konzentriert, aus dem Begriff der Kirche, aus ihren Eigenschaften und Kennzeichen ein vermeintlich zeitloses Gebäude zu errichten. [...] Gewiss bleiben die überlieferten Grundbegriffe der Lehre von der Kirche [...] wichtig. Doch sie fangen erst dann an, zu uns zu reden, wenn es gelingt, theologische Einsichten mit den erkennbaren Zukunftsaufgaben in einen Dialog zu bringen. Gegenüber dem Begriff ›Ekklesiologie‹ bevorzuge ich deshalb schon lange den Begriff einer ›Theorie der Kirche‹. Sie hat die Aufgabe, die Frage nach den theologischen Bestimmungen der Kirche mit dem Nachdenken über ihren geschichtlichen Wandel und die zukünftigen Aufgaben zu verbinden.« (Kirche für das 21. Jahrhundert, 147)

Die Frontstellung gegen die ›traditionelle‹ Theologie verbindet sich mit zwei Leitbegriffen: »Zukunft« und »Aufgaben«. Auch in Hubers größeren Werken steht stets ein Kapitel zur »Zukunft der Kirche« am Schluss[67], das einschlägige Aufgaben jeweils breit entfaltet. Rhetorisch wird die Orientierung an »Zukunftsaufgaben« durch gehäufte Formulierungen wie »es ist nötig« (a. a. O., 155 u. ö.) oder »es ist dringlich« (154 u. ö.), markiert; typisch ist auch die Wendung »es ist an der Zeit« (151 u. ö.). Auf diese Weise werden die jeweiligen »Herausforderungen« wie die »Erwartungen der Menschen« (ebd.) gleichsam objektiviert und zugleich als Gestaltungserfordernis präsentiert.

Die imperativische Rhetorik der Kirchentheorie wird durch umfassende, integrative Redeformen unterstützt. So sind die Texte Hubers stets übersichtlich und ausgewogen aufgebaut; häufig begegnen drei- oder fünfstellige Gliederungen und triadische, implizit holistische Reihungen. Es ist das Ganze der Wirklichkeit und das Ganze der Kirche, das zu bestimmten Veränderungen »nötigt«. Dementsprechend bindet Huber auch auf der inhaltlichen Ebene Sein und Sollen eng zusammen:

Das kirchliche »Grundgeschehen« von Gottesdienst, Predigt und Sakrament (nach CA 7) impliziert für die daran Beteiligten die »entscheidende« Aufgabe, »die Voraussetzungen für dieses Grundgeschehen zu erneuern und ihm auch in die Zukunft hinein Gestalt zu geben [...]. Deshalb erweist sich die Verantwortung für die Weitergabe des Evangeliums an die nächste Generation als Schlüsselverantwortung der Kirche. Insofern lässt sich die Kirche insgesamt als eine Verantwortungsgemeinschaft für die Weitergabe des Evangeliums beschreiben.« (a. a. O., 153)

Der Leitbegriff dieses kirchentheoretischen Summars ist »Verantwortung«. Die Aneignung des liturgisch vermittelten Wort Gottes kann sich ›verantwortlich‹ nur als kirchliche Gestaltung vollziehen; erst recht lässt die Zuspitzung auf die »nächste Generation« die Kirche geradezu unausweichlich als eine alle Beteiligten unmittelbar verpflichtende, ›verantwortliche‹ Handlungsgemeinschaft erscheinen.

Die für die lutherische Kirchentheorie entscheidende Differenz zwischen der menschlichen Präsentation des Evangeliums und dem – allein Gott zuzuschreibenden – Gelingen seiner »Weitergabe« wird durch solche Formulierungen tendenziell verdeckt. Das Verhältnis von göttlichem und menschlichem Werk wird denn auch im Blick auf kirchliche Reformen recht aktivistisch akzentuiert:

> »Gewiss liegt die Zukunft der Kirche in der Hand ihres Herrn. Die Reform der Kirche ist ein Werk des Heiligen Geistes. Aber dass diejenigen, die die Kirche zu gestalten haben, nicht nutzlos daneben stehen, das ist ihre Verantwortung. [...] Denn Kirche heute bedeutet, für die Kirche von morgen Verantwortung zu übernehmen. Die Zuversicht zu dieser Verantwortung wächst aus der Zusage, dass die Kirche Jesu Christi sein und bleiben wird.« (a. a. O., 156 f.)

Die ›verantwortliche‹ Leitung der Kirche wird hier, deutlicher als je zuvor, als eine umfassende, planvolle und ›nützliche‹ *Veränderung* dargestellt; es kann nicht mehr um genügsame Bestandswahrung gehen, sondern der Gegenstand der Kirchentheorie besteht nun in einer gezielten, stets das Ganze betreffenden Um- und Neugestaltung. Die »Zusage«, dass die Kirche das Werk Gottes ist, erscheint weniger als Entlastung oder Unterbrechung der menschlichen Reformarbeit, sondern sie wird zur »Zuversicht«: zur mentalen Ressource jener angestrengten Bemühung.

(b) Nötigung zu öffentlicher Wirkung
Wie ist der Gegenstand dieser »Verantwortung«, wie sind die »entscheidenden« »Zukunftsaufgaben« näher zu beschreiben? Typisch erscheint im hier betrachteten Text eine Passage, die die erste »Priorität kirchlichen Handelns« skizziert:

> »In unserer Gesellschaft regieren weithin die Maßstäbe der Wirtschaft; doch zugleich wird neu nach den geistlichen Grundlagen menschlichen Lebens gefragt. Die Kirche wird wieder als Raum für die Begegnung mit dem Heiligen wahrgenommen. [...] Für kirchliches Handeln ist deshalb entscheidend, dass der christliche Glaube selbst in seiner geistlichen Kraft und in seinem unaufgebbaren Glaubenswissen wahrgenommen wird. Gottesdienste so zu feiern, dass sie Menschen einladen und überzeugen, ist die wichtigste Aufgabe der Kirche. Die Themen des Glaubens so zur Sprache zu bringen, dass Menschen unserer Zeit dadurch erreicht werden, ist aller Mühe wert.« (157)

Den Horizont, in dem Huber die »wichtigste Aufgabe der Kirche« beschreibt, bilden offenbar die gegenwärtigen *gesellschaftlichen Verhältnisse*. Ist die Kirche von ihrem Ursprung her an die größtmögliche Öffentlichkeit gewiesen[68], so muss sie in einem Kontext, der religiöse Lebensorientierung sowohl gefährdet als auch fordert, dezidiert ›geistlich‹ agieren; sie muss – wie Huber seit den 1990er Jahren angesichts der ostdeutschen Konfessionslosigkeit betont – *missionarisch* handeln. Kennzeichnend für diese Praxis ist ihre Ausrichtung an erfahrbaren, ja messbaren *Wirkungen:* Menschen sollen »erreicht«, »eingeladen« und »überzeugt« werden.

Hubers Interesse an wirksamem Handeln dokumentiert sich auch dort, wo er die kommunikative, darstellende Praxis im Gottesdienst mit »Formen des bewirkenden, kooperativen Handelns« verknüpft, vor allem mit Bildungs- und sozialpolitischen Aktivitäten, »in denen sich die Kirche auf die Gesellschaft bezieht«[69]. Freilich »sollte deutlicher zum Leuchten kommen«, dass es sich bei diesem wirksamen Handeln »um eine Ausdrucksform des Glaubens und nicht nur um einen Beitrag zum Sozialstaat handelt«[70]. Insofern hat die Kirche, wie Huber in kritischer Wendung gegen die jüngste Geschichte formuliert, eine »Selbstsäkularisierung«[71] zu überwinden, die das eigene Handeln auf soziales und politisches Engagement reduziert habe.

Wird die öffentliche Wahrnehmung des Glaubens, seiner »Gehalte« und seiner Gottesdienste zum wesentlichen Kriterium (Kirche für das 21. Jahrhundert, 157), dann tritt offenbar die *»Erkennbarkeit der Kirche«* mehr und mehr in den Mittelpunkt (a. a. O., 152 ff.). Deren wirksame Profilierung vollzieht sich durch eine inhaltliche Akzentuierung ethischer wie weltanschaulicher Überzeugungen, durch »Glaubenswissen« – es sind daher in erster Linie Bildungsangebote, mit denen die evangelische Kirche nach außen zu treten hat.

Die Ausrichtung des kirchlichen Handelns auf öffentliche Wirkung ist, wie Huber schließlich hervorhebt, im Wesen der »congregatio sanctorum« (CA 7) begründet: Damit »ist gesagt, dass das Evangelium die Menschen dann erreicht, wenn es ihnen in einer überzeugenden, plausiblen Gemeinschaftsgestalt gegenüber tritt« (a. a. O., 152). Es ist nicht allein das verkündigte Wort, mit dem die Kirche zum Glauben einlädt, sondern es ist ihre eigene »überzeugende, plausible« *Sozialgestalt,* die als Voraussetzung für missionarische Wirksamkeit gilt: In den Kirchen »wird beispielhaft vorgelebt, was es heißt, von Glaube, Hoffnung und Liebe getragen zu sein« (Der christliche Glaube, 148).

(c) Nötigung zu kirchlicher Planung
Von der Kritik an einem Handeln, das sich auf kirchliche Bestandssicherung beschränkt und in der Öffentlichkeit undeutlich erscheint, kommt Huber zu der Forderung einer an den »Zukunftsaufgaben« ausgerichteten Organisationsreform. Dazu heißt es 2004:

»Anstehende Strukturreformen auf ökumenischer Ebene, innerhalb der EKD, in und zwischen ihren Gliedkirchen, auf der Ebene von Kirchenkreisen und Gemeinden haben an Wesen und Auftrag der Kirche ihren entscheidenden Maßstab. Wenn dieses Bemühen [...] zielstrebig erfolgt und dann vielleicht sogar erfolgreich ist, bildet es einen Beitrag dazu, wichtige Voraussetzungen kirchlicher Arbeit trotz der schwierigen Bedingungen der Gegenwart für eine nächste Generation zu bewahren und zu erneuern.« (Kirche für das 21. Jahrhundert, 156 f.)

Angesichts der gegenwärtigen wie der zukünftigen Herausforderungen ist eine (auch sprachlich markierte) umfassende, zielstrebige Erneuerung erforderlich. Mit vielen Personen in kirchenleitender Verantwortung ist Huber sich einig, dass diese planvolle Umgestaltung – um einer öffentlich zu Glauben und Engagement einladenden Wirkung willen – vor allem auf *organisatorische Integration* zu zielen hat.

Darum werden in struktureller Hinsicht Ressourcen sparende Zusammenschlüsse gefördert. Um »vielleicht sogar erfolgreich« zu sein, müssen entsprechende Impulse offenbar von den leitenden Instanzen ausgehen. Die Bereitschaft einer Reform ›von oben‹ ist ein wesentliches Kennzeichen des gegenwärtig dominierenden Selbstverständnisses; es stellt die unmittelbare Konsequenz eines an religiöser und sozialer Wirkung orientierten Kirchenbegriffs dar, wie Huber ihn entfaltet hat.

Auch in inhaltlicher Hinsicht zielt die kirchliche Erneuerung auf Integration. Gerade im Kontext eines weltanschaulich-religiösen Pluralismus muss die Kirche eine klare »evangelische Orientierung« bieten[72]. Die innerkirchliche Pluralität kann zwar »die Begrenztheit menschlicher Wahrheitserkenntnis« markieren – gleichwohl hat sie »einen relativen Charakter«, ist sie doch »auf eine gemeinsam verpflichtende Wahrheit« bezogen, »auf die Verbindlichkeit christlicher Freiheit«[73].

Charakteristisch für Hubers Verständnis innerkirchlicher Reform ist schließlich die Rede vom »Mentalitätswandel«: »Wenn nach der Zukunft der Kirche gefragt wird, geht es zuallererst nicht um Strukturen [...]. Wichtiger ist die Haltung, von der Christen sich bestimmen lassen, die Mentalität, die man ihnen abspürt, der Geist, der sie beflügelt: dem Evangelium treu, den Menschen nahe, der Zukunft zugewandt.«[74] Wiederum unterstützt eine integralistische Rhetorik die inhaltliche Pointe: Strukturelle und inhaltliche Aspekte (»Evangelium«) der Zukunftsplanung werden gebündelt und überboten durch den Rekurs auf die leitende, religiös grundierte *Überzeugung* aller an der Kirche Beteiligten. Im gezielten »Wandel« dieser innersten Überzeugungen besteht, Huber zufolge, Wesen und Auftrag der kirchlichen Selbstgestaltung.

(d) Theologie als Kirchenleitung
Das pragmatische, auf öffentliche Wirkung und integralistische Reform zielende Kirchenverständnis führt Huber schließlich auf ein spezifisches

Verständnis der theologischen Wissenschaft zurück[75]. Zwar kann er mit Schleiermacher formulieren: »Kirchenleitung ist auf Theologie angewiesen, nämlich darauf, dass ihr praktisches Handeln kritisch auf sein Zusammenstimmen mit jenen Kenntnissen und Kunstregeln überprüft wird« (a. a. O., 411); diese Prüfung setzt offenbar eine kritische Distanz, eine Freiheit der akademischen Theologie gegenüber der Kirche voraus. Zugleich betont Huber freilich – ganz anders als Schleiermacher – die »Verantwortung« der verfassten Kirchenleitung, »zu klären, welche Sichtweise auf die Wahrheit des Glaubens unter gegebenen Bedingungen aus guten Gründen mit einem Vorrang auszustatten ist« (413) – hier sind Tendenzen zu einem zentralen kirchlichen Lehramt erkennbar.

Abgesehen von dieser organisatorischen Begrenzung theologischer Diskussion wird diese auch inhaltlich an die Bedürfnisse einer sich wirkungsorientiert reformierenden Kirche gebunden. So ist von der Theologie gefordert, angesichts der Debatte um die Ordination »dem reformatorischen Kirchentypus auch im Blick auf das Amtsverständnis einen klaren und stimmigen Ausdruck zu verleihen« (417) – also das Ihre zur *ökumenischen* Profilierung der evangelischen Kirche zu tun. Und angesichts des Pluralismus religiöser Überzeugungen hat die Theologie nicht etwa relativistisch oder individualistisch, sondern mit verbindlichem Anspruch die »Wahrheit des christlichen Glaubens [...] nach außen zu vertreten« (417), also das *gesellschaftliche* Profil der Organisation zu schärfen.

Im Horizont des hier skizzierten Kirchenbegriffs kann die Theologie daher nicht nur an der Begründung, der Stringenz und der Plausibilität ihrer Argumentation gemessen werden. Nur wenn sie sich erkennbar und konstruktiv auf die anstehenden »Zukunftsaufgaben« der Organisation bezieht, kann sie für deren Leitung Relevanz beanspruchen.

2.5 Grundeinsichten soziologischer Gesellschaftstheorie

Literatur: *Beck, Ulrich:* Risikogesellschaft. Auf dem Weg in eine andere Moderne, Frankfurt/M. 1986. – *Luhmann, Niklas:* Die Gesellschaft der Gesellschaft, Frankfurt/M. 1997. – *Fechtner, Kristian:* Kirche und Gesellschaft, in: *W. Gräb/B. Weyel* (Hg.), Handbuch Praktische Theologie, Gütersloh 2007, 89–100. – *Nassehi, Armin:* Soziologie. Zehn einführende Vorlesungen, Wiesbaden 2008.

Die theologischen Selbstbeschreibungen der Kirche, von denen oben einige skizziert worden sind, fassen stets auch deren Kontext ins Auge; jedenfalls die neuzeitlichen Ansätze der Kirchentheorie implizieren immer auch eine Gesellschaftstheorie. Um die allgemeinen Bedingungen, Formen und Folgen des kirchlichen Handelns zu erhellen, werden oft auch nicht-theologische Sozialtheorien rezipiert. Mit eben jenem Ziel sollen im Folgenden einige soziologische Grundeinsichten skizziert werden: Es ist der *umfassende Horizont* in den Blick zu nehmen, in dem die evangelische Kirche wahrgenommen wird, ihrerseits handelt und sich organisatorische Formen gibt.

Eine solche Skizze wird sich angesichts der Komplexität soziologischer Theoriebildung[76] auf einigermaßen unstrittige Einsichten beschränken müssen. Sie muss aber vor allem in Rechnung stellen, dass die ›Gesellschaft‹ – wie auch die ›Kirche‹ – kein Gegenstand unmittelbarer Erfahrung ist, sondern nur als Resultat *theoretischer* Bemühung (und deren alltagssprachlicher Popularisierung) existiert. Auch eine noch so knappe Skizze sozialwissenschaftlicher Einsichten muss daher eine *bestimmte* theoretische Perspektive einnehmen. Für die Zwecke der Kirchentheorie ist eine Perspektive zu wählen, die die gegenwärtigen Bedingungen der erfahrbaren Kirche besonders erhellend in den Blick rückt und zugleich anschlussfähig an deren theologische Selbstbeschreibung ist.

Im Folgenden wird in diesem Sinne vor allem von der *soziologischen Systemtheorie* Gebrauch gemacht, wie sie – u. a. im Anschluss an T. Parsons – Niklas Luhmann ausgearbeitet hat[77] und wie sie gegenwärtig von Armin Nassehi (München) entfaltet wird. Sie ist darin für die soziologische Theorietradition repräsentativ, dass sie Gesellschaft als den umfassenden Bezugshorizont allen menschlichen Handelns und seiner philosophischen, historischen, psychologischen oder auch theologischen Reflexion begreift; die systemtheoretische Soziologie erhebt also – namentlich bei Luhmann – ähnlich umfassende Geltungsansprüche wie die Theologie selbst. Gerade diese prinzipielle Konkurrenz ermöglicht wechselseitige Klärung und Aufklärung.

Von spezifischem Interesse für eine praktisch-theologische Kirchentheorie ist die systemtheoretische Perspektive insofern, als sie immer wieder nach den *Mustern* der sozialen Beziehungen, nach ihren sinntragenden *Formen* oder den *Konstellationen* gesellschaftlicher Kommunikation fragt. Dieser gleichsam ästhetische Zusammenhang der sozialen Bedingungen und Funktionen mit den jeweils thematischen Inhalten erscheint für eine konsequente Außensicht der kirchlichen Sozialität besonders aufschlussreich.

Einschlägig für die kirchentheoretische Reflexion sind Luhmanns und Nassehis Überlegungen schließlich insofern, als sie sich auf die *(west-)europäischen Verhältnisse* konzentrieren – ohne alternative Gesellschaftsformationen in Nordamerika oder in andern Weltteilen aus dem Blick zu verlieren – und dass sie dezidiert eine Theorie der *modernen* Gesellschaft vorlegen. Diese ist nun in einigen Grundzügen zu skizzieren.

2.5.1 Gesellschaftliche Differenzierung

Im Unterschied zu vormodernen Gesellschaften, die – etwa durch rigide Exklusion, innere Schichtung und allgemein verbindliche religiös-politische Normen – vergleichsweise klar geordnet erscheinen, sind solche einheitlichen Ordnungsprinzipien in der modernen Gesellschaft nicht mehr auszumachen; sie erscheint als ein Nebeneinander von Handlungsbereichen, biographischen Mustern und allgemeinen Überzeugungen, die nach je eigenen Regeln und Funktionslogiken prozedieren. Gesellschaftstheorie hat dann einerseits zu klären, wie diese *Auflösung sozialer Zentralität*, wie also die Gleichzeitigkeit verschiedener Sphären oder Kontexte genauer zu beschreiben ist und was dies für Folgen für die individuelle Praxis wie für die Konstitution von Gruppen und Institutionen hat. Soziologie impliziert, insofern sie den Verlust einer (vorausgesetzten) sozialen Einheit zum Thema macht, seit ihren Anfängen im 19. Jahrhundert auch immer eine *krisendiagnostische* Dimension – in keineswegs zufälliger Parallele zum Erstarken der Praktischen Theologie. Die moderne Gesellschaft – und in deren Horizont die Kirche – ist wesentlich nicht durch Stabilität und Harmonie, sondern durch inhärente Widersprüche und permanente Konflikte gekennzeichnet.

Andererseits muss eine Theorie der modernen, polykontextuellen Gesellschaft erläutern, wie hier »das Zusammenspiel der unterschiedlichen Logiken vonstatten geht«, wie sie also gerade »dadurch Ordnung schafft, dass nicht alles aneinander anschließen kann und muss« (*Nassehi*, 108, 111). Indem die Soziologie die verborgenen Strukturen oder Institutionen benennt, denen sich die gesellschaftliche Ordnung in der Moderne verdankt, kommt ihr – wiederum ähnlich wie der Praktischen Theologie – auch eine Art *sozialtherapeutische* Funktion zu.

Die moderne Koexistenz verschiedener sozialer Kontexte lässt sich mittels der Stichworte »funktionale Differenzierung« (a), »kulturelle Pluralisierung« (b) und »strukturelle Individualisierung« (c) näher bestimmen; alle drei Aspekte sind auch für die Lagebeschreibung der erfahrbaren Kirche unmittelbar einschlägig.

(a) Zur Orientierung in der modernen Gesellschaft gehört eine Vertrautheit mit dem gleichzeitigen Dasein, dem parallelen Funktionieren ganz unterschiedlicher, inhaltlich klar umrissener *Kommunikations- oder Funktionsbereiche*: Man weiß in groben Zügen, wie man sich in der Politik, in wirtschaftlichen Zusammenhängen, im Erziehungssystem oder im Feld von Kunst und Kultur zu bewegen hat. Auch die Medizin, das Recht oder eben die Religion bilden in der Moderne abgegrenzte Sphären, die bestimmte Funktionen – wie Herrschaftsverteilung, Lebensmittelerzeugung, weltanschauliche Orientierung u. a. – für das Zusammenleben erfüllen und die für die Einzelnen jeweils bestimmte Handlungsmuster (Rollen) erfordern. Auch das politische System ist zu einem Subsystem unter anderen geworden. Das hat offenbar unmittelbare Folgen für eine Kirche, die sich – in Deutschland bis 1918 – als Teil des Staates oder – bis heute – als staatsanaloge, der gesamten Gesellschaft gegenübertretende Institution begreift.

(b) Für Lebensführung und Weltsicht in der modernen Gesellschaft impliziert deren funktionale Differenzierung eine *Vervielfältigung der kulturellen Muster*. Diese Pluralisierung betrifft Rollenmuster, Wertbindungen, Lebensziele und nicht zuletzt religiöse Überzeugungen. Zur Gegenwart gehört das Wissen, dass für jede kulturelle Orientierung immer auch Alternativen existieren; der Begriff der Kultur selbst kann geradezu als Verweis auf das Bewusstsein von Andersheit, von Fremdheit verstanden werden (vgl. *Nassehi*, 146f. 151). Nicht zuletzt die Erweiterung des Erfahrungshorizontes durch die Massenmedien, die zunehmende Migration und eine globalisierte Ökonomie führt dazu, dass keine Lebensorientierung, auch keine religiöse Überzeugung eo ipso allgemeine Geltung beanspruchen kann: Es geht, wie namentlich das Fernsehen unübersehbar vermittelt, offenbar immer auch anders. Damit erscheint jede weltanschauliche Instanz, auch die christliche Kirche nunmehr in hohem Maße kontingent: nicht mehr von unbedingter, sondern von höchst bedingter Autorität.

(c) Hat sich, wie es scheint, die strukturelle wie die kulturelle Einheit der Gesellschaft in der Moderne aufgelöst, so sehen sich die *Einzelnen* genötigt, ihre soziale Karriere in Beruf und Beziehungen, auch ihren Lebensstil und ihre kulturellen Betätigungen eigenständig zu planen. Statt selbstverständlich auf familiäre oder schichtentypische Muster zurückzugreifen, wird den Einzelnen *individuell zugerechnet*, sich für diese Ausbildung, jene Familienkonstellation oder diese berufliche Karriere ›entschieden‹ zu haben – und zwar auch und gerade dann, wenn die Individuen selbst ihre sozialen Verhältnisse *nicht* als Resultat eigener Entscheidung, sondern äußerer Zwänge, lebensgeschichtlicher Vorgaben oder schlichten Zufalls wahrnehmen.

Individuelle Selbstbeobachtung, aber auch eine reflektierte soziologische Perspektive zeigt, dass die Zumutung eigenen Entscheidens, also eine der eigenen Verantwortung zugerechnete Lebensführung nicht verwechselt werden darf mit einem völlig voraussetzungslosen, nur durch strikt subjektive Präferenzen begründeten Wählen. Es sind vielmehr, wie Ulrich Beck immer wieder gezeigt hat, die gesellschaftlichen Institutionen, insbesondere rechtliche, staatliche und ökonomische Regelungen, die unmittelbar – also kaum mehr durch Milieus, Familien oder Nachbarschaften vermittelt – in die Lebensverhältnisse der Einzelnen eingreifen. Es sind, anders gewendet, die Individuen, die die gesellschaftsstrukturelle Differenziertheit in die eigene Lebensführung zu integrieren haben: »Der oder die einzelne selbst wird zur lebensweltlichen

Reproduktionseinheit des Sozialen.« (*Beck*, 209, vgl. 208–218) Diese individuelle Reproduktion gesellschaftlicher Verhältnisse greift auf institutionelle, aber auch auf kulturelle Muster der Selbstbeschreibung zurück; zu nennen sind hier etwa Konsumstile oder massenmediale Muster der Lebensorientierung (vgl. *Nassehi*, 136 f.).

Schon eine knappe Skizze moderngesellschaftlicher Differenzierungs- und Pluralisierungsprozesse lässt schließlich auch Verhältnisse erkennen, die gleichsam im Schatten dieser dominanten, auf Vielfalt, Autonomie und Differenz zielenden Selbstbeschreibung liegen: Auch in der heutigen Gesellschaft lassen sich übergreifende, ja *allgemein verbindliche* Handlungs- und Deutungsmuster erkennen. Gerade angesichts der funktionalen Differenzierung muss nach der *Vermittlung* der verschiedenen Systemlogiken in konkreten Interaktionen, aber auch auf der Ebene institutioneller Regelung gefragt werden; und die Vorstellung, dass das soziale Handeln sich vollständig auf – individuelles oder organisiertes – Entscheiden, auf bewusste Motive und klare Gründe zurückführen ließe, ist durch den Hinweis auf traditionale, routineförmige oder anderweitig vorgeprägte Handlungsmuster zu relativieren. Auch und gerade die Bedingungen und Formen kirchlichen Handelns sind soziologisch nur dann zu verstehen, wenn nicht alleine strukturelle Differenzen und individuelle Präferenzen, sondern auch institutionell geprägte Selbstverständlichkeiten das Bild der modernen Gesellschaft bestimmen.

2.5.2 Gesellschaftliche Ordnung

Von den Antworten, die die soziologische Systemtheorie auf die Frage nach den übergreifenden und integrierenden Funktionsprinzipien, also der Ordnung der modernen Gesellschaft gibt, sind für die praktisch-theologische Theorie der erfahrbaren Kirche vor allem drei Hinweise einschlägig.

Zum Ersten kann auf die wachsende Bedeutung von Assoziationen hingewiesen werden, die zwischen den gesamtgesellschaftlichen Institutionen des Staates oder des Rechts einerseits und den Individuen bzw. den familiären wie nachbarschaftlichen Kleingruppen andererseits vermitteln. Historisch sind hier die literarischen oder wissenschaftlichen Gesellschaften des 18. Jahrhunderts und die Vereine des 19. Jahrhunderts zu nennen. In der Theorie N. Luhmanns kommt jedoch vor allem den *Organisationen* eine konstitutive Bedeutung zu, insofern sich diese so zwischen die unmittelbaren sozialen Kontakte (Interaktionen) und die immer komplexere (Welt-)Gesellschaft schieben, dass eine eigene soziale Mesoebene entsteht. Indem sich Wirtschaftsbetriebe, politische Parteien, Universitäten oder eben auch Kirchen immer mehr als formal strukturierte Organisationen ausbilden, macht dieser Systemtyp die funktionale Differenzierung der Gesellschaft sichtbar; gerade die Dominanz des Organisatorischen ermöglicht, dass die entsprechenden Handlungsformen – etwa ökonomische, wissenschaftliche oder eben religiöse Kommunikation – sachgemäß strukturiert und absichtsvoll gestaltet werden können. Nicht zuletzt die Koppelung zwischen den verschiedenen Funktionssystemen kann als Austausch zwischen – und in! – Organisationen beschrieben werden, die einerseits einer bestimmten Sphäre, etwa der Religion zugehören, die aber andererseits als religiöse Organisationen auch ökonomische, rechtliche und ästhetische Handlungsformen umfassen (↗ 2.6.1 (b)).

Zum Zweiten wird die gesellschaftliche Ordnung der Moderne offenbar durch eine bestimmte soziale Formung der *Einzelnen* gefördert. So verweist die Rede von der (»integrierten«) »Persönlichkeit«, wie sie seit Mitte des 19. Jahrhunderts begegnet, ebenso auf die Vorstellung einer subjektiven Integration der objektiv auseinander strebenden sozialen Sphären oder Funktionssysteme wie der neuere Begriff der (personalen) »Identität«. Auch die soziologische Diagnose der Individualisierung sieht im Individuum diejenige Instanz, die in ihrer Lebensführung und -orientierung die immer komplexere gesellschaftliche Pluralität zu integrieren hat.

Armin Nassehi hat gelegentlich darauf hingewiesen, dass die gesellschaftsintegrative Stellung des Individuums unter den Bedingungen funktionaler Differenzierung und gesteigerter Organisationsförmigkeit weiter präzisiert werden kann[78]. So ergibt sich aus der spezifischen Struktur formaler Organisation die hohe Bedeutung von leitenden, nämlich in besonderer Weise herausgehobenen Personen. Seit dem 19. Jahrhundert sind es politische, wirtschaftliche oder auch wissenschaftliche ›Führungspersönlichkeiten‹, öffentlich sichtbare Einzelne, die bestimmte organisatorische Entscheidungen in gesellschaftliche Prägungen überführen. Dazu kommen, so vermutet Nassehi, inzwischen ›neue Eliten‹, die – negativ gesprochen – »funktionale Differenzierung zu unterlaufen suchen« oder die – positiv – »das Jonglieren mit der Differenz zwischen den funktionssystembildenden Unterscheidungen beherrschen«[79]. Die – stets fragile, immer nur situative – Koppelung verschiedener Funktionslogiken gelingt nicht zuletzt durch die Aktivität von spezifisch gebildeten und spezifisch positionierten Einzelnen, die zwischen den Funktionsbereichen ›übersetzen‹ können, indem sie die entsprechenden Kommunikationsformen reflexiv aufeinander beziehen, sie wechselseitig deuten und immer wieder in ›handliche‹ Entscheidungsalternativen aufnehmen (vgl. a. a. O., 34). Die Grundfertigkeit, die diese elitären Positionen auszeichnet, besteht – Nassehi zufolge – darin, »einfach weiterzukommunizieren« (a. a. O., 38): auch dort, wo strukturelle oder kulturelle Differenz die Verständigung erschwert, doch soziale Anschlüsse zu ermöglichen. – Hier deuten sich Bedingungen und Dimensionen der kirchlich-organisatorischen Leitung an, denen später weiter nachzugehen ist (↗ 5.3.5).

Ein dritter Vorschlag, die Bedingungen sozialer Ordnung oder doch Anschlussfähigkeit in der Moderne zu beschreiben, setzt grundbegrifflich an. Im Gefolge Luhmanns sowie angesichts des ›communicative turn‹ in den Kulturwissenschaften plädiert Nassehi dafür, die soziologische Leitkategorie des (sinnhaften) Handelns durch die *Kategorie der »kommunikativen Praxis«* zu ersetzen[80]. Während der Handlungsbegriff auf einen einzelnen Akteur verweist, dem (sekundär) ein subjektiv gemeinter – und damit nicht beobachtbarer – »sozialer Sinn« unterstellt wird, impliziert der Kommunikationsbegriff von vorneherein eine Mehrzahl von Beteiligten sowie einen von außen beobachtbaren Prozess: Erst indem ein praktischer Vollzug wahrgenommen wird als anschlussfähig für weitere Praxis, entsteht eine elementare soziale Beziehung, deren Elemente sich retrospektiv als kommunikative Trias von Information, Mitteilung und Verstehen beschreiben lassen[81].

Als Wirklichkeit sui generis, die sich weder auf Personen und ihre willentlichen Handlungen, noch auf gemeinschaftliche Vollzüge und auch nicht auf individuelles oder kollektives Bewusstsein reduzieren lässt, ist die Gesellschaft demnach als der *Inbegriff aller kommunikativen Praxis* zu beschreiben. Ebenso sind dann einzelne soziale Bereiche (Funktionssysteme), Institutionen, Organisationen etc. – und auch Personen! – im Horizont der Gesellschaft stets als *kommunikative Konstellationen* zu begreifen, deren jeweils typische Muster soziologisch zu rekonstruieren sind. Es sind solche kommunikativen Anschlussmuster, die im Blick auf kirchliche Organisations- und Handlungsformen, Mitgliedschafts- und Leitungspositionen von soziologischem wie auch praktisch-theologischem Interesse sind.

Auch die moderne Gesellschaft im Ganzen, so ist schließlich vorauszusetzen, lässt sich als eine bestimmte Grundkonstellation kommunikativer Anschlussregeln begreifen; sie ist – nach Nassehi – wesentlich eine auf *Abwesenheit* (also Kommunikationsunterbrechung) und *Gleichzeitigkeit* (dem Nebeneinander kommunikativ disparater Muster) beruhende Formation. Aus dieser Praxis kann die theoretische Reflexion, auch die sozialtheoretische Reflexion selbst nicht ›aussteigen‹: »Gesellschaft ist Immanenz schlechthin«, betont Nassehi und lobt die »Potenz« der Soziologie, »zugleich Eingeborene und Ethnologin zu sein – um dann doch die kritische Hoffnung hochzuhalten, dass die Einsicht in die Unentrinnbarkeit der Praxis zugleich Bedingung des Entrinnens ist«[82]. Diese Formulierungen lassen einmal mehr die sachliche Nähe der Sozialtheorie zu religiösen Themen wie Transzendenz oder asketischer Weltflucht erkennen; es verwundert dann nicht, dass die Theorie der

Religion, genauer: der religiösen Kommunikation zum Kernbereich der systemtheoretischen Soziologie gehört.

2.6 Der praktisch-theologische Begriff der Kirche

Die theoretischen, vor allem theoriegeschichtlichen Einsichten, die in diesem Kapitel skizziert wurden, sind nun anhand einiger Begriffe zu bündeln, die derzeit in der kirchlichen Selbstbeschreibung häufig Verwendung finden: »Organisation«, »Institution« und »Gemeinschaft« (Interaktion). Die deskriptiven, zugleich stets normativen Ansprüche, die sich mit den genannten Begriffen verbinden, werden jeweils zum Einen im Blick auf einschlägige soziologische Theoreme rekonstruiert; zum Anderen sind die praktisch-theologischen Einsichten, die sich unter diesen Stichworten zu den Strukturen der Kirche, ihrem Verhältnis zur gegenwärtigen Gesellschaft sowie zu den einzelnen Glaubenden (und nicht Glaubenden) festhalten lassen, auch im Rekurs auf einschlägige ekklesiologische Konzepte zu formulieren.

Indem hier mehrere Leitbegriffe nebeneinander bedacht werden, können kirchentheoretische Grundmotive aus Geschichte und Gegenwart festgehalten, vermittelt, aber auch wechselseitig relativiert werden. Auf diesem Hintergrund wird schließlich der Vorschlag begründet, die evangelische Kirche der Gegenwart als eine *Organisation zur öffentlichen Inszenierung des Glaubens* zu begreifen, die das gesellschaftlich vorgegebene Verständnis von Glauben und Kirche (»Institution«) ebenso aufnimmt wie deren konkrete gemeinschaftliche Praxis (»Interaktion«). Im Folgenden wird ein mehrdimensionaler praktisch-theologischer Begriff der Kirche vorgestellt, der in den folgenden Kapiteln dieses Buches zu konkretisieren und zu bewähren ist.

2.6.1 Organisation – die Ordnung der Kirche

Literatur: *Nassehi, Armin:* Die Organisationen der Gesellschaft. Skizze einer Organisationstheorie in gesellschaftstheoretischer Absicht, in: *J. Allmendinger/Th. Hinz* (Hg.), Organisationssoziologie, Sonderheft 42 der KZSS, Wiesbaden 2002, 443–478. – *Tyrell, Hartmann:* Religion – Organisation und Institutionen, in: *B. Schäfers/J. Stagl* (Hg.), Kultur und Religion, Institutionen und Charisma im Zivilisationsprozess. FS Wolfgang Lipp, Konstanz 2005, 25–56. – *Grotefeld, Stefan/Hermelink, Jan* (Hg.): Religion und Ethik als Organisationen – eine Quadratur des Kreises?, Zürich 2008. – *Hermelink, Jan/Wegner, Gerhard* (Hg.): Paradoxien kirchlicher Organisation. Niklas Luhmanns frühe Kirchensoziologie und die aktuelle Reform der evang. Kirche, Würzburg 2008.

Die Beschreibung der Kirche als »Organisation« begegnet gelegentlich bereits bei Schleiermacher; bei Troeltsch markiert sie den »volkskirchlich« vermittelnden Typus der kirchlichen Sozialgestalt. Die Wiederaufnahme des Begriffs in den 1970er Jahren und sodann seit Mitte der 1990er Jahre rezipiert aus der breiten organisationswissenschaftlichen Debatte vor allem soziologische, in jüngster Zeit auch betriebswirtschaftliche Theoreme. Namentlich die damit verbundene Ökonomisierung der Begrifflichkeit hat eine Kritik hervorgerufen, die ihrerseits bereits eine längere theologische, aber auch sozialwissenschaftliche Geschichte hat[83].

Angesichts dieser Diskussionslage, in der sich alltagssprachliche Redeweisen mit sehr verschiedenen theoretischen und programmatischen Konstruktionen vermischen, und zwar kritisch wie affirmativ, soll das kirchentheoretische Potenzial des Organisationsbegriffs in einem knappen Durchgang durch drei Bedeutungsebenen und deren kirchliche Rezeption demonstriert werden. Auf der dritten Ebene, unter Rekurs auf die durch A. Nassehi pointierte Dialektik zwischen Organisation und Nicht-Organisierbarem, können einige einschlägige Einsichten aus der Geschichte der Kirchentheorie reformuliert werden.

(a) Die kirchliche Rezeption des wirtschaftlichen Organisationsbegriffs
Auf einer Synode der EKD zum Thema »evangelisch Kirche sein« (2007) hat E. Hauschildt das gängige Verständnis des Organisationsbegriffs und seiner kirchentheoretischen Bedeutung resümiert:

»Was sind moderne Organisationen genauer? Sie zeichnen sich dadurch aus, dass sie ein klares Programm formulieren, sich ein eindeutiges Handlungsziel geben, und zur Verfolgung dieses Ziels braucht es dann materielle und personelle Ressourcen; deren Findung und möglichst effektiver Einsatz wird zu einer vordringlichen Aufgabe [...]. Wie das für das Christentum aussieht, kann man bereits an den Initiativen von Mission und Diakonie im 19. Jahrhundert studieren. Sie verfolgten ein ganz spezifisches Ziel (christliche Krankenpflege bereitstellen, das Christentum in die Kolonien bringen [...] usw.). Daraufhin sind Spendenaufrufe wie Mitgliederwerbung zugeschnitten; schnelle Entscheidungsfindung und eindeutige Steuerungsmöglichkeiten werden dazu gebraucht. Darum gehören zu Organisationen dann auch klare und schlanke Leitungsstrukturen. Und der moderne Sozialstaat verlangt inzwischen noch einmal einen um viele Stufen erhöhten Organisationsgrad von den Einrichtungen der Diakonie als Akteuren auf dem Sozialmarkt.«[84]

Dieser Skizze liegt ein Organisationsbegriff zu Grunde, der seit Jahrzehnten in der Selbstbeschreibung von Wirtschaftsbetrieben sowie anderer Großorganisationen verbreitet ist, die sich unter Konkurrenz- oder Leistungsdruck sehen. Leitend ist die Vorstellung einer strukturierten Selbststeuerung, die sich an expliziten Zielen und Handlungsprogrammen orientiert und daraufhin Arbeitsteilung, funktionale Hierarchie und Ressourcenbeschaffung rational optimiert. Eine solche Vorstellung ›effektiver‹ Steuerung nach innen und außen gilt vor allem dort als plausibel, wo die bisherige, gängige Praxis unter Knappheits- oder Legitimitätsdruck geraten ist.

Ein entsprechendes Verständnis kirchlicher »Organisation« findet sich denn auch zuerst in der Praktischen Theologie des ausgehenden 19. Jahrhunderts, etwa bei E. v. d. Goltz oder M. Schian[85]. Hier sieht die Kirche sich zunehmend vor der Aufgabe, ihre personellen, finanziellen und nicht zuletzt politischen Ressourcen unabhängig vom Staat zu sichern. Als diese Ressourcen Ende der 1960er Jahre und vor allem seit Mitte der 1990er Jahre wieder in Frage stehen, ist es wiederum der Begriff einer rationalen, zielorientierten und wirkungsvollen »Organisation«, anhand dessen in der Kirche die einschlägigen Themen verhandelt werden[86]: Mitgliederbindung, Fundraising, Reorganisation von Arbeits- und Kompetenzbereichen – und nicht zuletzt »klare und schlanke Leitungsstrukturen« (Hauschildt). Die Rede von der Organisation markiert insofern auch in der Kirche den Eindruck, angesichts bedrohlicher Knappheitserfahrung eine umfassende, zielorientierte Umgestaltung der herkömmlichen Praxis in Angriff nehmen zu müssen.

Auf Grund dieser pragmatischen, struktur- und wirkungsorientierten Perspektive ist die kirchliche Rezeption des Organisationsbegriffs stets von theologischer Kritik begleitet worden, wie sie besonders K. Barth, in Auseinandersetzung mit der kirchenamtlichen Publizistik der 1920er Jahre, wort- und wirkmächtig formuliert hat (↗ 2.2.2): Wenn die Kirche, vor allem ihre Leitung auf öffentliche Wirkung zielt und daher bestimmte Handlungsprogramme und -zwecke formuliert, dann kommt darin nichts anderes zum Ausdruck als eine desaströse »Eigenmächtigkeit«, ja »Selbstherrlichkeit« der Organisation gegenüber Gottes unverfügbarem Handeln[87]. Dieser Verdacht prägt bis heute die theologische Kritik an einer wirkungsorientierten, ›nur‹ den Bestand sichernden und tendenziell zentralistischen Selbststeuerung des kirchlichen Handelns.

(b) Der systemtheoretische Organisationsbegriff und seine kirchentheoretische Rezeption

Seit N. Luhmanns Arbeit über »Funktionen und Folgen formaler Organisation« (1964) ist die Vorstellung, eine Organisation lasse sich durch explizite Zielsetzung und rationale Strukturierung ihrer Praxis definieren, vielfach als unrealistisch erwiesen worden. Unbefangene Beobachtung wie genauere Forschung zeigen, dass organisatorische Ziele stets im Kontext von Reformabsichten formuliert werden; als deskriptive Perspektive ist die Suche nach Zwecken oder Zielen jedenfalls bei größeren und älteren Organisationen wenig ergiebig.

Das gesellschaftliche Bezugsproblem, dem sich die wachsende Bedeutung organisierter Sozialsysteme in der modernen Gesellschaft verdankt, muss vielmehr an einer anderen Stelle gesucht werden: dort, wo angesichts zunehmender Komplexität und thematischer wie funktionaler Differenzierung die gesellschaftliche Praxis nicht mehr unmittelbar-interaktiv geordnet werden kann, sondern immer stärker *mittelbare, indirekte Formen der Koordination* erforderlich sind: »Was Organisationen vor allem organisieren, ist die Möglichkeit von *Abwesenheit*. Es geschieht gleichzeitig woanders etwas Anderes – und damit dies aufeinander bezogen werden kann, bedarf es einer organisatorischen Praxis.« (*Nassehi*, Soziologie, 84 f.)

Organisationen, so argumentiert Nassehi andernorts ausführlicher, sorgen in der differenzierten Gesellschaft »für verdichtete Operationen von Funktionssystemen«, für »*Zonen dichter Kommunikation und stärkerer Kopplung der Elemente*« über unmittelbare Anwesenheit hinaus (Organisationen, 455): Ohne Banken und Betriebe, in denen auf verschiedene Weise und an unterschiedlichen Orten doch regelmäßig ›gezahlt‹ wird, scheint eine ökonomisch fokussierte Praxis ebenso wenig möglich wie ein politisches System ohne Parteien, Parlamente und Verwaltungen. Die organisatorische Verdichtung macht insofern die Logik, die Codes und Medien der Funktionssysteme *sichtbar:* Was religiöse Kommunikation ist, lässt sich zuerst und besonders deutlich an kirchlich organisierten Vollzügen, sei es in Gottesdiensten, Unterrichtsformen oder Missionsprogrammen ablesen.

Als das spezifische Medium oder Instrument, mittels dessen die Organisation kommunikative Mittelbarkeit, also Abwesenheit und Vermittlung zugleich ermöglicht, identifiziert Nassehi – im Gefolge Luhmanns – die *Entscheidung*. Von Organisation ist dann zu reden, wenn alle relevanten Kommunikationen als Entscheidungen begriffen und ihrerseits auf Entscheidungen zurückgeführt werden. Als prominente Entscheidungsgegenstände, die die organisationsförmige Kopplung von unterschiedlichen Vollzügen ermöglichen, können etwa Handlungsziele, Aufgabenverteilungen, Ablaufpläne, Stellenbesetzungen und – nicht zuletzt – interne Hierarchien gelten. Eine Organisation lässt sich dort ausmachen, wo alle diese Entscheidungen aufeinander bezogen, genauer: wo sie in ein in sich geschlossenes Verweisungssystem eingeordnet sind.

Für das Verständnis der Kirche als Organisation erscheint es besonders bedeutsam, dass auch die Beteiligung *Einzelner* an organisierter Praxis als Entscheidung konzipiert wird, nämlich als eine – den Individuen wie der Organisation zurechenbare – Entscheidung über *Mitgliedschaft*. Nicht zuletzt diese ›entschiedene‹ Form von Zugehörigkeit eröffnet »die Möglichkeit von Abwesenheit« (Nassehi), insofern die Einzelne einerseits auch dann als Mitglied einer Organisation erscheint, wenn sie nicht ständig an der entsprechenden Praxis teilnimmt; eine gänzliche Identifikation von Organisation und Individuum (das eben auch in anderen Organisationen Mitglied sein kann) ist damit begrifflich ausgeschlossen. Andererseits kann die Einzelne jedoch in unterschiedlichen Kontexten, zu ganz verschiedenen Anlässen auf ihre Mitgliedschaft angesprochen und damit auf bestimmte Erwartungen, Loyalitäten und Hierarchien festgelegt werden. »Organisationen organisieren auch dadurch, dass sie die Handlungsmöglichkeiten von Personen einschränken – und ihnen gerade dadurch Handlungsmöglichkeiten eröffnen.« (*Nassehi*, Soziologie, 89)

Wird Organisation als eine Form der *strukturellen Kopplung* und *Verdichtung* unterschiedlicher Themen, Formen und Orte sozialer Praxis verstanden, dann fällt unter diesen Begriff offenbar auch eine kirchliche Praxis, die sich nicht nur in einzelnen Gemeinden vor Ort vollzieht, sondern das christliche Leben in regionaler, nationaler, ja weltweiter Hinsicht verbindet. Als Medien der kirchlichen Organisation kommen dann etwa normative (Lehr-)Texte, Liturgien und Leitungsämter in Betracht. Erst recht scheint der Organisationsstatus für die Kirchen in der modernen Gesellschaft unverzichtbar: Wo kulturelle Pluralität und individuelle Mobilität zunehmen, bleiben die Konturen christlich-religiöser Kommunikation nur dadurch erkennbar und anschlussfähig, dass sie über Grundtexte, Agenden und Amtspersonen koordiniert werden.

Fraglich und umstritten ist freilich, ob die kirchliche Koordination religiöser Kommunikation durchgängig und ausschließlich als Zusammenhang von *Entscheidungen* konzipiert werden kann. Für die römisch-katholische Kirche, die ihre Sozialgestalt auf strikt hierarchische Entscheidungen über Rituale, Katechismen, Weihe- und Rechtsvollmachten gründet, erscheint der Organisationscharakter evident, und zwar umso mehr, als auch die Mitgliedschaftspflichten immer verbindlicher festgelegt werden[88].

Auch die evangelische Kirche, die sich seit der Reformation durch verbindliche Lehrentscheidungen konstituiert, lässt sich zunächst offenbar als Organisation verstehen. Namentlich E. Herms hat ein Verständnis der Kirche entfaltet, demzufolge die liturgischen wie die organisatorischen »Ordnungen der Kirche« strikt an fundamentale Lehrentscheidungen und deren Auslegung gebunden sind (↗ 2.4.1). Die Kirche erscheint dann als eine Organisation, für die sachgemäße Entscheidungsstrukturen und -positionen ebenso formuliert werden können wie eine spezifische Mitgliedschaftsregel. Diese kombiniert die Dimension einer vorgängigen, Glauben schaffenden Aktion des Heiligen Geistes mit einer »entschlossene[n] Einstimmung und [...] entschlossene[n] Exekution der ›im Grunde‹ schon gefallenen Entscheidung« der Einzelnen.[89] Auch die Mitgliedschaft in der Kirche legt – so Herms – den Einzelnen bestimmte Pflichten, etwa den regelmäßigen Gottesdienstbesuch auf; auch die kirchliche Organisation eröffnet ihren Mitgliedern aber damit zugleich Zugang zu einer hoch strukturierten, intensiven religiösen Kommunikation. Herms und auch Preul können die Kirche dann als ein soziales System beschreiben, das etwa – je nach Entscheidungskompetenz – verschiedene organisatorische Ebenen umfasst oder in dem unterschieden werden kann zwischen unmittelbar religiös-kommunikativem und »disponierendem« Handeln, mit dem über Rahmenbedingungen der religiösen Praxis entschieden wird[90].

Selbst Herms' organisationsnahe Ekklesiologie lässt jedoch erkennen, dass die kirchliche Praxis kaum durchgängig als Entscheidung aufgefasst werden kann. Denn im Zentrum jener Praxis steht die Kommunikation eines *Glaubens*, der sich als geistgewirkt und insofern menschlich unverfügbar versteht. Die Organisation kann für das – individuelle wie gemeinschaftliche – Zustandekommen des Glaubens nicht mehr bereitstellen als einen liturgischen bzw. katechetischen Rahmen. Auch die Mitgliedschaft kann in einer Volkskirche, in der die Kindertaufe nach wie vor den Normalfall darstellt, weder empirisch noch theologisch als bewusste Entscheidung konzipiert werden (↗ 4.1.3). Und Herms selbst markiert den Vollzug der kirchlichen Leitung, soweit die Theologin daran beteiligt ist, dezidiert als einen hermeneutischen Vollzug, mit dem alle Beteiligten »Klarheit über die [...] verbindlichen Grundlagen und Spielräume ihrer jeweiligen Entscheidung gewinnen« sollen[91]. Geistliche Leitung zielt demnach nicht selbst auf Entscheidung, sondern auf eine unverfügbare Einsicht der Entscheidungspersonen, die ihrerseits den Rahmen bildet für die Selbststeuerung der Organisation.

Dass religiöse und organisierte Kommunikation in Spannung zueinander stehen, ist im Übrigen schon von Luhmann selbst festgehalten worden:

»Auch wenn man annimmt, dass dogmatische Fragen entscheidbar sind und die allfälligen Entscheidungen einer Organisation überantwortet werden können, bleiben Schwierigkeiten [...]. Denn in der Form der Entscheidung liegt immer das Zugeständnis, dass auch anders entschieden werden könnte. Entscheidungen untergraben daher Wahrheitsansprüche; und dies auch dann, wenn die Entscheidung als Interpretation von Texten ausgegeben wird, die ihrerseits nicht in einer Entscheidung begründet sind.« Und weiter: »Wenn die Organisation in allem, was sie akzeptiert und reproduziert, eine Entscheidung sieht, muss das zu einer Dekonstruktion von Glaubensinhalten führen. Ob solche Entscheidungen ›unfehlbar‹ sind, macht in dieser Frage keinen Unterschied.«[92]

Auf der Basis solcher soziologischer wie theologischer Einwände kann eine kirchentheoretische Polarität von Organisation / Institution (E. Hauschildt) oder Organisation / Interaktion (I. Karle, M. Josuttis) konstruiert werden, in der die ›eigentliche‹ religiöse Kommunikation, wie sie sich in dichten Gemeinschaften bzw. im vielfältigen Leben der Ortsgemeinde vollziehen mag, kritisch von aller kirchenamtlichen Organisationspraxis zu unterscheiden ist. So anschlussfähig derartige Polaritäten zum Erleben vieler Pfarrpersonen und kirchlich Engagierter sind – sie stehen doch in der Gefahr, die genuine Leistung der kirchlichen Organisation, nämlich die Vermittlung *verschiedener* Orte, Themen und Formen des christlichen Lebens, als ›uneigentlich‹ zu verstehen – und damit die theologische, ja die glaubensrelevante Bedeutung einer sichtbaren Kirche zu vernachlässigen, die mehr umfasst als (Orts-)Gemeinden und religiöse Gruppen. Um diese zentrale Frage nach einem realistischen und zugleich evangelischen *Verständnis der sichtbaren Kirche* zu bearbeiten, ist offenbar ein etwas komplexerer Begriff der Organisation erforderlich.

(c) Der systemisch-dialektische Organisationsbegriff und seine kirchentheoretischen Entsprechungen

Auch ein Begriff der Organisation, der zwar nicht auf formale Rationalität, Effizienz und Zielorientierung, aber doch auf ein geschlossenes System von Entscheidungsvollzügen abhebt, beschreibt die gegenwärtige Realität von Großorganisationen offenbar noch unzureichend. Als Summar der systemischen Organisationsforschung hat A. Nassehi darum gelegentlich eine Begriffsanlage skizziert, der zufolge sich in der »Organisation« formale, rekursive Entscheidungsstrukturen und informelle Kommunikationsvollzüge wechselseitig bedingen und bestärken[93]. Eine solche Fassung des Organisationsbegriffs erlaubt, wie im Folgenden zu zeigen ist, eine sowohl soziologisch wie theologisch erhellende Beschreibung der evangelischen Kirche in der modernen Gesellschaft.

Nassehi erinnert an den allgemein bekannten Umstand, dass einzelne Personen und Gruppierungen in einer Organisation die formalen Strukturen stets auch für ihre (informellen) Ziele und Interessen nutzen – und dass umgekehrt Vollzug und Durchsetzung formaler, verbindlicher Entscheidungen einer intensiven Bearbeitung des Geflechts informeller Interessen und Beziehungen bedürfen. »Die informellen Strukturen sind also keineswegs weniger wichtig oder gar nur marginal für die Organisation. Sie sind vielmehr eine Praxisbedingung von Organisationen und bewegen sich ebenfalls im Bestimmungsbereich der Frage, wie Entscheidungen gefällt, beeinflusst, verändert, verhindert oder begründet werden können.« (*Nassehi*, Soziologie, 91)

Formale und informelle Strukturen der Organisation bedingen sich gegenseitig: Bindende und tragfähige Entscheidungen kommen nicht ohne Lobbyismus, Überzeugungsarbeit, Mauschelei und Strippenziehen zustande; diese informellen Vollzüge sind aber auf die formalen Entscheidungswege, -gremien etc. angewiesen, um ihre je eigenen Interessen allererst artikulieren, kommunizieren und durchsetzen zu können.

Diese innere Dialektik der organisatorischen Praxis lässt sich systemtheoretisch durch die »Paradoxien des Entscheidens« (Luhmann) erläutern, zu denen etwa gehört, dass erst die (vollzogene) Entscheidung das verantwortliche Subjekt der Entscheidung konstituiert, oder dass die Alternativen, zwischen denen entschieden wird, im Moment der Entscheidung allererst entstehen und zugleich – zugunsten des Resultats – negiert werden[94]. Die Form ›Entscheidung‹ verhilft einem kommunikativen Zusammenhang einerseits zu identifizierbaren Akteuren, zu klaren Strukturen und – mittels der Rekursivität von Entscheidungen – nicht zuletzt zu einer Art organisatorischem Gedächtnis. Andererseits entsteht dadurch, gleichsam im Schatten der Entscheidungsprozeduren, ein Raum des Nicht-Entscheidbaren, des bleibend Unsicheren und Vieldeutigen, von dem sich abzuheben allererst ›klare‹ Entscheidungen ermöglicht.

Stärker gesellschaftstheoretisch argumentierend führt Nassehi das Wechselverhältnis von formaler Entscheidung und angelagerter, informeller Praxis auf das Bezugsproblem von Organisationen zurück, verschiedene Themen, Situationen und Funktionen mittelbar zu verknüpfen und eben darum zu den jeweils spezifischen Perspektiven oder Funktionslogiken auf Distanz gehen zu müssen. Die Paradoxie der Organisation besteht dann darin, »konkrete Tätigkeiten dadurch zu organisieren, dass man von ihnen absieht und sich letztlich auf ihre ›Organisation‹ konzentrieren kann. Das Eigentümliche ist, dass erst in dieser Konstellation tatsächlich auch jene Freiräume geschaffen werden, die man für die Lösung sachlicher Probleme braucht.« (*Nassehi*, Soziologie, 95) Die ›eigentliche‹ Kommunikation des jeweiligen Funktionsbereichs, sei sie ökonomisch, pädagogisch oder religiös formatiert, wird durch die formale Organisation gleichsam abgeschirmt von intern koordinierenden wie extern legitimierenden Entscheidungsvollzügen; zugleich fokussiert und intensiviert dieser stabile Entscheidungsrahmen die jeweils themenspezifische Kommunikation. Zugespitzt: Allererst durch die Organisation sozialer Praxis wird diese selbst in ihrer spezifischen Logik für sich und andere sichtbar, prägnant und anschlussfähig.

Dass auch die gesellschaftliche Relevanz des christlichen Glaubens in der Neuzeit auf derart organisatorisch-strukturierende Leistungen angewiesen ist, zeigt sich in den oben skizzierten kirchentheoretischen Konzepten immer wieder – angefangen bei Luthers Unterscheidung zwischen verborgener Gemeinschaft des Glaubens und sichtbar geordneter Kirche, deren Predigtamt die Glaubensgemeinschaft allererst ermöglicht, bis hin zu W. Hubers Bild einer öffentlichen Kirche, die die unverfügbare Kraft des Glaubens markant erkennbar und missionarisch wirksam machen soll. Das spezifische Wechselverhältnis zwischen der formalen Organisation der evangelischen Kirche und der Praxis des Glaubens, die durch diese Organisation abgeschirmt und zugleich sichtbar wird, soll daher im Folgenden – in sechs Aspekten – unter

Rekurs auf die oben (2.1.–2.4.) skizzierten Einsichten entfaltet werden. Auf diese Weise wird deutlich: Der systemisch-dialektische Organisationsbegriff ist geeignet, wesentliche Hinsichten und Dynamiken der kirchlichen Praxis zu erhellen; um jedoch auch deren informelle, ebenso wesentliche Aspekte zu erfassen, muss das praktisch-theologische Kirchenverständnis noch weitere Dimensionen umfassen (↗ 2.6.2 ff.).

(i) Bekenntnis und Glauben. Die reformatorische Konzentration auf den persönlichen Glauben resultiert zunächst in einem dezidiert anti-organisatorischen Impuls. Luthers Kritik an jeder klerikalen und sakralrechtlichen Normierung des Glaubens prägt die protestantische Kirchentheorie nahezu durchgehend – sei es in Schleiermachers Betonung religiöser Selbständigkeit gegenüber kirchlichen und politischen Interessen, sei es in Troeltschs Plädoyer für religiöse Subjektivierung, sei es in der Debatte der 1960er Jahre über ein »nichtkirchliches Christentum« (D. Sölle).

Zugleich ist der Glauben jedenfalls dort auf einen verbindlichen Bezugsrahmen angewiesen, wo seine gemeinsame Praxis von innen oder außen bedroht erscheint. Vor allem die reformierte Tradition hat – angesichts religiöser oder politischer Auseinandersetzungen – daher immer wieder *Bekenntnistexte:* über die gemeinsame Lehre und die daraus resultierende Ordnung zum Gegenstand von kirchlichen Entscheidungen gemacht. Eine ähnliche Funktion, nämlich die definitive Verständigung über gemeinsame Grundlagen des Glaubens, haben Katechismen und andere Lehrtexte auch im Luthertum erhalten.

Das Verhältnis zwischen kirchlich-organisatorisch fixiertem Bekenntnis und individuellem Glauben ist in reformatorischer Sicht durch eine eigentümliche Dialektik von formaler Entschiedenheit und freier, von außen nicht bestimmbarer Auseinandersetzung geprägt. Nur in der Begegnung mit der prägnant formulierten, in Gottesdienst und Predigt kommunizierten Lehre kommt es zur Begegnung mit Gottes Wort; nur da jedoch, wo dieses Wort individuell angeeignet und auf die je eigene Lebensführung hin ausgelegt wird, kann das Bekenntnis plausibel werden – und persönliche Zustimmung finden. Die Auseinandersetzung mit den überlieferten Lehrentscheidungen setzt für die Einzelnen, für die Theologie und die Gesamtkirche eine Dynamik religiöser Reflexion in Gang, die ihrerseits zu neuem – individuellem wie gemeinsamem – Bekenntnis zu führen vermag.

(ii) Agende und Andacht. Dass die Begegnung mit Gott sich nicht nur, aber doch wesentlich im Gottesdienst vollzieht, bildet von der Confessio Augustana über Schleiermachers Religionstheorie, von Barmen III bis zu Huber und Herms einen Grundzug evangelischer Ekklesiologie. Die gottesdienstliche

Ordnung ist darum Basis der individuellen Frömmigkeit, sie ist aber zugleich auch die Basis jeder überregionalen kirchlichen Gemeinschaft; in den Agenden einer Territorialkirche wird deren spezifische theologische Prägung sichtbar. Auch Troeltsch ist an dem historischen Nachweis gelegen, dass die großkirchliche Organisation im katholischen wie im protestantischen Raum wesentlich durch den gemeinsamen Kult zusammengehalten wird.

Die Entscheidung über gottesdienstliche Ordnungen, auch über Gesangbücher oder Kirchbaupläne ist in der protestantischen Kirchengeschichte darum stets Ausdruck von Lehrentwicklungen, kirchlichen Leitungsinteressen und – nicht zuletzt – politischer Opportunität. Zugleich artikulieren, ja kristallisieren sich anlässlich agendarischer Entscheidungen stets tiefsitzende Überzeugungen von Einzelnen und religiösen Gruppen; das zeigt sich im Wittenberger ›Bildersturm‹ wie bei jeder Änderung der örtlichen Abendmahlsliturgie, im Konflikt über die politischen Liturgien der Deutschen Christen wie bei den Liturgiereformen des II. Vatikanischen Konzils.

Entscheidet die Kirche über ihre gottesdienstlichen Ordnungen, betätigt sie sich also als Organisation der pluralen Frömmigkeit, so muss sie offenbar auf gewachsene Bedürfnisse des Glaubens Rücksicht nehmen; nur da, wo eine »erneuerte« Agende von Gemeinden und Einzelnen als Rahmen der je eigenen Andacht akzeptiert wird, kann sie auf Bestand hoffen. Die einschlägigen Entscheidungen sind zudem, bis in die Gegenwart, durch allgemeine, weit verbreitete Überzeugungen beeinflusst: Wie ein Weihnachtsgottesdienst oder eine Bestattung geordnet, wie ein zentrales Kirchengebäude ausgestattet sein muss, das ist immer schon selbstverständlich bekannt; es wird den Beteiligten allerdings erst anlässlich irritierender liturgischer Neuerungen bewusst. Wiederum setzt die Dialektik von agendarischer (Re-)Organisation und pluralen Erwartungen für die eigene Andacht eine Dynamik frei, die die gewachsene Frömmigkeit, die aber auch die gottesdienstliche Ordnung verändern kann.

(iii) Amt und Person. Um kulturell-regionale Differenzen des Glaubens und des Gemeindelebens zu vermitteln, um also kirchliche Gemeinsamkeit zu organisieren, nutzt die Kirche von Anfang an nicht nur Bekenntnisse, Lehrtexte und Agenden, sondern auch personale Leitungsämter. Die römisch-katholische und mutatis mutandis die evangelischen Kirchen ordnen daher die Besetzung von Bischofs- und Pfarrämtern, die erforderlichen Voraussetzungen sowie die unerlässlichen Pflichten stets ausgesprochen detailliert. Auf der Linie reformatorischer Amtstheologie legen die neuprotestantische Kirchentheorie und ebenso die Wort-Gottes-Theologie besonderen Wert auf eine gründliche theologische Bildung der Geistlichen – gilt diese doch als Grundlage für die Artikulation des »Gemeingeistes« bzw. für die Verkündigung des einen Wortes Gottes angesichts pluraler religiöser Erwartungen.

Dass auch die differenzierte Gemeinde der Gegenwart ihren Zusammenhang vor allem durch das pastorale Amt gewinnt, hat besonders E. Lange herausgearbeitet: Auf die Pfarrperson richten sich die Erwartungen der Engagierten wie der Marginalisierten und ebenso die kasuellen Ansprüche der Mehrheit. Ähnlich argumentiert schon Schleiermacher: Indem sich Einzelne wie kirchliche Gruppen mit der pastoralen Zentralfigur auseinandersetzen, gelangen sie allererst zu einer je eigenen Gestalt des Glaubens. Im Gegenüber zum kirchlichen Amt, sei es vor Ort oder in einer öffentlichen Leitungsfunktion, konstituiert sich die sichtbare Gemeinschaft des Glaubens.

Zugleich jedoch ist die evangelische Kirchentheorie von Anfang an darin einig, dass die Ausübung dieses organisierten Amtes auf ein unhintergehbar persönliches Engagement angewiesen ist, dessen religiöse Dimension sich gar nicht und dessen fachlich-theologische Bildung sich nur sehr begrenzt organisieren lassen. Auch seitens der Einzelnen wie der Familien, die sich an die Pfarrerin wenden, wird diese persönliche Seite des Pfarrberufs gesucht und in Anspruch genommen – zugleich jedoch ist eine solche ›authentische‹ pastorale Kommunikation im Einzelnen wie im Ganzen auf den organisatorischen Rahmen eines dezidiert kirchlichen Amtes angewiesen.

Auf einer dialektischen Wechselwirkung von kirchlich strukturierter Rolle und persönlichem Engagement beruht schließlich auch die pastorale Möglichkeit, mit anderen, nicht religiösen gesellschaftlichen Bereichen in Kontakt zu treten, etwa mit dem Bildungssystem, der Welt von Musik und Kunst oder mit politischen Instanzen. Die Pfarrperson gehört insofern zu den von Nassehi beschriebenen sozialen »Eliten« (↗ 2.5.2), die »das Jonglieren mit der Differenz zwischen den [...] systembildenden Unterscheidungen beherrschen«, die also auch angesichts fremder Systemreferenzen »einfach weiterzukommunizieren« vermögen[95] – und zwar eben dann, wenn sie die durch das kirchliche Amt gegebenen Rollenerwartungen ebenso zu nutzen wie auf Grund einer individuellen Bildungsgeschichte zu überschreiten vermag.

(iv) Engagement und Beobachtung. Seit die Beteiligung am kirchlichen Leben nicht mehr politisch kontrolliert wird, also seit dem ausgehenden 18. Jahrhundert ist die evangelische Kirche durch das Gegenüber von zwei Beteiligungsmustern gekennzeichnet. Auf der einen Seite artikuliert sich in den Erweckungsbewegungen eine Frömmigkeit, die sich bewusst und entschieden ›zur Kirche hält‹, deren Vertreter sich in missionarischen und diakonischen Vereinen engagieren und sich insofern als selbstbewusste Akteure der kirchlichen Organisation verstehen. In der reformierten Gemeindetheologie, wie sie in der Barmer Theologischen Erklärung formuliert ist, wird ein solches sichtbares Engagement nach wie vor als Normalfall der Zugehörigkeit begriffen.

In einem Essay hat N. Luhmann 1972 die Vermutung skizziert, dass es eben diese ›entschieden‹ kirchliche Interaktion ist, die im Gegenzug auch ein Mitgliedschaftsmuster ermöglicht, das sich nur gelegentlich, bedarfs- und traditionsorientiert am Gemeindeleben beteiligt, zugleich aber selbstverständlich der Kirche zugehörig sieht[96]. Diese positive Grundhaltung kann sich, »da eigene Interaktion zurückgehalten wird, nur auf *ein anderes Interaktionssystem* in der Kirche sowie auf dessen gesellschaftliche Folgen beziehen« (a. a. O., 260). Die unmittelbare Interaktion zwischen »den aktiven und den amtstragenden Mitgliedern des Kirchensystems« macht für die ›distanzierten‹ Mitglieder eine soziale »Kontinuität von Religion« erlebbar (ebd.), der sie ihre Unterstützung geben – obwohl *und* weil für sie selbst eine solche dichte Praxis kaum in Frage kommt.

Auch im Blick auf die kirchliche Mitgliedschaft lässt sich eine organisationsinduzierte Dialektik erkennen: Artikuliert sich die religiöse Praxis von Pfarrpersonen, kirchlichen Angestellten sowie von engagierten Gemeindegliedern als entschiedene Zugehörigkeit, so können andere Mitglieder diese organisatorisch-formale Kommunikation beobachten, gelegentlich auf sie zurückgreifen und zugleich zu einem anderen Verständnis ihrer Zugehörigkeit gelangen: Erst im Gegenüber zur entschiedenen Mitgliedschaft wird die Distanz zur Kirche sich ihrer eigenen, eben nicht auf Entscheidung beruhenden religiösen Überzeugungen bewusst.

(v) Kirchenleitung und öffentliches Interesse. Seit ihren Anfängen ist die Kirche auf überregionale Autoritäten angewiesen, die das gottesdienstliche Leben, die Überlieferung der Lehre und nicht zuletzt die Ämterbesetzung vor Ort koordinieren. Insofern die Instanzen der Kirchenleitung im Blick auf Strukturen, Liturgien und pastorale Qualifikationen permanent Entscheidungen treffen, eignet ihnen offenbar ein genuin organisatorischer Charakter. Auch die *inhaltliche* Verständigung zwischen den Gemeinden, die Artikulation und Bearbeitung theologischer Konflikte bedarf einer solchen Leitungspraxis; daher sind nicht allein leitende Geistliche und Konsistorien, sondern auch Synoden und Fakultäten besonders in den evangelischen Kirchen, integrale Bestandteile der Kirchenleitung – an der Entstehungsgeschichte der Barmer Theologischen Erklärung ist dies exemplarisch zu studieren.

Schleiermachers Entwurf einer Theorie des Kirchenregiments macht deutlich, dass eine übergemeindliche Koordination nicht allein nach innen erforderlich ist, sondern ebenso nach außen: Angesichts der staatlichen wie der gesellschaftlichen Erwartungen muss die Selbständigkeit des kirchlichen Lebens, ja die Eigenart der Religion selbst in einer »zusammenstimmenden Leitung« zu erkennbarem Ausdruck gebracht werden. Um sich gegenüber politischen, sozialen, auch wissenschaftlichen Organisationen zu artikulieren, muss die Kirche – so hält E. Herms fest – selbst zur Organisation werden: Sie muss Verantwortliche benennen und öffentlich Position beziehen.

Es sind nicht allein Gemeinden, innerkirchliche Gruppen und Bewegungen, die ihre religiösen Interessen allererst im Gegenüber zu kirchenleitenden Organisationsentscheidungen ausbilden und (kritisch) artikulieren, sondern es sind – wie es etwa Troeltsch und Herms beschreiben – auch staatliche, kulturelle und weitere gesellschaftliche Akteure, die angesichts von religiöser Pluralisierung und Auseinandersetzung an den Positionen der Kirchenleitung interessiert sind. In diesem moderngesellschaftlichen Problemhorizont skizziert Schleiermacher das Konzept einer »freien Geistesmacht«, die innovative religiöse Einsichten öffentlich artikuliert und die kirchenleitende Entscheidungen zu irritieren und zu provozieren vermag (↗ 1.4). In der Form religiöser, religionstheoretischer oder theologischer Publizistik, wie sie etwa Troeltsch, K. Barth, E. Lange oder W. Huber auf je ihre Weise betreiben, markiert die »freie Geistesmacht« ein gesellschaftliches Interesse an religiösen Fragen, das sich an kirchenleitenden Entscheidungen entzündet und diese beeinflusst, ohne jemals darin aufzugehen.

(vi) Kirchliche Reform und widerständige Praxis. Der systemische Organisationsbegriff schärft den Blick dafür, dass die Koordination einer bestimmten – etwa pädagogischen, ökonomischen oder religiösen – Praxis zwar allererst dafür sorgt, dass eine solche Praxis sozial sichtbar, anschlussfähig und reflektierbar wird, dass diese Organisation aber jene Praxis gerade nicht unmittelbar beeinflussen oder gar gezielt steuern kann.

»Vielleicht ist darin der Grund zu suchen, warum Organisationen letztlich immer unzufrieden mit sich selbst sind […]. Kaum wird man je eine Organisation finden, in der die Mitglieder davon ausgehen, dass die Dinge tatsächlich richtig funktionieren. Sicher liegt das daran, dass sich das, was (formale) Organisationen tun, letztlich nicht formal organisieren lässt. Deshalb kommt es stets zu Reformbedarf, der nicht in erster Linie an den Inhalten, […] am Zweck oder an den Aufgaben ansetzt, sondern an der Organisation der Organisation.« (*Nassehi*, Soziologie, 92)

Um die informelle, die ›eigentliche‹ Praxis zu stärken und zu schützen, beschränkt sich die Organisation auf koordinierende oder rahmende Entscheidungen. Die daraus resultierenden, ›entschiedenen‹ Festlegungen machen jene Praxis ausdrucksfähig und beobachtbar; sobald sich diese Beobachtung jedoch auf die organisatorischen Prozeduren selbst richtet, kommt unausweichlich deren Praxisferne in den Blick (vgl. *Nassehi*, a. a. O., 94 f.): Organisatorische Entscheidungen erscheinen stets als unrealistisch, als unzureichend und reformbedürftig. Jede Kritik im Namen der ›eigentlichen‹ Praxis kann allerdings nur wiederum an den Strukturen der Organisation ansetzen;

ob die Reform der Praxis besser gerecht wird, lässt sich nur im Nachhinein, und dann wiederum nur an den Auswirkungen auf die Organisation selbst erkennen.

Diese Dynamik von Selbstbeobachtung, Kritik im Namen der Praxis und Strukturreform lässt sich unschwer auch in der Organisationsgeschichte der evangelischen Kirche auffinden. So resultiert etwa Luthers Kritik an der ritualistischen Ordnung der römischen Messe in einer liturgischen Reform, die das lehrhafte Moment in den Vordergrund stellt; eine weitere Reorganisation des Gottesdienstes lässt nicht lange auf sich warten. Vergleichbaren Zyklen von Kritik und Reform ist – nicht erst seit Schleiermacher – die Organisation der theologischen Ausbildung ausgesetzt oder in jüngerer Zeit die Bemühung der Kirche um die Bindung ihrer Mitglieder: Hier werden die Entscheidungen der 1960er und 1970er Jahre zugunsten einer gesellschaftlichen Öffnung neuerdings als »Selbstsäkularisierung« kritisiert und durch eine eher verdichtende, »missionarisch« akzentuierte Organisationsstruktur ersetzt (↗ 2.4.2).

Auch der jüngste Reformprozess der EKD ist unschwer als ein organisationsförmiger Prozess zu erkennen, der die bisherigen Entscheidungsstrukturen kritisiert und daraufhin neue Gremien, Kompetenzzentren und entsprechende Entscheidungsabläufe implementiert hat. Und auch dieser Prozess wird – ähnlich wie die Kirchenreformen der 1960er Jahre – im Namen einer Praxis des Glaubens kritisiert, die sich – so I. Karle, Chr. Möller oder G. Thomas – vor allem in informellen, vielfältigen Begegnungen der Ortsgemeinde vollziehe. Seine Kontur gewinnt das entsprechende Bild der Ortsgemeinde freilich durch den Gegensatz zu den übergemeindlichen, ›praxisfernen‹ Strukturen der gesamtkirchlichen Organisation; und auch diese Kritik zielt ihrerseits auf eine Reform, die – vor allem bei I. Karle – die Organisation der pastoralen Ausbildung betrifft.

Der Durchgang durch typische Argumentationsfiguren der evangelischen Kirchentheorie soll zeigen: Die Leistungen, die die Ordnungen der Lehre, des Gottesdienstes, des Amtes oder der Leitung für die Praxis des evangelischen Glaubens erbringen, lassen sich mit Hilfe eines dialektischen Organisationsbegriffes präziser beschreiben und benennen: Die kirchliche Ordnung, verstanden als Organisation, macht die Kommunikation des Glaubens sozial sichtbar und anschlussfähig; sie erlaubt jener Praxis eine reflektierte *Selbstbeobachtung* und damit auch eine theologisch verantwortete *Selbstkorrektur*. Die theologische *Reflexion*, wie sie sich im Amt der Gemeinde- wie der Kirchenleitung vollzieht, gehört insofern zur Organisation der evangelischen Kirche wesentlich hinzu. Als Organisation ist die Kirche damit zu einer – indirekten – Selbststeuerung ihrer Praxis in der Lage (vgl. *Preul*, Kirchentheorie, 41 ff.).

Der obige Durchgang zeigt freilich auch: Als Organisation ist die evangelische Kirche nicht hinreichend beschrieben. Ihre Selbststeuerung, die kirchliche Organisationsreform gewinnt ihre Dynamik durch den beständigen Bezug auf informelle Voraussetzungen: auf eine Praxis des Glaubens, die gerade nicht entscheidbar und steuerbar erscheint, die aber zu einer realistischen Beschreibung der Kirche unbedingt dazu gehört. Vor allem zwei solcher Praxisvorgaben sind erkennbar, nämlich zum Einen die gemeinschaftliche Praxis des Glaubens: die »congregatio sanctorum«, die religiöse Geselligkeit oder die *Interaktion* der Gemeinde (↗ 2.6.3) und zum Anderen mehr oder weniger selbstverständliche, allgemein geteilte und traditionelle Überzeugungen etwa bezüglich der liturgischen Praxis, der kirchlichen Beteiligung oder der kirchenleitenden Kompetenzen – auch diese religiöse *Institutionalität* gehört zum kirchlichen Leben wesentlich hinzu (↗ 2.6.2).

Der praktisch-theologische Kirchenbegriff ist insofern unhintergehbar *mehrschichtig* strukturiert, und zwar in einer spezifischen Dialektik: Institutionen und Interaktionen des Glaubens liegen der kirchlichen Organisation immer schon voraus; freilich werden sie nur im Gegenüber zu den Entscheidungen, Reflexionen und Leitungsinstanzen der Organisation sichtbar. Wird diese Dialektik des kirchlichen Handelns ihrerseits reflektiert, werden die Bezüge auf die gesellschaftsallgemeine wie die gemeinschaftliche Praxis des Glaubens also in das Selbstverständnis der Kirche aufgenommen, so kann man von einer reflektierten kirchlichen Darstellung des Glaubens reden. Mit der Dimension der *Inszenierung* (↗ 2.6.4) findet der praktisch-theologische Kirchenbegriff daher seinen Abschluss.

2.6.2 Institution – »Volkskirche«

Literatur: *Schelsky, Helmut* (Hg.): Zur Theorie der Institution, Düsseldorf 1970. – *Marsch, Wolf-Dieter:* Institution im Übergang. Evangelische Kirche zwischen Tradition und Reform, Göttingen 1970. – *Lohff, Wenzel/Mohaupt, Lutz* (Hg.): Volkskirche – Kirche der Zukunft? Leitlinien der Augsburgischen Konfession für das Kirchenverständnis heute, Hamburg 1977. – *Rössler, Dietrich:* Institution, in: *Ders.*, Grundriss der Praktischen Theologie, Berlin / New York 1986, 407–435. – *Fechtner, Kristian:* Späte Zeit der Volkskirche. Praktisch-theologische Erkundungen, Stuttgart 2010, bes. 11 ff. 35 ff.

Der Begriff »Institution« wird in den Gesellschaftswissenschaften nur noch gelegentlich und unspezifisch verwendet; als Grundbegriff ist er durch das »soziale System« abgelöst worden. Auch in der Theologie wird von Institution, sowohl im Blick auf die Gesellschaft wie auf die Kirche, eher generell und unbetont gesprochen[97]; für die gegenwärtige Kirche werden damit Aspekte markiert, deren Bedeutung abzunehmen scheinen[98].

Für die Selbstverständigung der evangelischen Kirchen nach 1945 spielt der Begriff der Institution allerdings eine erhebliche Rolle, und zwar zunächst in der Sozialethik (a), dann auch – bereits kritisch – in der Kirchentheorie (b). In den 1970er Jahren sprechen T. Rendtorff, D. Rössler u. a. von der Volkskirche als »Institution der Freiheit« (c); von daher können die immer schon vorgegebenen Horizonte der kirchlichen Praxis als deren Institutionalität theologisch und empirisch begriffen werden (d).

(a)   »Institution« als soziologischer und theologischer Begriff
In den 1950er Jahren eignet sich die evangelische Sozialethik die soziologischen Theorien E. Durkheims und T. Parsons' an, um – jenseits des Konzepts der »Schöpfungsordnungen« – die normative Bedeutung vorgegebener gesellschaftlicher Verhältnisse zu begreifen[99]. Vor allem anhand der Phänomene Ehe(schließung) und Familie wird – im Gespräch mit Philosophen, Soziologen und Juristen – versucht, mittels des Institutionbegriffs die Relation von unbedingtem Geltungsanspruch und möglicher Umgestaltung des Überkommenen zu bestimmen. Eine besondere Rolle spielt dabei A. Gehlens Anthropologie. Rössler fasst sie wie folgt zusammen:

»Nach Gehlen liegen die Gründe für die Entstehung von Institutionen in der Natur des Menschen selbst: Er ist ein Mängelwesen, dessen Handeln nicht durch Instinkte vorgeprägt und festgelegt ist [...]. Selbstverständlichkeit und Lebenssicherheit des menschlichen Handelns in der Erfüllung der dauerhaftesten Bedürfnisse werden durch die Institutionen garantiert. [...] Nicht mehr bloß biologische Lebensbedürfnisse, sondern anthropologische Grundstrukturen begründen die [...] Institutionen [...]. Der Einzelne steht vor ihnen wie vor übermächtigen Gewalten. Sie lassen ihm keine Wahl und keinen Einfluss [...]. Dafür entlasten sie ihn von allen Fragen, die mit ihrem Zweck zusammenhängen, und geben ihn dadurch frei, seine Kräfte anderen Aufgaben zuzuwenden.« (*Rössler*, 412)

Bei Gehlen selbst wird diese Entlastung von den basalen Lebens- und Orientierungsbedürfnissen als »Hintergrundserfüllung« bezeichnet: Die Bedürfnisse treten »aus dem Vordergrund der Affektivität zurück«; die Institutionen vermitteln die Sicherheit, dass ›im Hintergrund‹ für alles Nötige gesorgt ist[100]. Erst auf diese Weise können sich individuelle Interessen, ja überhaupt Persönlichkeiten ausbilden.

Diese konservative Sozialtheorie, die dem subjektivistischen Wandel der modernen Gesellschaft kritisch gegenübersteht, vermag gerade die Religion als »Hintergrundserfüllung« von Sinn- und Orientierungsbedürfnissen zu beschreiben; religiöse Institutionen gehören demzufolge zum Fundament jeder Gesellschaft. D. Rössler pointiert:

»Die Kirche erscheint dem einzelnen als übergeordnete und vorgegebene Macht. Sie verwaltet die Religion auf eine Weise, die seiner unmittelbaren Einwirkung entzogen ist. Die Institution ist nicht auf ihn angewiesen. [...] Der einzelne ist deshalb andererseits von dieser Verwaltung der Religion entlastet.«[101]

Stärker rechtstheologisch versteht H. Dombois Institutionen als »strukturelle Einheit von vorgegebener ›Stiftung‹ und aufgegebener ›Annahme‹«[102]. Auf diese Weise kann ebenfalls die gleichsam transzendente, überindividuelle Autorität von Ehe, Staat, Eigentum und Kirche festgehalten werden; diese objektive Gegebenheit muss jedoch rechtlich ausgestaltet und situativ konkretisiert werden. So erscheinen kirchliches Amt und Gottesdienst als gestiftet, auch wenn sie im Einzelnen verschieden geordnet sein mögen.

Bedeutsam für das Verständnis der kirchlichen Institution ist schließlich, dass Dombois einen »personalen Kern« der institutionellen Gefüge behauptet; der menschlichen »Annahme« eignet »existenzielle Dichte«[103]. Das individuelle Verhältnis zu den Ordnungen hat dann als Gegenstand ethisch bedeutsamer »Entscheidung« zu gelten. Es ist diese implizite, religiös aufgeladene Normativität, die den Begriff der (kirchlichen) Institution schon bald fundamentaler Kritik ausgesetzt hat.

(b) Soziologische und theologische Kritik an der Institution

In den 1960er Jahren wird »die konservative Grundstimmung der Institutionentheorie« nachhaltig kritisiert (*Rössler*, 415). Wird die Gestaltung der gesellschaftlichen Verhältnisse als Zukunftsaufgabe verstanden, so muss jeglicher sozialer Geltungsanspruch an Plausibilität verlieren. In Auseinandersetzung mit Gehlen schlägt H. Schelsky vor, diejenigen sozialen Formen als »Institutionen« zu bezeichnen, in denen sich die – ihrerseits normativ gewordene – »Freiheit der Subjektivität« immer aufs Neue manifestiert und artikuliert: »als Gespräch, als Meinung, als verbale Reflexion und Demonstration, [...] allenfalls als Intersubjektivität der Verständigung«[104]. Auf der Suche nach solchen, der kritischen, reflexiven Subjektivität vorgegebenen Formen kann Schelsky die Titelfrage seines programmatischen Aufsatzes »Ist die Dauerreflexion institutionalisierbar?«[105] bejahen – und zwar nicht zuletzt so, dass er die moderne *religiöse* Institution, insbesondere die evangelische Kirche in ihren Akademien, Gruppen und Gesprächskreisen als Ort einer solchen »Dauerreflexion« des Subjektiven namhaft macht.

In theologiegeschichtlicher Perspektive weist T. Rendtorff den kirchlichen Anspruch, als normative Instanz religiöser Orientierung in der neuzeitlichen Gesellschaft zu fungieren, mit Hinweis auf die faktische Vielfalt theologischer wie religiöser Strömungen in der Kirche selbst zurück. Für Rendtorff verschiebt sich der Charakter des Institutionellen vielmehr in den *sozialen Kontext* der Kirche, genauer: in die »neuzeitliche Welt des Christentums«, in die komplexe Fülle der individuellen und sozialen Glaubensgestalten, die für alle kirchliche und theologische Selbstgestaltung in der Gegenwart den unhintergehbaren Horizont bildet: »Das nichtkirchliche Christentum ist sowohl nach innen wie nach außen die eigentliche und allgemeinste Grundlage der Institution der Kirche.«[106]

Die Kritik an einem gesellschaftlich normativen Anspruch der Kirche kann jedoch auch binnentheologisch formuliert werden, etwa wenn W. Huber die immer schon gegebene kirchliche Ordnung durch Hinweis auf »das Geschehen des Wortes, die Aktualität der Kirche als Ereignis« (nach CA 5) relativiert:

»Mit ihrer Tendenz zur Verfestigung widerstreitet die Institution der Aktualität, sie widerstreitet dem ›Abrupten der Religion‹ (Troeltsch) [...]. Deshalb ist die permanente Kritik der Kirche als Institution mit ihrer institutionellen Existenz selbst gegeben. Die Kirche ist ein institutionalisierter Konflikt; denn in ihren institutionellen Formen gerät sie immer aufs Neue in Widerspruch zu ihrem Auftrag.«[107]

Huber bezieht sich auf E. Lange, der noch prägnanter formuliert: »Die Kirche institutionalisiert einen Widerspruch. Sie stellt den Einspruch Jesu gegen die Selbstzerstörung des Menschen auf Dauer.«[108] Die biblisch-prinzipielle Argumentation impliziert bei Lange eine dialektische Sicht der Gesellschaft: Indem der Auftrag Jesu »auf Dauer gestellt« wird, dient die Kirche der »Selbsterhaltung« der Verhältnisse; zugleich aber stellt der kritische Impuls jenes Auftrags nicht nur die kirchliche, sondern *alle* gesellschaftliche Institutionalität permanent in Frage. Die religiöse Fundamentalkritik rückt die kirchliche Praxis somit erst recht und dezidiert in den Horizont *allgemeiner*, immer schon vorgegebener Verhältnisse. Insofern gilt auch hier: Die Kirche muss »immer auch als Resultat und Produkt der Gesellschaft mitbegriffen werden« (*Rössler*, 431).

(c) Die Volkskirche als »Institution der christlichen Freiheit«
Soziologische und theologische Kritik kommen darin überein, dass die selbstbewusste, reflexive Subjektivität in der modernen Gesellschaft nicht mehr durch ein Ensemble fraglos, autoritativ geltender Institutionen vergewissert werden kann, sondern allein durch die eigentümliche »Institutionalität« jener pluralen, vielfältig differenzierten Gesellschaft selbst. Die organisierte Kirche erfährt diese *Institutionalität des Pluralen* als Verflüssigung ihrer Praxis (Schelsky), als unhintergehbare Vorgabe des Christlichen (Rendtorff) oder als radikale Kritik im Namen Jesu (Lange). Der eigentlich religiöse Sinn der kirchlichen Praxis liegt damit jedenfalls außerhalb der verfassten Kirche – wird aber doch nur im (kritischen) Gegenüber zur kirchlichen Organisation artikulierbar.

Auf dieser Linie nutzt der Theologische Ausschuss der VELKD 1977 den Institutionsbegriff, um die seinerzeit heftig umstrittene »Volkskirche«[109] »im

Rahmen des reformatorischen Kirchenverständnisses theologisch zu begreifen« (*Lohff/Mohaupt*, 11):

»Die Kirche ist Institution, weil sie als handelnde Kirche theologische Inhalte und geistliche Aufgaben wahrnimmt, die ihr vorgegeben sind, über die sie aber nicht verfügt. Sie steht im Dienst einer Botschaft, die sie nicht selbst hervorbringt [...]. Alle Aufgaben, in denen sich ihr Handeln konkret vollzieht, sind eine Folge dessen, was ihr gegeben ist. In diesem Sinne ist es ekklesiologisch geboten, von der Kirche als einer Institution zu sprechen. [...] Die Freiheit, die den Menschen von der Sorge um sein Leben und sein Heil befreit, muss nicht von ihm selbst erzeugt werden, sondern wird ihm gegeben. Sie tritt ihm als Gabe entgegen. In diesem Sinne ist die Kirche eine Institution der Freiheit, der empirische Ort für die Begegnung mit dem Evangelium.« (*Lohff/Mohaupt*, 14 f.)

Auch hier wird die kirchliche Institutionalität nicht (mehr) mit ihrer konkreten, sichtbaren Gestalt identifiziert; auch hier wird die kirchliche Praxis vielmehr normativ an organisations*externe* Vorgaben gebunden. Vorgegeben, »eingesetzt« (vgl. CA 5: »institutum est«) sind in lutherisch-theologischer Sicht allein Gehalt und verlässliche Kommunikation des Evangeliums. Wenn das Evangelium dem Menschen eine Freiheit vermittelt, die ihn von aller Selbstbegründung entlastet, so entspricht dem die Verfassung der reformatorischen Kirche, die sich ebenfalls nicht selbst begründen kann und muss, sondern der ihre »geistlichen Aufgaben« immer schon »vorgegeben sind«.

Die Prägung der evangelischen Kirche durch Vorgaben, die theologisch als Ausdruck der Vorgabe des Evangeliums selbst zu begreifen sind[110], diese institutionelle Prägung konkretisiert die VELKD-Studie u. a. im Blick auf das kirchliche Amt und auf die Kindertaufe. Dem Amt wird die Aufgabe zugeschrieben, »das Evangelium über alle [...] Gruppenzugehörigkeiten und gemeindlichen Aktivitäten der Christen hinaus für jedermann präsent zu halten«; die »berufenen Mandatsträger sind nicht lediglich Vertreter einer religiösen Organisation«, sondern repräsentieren »Öffentlichkeit und Offenheit der Verkündigung« (*Lohff/Mohaupt*, 15 f. 25 f.). Und weil die Institution der Kindertaufe »ein besonders deutliches, sichtbares Zeichen des Gnadencharakters der Taufe ist, der allem Handeln des Menschen vorausgeht«, darum kann die Taufe nicht an religiöse oder gar kirchliche Selbstverpflichtungen des Täuflings oder seiner Eltern gebunden werden (a. a. O., 31; vgl. 32 f.).

Der universale Charakter des Amtes wie die Unbedingtheit der Taufe stehen der VELKD-Studie zufolge dafür ein, dass die evangelische Volkskirche durch eine Vielzahl religiöser und ethischer Orientierungen gekennzeichnet ist. Es ist diese Pluralität, die theologisch als Resultat der Freiheit des Glaubens gedeutet werden muss und in der insofern die Institution des rechtfertigenden Evangeliums selbst zum Ausdruck kommt.

Um die Kirche als »Institution der Freiheit« für vielfältige Realisationen des Glaubens offenzuhalten, formuliert die VELKD-Studie kritische Distanz zu jeder Fixierung auf bestimmte Sozial-, Gemeinschafts- oder Frömmigkeitsformen. Auf diese Weise setzt sie sich jedoch nicht nur dem Vorwurf aus, die christliche Freiheit werde hier zu einer inhaltsleeren Beliebigkeit verdünnt. Sondern die Skepsis gegenüber jeder ›eigenmächtigen‹ Interpretation der »vorgegebenen« Aufgabe versperrt zudem den Blick auf die konkreten Handlungsformen, auf die spezifischen Kennzeichen der kirchlichen *Organisation*, mit denen die »Öffentlichkeit und Offenheit« des Evangeliums Kontur erhält.

(d) Die Selbständigkeit des Glaubens als Horizont kirchlicher Praxis
In der gegenwärtigen Debatte ist der Begriff der Volkskirche in den Hintergrund getreten, weil die selbstverständliche Präsenz einer »Welt des Christentums« (T. Rendtorff), erst recht einer mehrheitlichen Kirchlichkeit in der deutschen Gesellschaft nicht mehr gegeben ist und weil die inhaltliche und organisatorische Selbstbeschränkung, die sich mit jenem Konzept verbindet, nicht mehr angemessen erscheint. Versteht man »Volkskirche« jedoch primär als einen praktisch-*theologischen* Begriff, der geeignet ist, wesentliche Züge der kirchlichen Verfassung in den Blick zu rücken, so können die in der oben skizzierten Debatte gewonnenen Einsichten für eine Skizze des institutionellen Charakters der Kirche und ihrer Praxis genutzt werden. Empirisch und praktisch zu konkretisieren ist diese Sicht der Kirche etwa im Blick auf ihre Organisationsformen (↗ 3.1; 3.2), ihre Mitgliedschaft (↗ 4.1.3) und ihre Leitungsinstanzen (↗ 5.3).

Die Rede von der Volkskirche bringt zunächst die Erfahrung zur Sprache, dass das gegenwärtige kirchliche Leben nach wie vor von einer *außerordentlichen Vielfalt* religiöser Orientierungen, sozialer Erwartungen und organisatorischer Beteiligungsmuster geprägt ist. Diese dynamische Pluralität stellt für die pastorale Praxis wie für die kirchliche Leitung eine unhintergehbare Vorgabe dar. Die soziale Gestalt der Kirche, ihre Beanspruchung durch Einzelne, durch Gruppen wie durch andere soziale Organisationen ist wesentlich durch jene ›unübersichtliche‹ und ›unbestimmte‹ Pluralität bedingt und insofern ihrer Steuerung weitgehend entzogen. Und welche Bedeutung die kirchliche Praxis für die Lebensführung oder für gesellschaftliche Entwicklungen hat, das kann sie erst recht nicht unmittelbar und in vieler Hinsicht gar nicht beeinflussen.

Die unhintergehbare Vielfalt des kirchlichen Lebens kann als Ausdruck kultureller Pluralisierung, sie kann aber – mit der oben skizzierten ekklesiologischen Tradition – auch als Resultat eines Individualisierungsprozesses gedeutet werden, der sich genuin *christlichen* Impulsen verdankt (vgl. *Fechtner*,

45 f. u. ö.). So führt Troeltsch die »mystische« Subjektivierung der Religion auf den »unbedingten Individualismus« der Predigt Jesu zurück (Soziallehren, 39); für Schleiermacher ist die Selbständigkeit der individuellen Religion Ausgangs- wie Zielpunkt jeder christlichen Gemeinschaftsbildung. Und die reformatorische Fassung des Glaubens als einer unvertretbar persönlichen Aneignung des Glaubens leitet ebenfalls dazu an, die »Freiheit eines Christenmenschen« zunächst in der Vielfalt weltlicher »Berufe« und religiöser Lebensgestaltung realisiert zu sehen. Wenn K. Fechtner vorschlägt, die »Kirche aus der Perspektive der beteiligten Subjekte in den Blick zu nehmen« (a. a. O., 20), dann ist diese Perspektive der evangelischen Kirche offenbar nicht äußerlich, sondern gehört – als Ausdruck selbständigen Glaubens – zu ihrer theologischen Wesensbestimmung.

Wird die Vielfalt individueller und gemeinschaftlicher Glaubenspraxis in der Kirche als »Institution« bezeichnet, so wird – auf dem Hintergrund der oben skizzierten Begriffsgeschichte – vor allem ein *kritischer Impuls* akzentuiert. »Institutionell« vorgegeben ist in der modernen Gesellschaft kein Gefüge tradierter, auch religiös tradierter Instanzen mehr; vielmehr sind Autonomie, Reflexivität und verantwortliche Lebensgestaltung der Einzelnen ihrerseits allen gesellschaftlichen Ordnungen normativ vorgeordnet. Die kritische Dimension, die ebenso dem Begriff des Glaubens eigen ist, zeigt sich etwa in der Figur des »allgemeinen Priestertums«, aus der Luther die Ordnung des Amtes kritisch rekonstruiert, oder in der Prägung des Begriffs »Volkskirche« bei Schleiermacher, der die freie Selbstorganisation der religiösen Kommunikation, die sich aus den sprachlichen und kulturellen Gegebenheiten ›des Volkes‹ speist, der staatlich beaufsichtigten und instrumentalisierten Kirchenorganisation kritisch gegenüberstellt (vgl. *Fechtner*, 17). Als »Institution«, ja als göttliche »Stiftung« kommt die religiöse Praxis des ›Volkes‹ also dann in den Blick, wenn hier der wesentlich kritische Impuls des Evangeliums selbst wahrgenommen wird, das sich gegen das Gesetz der gesellschaftlichen Verhältnisse wie der kirchlichen Organisation wendet.

Von daher erklärt sich, dass das Programm der Volkskirche zunächst auf eine *Selbstbeschränkung* der Kirche, auf eine Relativierung ihrer normativen Ansprüche wie ihrer organisatorischen Grenzen zielt. Nimmt die Kirche die individuellen wie die gesellschaftlichen Bezüge auf den christlichen Glauben als institutionellen, unverfügbaren Horizont ihres eigenen Handelns wahr, dann muss sie dieses Handeln für alle Menschen offen und erreichbar halten. Gefordert ist ein möglichst niedrigschwelliger, voraussetzungsloser Zugang zu den kirchlichen Räumen, Akteuren und Veranstaltungen. Nicht »die Grenze christlicher Gemeinschaft, sondern eine Art Grenzverkehr mit anderen gesellschaftlichen Lebensbereichen«, wie er von den Einzelnen ohnehin andauernd praktiziert wird, stellt dann die normative Orientierung »volkskirchlicher Praxis« dar (*Fechtner*, 19). Theologisch kann sich diese kirchlich-organisatorische Selbstrelativierung auf die reformatorische Unterscheidung zwischen der verborgenen Kirche des Glaubens und der sichtbaren Organisation von Predigt, Sakrament und kirchlichem Amt berufen, das die Freiheit der religiösen Lebensführung weder normieren noch beurteilen kann.

Das reformatorische Konzept, wie es etwa E. Herms aktualisiert hat, ruft freilich zugleich in Erinnerung, dass jene Freiheit und Selbständigkeit des Glaubens nur im Gegenüber zu einer bestimmten kirchlichen Praxis sichtbar und artikulationsfähig wird: Es ist die Praxis der Taufe, es sind ebenso die Rituale der Konfirmation oder des Weihnachtsgottesdienstes, in denen die Einzelnen sich ihres Glaubens vergewissern; es sind die kirchlichen Amtspersonen vor Ort und in der Öffentlichkeit, denen gegenüber sich die individuellen religiösen Erwartungen – wie indirekt auch immer – artikulieren; es sind die kirchlichen Gebäude, mittels derer man sich der eigenen Herkunft bewusst wird und diese auch kommunizieren kann. Die institutionelle Dimension des kirchlichen Lebens ist seiner Organisation zwar so unhintergehbar wie kritisch vorgegeben; zugleich ist sie aber ohne einen organisatorischen Kern weder wahrnehmbar noch anschlussfähig.

Für die gezielte Organisation der Kirche ergibt sich aus dem Wissen um den institutionellen Horizont selbständiger Glaubenspraxis daher nicht allein eine permanente Selbstrelativierung. Sondern die institutionelle Kirchlichkeit ist wesentlich – und angesichts der gegenwärtigen kulturellen Pluralisierung offenbar erst recht – auf die öffentliche Sichtbarkeit jener organisatorischen Kernvollzüge angewiesen. Die Kirche wird die Taufe daher ebenso eindrücklich zu inszenieren haben wie die Christvesper; sie muss den Zugang zu den Amtspersonen ebenso deutlich eröffnen wie zu den Kirchengebäuden. Der Maßstab dieser *organisatorischen Prägnanz* ist jedoch wiederum die Freiheit des Glaubens, die Selbständigkeit der je eigenen Religion – und deren »intersubjektive Verständigung« (Schelsky). Die kirchlichen Rituale, Bildungsprozesse und Baulichkeiten stärken den individuellen Glauben dann gerade so, dass er sich in einer gottgegebenen Vielfalt anderer Glaubensweisen artikuliert, dass er also die plurale Institution der Kirche als Bedingung einer eigenen Gottesbeziehung wahrzunehmen vermag.

2.6.3 Interaktion – »Gemeinde der Heiligen«

Literatur: *Josuttis, Manfred:* Die Einführung in das Leben. Pastoraltheologie zwischen Phänomenologie und Spiritualität, Gütersloh 1996. – *Ders.:* »Unsere Volkskirche« und die Gemeinde der Heiligen. Erinnerungen an die Zukunft der Kirche, Gütersloh 1997. – *Nassehi, Armin:* Soziologie. Zehn einführende Vorlesungen, Wiesbaden 2008, 68–76. – *Karle, Isolde:* Kirche im Reformstress, Gütersloh 2010.

Die Sozialform der evangelischen Kirche kann in praktisch-theologischer Hinsicht zunächst als Organisation beschrieben werden, die die Praxis des Glaubens reflexiv strukturiert (↗ 2.6.1); ihr Bezug zur gesellschaftlich verbreiteten Religionspraxis kennzeichnet sie zugleich als Institution der christlichen Freiheit (↗ 2.6.2). Die evangelische Ekklesiologie ist jedoch – angefangen bei Luther – darin einig, dass der normative Kern der Kirche in spezifisch *gemeinschaftlichen* Vollzügen besteht: Sie ist »congregatio sanctorum« (CA 7), eine liturgisch konstituierte »Gemeinde«. Dieser normative Grundzug kirchlicher Sozialität kann mit dem soziologischen Begriff der *Interaktion* verbunden werden, der die »Kommunikation unter Anwesenden« bezeichnet (a): Die evangelische Kirche realisiert sich wesentlich als eine Vielfalt religiöser Interaktion. Diese Beschreibung kann, wie in jüngster Zeit etwa M. Josuttis oder I. Karle zeigen, kritisch gegen die gesellschaftliche wie die organisatorische Prägung der Kirche gewandt werden (b); gleichwohl werden auch hier die strukturellen Rahmenbedingungen der christlichen Gemeinschaftsbildung in der Gegenwart deutlich (c).

(a) Zur Soziologie der »Interaktion«
Die systemtheoretische Soziologie hat herausgearbeitet, dass die Kommunikation unter leiblich Anwesenden, also die Interaktion[111] in der modernen Gesellschaft nur einen von verschiedenen Typen sozialer Ordnung darstellt; daneben verläuft die Kommunikation – und das dürfte auch für die religiöse Kommunikation gelten – in Organisationen, in Netzwerken und in diversen thematischen Funktionssystemen. Der Kommunikationstyp der Interaktion erscheint dabei besonders anspruchsvoll: Sobald wechselseitige Wahrnehmung etabliert ist, werden die Beteiligten sehr rasch und sehr umfassend in Anspruch genommen; zur Interaktion gehört stets »ein gewisses *impression management* in dem Sinne, dass man sich in Interaktionen präsentieren muss, und zwar unmittelbar, praktisch, unentrinnbar und ohne dass man irgend etwas zurücknehmen kann« (*Nassehi*, 70).

In der modernen, funktions- und kontextdifferenzierten Gesellschaft »ist Abwesenheit der Normalfall« (*Nassehi*, 76) – die vergleichsweise aufwändige Interaktion ist seltener geworden, erscheint jedoch auf Grund ihrer Flexibilität, ihres Tempos und ihrer Dichte in fast allen Funktionssystemen als unverzichtbar. Gesellschaftlich bedeutsam ist sie insbesondere dadurch, dass sie Personen *als Personen* sichtbar werden lässt; in der Interaktion stellen die Individuen sich – unausweichlich und zugleich beeinflussbar – so dar, »dass sie sich selbst anschlussfähig machen« (a.a.O., 75). Das interaktive, den wahrnehmbaren Körper nutzende »impression management« zielt insofern wesentlich darauf, *Authentizität* zu kommunizieren. Geht man davon aus, dass die Funktion religiöser Kommunikation in der modernen Gesellschaft als

Markierung individueller Besonderheit und biographischer Konsistenz verstanden werden kann[112], so liegt es nahe, die Interaktion, in der Personen als Personen wahrzunehmen sind, als eine der Religion besonders angemessene Kommunikationsweise zu begreifen.

Angesichts der Vielfalt und der Flüchtigkeit sozialer Kontakte in der Moderne sind Zustandekommen und erst recht regelmäßige Wiederholung von Interaktionen – also »Gemeinschaft« – an zahlreiche strukturelle Bedingungen gebunden. Dazu gehören auf Seiten der Einzelnen stabiles Interesse, Gedächtnis oder Mobilität; gesellschaftlich muss das Wissen über mögliche Interaktionstypen und ihre jeweiligen Regeln verbreitet sein. Im Einzelnen müssen Funktionssysteme und Organisationen Gelegenheiten für Interaktionen schaffen, also entsprechende zeitliche, räumliche, soziale und nicht zuletzt thematische Arrangements vorhalten. Das ›spontane‹ Entstehen dichter, gemeinschaftlicher Kommunikation und erst recht ihre thematische Nachhaltigkeit setzen ein hohes Maß an formalen und inhaltlichen Vorgaben voraus. Die oben skizzierten kirchentheoretischen Entwürfe können insofern als fortgesetzte Bemühung gelesen werden, die strukturellen Vorgaben der kirchlichen Interaktion zu bestimmen und zu sichern.

(b) Normative und kritische Akzente der kirchlichen Gemeinschaftsbildung
Die seit dem Urchristentum gängige Beschreibung der Kirche als κοινωνία oder *communio* ist von der Reformation aufgenommen und konkretisiert worden: Die Kirche konstituiert sich als regelmäßige Versammlung derer, die das Wort Gottes hören; die *congregatio sanctorum* bildet sich durch die liturgischen Vollzüge von Evangeliumspredigt und Sakrament. Diese normative Grundstruktur verbindet Luther mit der Vorstellung einer genossenschaftlichen Gemeindeverfassung: In persönlicher Verantwortung und permanenter Interaktion verständigen sich die Glaubenden nicht nur über die Ordnung ihrer Liturgie, sondern auch über Armenfürsorge, Lehrplan und das geistliche Personal. Solche Akzente zeigen die evangelische Gemeinde als eine ausgesprochen autoritätskritische Sozialform: Während Luther dies vor allem gegenüber der römisch-katholischen Hierarchie akzentuiert, entfaltet Calvin das christliche Gemeinwesen auch gegen politische Hegemonialansprüche von Magistraten oder Landesherren.

Calvin wie Luther strukturieren die evangelische Kommunikationsgemeinschaft durch normative Vorgaben, die über die unmittelbare Interaktion hinausgehen. Dazu gehört vor allem die Ordnung eines kirchenöffentlichen Amtes und seiner wissenschaftlichen Bildung; dazu gehört auch die Bindung an die biblischen sowie an liturgische und katechetische Grundtexte. Im Übrigen hat Luther jede zeitgenössische (und zukünftige) Bemühung um die intensive Interaktion »derer, die mit Ernst Christ zu sein begehren«, theologisch relativiert, insofern »ein Christ der Taufe, des Worts und Sakraments nicht bedarf als ein Christ – denn er hat schon alles –, sondern als ein Sünder«[113]: Jede religiös exklusive Gemeinschaft steht in der Gefahr, sich über die prinzipielle Labilität des eigenen Glaubensstandes hinwegzutäuschen.

Das »Gesellige« gehört auch für Schleiermacher zu den Grunddimensionen der (christlichen) Religion. Deutlicher noch als bei Luther bedingen sich hier die *Form* der religiösen Interaktion, der freie Austausch der Subjekte, und deren *Inhalt*, die unbedingte Freiheit des Glaubens. Auch bei Schleiermacher hat diese ›republikanische‹ Geselligkeit eine autoritäts-, hier vor allem staatskritische Spitze; und auch Schleiermacher legt Wert darauf, dass nicht etwa der gänzlich spontane Austausch tendenziell Gleichgesinnter, sondern die geprägten, ästhetisch anspruchsvollen Formen (und Ämter) der Liturgie den sachgemäßen Rahmen der religiösen Interaktion darstellen.

In der Reflexion auf die Sozialgestalt der Sekte, die den dichtesten Typus religiöser Interaktion in der Neuzeit bildet, erinnert Troeltsch an die gesellschaftskritische Potenz, die die christliche Religion seit ihren Anfängen auszeichnet; und bei Barth tritt die stets neue, menschlich gänzlich unverfügbare Konstitution der »Gemeinde von Brüdern« in expliziten Gegensatz zu einer auf öffentliche Wirkung bedachten Volkskirche. In diese gesellschafts- wie organisationskritische Argumentationslinie reiht sich auch *Manfred Josuttis'* Plädoyer für die »Gemeinde der Heiligen« ein, das er seit Mitte der 1990er Jahre in diversen Publikationen entfaltet hat. Die Grundlinien des Programms lassen sich in den folgenden Sätzen erkennen:

»Kirche – das ist die Gemeinde der Heiligen, in der die Wirklichkeit des Heiligen zur Wirkung gekommen ist. Im Namen Gottes sind sie getauft. Durch das Wort Gottes sind sie berufen. Aus dem Geist Gottes beziehen sie ihre Lebenskraft. [...] Ihre Zugehörigkeit zur Gemeinde realisiert sich in unterschiedlichen Formen: durch sakramentale Handlungen, durch verbale Äußerungen, durch konfessorische und diakonische Akte, sicher auch durch finanzielle Leistungen. Wesentlich und entscheidend ist, dass die Gemeinde Gottes sich nicht nach traditionellen und utopischen Modellen erbaut, dass sie nicht aus der Anwendung von psychologischen oder soziologischen oder theologischen Gesetzen lebt, sondern aus der Kraft des Evangeliums, die die Kraft Gottes ist. [...]

Die Heilsgemeinschaft des Leibes Christi ist auf den ersten Blick in das soziale Umfeld schwer einzuordnen. Sie lässt sich ja weder mit dem Establishment noch mit der Freizeitwelt identifizieren. [...] Die Macht des Heiligen, die hier wirksam wird, ist die einzig reale Alternative gegenüber allen gesellschaftlichen, staatlichen, auch klerikalen Machtansprüchen.« (*Josuttis*, Einführung, 72. 76)

Die »reale«, »wirksame« Interaktion der »Heilsgemeinschaft«, deren normatives Gewicht durch biblische wie reformatorische Assoziationen betont ist, erhält ihre Kontur durch die Abgrenzung von »Establishment« bzw. »Freizeitgesellschaft«. Josuttis zufolge existieren »innerhalb der Volkskirche drei Sozialformen ineinander und nebeneinander«: die Kirche als herrschaftliche »Organisation«, als örtliches »Milieu«, und eben als »Leib Christi« oder »Gemeinde der Heiligen«[114]. Während die Organisation mit ihren Mitgliedern indirekt, »technisch vermittelt und rational gesteuert« kommuniziert, realisiert sich das »Milieu« der Kerngemeinde in »persönlichen Kontakten, die in Einzelgesprächen und durch Gruppenbeteiligung zustande kommen«[115]. Auch diese gesellige Interaktion, die »immer exklusiven Charakter und exkommunikative Tendenzen« aufweist, ist jedoch strikt zu unterscheiden von »dem, was in der Gemeinde der Heiligen abläuft«. Deren Realität ist nicht durch menschliche Anstrengung, durch soziologische oder theologische Deduktion begründet, sondern allein durch das unverfügbare Handeln Gottes.

Immer wieder kritisiert Josuttis daher die Tendenz der organisiert- oder milieu-religiösen Sozialformen, sich selbst als Kirche Jesu Christi zu verstehen:

»Zum Volk Gottes gehört man nicht durch Selbstdefinition. [...] Dass Menschen Christ/innen sind, dass Organisationen, die sich so nennen, wirklich Kirche sind, ist keine Selbstverständlichkeit. Wenn das Bewusstsein dafür verloren gegangen ist, dass hier ein ungeheuerlicher [...] Anspruch erhoben wird, wenn man die eigene Person oder den eigenen Verein ohne Furcht und Zittern mit Gottes erwählter Gemeinde identifiziert, dann [steht] man in der Gefahr, sich selbst zu betrügen [...]«[116].

Auch *Isolde Karle* stellt in ihren neueren Publikationen die »Gemeindedistanz der Kirchenorganisation« heraus (*Karle*, 122 ff., vgl. 85 ff.); auch sie kritisiert den Planungs- und Reformeifer der Organisation und betont dagegen die »Stetigkeit von interaktiven Sozialformen, die Identifikation ermöglichen und Vertrauen zur Kirche und zu den Menschen, die sich zu ihr rechnen, entstehen lassen« (a. a. O., 124). Die regelmäßige Interaktion in der »ganz normalen Kirchengemeinde« verleiht dieser »ein eigenes Leben« (ebd.), eine eigene religiöse Würde und eine spezifische gesellschaftliche Sichtbarkeit. Für die Einzelnen wird die existenzielle Relevanz des Glaubens in den Vertrauensbeziehungen erfahrbar, die sich durch vielfältige, authentische, niedrigschwellige und zugleich nachhaltige Kommunikation in der Gemeinde bilden.

(c) Institutionelle und organisatorische Bedingungen

Von Josuttis, Karle und anderen wird die christliche Interaktion in eine kritische Distanz zu den gegenwärtigen gesellschaftlichen Verhältnissen gesetzt – sei es, dass sie als eine Art vormodernes, ja geradezu archaisches Residuum personal-verbindlicher Bezüge erscheint, sei es, dass sie als avantgardistische Vorwegnahme wahrhaft freier Intersubjektivität und gesellschaftlicher Versöhnung gilt. Gerade indem die christliche Gemeinschaft jedoch in der einen oder anderen Weise als eine Art Kontrastgesellschaft fungiert und indem sie gerade auf diese Weise an Attraktivität für Modernisierungsverlierer wie -skeptiker gewinnt, ist sie offenbar zutiefst von den Strukturen der modernen Gesellschaft geprägt.

Ungeachtet der kritischen Akzente lassen sich auch konstruktive soziale Bedingungen der christlichen Interaktion ausmachen. Um allgemein zugänglich zu sein, müssen die Grundtypen und -regeln religiöser Interaktion gesamtgesellschaftlich ebenso bekannt sein wie ihre baulichen Voraussetzungen – in Gestalt von Kirchen und Gemeindehäusern, denen öffentliches Interesse gilt. Auch die Aufgaben, die typischen Überzeugungen und eigentümlichen Lebensformen der Amtspersonen, denen die Strukturierung der gemeinschaftlichen Interaktion aufgetragen ist, bedürfen gesamtgesellschaftlicher Akzeptanz. Während Josuttis dabei die kritische Funktion der Pfarrperson betont, die als »Führer/in in verborgene und verbotene Zonen« des Lebens zu verstehen ist (Einführung, 67, vgl. 31 ff.), arbeitet Karle eine pastorale Professionalität heraus, die den Beruf mit anderen gesellschaftlichen Schlüsselberufen vergleichbar macht[117].

Auch zu den Strukturen der religiösen *Organisation* verhält sich diejenige Interaktion, welche den normativen Kern der evangelischen Kirche ausmacht, zwar zunächst dezidiert kritisch. Auch die schärfsten Kritiker konzedieren jedoch, dass eine Vernetzung und Koordination der Gemeindepraxis, dass auch finanzieller Lastenausgleich sowie eine gesamtkirchliche Ausbildung der Pfarrpersonen unerlässlich sind[118]. Dichte, Flexibilität und – nicht zuletzt – Authentizität der religiösen Interaktion sind in einer differenzierten Gesellschaft darauf angewiesen, dass die Grundaufgabe jeder Organisation, nämlich Unterschiedliches, Abwesendes mittelbar zu verknüpfen, auch von der Kirche erfüllt wird.

Die zwar lose, aber zugleich stabile Koppelung der vielfältigen religiösen Interaktion beruht in der evangelischen Kirche, wie ihre Theorie von Luther bis Huber ausweist, vor allem auf der Bereitstellung *verbindlicher Texte*. Es sind Bekenntnisse und theologische Erklärungen, Agenden und Gesangbücher und es sind schließlich, aber nicht zuletzt die biblischen Texte, denen von der evangelischen Kirchentheorie Strukturierung wie Intensivierung der Interaktion des Glaubens zugetraut wird. Die evangelische Kirche kann insofern soziologisch wie theologisch dadurch identifiziert werden, dass sie sich – als Organisation, als gesellschaftliche Institution wie als je neue Interaktion – konstitutiv auf die Heilige Schrift bezieht.

2.6.4 Inszenierung – öffentlich erkennbarer Glauben

(a) Der Zeichencharakter der Kirche

Die jüngsten Reformbemühungen messen der öffentlichen »Präsenz« der Kirche, ihrer »Erkennbarkeit« oder »Profilierung« in der gegenwärtigen Gesellschaft hohe Bedeutung zu[119]; »Leuchtfeuer« oder »Leuchttürme« sollen Orientierung über die Anliegen und Handlungsziele der evangelischen Kirche geben. Das Interesse an kirchlicher Sichtbarkeit ist dem Eindruck schwindender Relevanz, auch abnehmender öffentlicher Präsenz von Glauben und Kirche in der gegenwärtigen Mediengesellschaft geschuldet. Dass die Kirche in ihrer gesamten sozialen Gestalt, noch vor allem gezielten pastoralen, pädagogischen oder diakonischen Handeln auf das Evangelium verweist, stellt jedoch auch abgesehen von den gegenwärtigen Erfordernissen einen breiten kirchentheoretischen Konsens dar: Als Geschöpf des Wortes, als »creatura verbi« ist die vielfältig sichtbare Kirche immer auch ein Zeichen für die Wirkmacht jenes Wortes[120].

Die zeichenhafte, symbolisch verweisende Wirkung der Kirche kann in den skizzierten ekklesiologischen Ansätzen auf Gottes Handeln wie auf den menschlichen Glauben bezogen werden. Besonders Calvin versteht die strikt geordnete Lebensführung der Gemeinde als Ausdruck des erwählenden und erhaltenden Handelns Gottes selbst. Ähnlich begreift auch die römisch-katholische Ekklesiologie die sichtbare Kirche als Zeichen einer umfassenden Wirksamkeit des göttlichen Handelns: Die ›katholische‹ Weite der Organisation wie ihre hierarchische Ordnung machen die universale Dynamik einer Versöhnung zwischen verschiedenen Völkern und Kulturen wie zwischen Gott und Mensch sichtbar.

Auch Schleiermacher bestimmt die Praxis der Kirche als »Abbild und Fortsetzung« des Handelns Christi[121]; sein Augenmerk liegt jedoch eher darauf, dass die Kirche das »Gesamtleben der Gläubigen« darstellt und ihre Leitung daher die Aufgabe hat, die »Idee des Christentums [...] immer reiner zur Darstellung zu bringen«[122]: Die Gestalt der Kirche bringt – wie gebrochen auch immer – den Christusbezug des Glaubens und seine daraus resultierende Freiheit zum Ausdruck. Ähnlich argumentiert E. Lange in seinen letzten Texten zur Ökumenischen Bewegung[123]: Im Kontext der weltweiten Bemühung um Frieden soll die »konziliare« Form, in der die Kirche ihre eigenen Konflikte bearbeitet, auf die zugleich irritierende wie versöhnende Kraft des Glaubens verweisen. Besonders markant formuliert die Barmer Theologische Erklärung den Zeichencharakter oder, wie es hier heißt, das Zeugnis der Kirche, das nicht nur in ihrer »Botschaft«, sondern auch in ihrer »Ordnung« und in ihrem »Gehorsam« besteht (3. These) – wobei sich dieses Zeugnis hier weniger konstruktiv als vielmehr abgrenzend auf die gesellschaftlichen Verhältnisse bezieht.

Der praktisch-theologische Begriff der Kirche | 117

So unterschiedlich der verweisende Charakter der Kirche auch im Einzelnen bestimmt wird, so sind doch im Ganzen zwei Unterscheidungen erkennbar, die die weiteren Überlegungen strukturieren sollen. Zunächst lässt sich zwischen einer expliziten und einer eher impliziten, mitlaufenden Form der kirchlichen Zeichengebung unterscheiden: Es ist primär und jedenfalls das *gottesdienstliche* Leben der Kirche, an dem der Grund des christlichen Glaubens ebenso prägnant sichtbar wird wie die Strukturen, die sich daraus für seine Lebensführung ergeben: Der Gottesdienst ist das »darstellende Handeln« der Kirche (Schleiermacher) oder – soziologisch formuliert – die »Selbstbeschreibung des christlichen Lebens« (Chr. Dinkel)[124]; er kennzeichnet die Kirche insgesamt als eine Inszenierung des Glaubens (↗(b)).

Die Barmer Theologische Erklärung, in anderer Weise auch Lumen Gentium machen allerdings darauf aufmerksam, dass nicht nur das gottesdienstliche Leben der Kirche, sondern auch ihre rechtlich-organisatorische Ordnung, ja ihre Hierarchie zum religiösen Zeichen werden können: Die Ämterstruktur, die Formen der Entscheidungsfindung und das Finanzgebaren machen öffentlich erkennbar, wie die Kirche selbst ihren Gottesbezug wie ihre Bedeutung für den individuellen Glauben versteht (↗(c)).

Die ekklesiologische Einsicht in den zeichenhaften Charakter der kirchlichen Ordnungen entspricht einer zentralen These der systemischen Soziologie[125]: Indem Organisationen Entscheidungen vollziehen, die sich an anderen Entscheidungen orientieren und weitere Entscheidungen strukturieren, machen sie die Kommunikationsmuster des entsprechenden sozialen Bereiches beobachtbar. Indem die Kirche geordnete Ämter, kanonische Texte und Rechtsordnungen ausbildet, macht sie demnach allererst die spezifischen Formen beobachtbar, in denen sich der Glauben artikuliert.

Von hieraus wird eine zweite Unterscheidung verständlich, die die ekklesiologische Reflexion bezüglich des kirchlichen Zeichencharakters vollzieht. Zum Einen verweist die Organisationsgestalt ihrerseits auf die *gottesdienstliche* Interaktion des Glaubens; die »Organisationsordnung« der Kirche ist Ausdruck ihrer »Gottesdienstordnung« (E. Herms) – und zwar insofern, als die kirchlichen Ämter, Gebäude und Grundtexte die liturgische Interaktion allererst einer öffentlichen Beobachtung zugänglich machen, sie auf Dauer stellen und damit – systemtheoretisch gesprochen – für weitere religiöse Kommunikation anschlussfähig halten (↗(b)).

Zum Anderen verweisen die formalen Organisationsformen der Kirche jedoch indirekt, gleichsam seitenverkehrt auf die Lebensformen eines Glaubens, der sich eben nicht nur in den liturgischen, den katechetischen oder diakonischen Strukturen der Kirche vollzieht, sondern sich wesentlich im Alltag der individuellen Lebensführung zu bewähren hat. Was die Kirche in ihrem Gottesdienst wie in ihrer Organisation zur Darstellung bringt, das ist das christliche »Gesamtleben« (Schleiermacher), die vielfältige »Welt des Christentums« (E. Troeltsch), die weiter reicht als alle kirchlichen Sozialgestalten, die jedoch an diesen Sozialgestalten – gleichsam in deren Schattenwurf – zu symbolischer Darstellung kommen. Die kirchliche Organisation ist insofern auch eine Artikulation der institutionellen, immer schon gegebenen Momente des christlichen Lebens (↗(d)).

(b) Die kirchliche Inszenierung des Gottesdienstes
Dass der Gottesdienst selbst wesentlich darstellenden Charakter hat, kann und muss hier nicht weiter entfaltet werden. Die gottesdienstliche Interaktion bringt den individuellen Gottesbezug ebenso zum Ausdruck wie die Strukturen der Glaubensgemeinschaft; er markiert den Ursprung dieser Gemeinschaft im Christusgeschehen ebenso wie ihre zukünftige Vollendung im Gottesreich. Bedeutsam für das praktisch-theologische Verständnis der Kirche, wie es hier skizziert werden soll, ist vielmehr die Art und Weise, in der sich die liturgische Darstellung vollzieht: Sie kann in der gegenwärtigen Liturgik als »*Inszenierung*« bezeichnet werden [126].

In seiner theaterwissenschaftlichen wie in seiner liturgischen Verwendung verweist der Begriff zunächst darauf, dass die dramatische Darstellung einer planvollen Vorbereitung und Leitung bedarf: Es ist der Beruf des Regisseurs, es ist im kirchlichen Kontext vor allem die Tätigkeit der Pfarrerin, die durch das Verständnis des Gottesdienstes als Inszenierung in den Blick kommt (vgl. *Roth*, Theatralität, 24 ff. 137 ff.). Der szenische Charakter der liturgischen Darstellung macht sodann auf die Vielfalt ihrer Medien und Bedingungen aufmerksam: Diese Inszenierung bedarf geeigneter Räume wie definierter Rollen, sie nutzt sprachliche und musikalische Traditionen ebenso wie Bewegungs- oder Kleidungsregeln. Dazu akzentuiert die liturgische Verwendung des Inszenierungsbegriffs: Die gottesdienstliche Darstellung ist nicht auf wenige ›veranstaltende‹ Personen beschränkt, sondern lebt davon, dass die Szene auf sehr unterschiedliche Weise betreten und genutzt werden kann – durch gelegentliche wie durch regelmäßige Beteiligung, durch den Mitvollzug der liturgischen Stücke ebenso wie durch interessierte Beobachtung (vgl. *Roth*, 208 ff. 237 ff.).

Wird der Begriff stärker rezeptionsästhetisch akzentuiert [127], so verschiebt sich das Kriterium einer gelungenen liturgischen Darstellung von der »Werktreue« zu der Frage, *wie* das zugrunde liegende »Stück [...] so inszeniert wird, dass es für die Rezipienten als ›Evangelium‹ wahrgenommen werden kann« (*Roth*, 133). Dem kirchlich-organisatorischen Rahmen kommt in dieser Perspektive eine doppelte Funktion zu: Die Kodifikation grundlegender Texte, der Unterhalt von Gebäuden und die Qualifikation von Leitungspersonen bilden nicht nur den Bedingungszusammenhang, gleichsam die Bühne und das Personal der gottesdienstlichen Darstellung, sondern die Organisation der Kirche macht jene Darstellung des Glaubens für die Beteiligten wie für die interessierte Öffentlichkeit allererst *erkennbar* und anschlussfähig. Indem die Organisation Pfarr- wie Kirchenmusikerstellen besetzt, indem sie im Religionsunterricht in liturgische Grundmuster einführt – auf diese Weise werden die Eigenarten der gottesdienstlichen Inszenierung allgemein präsent gehalten, und zwar auch für diejenigen, die an konkreten Gottesdiensten nur selten oder gar nicht teilnehmen.

Der kirchlichen Organisation eignet in der öffentlichen Wahrnehmung dann ihrerseits eine symbolische, nämlich auf den Gottesdienst verweisende Dimension. Der Kontakt zur Pfarrperson verweist die Beteiligten – anlässlich eines Kasualgesprächs, einer seelsorglichen Begleitung oder eines Bildungsprozesses – stets auch auf die (mögliche) Beteiligung an einer liturgischen, pastoral inszenierten Interaktion. Ebenso bezeichnet ein kirchliches Gebäude, ein Gesangbuch oder auch ›nur‹ ein kirchliches Geläut immer auch einen gottesdienstlichen Vollzug, und zwar ganz unabhängig davon, ob man selbst sich daran interaktiv beteiligt. Ähnliches lässt sich für die Wahrnehmung des Kasual- und selbst des Stellenbesetzungsrechts sagen – auch diese Ordnungen werden nicht zuletzt daran gemessen, ob sie gottesdienstliche Vollzüge ermöglichen, erleichtern oder erschweren.

(c) Die Symbolik der kirchlichen Ordnung
Die Begegnung mit einer Pfarrperson, der Besuch eines Kirchengebäudes oder die Beteiligung an einem Gottesdienst umfassen auch insofern eine symbolische Dimension, als sie stets allgemeine Wahrnehmungsmuster abrufen: ein selbstverständliches Wissen um die ›typische‹ Pfarrerin, eine ›typische‹ Stadtkirche oder den ›normalen‹ Bestattungsgottesdienst. Gerade wenn die jeweilige Interaktion nicht den Erwartungen entspricht, wird jenes vorgängige, typologische Wissen aktualisiert, präzisiert, vielleicht auch korrigiert. In konkreten kirchlichen Interaktionen werden insofern auch immer allgemeine, übergreifende, in diesem Sinne: geordnete Strukturen der Kirche in Szene gesetzt; und es ist dann möglich, diese allgemeinen Strukturen daraufhin zu befragen, *was* in ihnen inszeniert wird. Drei symbolische Aspekte der kirchlichen Ordnung seien hervorgehoben.
– Jede Begegnung mit einer Person, einem Gebäude, auch einem Ritual, das für die Kirche steht, macht diese in einer Dialektik von *Vielfalt und Einheit*, von situationsgebundener Besonderheit und übergreifendem Zusammenhang anschaulich. So ist ein kirchliches Gebäude stets von lokalen, auch lokalgeschichtlichen Verhältnissen geprägt – und inszeniert doch zugleich eine Kirche, die mit vergleichbaren Gebäuden auch an anderen Orten präsent ist. Ebenso symbolisiert jede Pastorin, jeder Diakon,

jede Küsterin die Präsenz einer Kirche, die sich auf die sozialen Verhältnisse ›vor Ort‹ einlässt, deren Ämterordnung aber auf eine ganze Region, ja auf eine ganze Gesellschaft ausgerichtet ist und entsprechende öffentliche Aufmerksamkeit fordert. Auf dieser Linie fordert Schleiermacher vom übergemeindlichen »Kirchenregiment« einerseits, die religiöse Vielfalt vor Ort zu fördern, das Christentum jedoch andererseits als eine inhaltlich spezifische, gegenüber dem Staat selbständige Größe erkennbar zu machen.

– Die kirchlichen Amts- oder Berufsrollen, auch die Agenden und Bekenntnisse der kirchlichen Organisation verweisen stets auf eine lange *Tradition;* sie inszenieren dezidiert vormoderne Lebensmuster, ja archaische Bedeutungszusammenhänge und unterbrechen auf diese Weise die alltägliche Wahrnehmungsroutine. Zugleich bilden die kirchlichen Ritual-, Raum- und Rollenstrukturen aber offenbar einen Rahmen für die Inszenierung gegenwärtiger Lebenserfahrung, sei es in Seelsorge und Unterricht, sei es in der Professionalität des pastoralen Berufs. Die kirchliche Organisation, die sich hier öffentlich in Szene setzt, steht quer zu vielen gesellschaftlichen Kommunikationsmustern – ohne doch den Kontakt mit ihnen zu verlieren.

– Schließlich zeichnen sich die kirchlichen Ordnungen dadurch aus, dass sie immer wieder die Unverfügbarkeit, die prinzipielle *Nicht-Organisierbarkeit* der genuin religiösen Vollzüge markieren. So legt etwa besonders die reformierte Tradition großen Wert darauf, kirchliche Lehr- wie Strukturentscheidungen nicht durch Einzelne, auch nicht durch einzelne Amtsträger treffen zu lassen, sondern durch synodale Versammlungen. Eine markante Selbstbegrenzung von Entscheidungskompetenz findet sich auch dort, wo die Kirchenverfassungen die Unabhängigkeit der pastoralen Lehre gegenüber allen gesamtkirchlich-organisatorischen Vorgaben betonen oder umgekehrt, wo das pastorale Recht einer Taufverweigerung dadurch relativiert ist, dass gegen eine solche Entscheidung Einspruch eingelegt werden kann.

In solchen Formen symbolisiert die kirchliche Ordnung nicht weniger als die reformatorische Einsicht, dass der Glauben nicht durch menschliche Praxis, sondern allein »ubi et quando visum est Deo« zustande kommt (CA 5) und dass auch die Verständigung über die religiösen Grundlagen der Kirche »sine vi humana sed verbo« erfolgen muss (CA 28). Nicht allein die gottesdienstliche Ordnung, sondern ebenso die Organisationsordnung der Kirche mit ihren Entscheidungsebenen, -regeln und -kompetenzen trägt dazu bei, die Eigenart des christlichen Glaubens selbst für alle Beteiligten erkennbar zu machen.

(d) Die kirchliche Inszenierung des christlichen Lebens
Die kirchliche Organisation macht die Eigenart des Glaubens nicht nur dadurch erkennbar, dass sie den Raum für das individuelle Bekenntnis wie für die liturgische Interaktion sorgfältig ausspart – also gleichsam negativ. Sondern indem sie der religiösen Interaktion bestimmte Formen zur Verfügung stellt, ermöglicht sie es auch, die Lebensführung der Christen positiv zu artikulieren. Diese These sei an vier Beispielen entfaltet.

Zu den wichtigsten Formen, in denen sich das religiöse Leben der Gesellschaft auch in der Gegenwart artikuliert, gehören die großen Feste, wie Weihnachten, Ostern, auch Silvester. Wie die Einzelnen diese Feste begehen, wird schon längst nicht mehr durch kirchliche (Lebens-) Ordnungen bestimmt, sondern durch allgemeine kulturelle und ökonomische Umstände sowie durch individuell-biographische und familiäre Umstände. Gleichwohl markieren die Gebäude und die Veranstaltungen der Kirche doch eine bestimmte Form der Festreligion – nämlich deren *Unterbrechung*. Wer in einer Kirche zur Ruhe, wer in einem Gottesdienst zur Besinnung kommt (oder kommen möchte), nutzt die Ordnungen der Organisation, um sich dezidiert von den Verhältnissen zu distanzieren.

Weitergehend, aber ebenso offen stellen sich die Artikulationsmöglichkeiten in seelsorglichen Situationen dar, etwa im Krankenhaus. Die gesprächsweisen, ggfs. auch liturgischen Interaktionen, die seitens der kirchlichen Seelsorgerin offeriert werden, stellen den Einzelnen Bilder, Redeformen, erinnerbare Szenen zur Verfügung, die den Kontakt zur eigenen Seele erleichtern und die es erlauben, die je eigenen Überzeugungen und Leitvorstellungen zu artikulieren. Das seelsorgliche Angebot der Kirche inszeniert auf diese Weise, durchaus öffentlichkeitswirksam, die unhintergehbar persönliche Verfassung des Glaubens, es verweist auf die *Authentizität* der christlichen Lebensführung.

Alltagsdistanz und Authentizität der religiösen Kommunikation realisieren sich auch etwa im Kontakt mit einem kirchlichen Gebäude[128]. Eine (offene) Kirche stellt mannigfache Möglichkeiten zur Verfügung, den je eigenen Glauben, wie indirekt und flüchtig auch immer zu artikulieren – von der Besichtigung über das Anzünden einer Kerze bis zum Gebet. Der Kontakt mit den kirchlichen Raumgestalten erlaubt zugleich den (möglichen) Kontakt mit einer ganz anderen, jenseitigen Wirklichkeit. Das Kirchengebäude setzt eine *Transzendenz* in Szene, der sich jede und jeder in eigener Weise nähern und aussetzen, aber auch auf Abstand halten kann. Und dort, wo ein Kirchengebäude von Einsturz und Abriss bedroht ist, wird vollends unübersehbar, dass hier »Zugänge zu räumlichen Gotteserfahrungen« auch für diejenigen eröffnet werden, die sich an kirchlichen Interaktionen kaum oder nie beteiligen[129].

Schließlich sei auf eine sehr indirekte Form hingewiesen, eine christlich geprägte Lebensführung mittels der kirchlichen Organisation zum Ausdruck zu bringen, nämlich auf deren regelmäßige *Finanzierung*. So lässt sich das Interesse an besonderen Projekten inzwischen vielfältig: über Spenden, Fördervereine oder Stiftungen zum Ausdruck bringen. Eine symbolische Dimension dürfte jedoch auch die Kirchensteuer enthalten, die für einen nicht geringen Teil der Mitglieder den einzigen Kontakt zur sichtbaren Kirche darstellt. Die formale, ›nur‹ finanziell realisierte Kirchensteuer mag für einen unthematischen Horizont der Lebensführung, eine religiöse »Hintergrundserfüllung« (A. Gehlen) stehen; jedenfalls bringt sie das Interesse an der (weiteren) organisatorischen Existenz der Kirche, an ihrer gesellschaftlichen Präsenz und allgemeinen Zugänglichkeit zum Ausdruck (↗ 4.1.5. (d)). Mit dem System der Kirchensteuer wird insofern nicht weniger als die öffentliche Dimension des Glaubens inszeniert.

Die angeführten Beispiele lassen ein charakteristisches Zusammenspiel unterschiedlicher Dimensionen der erfahrbaren Kirche erkennen. Die vielfältigen, oft unausdrücklichen religiösen Lebensformen zeigen sich – für sich selbst und für andere – dadurch als christlich geprägt, dass sie zu den geprägten Formen des Christentums in Kontakt treten. Diese gelegentlichen, oft unauffälligen Interaktionen nutzen gesellschaftlich verbreitete Kommunikationsmuster, etwa die Festkultur, ein breites seelsorgliches Angebot oder die staatlich geordnete Steuerpflicht. Es ist jedoch die kirchliche Organisation, die diese institutionelle Religion allererst im Einzelnen erkennbar, artikulations- und anschlussfähig macht. Das christliche Leben wird im Kontext vielfältiger Ordnungsvorgaben inszeniert – jedoch so, dass diese Vorgaben auf je individuelle Weise angeeignet und überschritten werden. Auch diese einmaligen, flüchtigen Inszenierungen des Glaubens sind praktisch-theologisch zur Gestalt der Kirche zu rechnen.

(e)   Resümee: Die Reflexivität der evangelischen Kirche
Eine letzte Überlegung soll noch einmal der Verfassung der Kirche im Ganzen und damit der Struktur des praktisch-theologischen Kirchenbegriffs gelten. Die historisch-systematischen Skizzen dieses Kapitels haben gezeigt, dass die evangelische Kirche prinzipiell und grundlegend als *Organisation* beschrieben werden kann: als ein Zusammenhang von aufeinander bezogenen Entscheidungen, der eine vielfältige religiöse Praxis zu koordinieren und in ihrer – gerade nicht entscheidungsförmigen – Eigenart sichtbar zu machen vermag. Die Inszenierungsleistung der Organisation bezieht sich also nicht zuletzt auf die informellen Aspekte des kirchlichen Lebens, auf das religiöse ›Jenseits‹ der Organisation, das freilich erst im Gegenüber zu dieser Organisation, gleichsam als deren Schatten zu beobachten ist.

Die evangelische Kirche ist insofern als sichtbare, soziale Größe *mehrschichtig verfasst* – ohne dass die unsichtbare Kirche, die Kirche aus der Sicht

Gottes exklusiv mit einer dieser Dimensionen zu identifizieren wäre. Die kirchliche Mehrschichtigkeit ist nicht statisch zu verstehen, sondern unterliegt einer komplexen Dynamik. So bildet die Kirche ein Geflecht von religiösen, oft liturgisch verfassten *Interaktionen*, die sich freilich erst im Rahmen der Organisation als kirchliche (gemeindliche) Interaktionen verstehen und fokussieren können. Die kritische Absetzung von Gruppen und Gemeinschaften gegenüber der Organisation, wie sie praktisch und – etwa bei Chr. Möller oder M. Josuttis – auch theoretisch verbreitet ist, gehört dann zu einer dialektischen Bewegung wechselseitiger Klärung und Anregung.

Als Organisation wie als Interaktion bezieht sich die evangelische Kirche sodann auf allgemein gesellschaftliche, auf kulturelle wie auf individuelle Vorgaben, die für sie unhintergehbar sind. Begreift sich die kirchliche Organisation als ›Volkskirche‹, als verantwortlich auch für diese *institutionellen* Sedimente des christlichen Glaubens, dann wird sie sich in ihren normativen Ansprüchen immer neu begrenzen – und sich zugleich für die gelegentliche, unverfügbare Artikulation jener institutionellen Religion öffnen.

Versucht man die hier nochmals skizzierte Dynamik ihrerseits auf den Begriff zu bringen, so bieten sich – unter Rekurs auf die obigen Überlegungen zur Inszenierung – die Begriffe *Selbstbeobachtung* oder Reflexivität an: Indem die Organisation den religiösen Interaktionen Strukturangebote macht, können diese auf sich selbst als kirchliche Gemeinschaft, ja als »Selbstbeschreibung des christlichen Lebens«[130] reflektieren; und indem die Organisation das institutionelle Christentum zur Darstellung bringt, kann dieses sich ebenfalls selbst beobachten als eine vom (explizit) kirchlichen Christentum unterschiedene Form des religiösen Lebens. Die Organisation selbst vermag sich schließlich dadurch zu verändern, dass sie ihre eigenen Entscheidungen und Entscheidungsmuster beobachtet und sich dabei in ein reflektiertes Verhältnis zu den Interaktionen und Institutionen setzt, die die Kirche jedenfalls auch, aber eben anders darstellen.

Lässt sich die dynamische Mehrschichtigkeit der Kirche als ein Verhältnis wechselseitiger Beobachtung und Selbstbeobachtung begreifen, muss die evangelische Kirche also wesentlich als eine *reflexive Sozialität* verstanden werden – dann kommt ihrer theoretischen Selbstbeobachtung eine Schlüsselstellung zu. Nur eine realistische Reflexion aus der Perspektive des christlichen Glaubens selbst, also eine *theologische* Selbstbeschreibung erlaubt es der kirchlichen Organisation, sich so zu steuern, dass der christliche Glauben (für sich und andere) prägnant erkennbar und sozial anschlussfähig bleibt. Eine praktisch-theologische Kirchentheorie, die ekklesiologische Einsichten ebenso in sich aufnimmt wie eine Beobachtung der faktischen Verhältnisse, bildet für die sachgemäße Gestalt der evangelischen Kirche daher ein integrales Element[131].

Kapitel 3 – Historische Organisationstypen

Das folgende Kapitel betrachtet die Organisation der deutschen evangelischen Großkirchen in historischer Perspektive. Es konzentriert sich auf die strukturellen Aspekte der Kirchengeschichte, nimmt das kirchliche Leben also im Blick auf die faktisch verbreiteten Regeln der Organisationsgestaltung in den Blick. Theoretische Programme oder Leitvorstellungen werden nur insofern thematisch, als sie solche Organisationsregeln zum Ausdruck bringen bzw. erkennbar prägen.

Eine solche strukturhistorische Perspektive kann für jede einzelne Dimension kirchlicher Organisation durchgeführt werden, um die gegenwärtigen Verhältnisse genetisch zu verstehen. Allerdings lässt sich in den verschiedenen Dimensionen doch der Einfluss der jeweils gleichen organisationsgeschichtlichen Epochen erkennen: Sowohl die Mitgliedschaftsverhältnisse wie die Institution des Kirchenvorstandes oder auch das pastorale Amt sind von bestimmten *Grundtypen* geprägt, die sich in der Gegenwart überlagern, aber auf je eigentümliche historische Wurzeln verweisen. Vor allem der parochiale und der vereinsförmige Strukturtyp beeinflussen das kirchliche Leben auf je spezifische, oft konkurrierende Weise. Die folgende Darstellung gibt einen historischen Längsschnitt einiger Organisationstypen, um die komplexe, mitunter verwirrende Prägung der gegenwärtigen Verhältnisse durchschaubar zu machen.

Die Strukturtypen kirchlicher Organisation, die die Gegenwart besonders nachhaltig prägen, sind dadurch gekennzeichnet, dass sie verschiedene Dimensionen zu einer in sich stimmigen Gestalt verknüpfen, beispielsweise der mittelalterlichen Parochie, oder der christlichen »Dienstgruppe«, die die Reformen der 1960er Jahre inspiriert hat. Um diese typischen Gestalten herauszuarbeiten, werden in den folgenden Abschnitten zunächst die *historischen Hintergründe* skizziert, gelegentlich unterschieden nach sozialen oder politischen Kontexten einerseits und innerkirchlichen Entwicklungen andererseits. Sodann wird der entsprechende Organisationstyp an einem ausgewählten *zeitgenössischen Entwurf* anschaulich gemacht. Ausgewählt wurden dafür nicht theoretisch avancierte Kirchentheorien, wie sie in der dogmatischen Perspektivierung des 2. Kapitels erscheinen, sondern praktisch wirksame Entwürfe, die die zeitgenössische Organisation erkennbar beeinflusst haben und die – idealtypisch skizziert – bis heute wirken. Schließlich wird eine praktisch-theologische *Beurteilung* umrissen: Inwiefern bewahrt der Typos wesentliche, für die Kommunikation des Evangeliums in der Gegenwart unabdingbare Strukturmomente, und wo liegen seine – empirischen und theologischen – Grenzen? Die historisch-typologische Analyse zielt darauf, mit der geschichtlich gewachsenen, von konkurrierenden Leitvorstellungen geprägten Wirklichkeit des kirchlichen Lebens theologisch verantwortlich umzugehen.

3.1 Parochie

Literatur: *Rendtorff, Trutz:* Die soziale Struktur der Gemeinde. Die kirchlichen Lebensformen im gesellschaftlichen Wandel der Gegenwart. Eine kirchensoziologische Untersuchung, Hamburg 1958. – *Holtz, Gottfried:* Die Parochie. Geschichte und Problematik, Gütersloh 1967. – *Jetter, Werner:* Die Chancen der Ortsgemeinde, in: WPKG 66 (1977), 2–18. – *Sperling, Eberhard:* Ist das Parochialprinzip noch zeitgemäß?, in: Verwaltungsarchiv 1994, 380–398. – *Lehmann, Maren* (Hg.): Parochie. Chancen und Risiken der Ortsgemeinde, Leipzig 2002. – *Pohl-Patalong, Uta:* Ortsgemeinde und übergemeindliche Arbeit im Konflikt. Eine Analyse der Argumentationen und ein alternatives Modell, Göttingen 2003.

Zu den ältesten Strukturmerkmalen der Kirche gehört – neben dem Amt eines leitenden Geistlichen und bestimmten gottesdienstlichen Ordnungen – die Gliederung in örtliche Gemeinden. Dabei wird die organisatorische Gestalt der (großkirchlichen) Gemeinden bis in die Gegenwart vor allem durch den Bezug auf ein präzise begrenztes Territorium bestimmt. Dieses Prinzip geht auf das frühmittelalterliche Parochialsystem zurück, dessen Elemente in den Verfassungen der evangelischen Landeskirchen bis heute deutlich zu erkennen sind. So heißt es in der Hannoverschen Kirchenverfassung:

»Die Kirchengemeinde umfasst die in einem örtlich begrenzten Bezirk innerhalb der Landeskirche wohnenden, unter einem Pfarramt vereinigten Kirchenglieder [...].«[1]

Die parochiale Verfassung der Kirchengemeinde oder Pfarrei dient der »Erfassung der Gemeindeglieder in den evangelischen Landeskirchen und den katholischen Bistümern« (*Sperling*, 382); zugleich ordnet sie die amtliche Zuständigkeit der Pfarrerinnen und Pfarrer. Die historische Rekonstruktion der wesentlich territorial strukturierten Rechtsbeziehungen zwischen Mitgliedern und Amtsträger/innen (↗3.1.1) erlaubt die Skizze eines Strukturmodells und dessen gegenwärtiger Bedeutung (↗3.1.2) sowie eine praktisch-theologische Würdigung (↗3.1.3).

3.1.1 Die Entwicklung der mittelalterlichen Parochie

Das griechische Wort »paroikia« hat im kirchlichen Sprachgebrauch einen bemerkenswerten Bedeutungswandel durchgemacht (vgl. *Holtz*, 4f.). Als Selbstbezeichnung der frühen Christen (1 Ptr 1,17 und 2,11; Eph 2,19; 2 Clem 5,1) markiert es – in Anknüpfung an Israel in Ägypten oder an Abraham (vgl. Gen 12,10 u. ö.; Ps 38,13; Hebr 11,9) – die Fremdheit der nur vorübergehend Eingewanderten, die ohne Bürgerrecht ›ansässig‹ sind. »Die neutestamentliche Parochie ist die örtliche Gemeinschaft der Gläubigen in der Zerstreuung« (*Holtz*, 4) – nämlich in der heidnischen Umgebung wie auch, grundsätzlicher, im vergehenden Äon. ›Paroikia‹ markiert also das eschatologische Bewusstsein der ersten Christen; der kommunitäre Beiklang ermöglicht es aber offenbar auch, das Wort – seit der Mitte des 2. Jahrhunderts – als Bezeichnung der örtlichen Einzelgemeinde zu verwenden. – Im Lateinischen wird unter »paroecia« zunächst der bischöflich geleitete Gemeindeverband verstanden; ab dem 5. Jahrhundert überwiegt aber wiederum der lokale Bezug, vor allem für Landgemeinden. Eine territorial begrenzende Bedeutung erhält »paroecia« (davon deutsch: Pfarre, Pfarrei, dann auch Pfarrer) jedoch erst allmählich; definitiv wird auf dem Tridentinum in diesem Sinne zwischen »dioecia« und »paroecia« unterschieden.

In der Sprachgeschichte spiegeln sich die strukturellen Entwicklungen[2], und zwar vor allem in ländlichen Gebieten. Die dort ansässigen Christen müssen sich, je stärker der monarchische Episkopat dominiert, zunächst an den bischöflichen Gottesdienst in der jeweiligen Stadt halten. Erst allmählich, vor allem nach der Etablierung der »Reichskirche« im 4. Jahrhundert, bilden sich eigenständige ländliche Christengemeinschaften, die von – durch den Bischof entsandten – Presbytern geleitet werden. In regional ganz unterschiedlicher Weise wächst nach und nach die Selbständigkeit dieser »Parochien« – dokumentiert in der Errichtung eigener Kirchengebäude, in denen regelmäßig Eucharistie gefeiert, in denen dann auch gepredigt und bestattet wird und die schließlich auch das Taufrecht erhalten.

Auf diese Weise entsteht im Westen des römischen Reiches ein immer dichteres System territorial-kirchlicher Versorgung, das nicht allein kultischen und katechetischen Zwecken dient, sondern auch der Aufrechterhaltung der *öffentlichen Ordnung*. In der christlichen Parochie verbinden sich seit dem 4. Jahrhundert religiös *und* politisch lückenlose Verwaltungsstrukturen; sie dient der inneren und äußeren Herrschaft der städtischen Eliten über die ländliche Bevölkerung.

Zur Herrschaftsfunktion der parochialen Struktur kommt im merowingischen und karolingischen Reich, seit dem 7. Jahrhundert, ihre finanzielle Bedeutung. Da sowohl der Reichskirche als auch dem Kaiser die Mittel fehlen, um die Christianisierung der Germanen durch Kirchengründung und Pfarrer vor Ort zu stabilisieren, gewinnen die sog. »Eigenkirchen« Gewicht. Sie werden von lokalen Grundherren errichtet, unterhalten und (nicht zuletzt personell) kontrolliert. Der Finanzierung von Gebäuden, Gottesdienst und Pfarrpersonal dient der Zehnte, dessen Erhebung daher seit etwa 750 systematisiert und reichsrechtlich legitimiert wird. Im Gefolge der Anlegung von Zehntregistern wird nun die territoriale Gliederung der Parochie präzisiert; um 810 dekretiert Karl der Große, »ut terminum habeat unaquaeque aecclesia, de quibus villis decimas recipiat«[3].

Spätestens seit dem 9. Jahrhundert sind die christianisierten Bewohner der germanischen Großreiche damit einem »Pfarrbann« oder »Pfarrzwang« unterworfen: Für alle gottesdienstlichen Handlungen, von der Taufe über die – einmal pro Jahr verpflichtende – Beichte und Messfeier, die Trauung bis zur Bestattung sind die Pfarrkinder ausschließlich an ihren Pfarrer gebunden. Ihm (bzw. der Pfarrkirche) schulden sie neben dem Zehnten auch die bei Amtshandlungen fälligen »Stolgebühren«. Umgekehrt sind Ortsfremde von der Messe, erst recht von anderen Sakramenten strikt ausgeschlossen. »Entscheidend bleibt das Taufrecht« (*Holtz*, 13), mit dem der Parochus über den individuellen Zugang zu den kirchlichen und staatlichen Bürgerrechten bestimmt. Zwar ist der Pfarrer dem Bischof verantwortlich; insofern seine Parochialkirche aber meist einem Grundherrn eignet, ist die (ländliche) Parochie gegenüber der Diözese – weniger gegenüber den weltlichen Herrschern – einigermaßen unabhängig.

Auch wenn die rechtlichen Verhältnisse sich in der Praxis – durch subalterne Vikariate, Differenzierung der Abgabepflichten oder durch Verpfändung und Inkorporation von Pfarreien – erheblich komplizierter darstellen, so ist doch das – im 13. Jahrhundert kodifizierte – mittelalterliche Parochialsystem von schlichter Klarheit: Mit der Einheit von territorialer, rechtlicher, finanzieller, religiöser und persönlicher Bindung an die Parochie hat das mittelalterliche Kirchentum ein System der geistlichen und weltlichen Verwaltung geschaffen, das nicht autorisierte Kleriker ausschließen, Kirchengebäude und ihr Personal wirtschaftlich sichern, vor allem aber die religiöse Grundbildung wie die sittliche und (erb-) rechtliche Kontrolle über die Bevölkerung sicherstellen soll.

In der Stadt dauert die Durchsetzung dieses Parochialsystems länger, oft bis zum Tridentinum. Die bestimmende Instanz bleibt hier der Bischof, der das Taufrecht, oft auch das Recht der eucharistischen Wandlung für sich reserviert. Nur die Predigt und die Beichte in den verschiedenen Stadtkirchen, sodann die diakonischen Aufgaben, sind an Presbyter delegiert, die mit dem Bischof oft in einer – dem Mönchstum entlehnten – »vita canonica« zusammenleben. Die Zuordnung der Christen zu einer bestimmten Kirche erfolgt hier weniger nach territorialen Prinzipien als auf Grund ständischer, ethnischer oder familiärer Tradition. Seit dem 12. Jahrhundert erschweren auch die Aktivitäten der Bettelorden, besonders der Franziskaner und der Dominikaner, die die religiösen und intellektuellen Ansprüche der städtischen Bevölkerung eher befriedigen können, eine Etablierung von parochialen Strukturen (vgl. *Pohl-Patalong*, 77 ff.).

Erst die Reformation, die sich in den Städten und nicht selten durch Ordenskleriker durchsetzt und insofern von den ›Lücken‹ des Parochialsystems profitiert, nötigt die römische Kirche endgültig zur Verabsolutierung der Leitungsgewalt der lokalen Bischöfe sowie zu einer konsequenten Aufgliederung ihrer Diözesen »in certas propriasque parochias pro tutiori animarum salute«[4].

Auch in den reformatorischen Kirchengebieten des 16. Jahrhunderts wird das Parochialsystem beibehalten. Das hat nicht nur *politische* Gründe, insofern auch und gerade eine evangelische Obrigkeit an der religiösen Fundierung der öffentlichen Ordnung sowie an der sittlichen Aufsicht über ihre Untertanen interessiert sein muss. Sondern die bleibend vertikale Organisation des kirchlichen Lebens hat auch Anhalt an Luthers *theologischem* Verständnis der Gemeinde, insofern für diese die inhaltliche Klarheit der Evangeliumspredigt konstitutiv ist (↗2.1.1). Damit wächst dem örtlichen Geistlichen, nun als Prediger und Lehrer, wiederum eine zentrale Stellung zu; seine Rechte und Pflichten werden weiterhin strikt territorial definiert.

Auch im Blick auf die einzelnen Christen legt die Bedeutung kirchlicher Lehre bestimmte Sicherungsmaßnahmen nahe, etwa die Einführung eines regelmäßigen Katechismusverhörs, in dem der individuelle Glauben wiederum ›von oben‹, vom Pfarrer geprüft wird. Nicht zuletzt führt die Auseinandersetzung mit den schwärmerischen Gruppen dazu, dass Luther gegenüber selbständigen, nicht ortsgebundenen Gemeindeformen äußerst skeptisch bleibt.

Im Bereich des Luthertums bleibt das hergebrachte System des parochialen Territoriums, Pfarrers und Pfarrzwangs daher eine fundamentale Struktur. Und auch wenn die *reformierten* Kirchen eine stärker genossenschaftliche Organisation ausbilden, wird die territorial definierte Bindung der Einzelnen an die Gemeindeleitung dort ebenso wenig in Frage gestellt. Erst im Zeitalter der Aufklärung, im Kontext der sozialen und politischen Veränderungen des 18. Jahrhunderts wird der Pfarrzwang – und damit ein wesentliches Element des herkömmlichen Parochialrechts – mehr und mehr aufgehoben: Die kirchliche Bindung wird persönlicher aufgefasst und stärker (wenn auch keineswegs ausschließlich) der individuellen Entscheidung überantwortet. Gleichwohl prägt das Parochialsystem kirchliches Leben und Handeln bis heute.

3.1.2 Das Parochialsystem und seine gegenwärtige Bedeutung

Das parochiale Prinzip kirchlicher Organisation, wie es sich im europäischen Mittelalter herausgebildet hat, lässt sich als ein System von sechs ineinander greifenden Strukturelementen schematisieren:
- *Territorialprinzip:* lückenlose Einteilung einer kirchlichen Region in genau abgegrenzte Wohngebiete als Bezugsgrößen kirchlichen Handelns;
- *Ortskirche:* Unterhalt eines zentralen Kirchgebäudes, in dem Gottesdienste gefeiert und die Sakramente gespendet werden;
- *Ortspfarrer:* Entsendung eines Geistlichen, dem die »cura animarum«: die sakramental-rituelle, seelsorgliche und katechetische Versorgung aller Anwohner exklusiv anvertraut ist und der daher das alleinige Tauf- und Kanzelrecht hat;
- *Kindertaufe:* selbstverständliche, voraussetzungslose Aufnahme aller Bewohner des Territoriums in einen kirchlichen Verband, der zugleich den staatsrechtlichen Verband repräsentiert;
- *Pfarrzwang:* Verpflichtung aller Getauften, sämtliche religiös-rituellen Ansprüche ausschließlich an den Ortspfarrer zu richten und dazu ihn wie die Pfarrkirche und deren Eigentümer materiell zu unterstützen;
- *Diözesanrecht:* Absicherung dieses Systems durch eine überörtliche Autorisierung seitens des staatlichen und kirchlichen Rechts, durch Weihe von Ortskirchen und bischöfliche Sendung des Ortspfarrers.

Dieses Strukturmodell lebt offenbar von heute nicht mehr gegebenen Voraussetzungen: von der engen Verflechtung politischer und religiös-kirchlicher Herrschaft, von der Immobilität einer Bevölkerung, die sämtliche ökonomischen, sozialen und religiösen Bedürfnisse am Wohnort decken muss, und kirchlicherseits von der Vorstellung einer wesentlich passiven Mitgliedschaft, die seitens der Organisation vor allem ›versorgt‹ und daher ›erfasst‹ werden muss.

Da solche und andere Voraussetzungen nicht mehr gegeben sind, ist die heutige Ortsgemeinde jedenfalls *nicht* mit dem skizzierten Parochialsystem gleichzusetzen – nicht immer wird dies in den Diskussionen zur Kirchenreform ausreichend bedacht. Der gegenwärtigen Rechtsform der Orts- oder Kirchengemeinde *fehlt* einerseits vor allem das Element des Pfarrzwangs: Die Bindungen der Mitglieder sind seit der Aufklärung weder prinzipiell noch im Einzelfall auf die Ortsgemeinde beschränkt[5]. Andererseits umfasst die Ortsgemeinde erheblich *mehr* konstitutive Elemente, vor allem das Recht der Mitglieder zur Beteiligung an Gemeindearbeit und -leitung und die Ergänzung des Ortspfarramtes durch weitere Berufe und (auch ehrenamtliche) Dienste. Überhaupt ist die Vorstellung der Gemeinde als einer personalen Gemeinschaft, wie sie vielen Kirchenverfassungen zu Grunde liegt, *kein* genuines Element des parochialen Organisationstyps, sondern wird strukturell erst im 19. Jahrhundert aufgenommen (↗ 3.3).

Auch wenn das ›reine‹ Parochialsystem nicht mehr existiert, so steht es doch hinter einer ganzen Reihe von gegenwärtigen Struktureigentümlichkeiten der evangelischen Landeskirchen (a). Dazu prägt jenes System nach wie vor die Wahrnehmung der Großkirchen seitens ihrer Mitglieder und seitens der Öffentlichkeit (b).

(a) Durch das Erbe des parochialen Systems sind wesentliche kirchliche Rechtsverhältnisse bestimmt. Dazu gehört die administrative »Erfassung« der Mitglieder nach ihrem Wohnsitz: Ihr Wahlrecht und meistens auch ihre steuerlichen Pflichten sind an die Ortsgemeinde gebunden, wenn die Mitglieder nicht anders optieren. Auch die finanzielle Ausstattung der Gemeinden bemisst sich wesentlich nach der Zahl ihrer Glieder, oft auch der lokalen Predigtstätten.

Bemerkenswert sind weiterhin die pastoralen Anstellungsverhältnisse: Die Pfarrerin ist regelmäßig einer (oder mehreren) Gemeinde(n) zugewiesen; sie wird jedoch von der Landeskirche installiert, dienstrechtlich beaufsichtigt – und auch besoldet. In dieser Hinsicht wird die Kirchengemeinde nach wie vor gerade nicht als selbständige Einheit, sondern als kirchliche Substruktur behandelt. In der Ortsgemeinde steht dem Pfarrer – ausdrücklich in inhaltlicher Unabhängigkeit – das Kanzelrecht, die alleinige Verwaltung der Sakramente wie der Kasualien und auch des Kirchengebäudes zu[6]. Dabei ist er zur Verkündigung, zu Seelsorge und Unterricht an *allen* Gliedern der Ortsgemeinde verpflichtet.

(b) Auch von außen wird die kirchliche Organisation wesentlich lokal wahrgenommen. Für die Einzelnen ist es die Ortskirche, an der sie ihre kirchliche Bindung sowohl biographisch als auch aktuell festmachen: Vor allem das Kirchengebäude und die Pfarrperson repräsentieren das – immer noch weithin durch die Kindertaufe vorgegebene – Verhältnis der Mitglieder zur Kirche im Ganzen. Und wenn ausgetretene oder immer schon konfessionslose Menschen von der lokalen Pfarrerin gleichwohl Kasualhandlungen oder seelsorgliche Begleitung erwarten, dann spiegelt sich darin ebenfalls das Erbe parochialer Allzuständigkeit.

Auch das gesellschaftsöffentliche Profil des kirchlichen Lebens ist nicht zuletzt parochial strukturiert. Regelmäßig, auch in den entkirchlichten Gegenden Ostdeutschlands, repräsentiert das Kirchengebäude die Identität und die Integrität eines Ortes[7]. Und ebenso regelmäßig wird die Pfarrerin als öffentliche Repräsentantin der Kirche – und zugleich als eine Repräsentantin des lokalen Gemeinwohls – in Anspruch genommen. Ortskirche und -pfarrer stehen nach wie vor für eine selbstverständliche, immer schon vorgegebene Präsenz der christlichen Religion ›vor Ort‹; es sind die parochialen Strukturen, in denen sich die *institutionelle* Dimension der Kirche wesentlich manifestiert.

3.1.3 Praktisch-theologische Würdigung

Die starke Prägung des kirchlichen Handelns durch das parochiale Erbe wird nicht selten kritisch gesehen. So scheint der Blick für die Bedeutung anderer Organisationsformen, auch anderer Wahrnehmungen von »Kirche« durch Mitglieder wie Nichtmitglieder getrübt: »Nichtparochiale Organisationsprinzipien«[8] erhalten innerkirchlich viel weniger finanzielle und politische Unterstützung als die Belange der Kirchen- oder Ortsgemeinden.

Auch innerhalb der Ortsgemeinden selbst führt das parochiale Muster zu erheblichen Wahrnehmungs- und Handlungsproblemen. Der Anspruch an die Kirche und vor allem an ihre Pfarrpersonen, sie seien prinzipiell für alle religiösen, ethischen und kulturellen Belange des Ortes wie aller seiner Bewohner (mit) zuständig, muss bei den Betroffenen zu einer strukturellen Überforderung führen[9]. Auch die Kooperation verschiedener Berufstätiger, erst recht mehrerer Pfarrpersonen in einer Ortsgemeinde wird durch das mentale Erbe des parochialen Einheitssystems erschwert.

Gleichwohl ist schließlich, aber nicht zuletzt der theologische Sinn parochial geprägter Struktur- und Wahrnehmungsmuster herauszustellen – ohne deren notwendige Priorität oder gar Alternativlosigkeit im kirchlichen Leben zu behaupten[10]. Der parochiale Organisationsyp bildet in mindestens fünf Hinsichten eine Grundlage für die *Institutionalität* der Kirche (↗ 2.6.2) und damit für die Erfahrung einer immer schon vorgängigen Zuwendung Gottes zu den konkreten Verhältnissen vor Ort und den spezifischen Belangen der Einzelnen.

(a) Die parochiale Struktur hält das Evangelium *verlässlich*, weil regelmäßig und gut erkennbar *präsent*. Durch ein dichtes Netz von Ortskirchen, durch regelmäßige Gottesdienste und selbstverständlich zuständige Pfarrerinnen ist dafür gesorgt, dass das Wort Gottes in der lokalen Öffentlichkeit sichtbar und hörbar wird und die Einsichten und Überzeugungen des christlichen Glaubens an festen Orten erkennbare Gestalt gewinnen.

(b) Indem die kirchliche Organisation an einer überkommenen Kompetenzstruktur festhält, sich an vorgegebenen Ortsgrenzen orientiert und traditionsreiche Gebäude unterhält, markiert sie die geschichtliche *Vorgegebenheit* des Evangeliums, und darin nicht weniger als die immer schon zuvorkommende Gnade Gottes.

So begründet die (Kinder-) Taufe eine lokale, oft mit dem Bild der Ortskirche verknüpfte Bindung der Einzelnen, die durch biographische – wie auch immer jeweils realisierte – Erfahrungen mit der örtlichen Kirche vertieft oder erweitert wird und auf die man im Lebenslauf immer wieder, vor allem bei Kasualien, zurückzugreifen vermag. Angesichts der zunehmenden geographischen und sozialen Mobilität wird die Option, zu hervorgehobenen Gelegenheiten an den lebensgeschichtlichen Ursprungsort der eigenen religiösen Prägung zurückzukehren, offenbar immer bedeutsamer. Und zugleich ermöglicht das flächendeckende Netz öffentlicher Gebäude, Gottesdienste und Gemeindepastoren es auch an anderen Orten, die mitgebrachte Bindung – wenn man denn will – für sich selbst je neu zu realisieren.

(c) Im Blick auf die Ortsgemeinde im Ganzen sieht W. Jetter den geistlichen Sinn des parochialen Erbes darin, »dass diese Gemeinde ihr eigenes Kirchesein dadurch festhält, dass sie den Ort mit all seinen Menschen nicht loslässt, vielmehr in der vorgegebenen Territorialstruktur [...] diesen Ortsbereich als ihren Lebens- und Dienstbereich übernimmt. Dass sie sich sozusagen selber in diesem Rahmen als *corpus permixtum* übernimmt [...]« (*Jetter*, 12).

Auch die Gemeinde und ihre Leitung realisieren demzufolge, indem sie die Fülle der individuellen Erwartungen und regionalen Prägungen wahrnehmen, nicht weniger als die geschichtliche Vorgegebenheit des Evangeliums selbst – in, mit und unter allen Brechungen und Verdünnungen, die es am jeweiligen Ort geschichtlich erfahren hat. Mit der parochialen Organisationsstruktur realisiert die gegenwärtige Kirche ihre eigene Vorgegebenheit, ihre *Institutionalität vor Ort* – und sorgt zugleich für deren fortwährende Relevanz in den vielfältigen Lebensbezügen eines Territoriums.

(d) Die Bindung wesentlicher Aspekte des kirchlichen Handelns an den Wohnort macht dieses Handeln relativ leicht erreichbar und zugänglich, und zwar gerade für diejenigen Gruppen, deren Mobilität eingeschränkt erscheint: für Kinder, junge Familien, ältere Menschen. In der Ortsgemeinde findet sich daher, wie Ernst Lange formuliert hat, das »Ensemble der Opfer«; die parochiale Organisation erscheint für die Verlierer der gesellschaftlichen Modernisierung besonders attraktiv und besonders nötig (↗ 3.5.2).

Die vielfältigen Möglichkeiten, im Rahmen einer »überschaubaren Gemeinde« (H. Schnell) wechselseitige Selbsthilfe, nachbarschaftliche Diakonie zu leisten, beruht offenbar auf der parochialen Struktur kirchlicher *Interaktion*. Eine solche nahräumliche Organisationsform bietet dann auch einen Ansatz für intensivere christliche Gemeinschaftsbildung – wiederum vor allem für diejenigen, die für solche Vergemeinschaftung keine weiteren Entfernungen überwinden wollen oder können.

(e) Dass die Ortskirche prinzipiell offen, dass die Pfarrperson prinzipiell für alle Christen vor Ort zuständig ist, das markiert schließlich die genuine *Voraussetzungslosigkeit* des christlichen Glaubens selbst. Indem die parochiale Mitgliedschaft nur äußere Merkmale – Taufe und eben Wohnort – voraussetzt (↗4.1.2), wird die Offenheit der Kirche für alle festgehalten, die ihr angehören wollen – unabhängig von bestimmten Aktivitäten oder von spezifischen Überzeugungen. Hier zeigt sich der positive Aspekt des (ehemaligen) Pfarrzwangs: Dort, wo die Einzelne wohnt, kann sie jedenfalls und ganz ohne Einschränkung geistliche Begleitung und kirchliche ›Versorgung‹ erwarten.

3.2 Landeskirche

Literatur: *Holl, Karl:* Luther und das landesherrliche Kirchenregiment (1911), in: *Ders.*, Ges. Aufsätze zur Kirchengeschiche, Bd. I, Tübingen 1923, 326–380. – *Maurer, Wilhelm:* Ende des Landeskirchentums? (1946), in: *Ders.*, Die Kirche und ihr Recht. Ges. Aufsätze zum evang. Kirchenrecht, Göttingen 1976, 449–473. – *Mehlhausen, Joachim:* Art. »Landeskirche«, in: TRE 20, 1990, 427–434. – *Wendebourg, Dorothea:* Der lange Schatten des Landesherrlichen Kirchenregiments. Aporien der kirchlichen Neuordnung im deutschen Protestantismus nach 1945, in: ZThK 100 (2003), 420–465. – *Hermelink, Jan / Rink, Sigurd* (Hg.): Professionalisierte Planung und geistliche Moderation. Landeskirchen im Umbruch, in: PrTh 44 (2009), 225–272 (Heft 4).

Zu den Eigenarten der großen evangelischen Kirchen in Deutschland und der Schweiz gehört ihre (Selbst-) Bezeichnung als »Landeskirchen«. Sie sind wesentlich auf ein bestimmtes Territorium bezogen, dessen Grenzen »ursprünglich mit einem staatlichen Hoheitsgebiet (Land, Stadt, Kanton) zusammenfielen« (*Mehlhausen*, 427). Bis heute genießen Landeskirchen den Status von »Körperschaften öffentlichen Rechts«, denen gegenüber Vereinen und anderen Korporationen bestimmte Vorrechte eingeräumt und die eng mit den politischen Verhältnissen ihres Territoriums verflochten sind. In ihrer inneren Verfassung sind diese Körperschaften, obgleich sie sich primär an ein religiöses Bekenntnis gebunden sehen, analog zu staatlichen Institutionen gestaltet. Das betrifft das Mitgliedschafts- wie das Arbeitsrecht und die Finanzverfassung; es betrifft aber ebenso den Anspruch auf kulturelle Mitgestaltung der gesellschaftlichen Verhältnisse.

Die eigenartige Verbindung von territorialer, öffentlich-rechtlicher und konfessioneller Bindung der deutschen Regionalkirchen beruht auf Entwicklungen, die mit dem »landesherrlichen Kirchenregiment« der Reformationszeit beginnen. Die entsprechenden Strukturen unterliegen seit langem der Kritik, müssen aber praktisch-theologisch auch positiv gewürdigt werden.

3.2.1 Die Entwicklung von »Landeskirchen« vom 16. bis zum 18. Jahrhundert

Seit dem späten Mittelalter nehmen die politischen Leitungsinstanzen (Landesfürsten, städtische Magistrate) auf die Besetzung geistlicher Ämter, die kirchliche Gerichtsbarkeit oder die Rechtsstellung der Klöster in ihrem Territorium zunehmenden Einfluss. Von Landeskirchen im späteren Sinn ist dort zu sprechen, wo die Obrigkeit in die kirchlichen Verhältnisse nicht nur gelegentlich und in bestimmten Hinsichten eingreift, sondern die gesamte Leitungsverantwortung für ›ihre‹ Kirchen übernimmt. Dies geschieht – nach Beschlüssen des Speyerer Reichstages (1526) – zunächst in den evangelischen Gebieten des Deutschen Reiches. Getragen ist die Übernahme des Kirchenregiments von der verbreiteten Kritik an den finanziellen und juristischen Vorrechten der römischen Kurie, die zunehmend als Übergriff in die Belange der lokalen Herrschaft erscheinen.

Die Sorge für die äußeren, aber auch für die inneren, geistlichen Verhältnisse der Kirche kann in den evangelischen Territorien nicht mehr einer zentralkirchlichen, konkret der bischöflichen Autorität unterliegen, und sie kann auch nicht den einzelnen, örtlichen Gemeinden allein übertragen werden, wie dies Luther zunächst gemeint hat (vgl. *Holl*, 350 ff.). Denn in den Kirchen- und Schulvisitationen, die die politische Herrschaft seit 1525 durchzuführen beginnt, werden die wirtschaftlichen Probleme der Gemeinden offenbar und zugleich die tiefen theologischen Mängel ihrer Pfarrer. In der Folge übernimmt die Obrigkeit nicht nur die Verantwortung für die finanzielle und rechtliche Ordnung in den Gemeinden, sondern auch für die Reinheit der evangelischen Lehre – nicht wenige der reformatorischen Bekenntnisse entstehen bekanntlich aus Visitations- oder landesherrlichen Kirchenordnungen[11].

In den späten 1520er Jahren bildet sich in den meisten evangelischen Territorien, mutatis mutandis auch in den Städten, *ein landesherrliches Kirchenregiment*, das wesentliche organisatorische Forderungen der Reformatoren umsetzt: Klärung der Lehrgrundlagen und Neuordnung der Gottesdienste; geregelte Ausbildung, Entsendung und wirtschaftliche Sicherung der Pfarrer; durchgreifende Verbesserung des Schulwesens und der Armenfürsorge; insgesamt eine Vereinheitlichung der kirchlichen Rechtsverhältnisse (vgl. *Mehlhausen*, 428). Im Augsburger Religionsfrieden von 1555 wird das *ius reformandi* der Landesherren und Magistrate bestätigt. Seither ist die territorialstaatliche Verfassung des Kirchenwesens geltendes Recht des Deutschen Reiches – später zusammengefasst in dem Grundsatz »cuius regio – eius religio«.

Die Landeskirchen des 16. Jahrhunderts sind keine eigenen Rechtspersönlichkeiten, sondern überaus eng und auf allen Ebenen in die staatliche Administration integriert. Dennoch gibt es von Anfang an eigene Organe der kirchlichen Verwaltung, die allerdings ›oberhalb‹ der Gemeinden keinerlei selbstverwaltenden, sondern einen strikt obrigkeitlichen Charakter haben. Vor allem zwei dieser Organe sind bis heute bedeutsam.

Zum Einen entsteht schon im Zusammenhang der ersten Kirchenvisitationen das Amt eines Oberpredigers oder *Superintendenten* (↗5.3.5(a)). Mit rasch wachsenden Vollmachten exekutiert der Superintendent den kirchenpolitischen Willen des Landesherrn bis auf die Ebene der Ortsgemeinden, indem er die Gemeinden visitiert, die Pfarramtskandidaten examiniert, bei der Stellenbesetzung mitwirkt und Lehre und Leben der Pfarrer seines Amtsbezirkes regelmäßig prüft.

Zum Anderen werden die gerichtlichen wie die administrativen und lehraufsichtlichen Kompetenzen des Kirchenregiments schon bald in neu geschaffenen Behörden, den *Konsistorien* zusammengefasst und verstetigt (↗5.3.2(b)). Sie bestehen aus Juristen und Theologen, darunter oft den Superintendenten; sie vollziehen u. a. die Aufsicht über die Geistlichen, dazu die Ehe- und die sonstige Personenstandsgerichtsbarkeit, die den Kirchen bis in die Mitte des 19. Jahrhunderts zugerechnet wird. Auch mit der allgemeinen Schulaufsicht sind meistens die Konsistorien betraut.

Die Vorstellung eines konfessionell einheitlichen Territoriums, in dem alle Landeskinder zugleich Mitglieder der einen Landeskirche sind, entspricht – auf Grund der vielen religiösen und konfessionellen Minderheiten – allerdings schon im ausgehenden 16. Jahrhundert nicht der Wirklichkeit. Erst recht wird diese Einheitsidee dort problematisch, wo – wie in Brandenburg 1613 oder in Sachsen 1687 – zwar die Landesherren ihr Bekenntnis wechseln, die Landesstände dies aber nicht mit vollziehen. 1648, im Westfälischen Frieden, wird die konfessionelle Identität dann endgültig nicht mehr an die Person des Landesherrn, sondern an das Territorium gebunden.

Die staatskirchenrechtliche Theorie des »Territorialismus«, die sich daraus entwickelt, versteht die kirchliche Leitungsgewalt als integralen Teil der gesamten, in der Tendenz absolutistischen Herrschaftsgewalt; die kirchliche Administration wird, gerade auch bei einem Nebeneinander zweier oder dreier Konfessionen, immer mehr in die staatliche Verwaltung integriert. – Der in der Aufklärung entwickelte »Kollegialismus« versteht die Landeskirchen dagegen stärker als eigene Korporationen der Konfessionsangehörigen, die ihre Leitungsgewalt erst sekundär an den Staat delegieren. Praktisch wirkt sich diese Theorie erst im 19. Jahrhundert aus, indem die kirchlichen Behörden stärker ausgegliedert werden und – nominell – nur in der Person des Staats- und Kirchenoberhauptes mit der staatlichen Administration verbunden sind. Auch die synodale Selbstverwaltung, die sich nun in fast allen Landeskirchen verbreitet (↗5.3.3), fußt auf der kollegialistischen Theorie; prinzipiell wird die wesentlich konsistoriale, und damit staatlich bestimmte Leitung der Kirchen jedoch nicht in Frage gestellt.

Obwohl die reichsrechtlichen Vorgaben es erlaubt hätten, in einem Territorium mehrere Landeskirchen zu errichten, bleibt es der Sache nach, und seit etwa 1810 auch begrifflich, auch im 19. Jahrhundert durchgehend bei einer »Landeskirche« pro Territorium. Damit aber verändert dieses staatskirchenrechtliche Konstrukt seine Bedeutung: Es bezeichnet nun diejenigen Kirchen, »die gegenüber den [...] nach Vereinsart organisierten oder bloß geduldeten religiösen Gemeinschaften einen besonderen Schutz und vor allem eine besondere Förderung durch den jeweiligen Staat erhalten« (*Mehlhausen*, 431). Der kirchlichen Organisation, die in den (evangelischen) Staatsgebilden des 19. Jahrhunderts jeweils diese Privilegierung genießt, kommen – so vermutet J. Mehlhausen – vor allem diverse *integrative Funktionen* zu: »Unter den [...] gesellschaftlichen Rahmenbedingungen des aufkommenden Pluralismus und der zunehmenden Säkularisierung konnte die *eine* Landeskirche als Prinzip einer einheitlichen kirchlichen Ordnung stabilisierend wirken« (ebd.) – und zwar nach innen, im Ausgleich zwischen konsistorial-konservativen und synodal-liberalen Vorstellungen, aber auch über die Kirche hinaus: Der Nationalstaat des 19. Jahrhunderts sucht sich in der Organisation der Landeskirche – kontrafaktisch – eine einheitliche religiöse Fundierung zu geben.

3.2.2 Landeskirchliche Strukturelemente nach dem preußischen Allgemeinen Landrecht und in der Gegenwart

Phänomen und Begriff der Landeskirche haben seit der Reformation zahlreiche Wandlungen erfahren, so dass der Rede von »landeskirchlichen Strukturen« eine gewisse Unschärfe eignet. Nahezu idealtypisch können die wesentlichen Strukturelemente, die jenen Begriff ausmachen, jedoch an den einschlägigen Bestimmungen des »Allgemeinen Landrechts für die Preußischen Staaten« (ALR) aufgezeigt werden, das 1794 in Kraft tritt und dessen Grundsätze im ganzen 19. Jahrhundert, und zwar weit über Preußen hinaus in Geltung stehen[12]. Einige typische Rechtssätze seien hier zitiert:

§ 2. Jedem Einwohner im Staate muss eine vollkommene Glaubens- und Gewissensfreiheit gestattet werden.

§ 3. Niemand ist schuldig, über seine Privatmeinungen in Religionssachen Vorschriften vom Staate anzunehmen.

§ 10. [Es] können mehrere Einwohner des Staates, unter dessen Genehmigung, zu Religionsübungen sich verbinden.

§ 11. Religionsgesellschaften, welche sich zur öffentlichen Feier des Gottesdienstes verbunden haben, werden Kirchengesellschaften genannt.

§ 13. Jede Kirchengesellschaft ist verpflichtet, ihren Mitgliedern Ehrfurcht gegen die Gottheit, Gehorsam gegen die Gesetze, Treue gegen den Staat und sittlich gute Gesinnungen gegen ihre Mitbürger einzuflößen.

§ 17. Die vom Staate ausdrücklich aufgenommenen Kirchengesellschaften haben die Rechte privilegierter Corporationen.

§ 18. Die von ihnen zur Ausübung ihres Gottesdienstes gewidmeten Gebäude werden Kirchen genannt und sind als privilegierte Gebäude des Staats anzusehen.

§ 19 Die bei solchen Kirchengesellschaften zur Feier des Gottesdienstes und zum Religionsunterrichte bestellten Personen haben mit andern Beamten im Staate gleiche Rechte.

§ 27. Sowohl öffentlich aufgenommene als bloß geduldete Religions- und Kirchengesellschaften müssen sich in allen Angelegenheiten, die sie mit andern bürgerlichen Gesellschaften gemein haben, nach den Gesetzen des Staates richten.

§ 32. Die Privat- und öffentliche Religionsübung einer jeden Kirchengesellschaft ist der Oberaufsicht des Staats unterworfen.

§ 40. Jedem Bürger des Staates, welchen die Gesetze fähig erkennen, für sich selbst zu urteilen, soll die Wahl der Religionspartei, zu welcher er sich halten will, frei stehen.

§ 45. Keine Kirchengesellschaft ist befugt, ihren Mitgliedern Glaubensgesetze wider ihre Überzeugung aufzudringen.

§ 46. Wegen der äußeren Form und Feier des Gottesdienstes kann jede Kirchengesellschaft dienliche Ordnungen einführen.

§ 47. Dergleichen Ordnungen müssen jedoch dem Staate zur Prüfung, nach dem § 13 bestimmten Grundsatz, vorgelegt werden.

§ 145. Sämtliche Konsistorien der Protestanten stehen unter der Oberdirektion des dazu verordneten Departement des Staatsministeriums.

§ 161. Das Kirchenvermögen steht unter der Oberaufsicht und Direktion des Staates.

§ 417. Bei seiner Amtsführung muss der Pfarrer alle den Geistlichen überhaupt vorgeschriebenen Pflichten sorgfältig beobachten.

§ 418. Dagegen hat er das Recht, von den Eingepfarrten zu fordern, dass sie sich in ihren Religionshandlungen, zu deren Vollziehung es der Mitwirkung eines Pfarrers bedarf, nur seines Amts bedienen sollen.

Die zitierten Rechtssätze lassen die neuzeitliche Unterscheidung zwischen der individuellen religiösen Einstellung, den organisierten Kirchen und den Interessen des Staates an der Religion erkennen. Während die Religion der Staatsbürger als freie »Privatmeinung« weder vom Staat (§§ 2 f. 40) noch von der Kirche (§ 45) per Zwang bestimmt werden darf, sind die »Kirchengesellschaften« einer umfassenden Aufsicht seitens des Staates unterworfen, der sie für die Zwecke staatsbürgerlicher Erziehung instrumentalisiert (§§ 13. 32). Die – kollegialistisch gedachte – selbständige Konstitution der Kirchen (§§ 10 f. 46) erscheint diesem staatlichen Interesse nachgeordnet.

Dies bedeutet im Blick auf die Individuen, dass diese sich zwar den Kirchengesellschaften frei zuordnen können (§ 40), *als* Mitglieder aber dem Pfarrzwang unterworfen sind, und zwar besonders hinsichtlich der Amtshandlungen – hier lässt das ALR, in Aufnahme des überkommenen Parochialrechts, besondere Sorgfalt erkennen[13]. Denn die wesentliche Funktion der Kirchen gegenüber den Einzelnen besteht – aus der Sicht des Staates – eben in bestimmten Bildungsaufgaben, die im Gottesdienst, aber auch im schulischen Unterricht wie in der geistlichen Schulaufsicht zu erfüllen sind.

Das staatliche Interesse an den privilegierten religiösen Korporationen, also an den Landeskirchen i. e. S., konkretisiert sich durch den Unterhalt ihrer *Gebäude*, die Verbeamtung und detaillierte Verpflichtung der *Pfarrer* (§ 417 – dazu gehört auch ihre Ausbildung an staatlichen Universitäten), durch die Ordnung ihrer *Gottesdienste* und durch die Unterordnung ihrer hergebrachten konsistorialen *Leitung* unter ein (geistliches) Ministerium (§ 145).

Das Strukturprinzip der Landeskirchen besteht demnach, nochmals zusammengefasst, in der *rechtsförmigen Einheit* von Mitgliedschaft in der Kirche, ihres Vermögens, ihres Gebäudebestandes, ihrer Dienstverhältnisse, ihrer Leitung und Liturgie – und zwar jeweils im gesamten Territorium des Recht setzenden Staates. Die Selbstbindung an ein Bekenntnis mag Agende und Katechismus, pastorales Selbstverständnis und kirchliche Leitungsformen prägen; dies alles bewegt sich jedoch, sobald es öffentliche Gestalt gewinnt, in den vom Staat gesetzten Grenzen (§ 27). Das ALR akzentuiert insofern, wie sämtliche staatskirchlichen Kodifikationen seit der Reformation, den obrigkeitlichen Charakter der kirchlichen Organisation. Auf der gesamtstaatlichen Ebene setzt sich die Tendenz des Parochialrechts fort, Kirche und insbesondere Pfarrer als Instanzen öffentlicher Belehrung, moralischer Domestizierung und politischer Kontrolle zu verstehen.

Auch wenn die politische Kontrolle kirchlichen Lebens in der Gegenwart nurmehr indirekt erfolgt, vor allem über die *res mixtae* des Religionsunterrichts, der pastoralen Ausbildung und der sozialdiakonischen Institutionen, so ist jener landeskirchliche Organisationstyp doch nach wie vor von hoher struktureller Relevanz. Nicht nur die starke Stellung konsistorialer Aufsichtsbehörden, eine zentralistische Mitglieder- und Finanzverwaltung und die wesentlich rechtsförmige Binnenorganisation der großen Kirchen markiert eine von oben her aufgebaute Verfassung; sondern diese durchaus *obrigkeitliche Struktur* zeigt sich auch in den liturgischen Vorgaben sowie nicht zuletzt in der zentralen Ausbildung, Aufsicht und Besoldung des pastoralen Personals.

Zum Erbe des landesherrlichen Kirchenregiments gehört freilich auch, in gewisser Weise gegenläufig, die außerordentliche *organisatorische Vielfalt* der deutschen evangelischen Kirchentümer, die nicht nur sehr unterschiedlich groß sind, sondern in denen auch in ganz verschiedener Weise geleitet, besoldet und Gottesdienst gefeiert wird. Diese Vielfalt ist einerseits, geschichtlich gewachsen, an regionalkulturelle Prägungen und Grenzen gebunden, so etwa im Gegenüber von Badischer und Württembergischer oder von Oldenburgischer und Hannoverscher Landeskirche. Andererseits wird in dieser Vielfalt auch die historische Differenz von lutherischem, reformiertem und auch uniertem oder gemein-evangelischem Bekenntnis aufgehoben.

Zum ›landeskirchlichen System‹ der Gegenwart gehört darum schließlich, dass auf der *gesamtdeutschen* Ebene zwei Koordinationsprinzipien konkurrieren. Neben den konfessionellen Bünden (Reformierter Bund, VELKD und EKU/UEK), deren Rolle sich seit 1945 mehrmals, zuletzt im sog. Integrationsmodell (2005) verschoben und transformiert hat (vgl. *Wendebourg*), gewinnt die EKD, in der alle Landeskirchen ungeachtet ihres divergenten Bekenntnisstandes verbunden sind, immer mehr an organisatorischem wie öffentlich-publizistischem Gewicht. Auch hier sind die Analogien zu den Entwicklungen im Bereich staatlicher Körperschaften nicht zu übersehen.

3.2.3 Praktisch-theologische Würdigung

Schon zu Beginn der Restauration von Landeskirchen nach 1945, begleitet von der Gründung der lutherischen VELKD und des Bundes der altpreußischen Kirchen (EKU), hat der kurhessische Kirchenjurist W. Maurer die Spannungen und Probleme des »Landeskirchentums« in erhellender Weise kritisch analysiert und dabei vor allem auf die Folgen einer konfessionstypischen Differenz im Bekenntnisbegriff hingewiesen (vgl. *Maurer*, bes. 455 ff. 465 ff.): Begreift die lutherische Tradition das Bekenntnis eher als geschichtlich gegeben und damit als Grundlage kirchlicher Rechtsordnung, konsistorialer Leitung sowie einer starken Stellung des Predigtamtes, so wird seitens der Reformierten eher das aktuelle Bekennen betont und damit das Gewicht der Einzelgemeinde sowie presbyterial-synodaler Leitungsformen. Um diese Spannung zu moderieren, plädiert Maurer für zwei starke, konfessionsgeprägte Bundeskirchen.

Nachdem die 2002 vom Präsidenten des Hannoverschen Landeskirchenamtes, E. v. Vietinghoff initiierte Debatte über die Rolle der konfessionellen Bünde zu deren ›verbindender‹ Integration in Kirchenamt und Leitungsstrukturen der EKD geführt hat, wird der landeskirchliche Föderalismus im Impulspapier »Kirche der Freiheit« des Rates der EKD überhaupt nicht mehr unter dem Aspekt des Bekenntnisses, sondern nurmehr unter funktionalen Gesichtspunkten kritisch betrachtet[14]. Insgesamt werden in den Debatten des letzten Jahrzehnts, angeregt auch durch die Fusionsprozesse in Berlin-Brandenburg, Mitteldeutschland und Norddeutschland (vgl. *Hermelink/Rink*, 242–256), vor allem vier Kritikpunkte an der landeskirchlichen Struktur akzentuiert.

Im Vordergrund stehen zunächst die erheblichen *Unterschiede* in Größe, Mitgliederzahl und Finanzkraft der Landeskirchen, die nicht mehr alle – so das Impulspapier – »eine ausreichende theologische Leitungs- und Profilierungskompetenz« aufweisen (a. a. O., 94). Hier liegt ein wesentlicher Antrieb der gegenwärtigen Fusionstendenzen. Dazu haben die Unterschiede zwischen den Ressourcen der (nord-) östlichen und der (süd-) westlichen Landeskirchen ein bedenkliches Maß angenommen[15].

Die organisatorische Zersplitterung des evangelischen Protestantismus schwächt, so hat vor allem v. Vietinghoff argumentiert, sodann seine *öffentliche* Wirkung. Die Vielfalt landeskirchlicher wie konfessionell-übergreifender Gremien und Amtsträger macht es mitunter schwer erkennbar, wer für ›die evangelische Kirche‹ reden kann und reden soll. In ähnliche Richtung geht die Kritik, den staatlichen Stellen, gerade in den Bundesländern mit mehreren Landeskirchen, fehle ein klarer Ansprechpartner für die Fragen der Bildungs-, Sozial und Medienpolitik. Überhaupt entsprächen die landeskirchlichen Grenzen den staatlichen, mitunter auch den kulturellen Verhältnissen der Gegenwart oft nicht mehr.

Im Zuge der gegenwärtigen Reformprozesse wird drittens, eher indirekt, auch eine Kritik laut, die auch schon bei W. Maurer anklingt: der tendenziell *zentralistische* Charakter der landeskirchlichen Organisation. Je wichtiger ein einheitliches kirchliches Profil in der Öffentlichkeit erscheint, umso mehr gewinnen konsistoriale, mit publizistischer Kompetenz ausgestattete Strukturen gegenüber den Gemeinden und Initiativen vor Ort an Gewicht. Zentralistisch kann freilich auch schon ein Pfarrdienstrecht genannt werden, das den Gemeinden die Ausbildung, Entsendung und Beaufsichtigung ihrer Geistlichen fast gänzlich aus der Hand nimmt.

Die jüngste Debatte über das Verhältnis der konfessionellen Bünde zur EKD hat schließlich die *Bekenntnisbindung* der Landeskirchen erneut zum Thema gemacht. Je stärker die EKD selbst als Kirche agiert[16], je mehr Regelungen etwa zum Dienstrecht oder zu Kasualagenden bundesweit, gleichsam überkonfessionell erfolgen und je öfter auch bekenntnisverschiedene Kirchen eng kooperieren oder gar – wie in Mitteldeutschland – fusionieren, desto unklarer erscheint die konfessionell-religiöse Prägung der Landeskirchen und desto weniger scheint ihre historische Gestalt gegen die »Gesichtspunkte der Zweckmäßigkeit« ins Feld geführt werden zu können, die die gegenwärtige Debatte bestimmen (Kirche der Freiheit, 94).

Die landeskirchliche Struktur mit ihrer Kombination von obrigkeitlicher und pluraler Verfassung bzw. von politischen und religiösen Bezügen hat freilich eine erhebliche Beharrungskraft gezeigt, sowohl nach dem letzten Krieg als auch im jüngsten »Reformprozess« der EKD, der offenbar seinerseits nur in den Grenzen landeskirchlicher Kooperation funktioniert. Eine praktisch-theologische Würdigung dieses Organisationstyps kann sich nicht auf machtpolitische und personspezifische Erklärungen jener Persistenz beschränken (vgl. *Wendebourg*, 443 ff.), sondern muss den pragmatischen wie den *theologischen Sinn* dieses Typs herausstellen. Dies soll hier in Aufnahme des vierfach dimensionierten Kirchenbegriffs geschehen (↗ 2.6): Auch und gerade in den landeskirchlichen Strukturen manifestiert sich der Charakter der sichtbaren Kirche als einer *Organisation*, die – als Organisation – auch institutionelle, interaktionelle und inszenatorische Dimensionen aufweist und auf diese Weise dem gemeinsamen Leben des Glaubens in der Gesellschaft dient.

(a) Als geradezu idealtypische Organisation erweist sich die landeskirchliche Struktur der deutschen evangelischen Kirche, insofern sie die *Pluralität* regionaler Religionskulturen sowohl bewahrt als auch in ein geordnetes Verhältnis bringt. Jener Vielfalt kommt insofern theologische Bedeutung zu, als sie »den Unitarismus der Volkskirche vielfach aufzubrechen und aufzugliedern« vermag und auf diese Weise dazu beiträgt, »dass die *viva vox evangelii* [...] möglichst lebendig und vielgestaltig verkündigt wird« (*Mehlhausen*, 432). Zugleich hält die landeskirchliche Organisation durch rechtliche Einheit, finanziellen Ausgleich und Personaladministration jene Vielfalt zusammen: Sie *integriert* die regionalen Besonderheiten, innerhalb einer Landeskirche und im bundesweiten Verbund, und verleiht ihnen gerade auf diese Weise öffentliche Wirkung.

Besonders wirkungsvoll erscheint die organisatorische Koordinations- *und* Differenzierungsleistung der Landeskirchen im Blick auf die pastorale Arbeit: In der Aus- und Fortbildung der Pfarrpersonen, in ihrer einheitlichen Besoldung und dienstrechtlichen Begleitung wird eine gemeinsame religiös-kulturelle Identität der Ordinierten gebildet und stabilisiert, die zugleich ein hohes Maß an situations- und personbezogener Vielfalt der Berufsbilder erlaubt. Die landeskirchliche Organisation der pastoralen Arbeit macht, allgemeiner formuliert, für alle Beteiligten allererst die jeweiligen Prinzipien erkennbar, denen das höchst vielgestaltige kirchliche Handeln implizit folgt oder doch folgen soll. Ähnlich gilt dies für die Fortentwicklung des kirchlichen Rechts, das sich wesentlich auf der Ebene der Landeskirchen vollzieht, und für die theologische Reflexion ihres Handelns, wie es sich in einschlägigen Programmpapieren oder – neuerdings – in der »schmiegsamen« und doch theologisch kohärenten Strategieplanung einzelner Landeskirchen vollzieht (vgl. M. Nüchtern in *Hermelink/Rink*, 265 ff.).

(b) Die wesentliche Bindung der landeskirchlichen Organisation an die gewachsenen politischen, kulturellen und religiösen Verhältnisse einer Region markiert – ähnlich wie auf der Ebene der Parochie – die unhintergehbar *institutionelle* Verfassung der evangelischen Kirche. Der stärkere Bezug auf den Zuschnitt der (großen) Bundesländer, wie er neuerdings gefordert wird (vgl. Kirche der Freiheit, 95), ist insofern nicht nur Ausdruck organisationsförmiger »Zweckmäßigkeit« (a. a. O., 94), sondern zugleich Ausdruck der *theologisch* bedeutsamen Einsicht, dass die Gestalt der Kirche nicht allein, nicht einmal primär von ihren eigenen Leitungsinstanzen bestimmt wird, sondern zutiefst geprägt ist von den Erwartungen und Bedürfnissen der gesellschaftlichen, auch der politischen Verhältnisse, in die der christliche Glauben sich gestellt sieht.

(c) Angesichts der Tendenz, das aktuelle Bekenntnis der Gemeinde (*Maurer*, 466 ff.) oder die »Gemeinschaft der Heiligen« vor Ort (M. Josuttis) gegen die landeskirchliche Organisation auszuspielen[17], ist sodann der wesentliche Beitrag jenes Organisationstyps für die gemeinschaftliche Bildung des Glaubens hervorzuheben: Zur kirchlichen *Interaktion* tragen die Landeskirchen nicht nur unmittelbar durch eine ihrer klassischen Aufgaben bei: die Erarbeitung von Agenden, Gesangbüchern und katechetischen Grundtexten. Sondern die gegenwärtigen Reformprozesse zeigen, dass es gerade die regionalkirchliche Organisation ist, die eine breite Diskussion ›von unten‹ initiieren und wirkungsvoll machen kann (vgl. die Beispiele *Hermelink/Rink*, 227). Stellt diese »Moderation komplexer Beteiligungsprozesse« (ebd.) in landeskirchlichen Akademien, Konventen und Steuerungsgruppen eine zeittypische Form des allgemeinen Priestertums aller Getauften dar, so kommt dem hier betrachteten Organisationstyp auch theologisch eine konstitutive Bedeutung für das aktuelle Zeugnis der evangelischen Kirche zu.

(d) Auch und gerade die landeskirchliche Gestalt dieser Kirche trägt offenbar zu ihrem Bild in der Öffentlichkeit wie in der Erfahrung von Einzelnen und Gruppen bei; ihr eignet insofern schließlich, aber nicht zuletzt ein Moment der *Inszenierung*. Die Landeskirchen markieren die regional-kulturelle, die politische und nicht zuletzt die wissenschaftliche Prägung des evangelischen Glaubens; sie stellen sein hohes Interesse an individuellem Engagement wie an gesellschaftlicher Beteiligung ins Licht. Indem – und soweit – die Landeskirchen sich – gerade im gegenwärtigen »Reformprozess« der EKD – als die entscheidenden Zentren professioneller Planung *und* geistlicher Moderation erweisen, soweit sie das vielfältige kirchliche Handeln organisatorisch koordinieren und *zugleich*, ebenso vielfältig, theologisch reflektieren, macht gerade dieser ›obrigkeitliche‹, durchaus schwerfällige und widersprüchliche Strukturtyp deutlich, dass die evangelische Kirche *als* Organisation konstitutiv ist für das öffentliche, das gemeinsame wie das individuelle Bekennen des Glaubens.

3.3 Vereinskirche

Literatur: *Sulze, Emil:* Die evangelische Gemeinde, Gotha 1891, Leipzig ²1912. – *Schian, Martin:* Die evangelische Kirchengemeinde, Gießen 1907. – *Cordes, Cord:* Von der Parochie zur Kirchengemeinde. Strukturwandel des örtlichen Kirchenwesens im 19. Jahrhundert in der Hannoverschen Landeskirche, in: JNKG 72/73 (1974/75), 135–169. – *Reeken, Dietmar v.:* Kirchen im Umbruch zur Moderne. Milieubildungsprozesse im nordwestdeutschen Protestantismus 1849–1914, Gütersloh 1999. – *Häusler, Michael:* Art. »Vereinswesen/Kirchliche Vereine I. Kirchengeschichtlich«, in: TRE 34, 2002, 639–654.

Gegenüber der ›praxisfernen‹ Organisation von Landes- und Gesamtkirche erscheinen die zahlreichen Kreise, Gruppen und gemeinschaftlichen Aktivitäten, die das kirchliche Leben vor Ort prägen, nicht selten als die ›eigentliche‹ Sozialform des evangelischen Glaubens, als zeitgemäße Realisierung der biblischen Gemeindebilder. Freilich ist die gruppengemeinschaftliche Gestalt der Ortsgemeinde, ebenso wie die meisten translokalen christlichen Verbände und Netzwerke, erst im 19. Jahrhundert, unter den strukturellen und mentalen Voraussetzungen der bürgerlichen Gesellschaft entstanden. Der vereinskirchliche Strukturtyp, der alles Gewicht auf die religiöse und diakonische Interaktion legt, beruht doch auf institutionell-gesellschaftlichen Rahmenbedingungen und nutzt auch die Organisation in einer spezifischen Weise.

3.3.1 Entwicklung und Verkirchlichung des evangelischen Vereinswesens im 19. Jahrhundert

Nach dem Vorbild der 1780 in Basel gegründeten »Deutschen Christentumsgesellschaft«, die sowohl apologetisch (weltweite Bibel- und Traktatverbreitung) als auch praktisch-sozial tätig wird, entstehen in der ersten Hälfte des 19. Jahrhunderts zahlreiche christliche Vereine mit missionarischen und/oder diakonischen Zielen. Angesichts des Zusammenbruchs der ständischen Gesellschaft im napoleonischen Zeitalter sowie der dramatischen Folgen der Industrialisierung, vor allem der Massenarmut auf dem Land wie in den rasch wachsenden Städten, nutzt das zunehmend selbstbewusste Bürgertum die von den neuen Staatsverfassungen eröffnete Vereinigungsfreiheit, um sich nicht nur wirtschaftlich und literarisch-publizistisch, sondern nun auch sozial und religiös zu engagieren[18] – zwischen christlichen und allgemein-bürgerlichen Vereinen bleibt die Grenze lange fließend.

Es sind zunächst vor allem »charismatische Einzelpersönlichkeiten, denen es gelingt, das städtische Bildungs- und Besitzbürgertum für ihre Sache zu gewinnen« (*Häusler*, 643) und die – mit erheblichem finanziellen und publizistischen Einsatz – Armen- und Krankenpflegevereine, »Rettungshäuser« und diakonische Ausbildungsstätten organisieren. Schon in den 1840er Jahren werden diese Initiativen auch überregional zusammengefasst, besonders wirkmächtig durch Johann H. Wicherns Wittenberger Initiative zur Gründung des »Central-Ausschusses für Innere Mission« (1848/49).

»Ungeachtet aller Binnendifferenzierungen verbindet die in protestantischen Vereinen organisierten Bevölkerungsgruppen ein hoher Grad von Moralität [...], ein starker Impuls zu gemeinnützigem, die eigene soziale Schicht überschreitendem Handeln, eine selbstbewusst-kritische Haltung zur Amtskirche sowie [...] das Bemühen um Überwindung der konfessionellen Unterschiede innerhalb des Protestantismus.« (*Häusler*, 641)

Diese sozialen *und* religiösen Impulse speisen sich aus der neupietistischen Frömmigkeit der Erweckungsbewegung; daneben spielen spätaufklärerische, rationalistische Prägungen des städtischen Bürgertums eine große Rolle. Beiden Strömungen ist die Betonung eigenverantwortlicher, selbsttätiger Frömmigkeit wichtig; gegenüber der kirchlich-theologischen Hierarchie herrscht ausgeprägte Distanz. Viele Vereine und Verbände verstehen sich durchaus als christlich – und zwar gerade dann, wenn sie sich der amtskirchlichen Organisation nicht unterstellen wollen. Umgekehrt reagieren Pastorenschaft und Kirchenleitungen zunächst sehr reserviert; nicht zuletzt die »unionistische« Relativierung der überlieferten Bekenntnisdifferenz seitens der Vereine, denen mehr an tätiger Liebe als an Orthodoxie gelegen ist, erscheint auf der anderen Seite bedenklich.

Besonders wirkungsvoll, auch auf längere Sicht, erscheinen die zahlreichen *diakonischen* Initiativen. Ihr sozialer Nutzen ist unmittelbar evident und ihre breit angelegte Publizistik, die für materielle und ideelle Unterstützung wirbt, verbreitet zudem die gemeinsame religiöse Überzeugung, auf diese Weise »das Reich Gottes in der Welt zu bauen und durchzusetzen«[19]. An vielen Ausbildungsstätten bilden sich zudem diakonische Schwestern- und auch Bruderschaften, in denen eine zunehmend professionelle Ausbildung für soziale Berufe mit intensiver religiöser Praxis und einer verbindlichen, familienähnlichen Lebensgemeinschaft verbunden wird – als Beispiele seien die Kaiserwerther Gründungen des Ehepaars Fliedner oder Wicherns »Rauhes Haus« in Hamburg genannt. Die Frömmigkeitskultur der Erweckung gewinnt so durch gelebtes Beispiel wie durch die Jahresfeste der Vereine und Anstalten erhebliche Ausstrahlung.

Dass die christlichen Vereine in der zweiten Hälfte des 19. Jahrhunderts zunehmend, wenn auch nie vollständig in die staatskirchliche Organisation integriert werden, hängt nicht nur mit der wachsenden Zahl von selbst erwecklich geprägten Pfarrern und aktiven Gemeindegliedern zusammen, sondern hat auch strukturelle Gründe: die zunehmende Selbständigkeit der Kirchengemeinde. Auf dem Hintergrund kommunaler Verfassungsreformen wie reformierter, presbyterial-synodaler Kirchenordnungen (↗ 5.3.3) werden zwischen 1821 (Baden, Pfalz) und 1884 (Hessen-Kassel) in allen deutschen Landeskirchen gewählte Kirchenvorstände, Gemeindekirchenräte o. ä. gebildet. Der Kirchenvorstand wird »nicht von oberen Instanzen eingesetzt« und er ist für die finanziellen Angelegenheiten vor Ort »primär entscheidungsberechtigt« (*Cordes*, 142); er steht also für eine geordnete *Selbst*verwaltung und macht die kirchliche Gemeinde allererst zu einer gegenüber den kommunalen Organen wie der konsistorialen Kirchenleitung eigenständigen Größe. Damit verändert sich – von den Betroffenen erst allmählich registriert – auch die Stellung der Gemeindeglieder selbst: Indem sie ein rechtsfähiges Vertretungsorgan wählen, sind sie »nicht mehr eine von der kirchlichen Obrigkeit geleitete Menge. Sie bilden einen Personenverband, sie werden Mitglieder einer Rechtsgemeinschaft.« (*Cordes*, ebd.)

Die Aufgaben des Kirchenvorstandes umfassen bald mehr als nur die äußere Ordnung. In vielen Landeskirchen ist er auch für die gottesdienstliche Agende, für die diakonische Arbeit und mitunter, etwa in Westfalen und im Rheinland, auch für die sittliche Aufsicht über die Geistlichen zuständig. Je mehr die Kirchengemeinde auf diese Weise als eine selbständig und zielbewusst handelnde Gemeinschaft erscheint, umso mehr bildet sie ihrerseits vereinsähnliche Strukturen aus. So werden allenthalben Kirchengesangs- und Kirchbauvereine gegründet, die gemeindliche Frauenarbeit schließt sich zur »Evangelischen Frauenhilfe« zusammen (1899), es entstehen örtliche Vereine für Kindergottesdienst und Gemeindekrankenpflege. In den protestantischen »Regionalmilieus«, die sich – jeweils gegenüber katholischen, sozialdemokratischen und freidenkerischen Milieus – im letzten Drittel des 19. Jahrhunderts ausbilden (vgl. *Reeken*, 70 u. ö.), spielen kirchliche wie außerkirchliche, christliche Vereine eine entscheidende Rolle.

3.3.2 Vereinskirchlichkeit in der »Gemeindebewegung« und in der Gegenwart

Seit etwa 1880 entwickelt sich eine ausgedehnte Diskussion über die Reform der Kirchengemeinden, die bald auch praktische Resultate zeitigt. Im Hintergrund steht einerseits die kirchen- und konfessionspolitische Betonung des »Gemeindeprinzips«, wie es sich etwa der Protestantenverein gegen das »hierarchische Wesen innerhalb der einzelnen Landeskirchen« und gegen den katholischen Ultramontanismus auf die Fahnen geschrieben hat[20] und wie es theologisch durch A. Ritschl und seine Schüler stark gemacht wird. Andererseits drängt eine kirchliche Strukturreform angesichts der großstädtischen

Massenparochien, die nominell teilweise über 50.000 (Leipzig, Chemnitz, Osnabrück) oder gar 70.000 Gemeindeglieder (Hamburg, Berlin) umfassen, und in denen die rapide Entkirchlichung der proletarischen Schichten unübersehbar wird.

In diesem Kontext wird der Dresdner Pfarrer Emil Sulze mit seinem Buch »Die evangelische Gemeinde« (1891)[21] zum Initiator einer rasch wachsenden »Gemeindebewegung«, die literarisch und organisatorisch seit 1907 von dem Praktischen Theologen M. Schian geprägt ist[22]. Sulze begründet die »Notwendigkeit selbsttätiger Kirchengemeinden« (Gemeinde, Kap. 1) mit der These, angesichts der mangelnden Wirkung von pastoraler Predigt und pastoralem Unterricht müsse die *Seelsorge* in das Zentrum des kirchlichen Lebens treten (a. a. O., Kap. 2), und zwar so, dass die Gemeindeglieder diese Seelsorge wesentlich untereinander betreiben:

»Im letzten Grunde ist unser Bestreben darauf gerichtet, die kirchlichen Gemeinden in Vereine umzuwandeln, deren Mitglieder sich kennen und lieben und ihre Liebe einander durch die Tat, vor allem durch ernst seelsorgerische Arbeit beweisen.« (a. a. O., 196)

Für eine Umwandlung der Parochien in »Seelsorgegemeinden« macht Sulze detailliert ausgearbeitete und erprobte Vorschläge (Kap. 5): Die übergroßen Einheiten sollen in »Bezirksgemeinden« geteilt und diese je einem Pfarrer mit allen Rechten und Pflichten zugewiesen werden[23]. In diesen Gemeinden sind Presbyterien mit dem Seelsorgeauftrag zu betreuen: Jeder Presbyter soll in seinem Quartier ein Netz von »Hausvätern« bilden, die auf Grund regelmäßiger Besuche den einzelnen Familien ihres Bereiches das Nötige zukommen lassen. Mit »dem Kampf gegen die äußere Not solle die Arbeit der Presbyter und der Hausväterverbände beginnen, müsse aber Schritt für Schritt an sittliche Forderungen geknüpft, also stets in den Dienst der Seelsorge gestellt werden«[24]. Die unüberschaubar fluktuierende Masse der Kirchenglieder soll auf diese Weise nicht nur diakonisch und moralisch umfassend betreut werden, sondern sich in eine selbstverantwortliche und – gegenüber Katholizismus wie Sozialdemokratie – ausstrahlungskräftige Gemeinschaft verwandeln. Für Schian ist es geradezu das »Wesen der evangelischen Gemeinde«, dass aus der Mündigkeit des persönlichen Glaubens eine »lebendige Aktivität« aller an allen und damit eine »fühlbare Gemeinschaft« erwächst (*Schian*, 11.13).

Diesem Ziel dienen die zahlreichen Formen, in denen der »Verkehr der Gemeindeglieder untereinander« gefördert werden soll (*Sulze*, Kap. 4). So werden gesellige, dezidiert schichten- und generationenübergreifende Veranstaltungen wie etwa »Familienabende« (a. a. O., 169 ff.) und Gemeindefeste erprobt; auch im Gottesdienst und vor allem bei den Kasualien sollen die Gemeindeglieder möglichst aktiv mitwirken. Differenzen ihrer Frömmigkeit, gar ihres Bekenntnisses sollen dabei keine Rolle spielen[25]. In den zahlreichen städtischen Gemeindehäusern, die zwischen 1880 und 1910 gebaut und publizistisch durch die Gemeindebewegung begleitet werden (vgl. *Reeken*, 60–62), dokumentiert sich der vereinskirchliche Umbau der Parochie vielleicht am deutlichsten, wenn hier – idealiter – um einen Versammlungssaal mit Bühne diverse Sitzungs- und Vereinszimmer, ein Konfirmandenraum, evtl. Kindergarten, Bibliothek und Schwesternstation gruppiert werden.

Weil die Seelsorgegemeinde selbst vereinskirchlich gedacht ist, stehen Schian und Sulze der christlich-diakonischen, aber außerkirchlichen Vereinsarbeit höchst kritisch gegenüber: Sie bleibe fragmentarisch, sei »zufällig und planlos entstanden. Es gründete sie, wer da wollte. Die Kirchengemeinden sind mit innerer Notwendigkeit der Gnade Gottes und der religiösen Menschennatur entsprungen. [...] die äußere Hilfe ist nur dann sicher zu erwarten und von der rechten Art, wenn sie ein Ausfluss der Erziehungsarbeit, der Seelsorge ist« (*Sulze*, 212 f.).

Zwar hat sich die Forderung, alle christliche Vereinstätigkeit in die »Seelsorgegemeinden« zu integrieren, nicht durchgesetzt. Wohl aber bauen die Kirchengemeinden nun zunehmend eigene Jugendhilfe-, Pflege- und Betreuungsnetze auf; neben ehrenamtliche Kräfte treten seit der Jahrhundertwende angestellte »Gemeindehelfer«, »Gemeindeschwestern«, Fürsorgerinnen und Diakone, die immer professionellere Ausbildung benötigen. Regelmäßig entbrennen um die Zuordnung dieser Kräfte zwischen den Gemeinden und der Inneren Mission heftige Konflikte (vgl. etwa *Schian*, 92–94).

Die Gemeindebewegung ist seit ihren Anfängen nicht zuletzt publizistisch aktiv – auch darin dem christlichen Vereinswesen ähnlich. Regelmäßige Konferenzen, Berichtsbände, Jahrbücher und Aufsatzsammlungen halten die Reformvorschläge präsent. Es ist wohl auch dieser Öffentlichkeitsarbeit zu verdanken, dass viele der organisatorischen Initiativen, etwa zur Teilung der Großparochien, zur Bildung von Gemeindebezirken, zur Stellung der Pfarrer und zur Stärkung der Kirchenvorstände binnen weniger Jahrzehnte flächendeckend umgesetzt werden[26]. In den Verfassungen der 1920er Jahre erhalten die Kirchengemeinden dann auch rechtlich-organisatorisch ein erhebliches Gewicht[27].

Auch dort, wo die Gemeindebewegung sich strukturell nicht durchsetzen kann, etwa im Blick auf die bleibende Konkurrenz zur Inneren Mission, prägt sie doch das verbreitete Bild eines kirchlichen Organisationstyps, der auf freiwilligem, eigenverantwortlichen, religiös motivierten Engagement für bestimmte soziale Zwecke beruht. Die entsprechende gemeinschaftliche Tätigkeit wird dezidiert nicht ›von oben‹ initiiert, sondern verdankt sich je lokaler Initiative und Unterstützung.

Gleichwohl – das unterscheidet diesen Organisationstyp von der freien, auch der freikirchlichen Vereinsarbeit – ist jenes Engagement in das Leben und die Infrastruktur einer kirchlichen Gemeinde eingebunden: Es vollzieht sich in einem Gemeindehaus, das den diakonischen, kulturellen und geselligen Bedürfnissen der Gemeindeglieder zugleich Raum geben soll. Und wenn die vereinskirchliche Initiative nicht vom Pfarrer ausgeht oder (jedenfalls mit) geleitet wird, so untersteht sie doch der Aufsicht des Kirchenvorstandes; umgekehrt wird von den Kirchenvorstehern selbstverständlich ein Engagement in den einschlägigen Gemeindegruppen erwartet.

Die Vereinskirche der Wende zum 20. Jahrhundert zielt zwar, wie etwa die Kultur der Gemeindefeste oder die Einrichtung des Gemeindehauses zeigt, auf die Integration aller (rechtlichen) Gemeindeglieder; gleichwohl erscheint für diesen Organisationstyp eine spezifische, in sich gegliederte *Struktur der Beteiligung* charakteristisch[28]. Systematisch im Zentrum stehen die engagierten Individuen, die ihren Glauben lebenspraktisch im Rahmen der Kirchengemeinde realisieren. Dabei werden die Initiativen, wie die Geschichte des evangelischen Vereinswesens zeigt, einerseits immer wieder von charismatischen Einzelnen angestoßen und geprägt; andererseits beruht das vereinskirchliche Engagement auf professionell ausgebildeten, berufstätigen Gemeindemitarbeitern.

Das diakonische, seelsorgliche und/oder missionarische Engagement wird stets *für* bestimmte, ›gefährdete‹ Gruppen unternommen und organisiert. Der Übergang zwischen Hilfsbedürftigen und Helfenden ist freilich fließend; gemeinsam bilden sie seit dem späten 19. Jahrhundert ein spezifisches Milieu, die ›Kerngemeinde‹.

Der skizzierten vereinskirchlichen Organisations- und Beteiligungsstruktur entspricht ihre spezifische, nämlich *integrative Intention:* Unter den Bedingungen zunehmender gesellschaftlicher Pluralisierung zielt sie darauf, die auseinander tretenden sozialen Schichten, kulturellen Milieus und Frömmigkeitsstile (wieder) in einer Organisation zusammenzuführen. Für dieses Ziel werben die verschiedenen Initiativen nachhaltig, auch öffentlich; um seinetwillen relativieren sie die überlieferten Bekenntnisse und Glaubenslehren. Ihr spezifisches bürgerliches Milieu vermögen alle diese Initiativen gleichwohl nur ausnahmsweise zu überschreiten; dies scheint eher, damals wie heute, den diakonisch-missionarischen Initiativen außerhalb der verfassten Kirche zu gelingen.

Die außerordentlich prägende Kraft dieses kirchlichen Idealtyps zeigt sich darin, dass von der Ortsgemeinde bis heute die Sammlung ›ständischer‹ Gruppen – Jugendliche, Frauen, Senioren, auch Männer – erwartet wird, deren differenziertes Beteiligungsmuster dem oben skizzierten entspricht. Mutatis mutandis folgen viele Selbsthilfegruppen, die sich in der Ortsgemeinde etwa für Suchtkranke und Trauernde bilden, ebenfalls jenem Muster professionell unterstützten, gemeinschaftlichen Engagements. Und auch das wachsende Angebot musikalischer Gruppen kann, insofern es auf die freiwillige Beteiligung möglichst vieler Gemeindeglieder setzt und die kirchliche Infrastruktur nutzt, der gegenwärtigen Vereinskirche zugerechnet werden. In Gemeindehaus und Kirche, unterstützt durch Pfarrpersonen und andere Hauptamtliche, bildet sich auch heute ein spezifisches kirchliches Milieu, in dem soziales, auch reformorientiertes Engagement, individuelle Bedürftigkeit und ein hoher religiöser Anspruch nachhaltige, öffentliche Wirkung zeigen.

3.3.3 Praktisch-theologische Würdigung

In einem metakritischen »Plädoyer für den Normalfall« weist Ernst Lange, Exponent der Kirchenreform in Berlin, 1965 darauf hin, dass zur Ortsgemeinde auch einige »Beunruhigte« gehören[29]: Angehörige der gesellschaftlichen Eliten, die sich hier für eine Verbesserung der sozialen wie der kirchlichen Zustände engagieren. Die Mehrzahl derer, die sich im kirchlichen Gemeinschaftsleben finden, zählt Lange freilich zum »Ensemble der Opfer«: alte Menschen, Kinder und Kleinfamilien, dazu »die ständig wachsende Gruppe der Schlechtangepassten, der Außenseiter, der gesellschaftlich und psychisch Kranken« (a.a.O., 295 ff. 299). Indem das ortskirchliche Vereinsleben diese und andere *Modernisierungsverlierer* versammelt, erweist es seine historische Kontinuität zum Klientel der Inneren Mission wie der Seelsorgegemeinde Sulzes.

Man hat es in »der Vereinskirche [...] durchweg mit Defiziten und Frustrationen zu tun, mit Wünschen und Bedürfnissen, die im Leben der Gesellschaft [...] zu kurz kommen, also etwa im Blick auf Geborgenheit, Gemeinschaft, Status, Unterhaltung, Bildung [...].«[30]

Dieses spezifische »Milieu«[31] erfüllt für seine Mitglieder offenbar kompensatorische Funktion. Durch den »Nachbau« einer umfassenden Lebenswelt ersetzt die Vereinsgemeinde ihren Gliedern soziale Primärbeziehungen der Nachbarschaft oder der Familie[32]; sie erscheint insofern als Inbegriff der Betreuungskirche. Die Kehrseite besteht in einer – immer wieder kritisierten – Milieuverengung vieler kirchlicher Gemeinschaften; hier sammeln sich, nach den neueren Kategorien, vor allem Angehörige des »Harmoniemilieus« (G. Schulze) bzw. die »Geselligen« (Hauschildt/Schulz)[33].

Vertiefte kirchensoziologische Studien zeigen die politisch wie religiös konservative, tendenziell defensive und ängstliche Haltung der heutigen Vereinsgemeinde[34]. Nicht selten wird die Erfahrung der vertrauten Gruppe in einen unvermittelten Gegensatz zur kirchlichen ›Organisation‹ gebracht[35];

oder der Anspruch, alle gesellschaftlichen Ansprüche und Problemfälle in intensiver, gemeinschaftlicher Frömmigkeit integrieren zu können, führt zu einer riskanten Selbstüberforderung der Engagierten und grenzt zugleich, ungewollt, andere Milieus aus dem Leben der Gemeinde aus.

Auch wenn die vereinskirchlichen Strukturelemente demnach nur eine begrenzte Bedeutung für die Gestalt der Kirche, insbesondere der Ortsgemeinde beanspruchen können, so ist doch schließlich ihr *theologischer Sinn zu betonen*. Es ist zunächst dieser Typ kirchlicher Organisation, in dem wesentliche Dimensionen des christlichen Glaubens eine soziale Gestalt finden: seine Selbstständigkeit und Selbsttätigkeit, seine Gemeinschaftlichkeit und sein Engagement für leiblich und seelisch Bedürftige. Indem den Beteiligten, den Engagierten ebenso wie den Hilfsbedürftigen hier ermöglicht wird, ihre je eigene christliche Überzeugung in konkretes, soziales Handeln umzusetzen, wird der normative Anspruch der religiösen Experten relativiert: Es ist eben nicht die ›reine Lehre‹, sondern die je eigene Motivation, die den Zugang zum kirchlichen Leben eröffnet.

Auch wenn der integrative Anspruch der Vereinskirche in religiöser wie in sozialstruktureller Hinsicht stets nur begrenzt erfüllbar erscheint, so gelingt es den einschlägigen, insbesondere den diakonischen Organisationsformen doch immer wieder, ›kirchenferne‹ Milieus und gesellschaftlich marginale Gruppen in einen nachhaltigen Kontakt mit dem christlichen Glauben zu bringen. Den entsprechenden Aktivitäten kommt zudem eine erhebliche öffentliche Wirkung zu: Mittels des sozial-integrativen Engagements Einzelner und kleiner Gruppen vermag die evangelische Kirche ihren Anspruch auf Mitwirkung bei gesellschaftlichen Reformprojekten eindrücklich zu inszenieren.

Schließlich darf die sozialisierende Kraft der vereinskirchlichen Organisationsformen nicht unterschätzt werden. So weit sich dies empirisch erkennen lässt, sind es vor allem die Erfahrungen intensiver Gemeinschaft, etwa in der Jugendarbeit, in musikalischen oder in diakonischen Gruppen, die eine stabile kirchliche Bindung und vor allem eine bleibende Offenheit für den christlichen Glauben fundieren (↗4.1.3). Anhand der kirchlichen Friedens- und Umweltgruppen in der DDR der 1980er Jahre hat E. Neubert exemplarisch gezeigt, dass die Erfahrung verbindlicher Gruppenpraxis auch für die gesamtgesellschaftliche Integration ihrer Mitglieder von hoher Bedeutung ist[36].

3.4 Konventskirche

Literatur: *Bonhoeffer, Dietrich,* Gemeinsames Leben (1939), neu hg. von *Gerhard L. Müller/Albrecht Schönherr,* in: DBW 5, München 1987, 13–102. – *Marsch, Wolf-Dieter:* Institution im Übergang, Göttingen 1970, 90–101. – *Cornehl, Peter,* Art. »Gottesdienst VIII. Evang. Gottesdienst von der Reformation bis zur Gegenwart«, in: TRE 14, 1985, 54–85, bes. 71 ff. – *Möller, Christian:* Lehre vom Gemeindeaufbau, Bd. I, Göttingen 1987, 171–218. – *Mehlhausen, Joachim:* Art. »Nationalsozialismus und Kirchen«, in: TRE 24, 1994, 43–78.

Von 1933 bis 1945 erlebt die evangelische Kirche in Deutschland zum ersten Mal seit Jahrhunderten eine politisch gewollte, gesellschaftlich umfassende Marginalisierung – eine Erfahrung, die sich mutatis mutandis in der DDR-Gesellschaft bis 1989 fortsetzt. Diese Situation hat nicht nur theologie- und frömmigkeitsgeschichtlich erhebliche Folgen, sondern sie führt auch zu spezifischen Eigenarten der kirchlichen Organisation, vor allem was das gottesdienstliche Leben, die Aus- und Fortbildung der Pfarrer und nicht zuletzt das Leitungshandeln betrifft. Die entsprechenden Kirchenbilder, wie sie besonders wirkungsvoll D. Bonhoeffer ausgearbeitet hat (↗ 3.4.2), sind unter dem Druck einer Weltanschauungsdiktatur entstanden; in einem demokratisch-pluralistischen Kontext zeigen sie nunmehr ambivalente Wirkung.

3.4.1 Die Bedeutung von Gottesdienst und Gemeinschaft angesichts politisch-gesellschaftlicher Marginalisierung

Die Auseinandersetzung mit den totalitären Ansprüchen des Nationalsozialismus vollzieht sich ab 1933 in vielen Gemeinden, Pfarrkonventen und Theologischen Fakultäten. Organisatorische Konsequenzen hat jene Auseinandersetzung jedoch zunächst auf der Leitungsebene; hier entstehen Strukturmodelle, die in der Geschichte der deutschen, vor allem der lutherischen Kirchen als innovativ gelten können.

Nachdem die evangelischen Landeskirchen durch die Kirchenwahlen 1934 in – aus Sicht der Bekenntnisbewegung – »zerstörte« und »intakte« Kirchen zerfallen sind, konkurrieren auf allen Ebenen und in ständig wechselnder Formation verschiedene, z. T. ausdrücklich »vorläufige« Leitungsinstanzen. Greifen die freien (Bekenntnis-) Synoden, die vor allem im reformierten Bereich begegnen, noch auf historische Vorbilder zurück, so stellen die alsbald daraus entstehenden »Bruderräte« doch etwas Neues dar: den Versuch einer dauerhaft gemeinschaftlichen, strikt geistlich begründeten Kirchenleitung[37]. Dabei grenzt man sich gegen die vom Staat okkupierte oder desavouierte konsistorial-behördliche Leitung ebenso ab wie gegen das nationalsozialistische Führerprinzip; gerade die prominenten Figuren der Bekennenden Kirche achten auf ihre Einbindung in korporative Strukturen. Die bruderrätlichen bzw. synodalen Leitungsformen sind zugleich von der Erfahrung des Versagens repräsentiv-demokratischer Strukturen geprägt: An die Stelle (kirchen-)politischer Fraktionierung und Machtkämpfe soll eine theologisch begründete und geistlich erfahrene Einmütigkeit treten (vgl. *Marsch*, 98 f.).

Auch in den Bekennenden Gemeinden und Kirchenregionen gewinnt das Ideal *geistlich begründeter Gemeinschaft* erheblich an Bedeutung. Positiv wird hier angeknüpft an die Modelle gemeinsamen, liturgisch bestimmten Lebens auf Zeit, die etwa in der »kirchlichen Arbeit Alpirsbach« und in der theologischen Bewegung entwickelt werden, die vom »Berneuchener Buch« (1926) zur »Michaelsbruderschaft« führt[38]. Die negative Folie bildet das zivilreligiöse, auch kultische Programm der Nationalsozialisten, das unter Berufung auf »altgermanische« Traditionen die religiöse Erziehung wie die kirchlichen Gottesdienste zu ersetzen sucht. Auch wenn die Entkonfessionalisierung der öffentlichen Lebens im Blick auf die Kasualien nicht gelingt, entfaltet der »politische Kult« doch eine nachhaltige Wirkung:

»Die Suggestion von Macht und Stärke, Kampf und Sieg der nationalsozialistischen Bewegung fand in den öffentlichen Feiern ihren sinnlich erfahrbaren Ausdruck. [...] Die Nation, aus Klassenkämpfen und innerer Zerrissenheit befreit, konnte sich als *eine* sehen und erleben. Zentrum des NS-Kultes war der Glaube an den ›Führer‹, der das große Erlösungswerk (mit Hilfe der ›Vorsehung‹) vollbracht hatte, das Bekenntnis zu ihm und die Bereitschaft, ihm bedingungslos zu folgen. [...] Mit allen Mitteln sinnlicher Verführung und Überredung warb der faschistische Kult um die Menschen und schuf ein Klima permanenter Entscheidung.« (*Cornehl*, 74 f.)

In diesem Kontext entwickelt sich in den Bekennenden Gemeinden eine veränderte, offenbar eindrückliche Gestalt des Sonntagsgottesdienstes (vgl. *Cornehl*, 75 f.): Das Abendmahl wird nun regelmäßig, oft wöchentlich gefeiert und stellt zugleich gemeinsames Bekenntnis, Vergewisserung und endzeitlichen Ausblick dar; Glaubensbekenntnis und Vaterunser werden nicht mehr allein vom Pfarrer, sondern gemeinsam gesprochen. Der Gottesdienst nutzt ein wachsendes Repertoire wiederentdeckter und neuer, dezidiert antiromantischer Gemeinde- und Chorgesänge, und er stellt sich in den Rahmen einer strikten Ordnung des Kirchenjahres. Den gesellschaftlichen Bezug markiert nicht zuletzt die Institution gemeinsamer Fürbitte, die eine politische Dimension entwickelt und ggfs. auch konkrete Namen inhaftierter Pfarrer und Gemeindeglieder einschließt.

Auf der regelmäßigen Erfahrung des Sonntagsgottesdienstes als geistlicher, liturgisch-objektiv geordneter Gemeinschaft beruht der innere Zusammenhalt der Bekennenden Kirche; die Beschreibung der »Gemeinde von Brüdern, in der Jesus Christus in Wort und Sakrament als der Herr gegenwärtig handelt« (Barmen III), hat hier ihre reale Grundlage[39]. Der Gottesdienst bildet aber auch die *organisatorische* Basis der opponierenden Kirche, können doch viele ihrer Aufgaben nurmehr durch Kollekten finanziert werden. Insbesondere die Ausbildung des pastoralen Nachwuchses, der z. T. in die (kirchenrechtliche) »Illegalität« gerät, ist auf permanente Unterstützung aus den Gemeinden selbst angewiesen[40]. Umso bedeutsamer, auch für die Nachkriegszeit, ist die entschlossene Organisation einer seminaristischen Pfarrerausbildung der Bekennenden Kirche: Hier wird der Zusammenhang theologisch-»sachlicher« Arbeit, persönlicher Gemeinschaft und liturgischer Erfahrung eingeübt, der das kirchliche Leben prägen soll.

Die Grundstruktur einer Gemeinschaft, die sich »objektiv« in der hörbar-leibhaften Gegenwart Christi gegründet sieht, wird jedoch nicht nur im Predigerseminar sowie im Gottesdienst der – doch relativ wenigen – bekennenden Gemeinden erlebbar, sondern sie prägt auch andere kirchliche Veranstaltungsformen, deren Verbreitung sich der Situation der Marginalisierung und dazu der zeitgenössischen religiösen Stimmung verdankt. So verbreiten sich mehrtägige Pfarrkonvente und kirchliche »Konferenzen«; Fakultäten und Kirchenkreise veranstalten theologische »Ferienkurse« oder »Rüstzeiten«, »Evangelische Wochen« und andere Treffen, wie sie aus der Jugendbewegung bekannt sind. Die Kombination intensiver Gemeinschaft und inhaltlicher, oft biblisch orientierter Arbeit verbreitet sich ebenso im Rahmen der Ortsgemeinde mit »Bibelarbeiten«[41] und »Hauskreisen«.

Angesichts der drohenden Beschränkung kirchlichen Lebens auf Vereinsstrukturen, wie sie etwa im polnischen »Reichsgau Wartheland« seit 1940 zur Realität werden[42], erwägen führende Kreise der Bekennenden Kirche eine noch stärkere Konzentration auf liturgische Handlungs- und Leitungsformen[43]. Tägliche Hausandacht, eine Ordnung der Bibellese und des Gebets, Einübung der wechselseitigen persönlichen Beichte, Gottesdienst- und Predigtvorbereitung in Gemeindekreisen, ein dichtes System von Gemeinde- und Einzelbesuchen und vor allem eine stärkere Aktivierung und Einbindung der Laien – auf diese Weise wird geplant und z. T. auch erprobt, eine kirchliche Organisation ganz ohne gesellschaftliche Unterstützung zu erhalten.

3.4.2 Kirchlich-»gemeinsames Leben« nach Bonhoeffer und in der Gegenwart

Als programmatische Verdichtung der religiösen Impulse, die die strukturelle Reaktion der Kirchen auf ihre Marginalisierung nach 1933 prägen, kann Dietrich Bonhoeffers Büchlein »Gemeinsames Leben« (1939) gelten[44]. Hier reflektiert Bonhoeffer seine Tätigkeit im illegalen Predigerseminar der Bekennenden Kirche in Finkenwalde (1935-1937), für die er sich u. a. durch Besuche in anglikanischen und freikirchlichen Kommunitäten vorbereitet hatte. Das gemeinsame Leben der Kandidaten wird ihm zum Paradigma einer nunmehr der ganzen »Kirche gestellte[n] Aufgabe« (a. a. O., 7), angesichts äußeren Drucks wie innerer Anfechtung orientierungskräftige Grundzüge christlicher Gemeinschaft zu formulieren. Nicht allein die pastorale Lern- und Lebensgemeinschaft, sondern auch der Gottesdienst, Laienkreise verschiedenster Art und die christliche Familie erscheinen als »Konkretisierungen der einen Kirche, [als] Sozialgestalten, in denen das Wesen der Kirche als Communio Christi zur Erscheinung kommt«[45]. Die weit reichende Wirkung des Buches, vor wie nach 1945, belegt seinen paradigmatischen Charakter[46].

Bonhoeffer thematisiert zunächst die Eigenart der christlichen Gemeinschaft selbst und konkretisiert diese dann in Kapiteln über den »gemeinsamen Tag«, den »einsamen Tag«, den »Dienst« sowie »Beichte und Abendmahl«. Schon die Gliederung lässt die wesentlich liturgische Fundierung erkennen, die dem »Gemeinsamen Leben« hier gegeben wird. Gleich eingangs wird sodann betont, christliche Gemeinschaft komme allein durch die Mittlerschaft Christi zustande: »Ohne Christus kennten wir Gott nicht [...]. Ohne Christus aber kennten wir auch den Bruder nicht und könnten nicht zu ihm kommen. Der Weg ist versperrt durch das eigene Ich.« (20) Der exklusiven Möglichkeit wahrer Gemeinschaft durch Christus, gegen »das eigene Ich«, entspricht die kritische Unterscheidung zweier Gemeinschaftsformen:

»Der Grund geistlicher Gemeinschaft ist die Wahrheit, der Grund seelischer Gemeinschaft ist das Begehren. [...] Innerhalb der geistlichen Gemeinschaft gibt es niemals und in keiner Weise ein ›unmittelbares‹ Verhältnis des Einen zum Andern, während in der seelischen Gemeinschaft ein tiefes [...] Verlangen [...] nach unmittelbarer Berührung mit andern menschlichen Seelen [...] lebt. [...] Seelische Liebe liebt den Andern um seiner selbst willen, geistliche Liebe liebt den Andern um Christi willen.« (27–29)

Offenbar sieht Bonhoeffer in einer intensiven, religiös geprägten Gemeinschaftserfahrung, wie sie der Nationalsozialismus vielfältig zu inszenieren weiß, große Gefahren; die »unmittelbare« Erfahrung wird durchgehend relativiert: »Wir gehören einander allein durch und in Jesus Christus« (18). – Das ausführliche Kapitel über den »gemeinsamen Tag« (35–64) zeigt, wie sich diese Mittlerschaft konkretisiert. Den größten Raum nimmt die Beschreibung von Morgen- und Abendandacht ein: »Der Morgen gehört nicht dem Einzelnen, er gehört der Gemeinde des dreieinigen Gottes, er gehört der christlichen Hausgemeinschaft, der Bruderschaft [...] zum gemeinsamen Lob Gottes« (36).

Das gemeinsame Lob vollzieht sich in Schriftlesung, Gesang, Psalmen- und Fürbittgebet; die Auslegung des Wortes tritt dahinter deutlich zurück. Die liturgischen Formen werden ausführlich erläutert; auch der »einsame Tag« ist wesentlich durch liturgische Übung strukturiert: »die Schriftbetrachtung, das Gebet, die Fürbitte« (69), die Bonhoeffer wiederum biblisch begründet und methodisch entfaltet.

Die Einschärfung einer strikten liturgischen Strukturierung des gemeinsamen Lebens, das Schweigephasen, Mahlzeiten und die Zeiten der Arbeit umschließt, wird im Kapitel über den brüderlichen, wechselseitigen »Dienst« durch seelsorgliche Erwägungen ergänzt, die vor allem das Zuhören und darin das »Tragen« der konkreten Sorgen, der Leiden, auch der Sünden des Bruders betonen (85 ff.). Erst daraus ergibt sich das »freie, nicht an Amt, Zeit und Ort gebundene Wort von Mensch zu Mensch«, das dem Anderen den Trost wie die Mahnung Gottes bezeugen soll – es ist jedoch »von unendlichen Gefahren umlauert« (87). Bonhoeffer kritisiert vor allem das zeitgenössische »Verlangen nach den ›bischöflichen Gestalten‹, nach den ›priesterlichen Menschen‹, nach ›vollmächtigen Persönlichkeiten‹« (91), wird hier doch wiederum die strikte Bindung an Christus zugunsten »irgendeine[r] Unmittelbarkeit, eine[r] Menschenbindung in der Kirche« aufgegeben (92). Folgerichtig schließt das Buch mit Hinweisen zur Einzelbeichte und zum Herrenmahl – nur in diesen liturgischen Formen, denen sich alle Mitglieder der Gemeinschaft gleichermaßen unterziehen, kann der »Durchbruch zur Gemeinschaft« allein »im Namen Christi« erfolgen (94 f.).

Die gesellschaftliche Situation, in der Bonhoeffer das »Gemeinsame Leben« profiliert, kommt am deutlichsten im Blick auf den »einsamen Tag« zum Ausdruck: »Jeder Tag bringt dem Christen viele Stunden des Alleinseins mitten in einer unchristlichen Umwelt. Das ist die Zeit der Bewährung. [...] Hat die Gemeinschaft dazu gedient, den einzelnen frei, stark und mündig zu machen, oder hat sie ihn unselbständig und abhängig gemacht?« (75) Unter dem Druck einer »unchristlichen«, religions- und glaubensfeindlichen »Umwelt« gewinnt eine verbindliche Gemeinschaft, die den Einzelnen in seinem Alltag »stark und mündig« macht, existenzielle Bedeutung. Diese kann für Bonhoeffer nicht auf organisatorischen Strukturen beruhen[47], sondern allein auf der unmittelbaren Erfahrung einer Gruppe, in der sich liturgische Strenge und theologische Arbeit mit der Ausrichtung auf den kirchlichen Dienst verbinden: Es ist ein – pastoraler oder christlicher – *Konvent*, der hier als Idealgestalt des kirchlichen Lebens erscheint.

Insofern sich dieses Modell gemeinsamen Lebens auf Zeit seit den 1930er Jahren auch in Pfarrkonventen, Gemeindefreizeiten und theologischen Ferienkursen, dazu in Hauskreisen und nicht zuletzt in den wachsenden kirchlichen »Bruderschaften« verbreitet, kann für jene Epoche von einem ›kon-

ventskirchlichen< Organisationstyp gesprochen werden. Er beruht vor allem auf strikten liturgischen Ordnungen: dem Kirchenjahreszyklus der Lesungen und der daran gebundenen Predigt, den »objektiven« Ordnungen des Gebets und des Abendmahles, der Beichte und der Hausandacht. Dazu kommt die »streng sachliche«, also nicht subjektiv-emotional orientierte Auslegung der Bibel, sei es im freien Gespräch oder in »ernster« theologischer Arbeit.

Die *Mitgliedschaft* in dieser Konventskirche realisiert sich durch ständige und aktive Beteiligung an »der Sache« der Verkündigung; in einer solchen »Dienstgemeinschaft« ist skeptische Distanz ebenso ausgeschlossen wie rein innerliche oder vorwiegend emotionale Beteiligung. Das gemeinsame Leben und Arbeiten muss sich beständig am Christusbezug ausweisen und zugleich relativieren. – Die *Leitung* der Gemeinde wie der Gesamtkirche geschieht ebenfalls konventsförmig oder »bruderschaftlich«, in überschaubaren pastoralen Gremien, die eher nach charismatischen als nach repräsentativen Kriterien gebildet werden und die – idealiter – in geschwisterlicher Einmütigkeit entscheiden.

Nach dem Ende des Dritten Reiches finden die skizzierten Denk- und Organisationsmodelle als »Ertrag des Kirchenkampfes« (E. Schlink) zunächst Eingang in zahlreiche Kirchenverfassungen und -ordnungen. So installiert etwa die südhessische Kirche unter dem Einfluss Niemöllers ein kollektives »Leitendes Geistliches Amt«; auch in anderen Kirchenverfassungen finden sich bruderrätliche Elemente. Ebenso schlägt sich das latente, seinerzeit wohl begründete Misstrauen der Bekennenden Kirche gegen eine distanzierte Mitgliedschaft in den Wahlordnungen der Nachkriegszeit nieder, die das aktive Wahlrecht an den Gottesdienstbesuch knüpfen und in die Bildung überregionaler Synoden zahlreiche weitere Filter implantieren. Auch die Gesetze zum Wiedereintritt, dem eine »Bewährung« durch engagierte Teilnahme am Gemeindeleben vorausgehen und der im öffentlichen Abendmahlsgottesdienst vollzogen werden muss, entsprechen dem Bild einer engagierten, liturgisch fundierten Mitgliedschaft.

Weiter noch wirkt die »liturgische Restauration«, die sich durch die – lange vorbereiteten – Agenden der 1950er Jahre vollzieht (*Cornehl*, 77): Nicht nur Lesungen, Wochenlieder und Predigttexte werden normiert, sondern ebenso Themen und Sprachgestus des gottesdienstlichen Gebets, auch die möglichst affektfreien Melodien. Die in den 1950er Jahren überarbeiteten Lebensordnungen zeichnen ein Bild christlicher Sozialität, das dem konventskirchlichen Typ bis ins Einzelne entspricht: Kirchliche Organisation beruht auf der regelmäßig »versammelten Gemeinde«, deren liturgische Ordnung das gesamte Leben der Mitglieder bestimmt[48].

Zwar sind solche mitgliedsrechtlichen wie liturgischen Ordnungen inzwischen weithin revidiert; das in ihnen transportierte Idealbild einer einheitlichen, in sich geschlossenen kirchlichen Lebenswelt dürfte aber bis heute gerade unter Engagierten weiterwirken. Dazu trägt auch die anhaltende Verbreitung einschlägiger Arbeits- und Versammlungsformen bei, von der Kinder- oder Konfirmandenfreizeit über die Bibelarbeit bis zu Hauskreisen. Ebenso finden sich konventkirchliche Strukturen in vielen Tagungshäusern und Fortbildungsinstitutionen. Und schließlich hat die Attraktivität evangelischer Kommunitäten zugenommen, an deren Leben man auch auf Zeit teilnehmen kann.

3.4.3 Praktisch-theologische Würdigung

Dass diejenigen Interaktionsformen, in denen der christliche Glauben seine Eigenart erfährt und öffentlich macht, durch eine Verbindung von liturgischer Struktur, reflektiertem Schriftbezug und persönlicher Gemeinschaft geprägt sein sollten, erscheint inzwischen als kaum bestrittener Konsens. So ist etwa die pastorale Bildung in Predigerseminar und Pastoralkolleg konventkirchlich strukturiert, und ebenso viele andere kirchliche Fortbildungsformen. Gerade weil der hier skizzierte Organisationstyp inzwischen nahezu selbstverständlich zur Norm der kirchlichen Interaktion geworden ist, seien zunächst seine kritischen, weil gegenwärtig dysfunktionalen Aspekte benannt. W.-D. Marsch hat sie bereits 1970 zusammengefasst:

»Die um Gottes Wort versammelte Gemeinde ist in einem Maße aufgewertet worden, wie es ihrer faktischen Bedeutung für das Leben der Kirche immer weniger entspricht. Geistliche Entscheidungen werden vorgeschoben, wo es um nüchternes politisches oder organisatorisches Kalkül geht. Die Bildung von Parteien und Fraktionen wird noch immer als nicht dem Wesen der Kirche entsprechend abgetan. Neue kirchliche Arbeitszweige – spezialisierte Pfarrer, Publizistik, […] Lebensberatung etc. – konnte man lange Zeit gar nicht unterbringen […]. Kurz: dieses schöne Ideal einer ›bekennenden Gemeinde‹ verträgt sich immer weniger mit den Anforderungen, die in einer hoch differenzierten Gesellschaft auf die Kirche zukommen.« (*Marsch*, 108)

In der Gegenwart erscheint das konventskirchliche Organisationsmodell vor allem in drei Hinsichten problematisch. Zum Einen verstärkt es nochmals die strukturelle und mentale Dominanz der Ortsgemeinde und spricht insbesondere der Ordnung des sonntäglichen »Hauptgottesdienstes«, der »um Gottes Wort versammelten Gemeinde« eine Bedeutung zu, die weder statistisch noch liturgisch-theologisch gerechtfertigt erscheint[49]. In einer Konventkirche können weder das plurale gottesdienstliche Leben noch die plurale kirchliche Praxis angemessen gewürdigt werden.

Zum Zweiten dürfte das bis heute beobachtbare *Misstrauen gegen leitende Organe*[50], besonders gegen die landeskirchliche Verwaltung auf eine konventskirchliche Prägung zurückgehen: Die deutsch-christliche »Zerstörung« der Kirchenleitungen, auch deren nur zögerliche Unterstützung bekenntniskirchlichen Engagements vor Ort hat die allgemeine Geringschätzung zentraler Verwaltung (»Bürokratie«) in der Kirche erheblich verstärkt. In Ostdeutschland hat zudem die nicht immer durchsichtige Haltung der Konsistorien gegenüber den staatlichen Stellen der DDR ihre Spuren in der pastoralen Wahrnehmung zentralkirchlicher Leitung hinterlassen. Und bis heute wird, in Ost und West, zwischen der religiösen Gemeinschaft der Engagierten vor Ort und einer *per se* ›ungeistlichen‹ Organisation von den Meisten strikt unterschieden.

Nach wie vor wirksam sind schließlich die »bruderrätlichen« Idealbilder kirchlicher Leitung, etwa in der Ablehnung parlamentarisch-demokratischer Entscheidungsformen »wie parteiliche Fraktionierung, [...] offene Wahlen, Meinungsbildung in pluralistischer Konkurrenz« (*Marsch*, 107) – das gilt für die Landessynode ebenso wie für Kirchenkreis und Gemeinde. Die Neigung, organisatorische, auch organisationspsychologische Probleme zunächst geistlich-theologisch beschreiben zu wollen, verschärft die Undurchsichtigkeit kirchlicher Leitung. Dazu kommt die ebenfalls von Marsch beklagte »Elitenzirkulation« und »Ämterhäufung« des Leitungspersonals (ebd.). Damit werden die herrschenden Machtverhältnisse in der Kirche, wenn nicht absichts-, so doch wirkungsvoll verschleiert.

Auch wenn das historisch prägende Modell liturgisch-bruderschaftlicher Kirchlichkeit den gegenwärtigen Anforderungen vielfach nicht angemessen erscheint und daher nicht idealisiert werden darf, so sind doch mindestens zwei Aspekte kirchentheoretisch positiv zu würdigen.

Einmal erscheint der Verweis auf *gottesdienstliche Vollzüge*, wie sie zuerst von der Bekennenden Kirche in den Mittelpunkt ihrer Selbstdefinition gerückt worden sind, für die aktuelle Frage nach einem spezifisch »evangelischen Profil« ausgesprochen produktiv. Das öffentliche Beten (Meyer-Blanck), die eucharistische Gemeinschaft (Cornehl, Bieritz, Käßmann), auch das liturgisch strukturierte Jahr (Schroeter-Wittke, Fechtner) – diese liturgischen Grundvollzüge können als ›Markenzeichen‹ der Kirche in der Erlebnisgesellschaft gelten: Die kirchliche Inszenierung (↗ 2.6.4) beruht wesentlich auf der Verbindung von Gemeinschaftserfahrung und liturgischer Ordnung, die in den konventskirchlichen Entwürfen der 1930er Jahre fundiert ist.

Sodann wächst in der kirchlichen Organisation gegenwärtig die Erwartung an ein professionelles, pädagogisch und ökonomisch verantwortetes Leitungshandeln. In dieser Lage ist die von der Theologie der 1930er Jahre erneut akzentuierte Einsicht, dass Ausrichtung, Wachstum und Wirkung des kirchlichen Lebens letztlich nicht Menschenwerk, sondern der *Herrschaft Christi selbst* zu überlassen sind, von kaum zu überschätzender Bedeutung. Organisationsförmiges Leiten in der Kirche wird damit nicht entwertet, wohl aber relativiert, insofern es dazu verpflichtet ist, sich in der liturgischen Interaktion wie in der theologischen Reflexion für jenes göttliche, geistliche Leitungshandeln offen zu halten (↗5.5).

3.5 Funktionskirche

Literatur: *Margull, Hans Jochen* (Hg.): Mission als Strukturprinzip. Ein Arbeitsbuch zur Frage missionarischer Gemeinde, Genf 1965. – *Lange, Ernst:* Chancen des Alltags. Überlegungen zur Funktion des christlichen Gottesdienstes in der Gegenwart (1965), hg. v. *P. Cornehl*, München 1984. – *Simpfendörfer, Werner* (Hg.): Kirchenreform I. Die Gemeinde vor der Tagesordnung der Welt. Dokumente und Entwürfe, Stuttgart 1968. – *Schloz, Rüdiger:* Art.»Kirchenreform«, in: TRE 19, 1989, 51–58. – *Hermle, Siegfried/Lepp, Claudia u.a.* (Hg.): Umbrüche. Der deutsche Protestantismus und die sozialen Bewegungen in den 1960er und 70er Jahren, Göttingen 2007.

3.5.1 Kirchliche Pluralisierung und Professionalisierung in den 1960er Jahren

Erscheinen die 1950er Jahre auch in kirchengeschichtlicher Hinsicht vor allem als Phase des Wiederaufbaus und der Restauration, so vollzieht sich seit den 1960er Jahren ein Neuaufbruch, der freilich – stärker als es vielen Protagonisten der sog. Kirchenreform bewusst ist – von den materiellen Voraussetzungen der Nachkriegszeit geprägt ist. Wegen der Koppelung der Kirchensteuer an das Arbeitseinkommen partizipiert die kirchliche Organisation bis in die 1970er Jahre am (westdeutschen!) ›Wirtschaftswunder‹: an der gewaltigen Steigerung des gesellschaftlichen wie die individuellen Wohlstands. Die landeskirchlichen Einnahmen verdoppeln, ja verdreifachen sich z.T. innerhalb von 15 oder 20 Jahren[51]. Nicht immer planvoll, aber doch gezielt wird ein Großteil dieser Mittel in eine strukturelle Ausweitung der kirchlichen Arbeit gesteckt, und zwar vor allem in dreierlei Hinsicht.

Bis heute sichtbar ist die Erhöhung des kirchlichen *Gebäudebestands*. Neben Kirchenbauten, die Kriegszerstörungen ersetzen und die öffentliche Präsenz des Christentums erneut markieren, treten – vor allem in städtischen Neubaugebieten – seit etwa 1965 zahlreiche Gemeindezentren. Hier findet sich idealtypisch »ein von Räumen für die Gruppen und Aktivitäten der Gemeinde umgebener, über ein Foyer erschlossener, vorrangig gottesdienstlich genutzter

Mehrzwecksaal mit separaten Jugendräumen«⁵²: In einer dezidiert funktionalen Architektur wird die zunehmende Pluralität der Gemeindearbeit zum Ausdruck gebracht. Nach diesem Muster entstehen gelegentlich auch ökumenische Gemeindezentren; nicht selten werden zudem übergemeindliche Arbeitsstellen oder Studentengemeinden in solchen Zweckbauten situiert⁵³.

Die an Dichte und Differenziertheit stetig zunehmenden Aktivitäten, die sich in jenen Räumen vollziehen, werden durch eine ebenfalls wachsende Zahl von *hauptamtlich Mitarbeitenden* unterstützt. Während die Zahl der Gemeindepfarrstellen vor allem in den 1970er Jahren enorm ansteigt⁵⁴, wird schon in den 1960ern das diakonische, pädagogische und sozialarbeiterische Handeln der Kirche erheblich ausgeweitet und professionalisiert. Im Kontext der allgemeinen Verwissenschaftlichung der sozialen Berufe zielen die Ausbildungsreformen – übrigens ähnlich in der DDR der 1970er Jahre – auf eine Anhebung und Systematisierung der beruflichen Standards. Auf diese Weise wächst bei den entsprechenden Berufsgruppen die Erwartung, für anspruchsvolle Projekte und spezifische Zielgruppen tätig sein zu können.

Die ökonomisch gestützte Pluralisierung und Professionalisierung konkretisiert sich schließlich im *Ausbau von kirchlichen »Diensten« und »Arbeitsstellen«*, die auf den Kontakt mit einzelnen gesellschaftlichen Gruppen (etwa Gewerkschaften, Ärzte etc.) und Funktionsbereichen (Krankenhaus, Arbeitswelt, Massenmedien, Sport etc.) zielen und dabei vielerorts diakonische Hilfe, seelsorgliche Beratung und pädagogische Begleitung anbieten. In übergemeindlichen Funktionen, vor allem in Schulen, Krankenhäusern und im Bildungsbereich sind 1970 bereits ca. 20% der Pfarrer(innen) tätig⁵⁵.

Mit der wachsenden Bedeutung nichtparochialer Arbeit geht, zunächst ganz unreflektiert, eine gewisse organisatorische Gewichtsverlagerung einher. Auf der landeskirchlichen Ebene wächst die Zahl der Referate, Plan- und Arbeitsstellen; die vielfältigen Beschäftigungsverhältnisse und die entsprechenden Finanzströme erfordern eine immer komplexere Administration. Vor allem aber wird, z. T. auch programmatisch, die *mittlere Ebene* gestärkt: Es ist die kirchliche »Region«, das Dekanat bzw. der Kirchenkreis, in der viele der neuen, gesellschaftsfunktionalen Arbeitsformen angesiedelt sind. Seither ist in den meisten Mittel- und Großstädten ein »Haus der (evangelischen) Kirche« zu finden, das Beratungsstellen und Bildungsarbeit beherbergt.

3.5.2 Strukturelle und theologische Programme der »Kirchenreform«

Die skizzierten Veränderungen der Organisation vollziehen sich auf dem Hintergrund gesellschaftlicher Umbrüche sowie einer breiten innerkirchlichen

Reformdebatte. Gesellschaftsstrukturell sind die 1960er Jahre – infolge nachhaltigen Wirtschaftswachstums und steigenden Bildungsniveaus – durch zunehmende Individualisierung gekennzeichnet: Geschlossene Lebenswelten, Klassen- oder Konfessionsmilieus verlieren ebenso wie familiäre Traditionen an Bindungskraft; die Einzelnen sind zu erhöhter Mobilität und zu eigenverantwortlicher Planung ihrer Berufs- und Beziehungsbiographie genötigt. Auch und gerade religiöse Einstellungen und Bindungen erscheinen allmählich als individuelle Optionen; seit etwa 1969 zeigt sich dies in einer steigenden Zahl von Kirchenaustritten.

Strukturell vergleichbare Prozesse der Emanzipation und Mobilisierung vollziehen sich im globalen Horizont: Die postkolonialen, nicht selten revolutionären Verhältnisse in der ›Dritten Welt‹, auch die dortigen (Bürger-)Kriege und Armutskatastrophen beschäftigen die gesellschaftliche wie die kirchliche Diskussion. Die studentischen Proteste gegen die nordatlantische Verwicklung in Krieg und Unterdrückung sowie gegen die autoritäre Erstarrung vieler Institutionen sind denn auch vielfach von Protagonisten und Gruppen geprägt, die kirchlichen Milieus entstammen (vgl. *Hermle u.a.*, 111 ff.).

Die breite Diskussion zur Kirchenreform, die in Westdeutschland viele Themen und Protestformen der ›1968er‹ vorwegnimmt, ist von jener globalen, ökumenischen Horizonterweiterung nachhaltig geprägt. Bedeutsam sind vor allem die Diskussionsprozesse, die – nach dem Ende des kolonialen Zeitalters – zu einer Neuorientierung in der Weltmissionsbewegung führen: Seit der ÖRK-Vollversammlung in Evanston (1954) beschäftigen sich diverse Studiengruppen mit »Strukturen missionarischer Gemeinden«[56]; Ernst Lange und andere Protagonisten der Kirchenreform sind hier beteiligt. Theologisch leitend ist das Konzept der ›*missio Dei*‹[57]: Die Kirche ist demnach weder Urheberin noch Ziel des missionarischen Handelns, sondern vielmehr hinein genommen in Gottes eigene Mission, die sich in der Welt immer schon und unabhängig von der kirchlichen Praxis vollzieht. Die Erwartungen, Bedürfnisse und Konflikte der ›Welt von heute‹ müssen jene Praxis daher fundamental bestimmen: Mission wird zum Funktions- und Strukturprinzip der Kirche und ihrer Gemeinden.

Im Anschluss an jene Studien wird in der Kirchenreformbewegung u.a. das Konzept missionarisch-diakonischer »Dienstgruppen« debattiert, in denen sich Laien außerhalb der ortsgemeindlichen Strukturen engagieren[58]. Auf diese Weise erfahren die sog. Parageminden, wie sie sich etwa in den Studentengemeinden, im Umkreis des CVJM oder im neupietistischen Bereich gebildet haben, erhöhte Aufmerksamkeit. Vor allem aber öffnen sich die Gemeindehäuser sowie die Akademien für sozialdiakonisch, auch politisch engagierte Gruppen und Netzwerke. Diese bilden sich – seit den Debatten um die deutsche Wiederbewaffnung – anlässlich der »Friedensfrage«; in den 1960ern sind sie einerseits mit globalen Themen der Entkolonialisierung und Entwicklungshilfe befasst, andererseits mit lokalpolitischen Fragen von Armut, Randgruppen oder städtischer Verkehrsplanung. In den 1970er Jahren werden zudem ökologische und feministische Fragen zum Kristallisationskern. Das langjährige Engagement in solchen Gruppen und damit eine christliche »Wendung zur Welt« prägt viele Mitarbeitende und Pfarrpersonen bis in die Gegenwart.

Die außerordentlich intensive Debatte zur Kirchenreform[59], die in den späten 1950ern beginnt und – stets begleitet von hohem publizistischen Engagement – auf den Evangelischen Kirchentagen seit 1963 sowie auf Akademietagungen, Synoden, in Kommissionen und Arbeitsgruppen bis Anfang der 1970er geführt wird, bezieht sich freilich nicht nur auf die »Tagesordnung der Welt«, sondern kritisiert vor allem den konservativen, ja restaurativen Charakter der *kirchlichen Strukturen selbst*. Als reformbedürftig erscheint eine staatlich privilegierte Kirche, die der Gesellschaft autoritativ gegenübersteht anstatt sich für ihre Anliegen diskursiv zu öffnen.

Der allgemeine Ruf nach »Demokratisierung« und »Mitbestimmung« wird darum nicht zuletzt auf die Kirche bezogen. Durch Demonstrationen und Kampagnen versuchen seit Mitte der 1960er Jahre immer mehr Gruppen, auf kirchliche Leitungsentscheidungen Einfluss zu nehmen. In der Folge etablieren sich in den (Landes-) Synoden selbst entsprechende »Gesprächskreise« oder Fraktionen; die aus dem Kirchenkampf ererbte Scheu vor der Artikulation widerstreitender Interessen verliert in den 1960er Jahren an Gewicht. Das kirchliche Leitungshandeln erfährt damit eine nachhaltige Pluralisierung und Politisierung.

Sehr kritisch wird in der Debatte sodann das »parochiale System« gesehen, mit der Dominanz des Pfarramtes und der traditionellen, innovationsfeindlichen Ortsgemeinde. Einer »Öffnung zur Welt« soll vielmehr die planmäßig-professionelle Arbeit jenseits der Ortsgemeinde, in der »Raumschaft« oder Region dienen[60]; und für die lokale Gemeinde selbst wird eine funktionale Gliederung gefordert, mit einem Team aus theologisch, pädagogisch und diakonisch spezialisierten Fachkräften sowie mit einer stärkeren Beteiligung »mündiger Laien« (vgl. *Simpfendörfer*).

Zwar haben sich Regionalgemeinden und Teampfarrämter in den 1960er Jahren nur vereinzelt etabliert. Wohl aber ist die vermehrte Anstellung pädagogischer und sozialdiakonischer Mitarbeitender ebenso auf dem Hintergrund solcher Konzepte zu sehen wie der Bau von multifunktionalen Gemeindezentren (↗3.5.1). Eine strukturelle Öffnung erfährt die Ortsgemeinde schließlich, aber nicht zuletzt in *liturgischer* Hinsicht[61]: Seit Anfang der 1960er Jahre wenden sich »Gottesdienste in neuer Gestalt« an einzelne Zielgruppen, vor allem an Jugendliche und an Familien, nutzen dafür öffentliche Orte außerhalb der Kirchen, etwa Kinosäle, und rezipieren inhaltlich sowie stilistisch aktuelle Strömungen.

Auch an diesen liturgischen Innovationen sind kirchliche Gruppen beteiligt; dies gilt besonders für das Kölner »Politische Nachtgebet« (seit 1967), das in anderen Städten adaptiert wird (vgl. *Hermle* u. a., 265 ff.). Die gesellschaftskritischen Anliegen der sozialen Bewegungen gelangen in die religiöse Mitte des kirchlichen Lebens und finden dort, nicht zuletzt durch entsprechend engagierte Pfarrer, Mitarbeiterinnen und Laien ein nachhaltiges Echo.

Der *theologische Horizont* der Kirchenreform reicht von der ökumenischen Missionstheologie (s. o.) über Ansätze einer reformierten »Theologie der Hoffnung« (J. Moltmann) und einer lutherischen »Politischen Theologie« (D. Sölle im Anschluss an F. Gogarten) bis zur ausgesprochenen »Theologie der Revolution«[62]. Besonders nachhaltig dürften die Schriften und Vorträge des Berliner Pfarrers und Publizisten *Ernst Lange* gewirkt haben[63], und zwar nicht zuletzt dadurch, dass Lange sich seit den 1950ern mit einer innovativen Jugend- und Theaterarbeit, mit liturgischen Experimenten sowie seit 1960 mit der Berliner »Ladenkirche« sehr wirkungsvoll an den einschlägigen Reformbemühungen beteiligt.

Auf dem Hintergrund dieser Erfahrungen sowie den ökumenischen Studien zu »Strukturen missionarischer Gemeinden« plädiert auch Lange dafür, den »Funktionswandel der Lokalgemeinde« zu akzeptieren[64] und die Relevanz des christlichen Glaubens für Politik und Gesellschaft nicht zuletzt durch christliche Aktionsgruppen, die »unabhängig von der kirchlichen Bindung öffentliche Meinung mobilisieren«, zu markieren sowie – im Blick auf einzelne Politiker – durch »einen Freundeskreis [...], ein mutuum colloquium fratrum, in dem aus christlicher Verantwortung Entscheidungen vorbereitet werden«. In diesen informellen Kreisen wie in jenen Gruppen müssen sich dann Sachverstand und »persönliche Nähe, persönliches Vertrauen« verbinden.

Die existenziell-religiöse Vertiefung der Reformanliegen, die diese Sätze anklingen lassen, zeigt sich auch in Langes Buch »Chancen des Alltags. Überlegungen zur Funktion des christlichen Gottesdienstes in der Gegenwart« (1965), das – entstanden im Kontext der Berliner Ladenkirche – nicht nur eine praktisch-theologische Gemeindetheorie, sondern auch eine Theologie des »heutigen Christseins« entwirft (a. a. O., 151 ff., 180 ff.). Auf dem Hintergrund der zeitgenössischen Sozialethik (D. v. Oppen, H.-D. Wendland u. a.) zeichnet Lange das Bild einer mündig gewordenen, sachlich-funktional geordneten Gesellschaft, die den individuellen Glauben, gerade den engagierten Glauben immer aufs Neue in Widersprüche, in tiefe Einsamkeit und elementare Anfechtung führt. Der »Gottesdienst der Gemeinde« hat seine Funktion darin, die Einzelnen in dieser Anfechtung zu entlasten, die Verheißung zuzusagen und sie aufs Neue in den Alltag zu senden (a. a. O., 171 ff., 210 ff.). In dieses existenziell-liturgische Modell kann Lange nicht nur ortsgemeindliche Liturgie und Predigt, sondern das gesamte kirchliche Handeln von Seelsorge und Bildung bis zu Diakonie und Sozialpolitik einzeichnen (a. a. O., 159 ff.).

Aus der zeitgenössischen Missionstheologie entnimmt Lange weiterhin die Vorstellung, die christliche Gemeinde existiere in der Gegenwart »in zwei Phasen [...]: als ›Ekklesia‹ und als ›Diaspora‹, in Versammlung und Zerstreuung« (141). Auf diese Weise wird die christliche Existenz im Alltag, in Familie, Beruf und gesellschaftlichem Leben theologisch aufgewertet; die Versammlungen in Gottesdienst und Gemeindeleben haben ihren Sinn nicht in sich selbst, sondern bleiben jener »Diaspora« des Glaubens streng funktional zugeordnet.

Gleichwohl bleibt für Lange – im Unterschied zu vielen ökumenischen wie deutschen Kirchenreformern – die herkömmliche Ortsgemeinde der legitime, weil durchaus funktionale »Normalfall« des kirchlichen Lebens (a. a. O., 135 ff. 289 ff.). Denn hier findet nicht nur das »Ensemble der Opfer« Trost und Orientierung aus dem Glauben, sondern hier engagieren sich auch Angehörige der »Eliten«, die angesichts ihrer gesellschaftlichen Verantwortung »auf das befreiende, [...] die konkrete Zukunft des kommenden Tages öffnende [...] Wort« warten (302); dazu kommt die »Masse der Distanzierten«, die in den Kasualien nach der »Bürgschaft der Verheißung« an den »Knotenpunkten ihrer persönlichen Existenz« fragen (306 f.). Auf diese Weise macht Lange die Ortsgemeinde – und das Pfarramt – nicht nur als Organisationsformen kenntlich, in denen die konfliktträchtige Pluralität der modernen Gesellschaft wahrgenommen wird. Sondern er kann zeigen, dass die traditionellen kirchlichen Formen durchaus geeignet sind, die »Leiden der Zeit« (307) in Kontakt zu bringen mit der erneuernden Kraft des Evangeliums.

3.5.3 Praktisch-theologische Würdigung

Angesichts der gesellschaftlichen »Umbrüche« *(Hermle u. a.)*, die in den 1960er Jahren die Relevanz des Glaubens für die Einzelnen und ihre Lebensverhältnisse in Frage stellen, entwickeln die evangelischen Großkirchen eine Praxis, z. T. auch eine Theorie der Organisationsreform, die sich unter dem Stichwort ›*Funktionskirche*‹ zusammenfassen lässt: Leitend für die Kritik der herkömmlichen Praxis wie für die Erprobung neuer Inhalte und Arbeitsformen ist die Frage nach der »Funktion des christlichen Gottesdienstes«, d. h. der Botschaft wie des gesamten kirchlichen Lebens »für die Gegenwart« *(E. Lange)*. Weil diese Gegenwart durch Emanzipation, durch soziale Konflikte, Pluralisierung und politische Planungsbestrebung gekennzeichnet ist, darum bemühen sich die Kirchen ihrerseits um eine angemessene, eine funktionale Organisation ihrer Praxis, die den vielfältigen Ansprüchen, Erwartungen und Bedürfnissen »der Welt« gerecht zu werden und eben auf diese Weise der »missio Dei« zu entsprechen sucht.

Zu dieser dezidiert pluralen Organisation gehört – ermöglicht durch große ökonomische Ressourcen – der Ausbau von funktionalen Arbeitsbereichen, »Diensten und Werken« (vgl. *Hermle u. a.*, 290 ff.) auf landeskirchlicher und regionaler Ebene; dazu gehört die vermehrte Einrichtung von Funktions(pfarr)stellen und die kirchliche Beheimatung engagierter Gruppen und Netzwerke. Auf diese Weise bleiben die Großkirchen im inhaltlichen wie personellen Kontakt mit vielen sozialen Bewegungen der Zeit.

Zum gesellschaftsfunktionalen Umbau der Ortsgemeinde gehört der Aufbau einer differenzierten, zunehmend professionellen Mitarbeiterschaft, und dazu gehört ebenso der Bau von multifunktionalen Gemeinde- und Kirchenzentren. Unter der Perspektive funktionsgerechter Organisation wird die kirchliche Verwaltung modernisiert; und die Leitungsstrukturen werden – wenn auch langsam – so verändert, dass breitere ›demokratische‹ Beteiligung, und damit die Repräsentanz wichtiger gesellschaftlicher Anliegen zumindest möglich ist[65].

Zum Organisationstyp der Funktionskirche gehört schließlich, aber nicht zuletzt ein neues Interesse an den *Mitgliedern*. Hierzu zählt nicht nur die Pluralisierung der gottesdienstlichen Kultur, die dezidiert an den Fragen und Feierformen einzelner Zielgruppen ausgerichtet wird; sondern dazu gehört auch der Versuch, die religiösen und kirchlichen Einstellungen der Mitglieder durch umfangreiche sozialwissenschaftliche Erhebungen zu erkunden. Die großen Studien, die die EKD und die VELKD Anfang der 1970er Jahre in Auftrag geben[66], zielen angesichts der steigenden Austrittszahlen darauf, die Funktion des kirchlichen Handelns und der Mitgliedschaft für die Einzelnen zu bestimmen – und wenn möglich zu optimieren.

Auch wenn die radikal funktionale Theologie der »missio Dei« inzwischen an Überzeugungskraft verloren hat, so sind die meisten der genannten Strukturelemente doch bis heute präsent. Dies gilt für den beträchtlichen Bestand an kirchlichen Gebäuden aus den 1950er bis 1970er Jahren; es gilt – trotz der Kürzungen der letzten Jahre – auch für die Stellenpläne einer hoch professionalisierten Mitarbeiterschaft sowie deren komplexe Administration. In Kirchenkreisen sind nach wie vor zahlreiche funktionale Dienste und Einrichtungen angesiedelt. Und die »Region« ist als genuine Handlungsebene erneut in den Blick gekommen.

Die ursprünglich hinter all jenen Strukturen stehende Überzeugung, die kirchliche Arbeit habe sich wesentlich *funktional* und darum *plural zu organisieren*, hat allerdings inzwischen an Evidenz verloren. Dies hat zunächst empirisch-pragmatische Gründe: Die durchgreifende Demokratisierung des kirchlichen Lebens führt offensichtlich bei allen Beteiligten zu einem erheblichen Verschleiß von Zeit und Kraft[67]. Dazu kommt seit einigen Jahren der Kostendruck auf eine Organisation, die viele verschiedene Arbeitsformen nebeneinander unterhält und nun nach Synergieeffekten fragen muss.

Hinter den pragmatischen Anfragen an das Strukturmodell einer funktionalen, komplex organisierten Kirche werden demnach prinzipielle Probleme erkennbar. Konnten in den 1960er Jahren »Zwei- und Dreifachstrukturen aufgrund verschiedener Ekklesiologien« aufgebaut werden, »wobei diese Mehrfachstruktur [...] ziemlich genau den Anforderungen entsprochen haben mag«[68], so sieht man sich nun vor die schwer lösbare Aufgabe gestellt, jene nicht selten konkurrierenden Ekklesiologien in ein geklärtes Verhältnis zu setzen. Die ›jüngeren‹ Einrichtungen haben dabei bisher schlechtere Chancen, sich im innerkirchlichen Verteilungskampf zu behaupten. Die kirchenpolitische Schwäche der funktionalen Arbeitszweige und Professionen[69] ist nicht zuletzt in der *theologischen*, schon in den 1960er Jahren diskutierten Kritik begründet, hier werde die Auftragsbestimmtheit kirchlichen Handelns durch eine normative Orientierung an den gegenwärtigen Verhältnissen bzw. an den »Bedürfnissen« der Einzelnen ersetzt. Zudem stehe, wie bereits gegen die ökumenische Missionstheologie der 1950er eingewandt wurde, eine derart nach außen gewendete Kirchenorganisation in der gleichsam kenotischen oder »selbstsäkularisierenden« Gefahr, sich in jenen Fragen und Nöten der Gesellschaft bis zur Unkenntlichkeit zu verlieren.

Die positive Würdigung einer konsequent funktionalen Organisation kirchlicher Praxis wird darum nicht rein pragmatisch vorgehen können. Ebenso wird sie sich nicht an der innerkirchlich beliebten Debatte zwischen ›lokaler Gemeinde‹ und ›funktionalen Diensten‹ orientieren dürfen – auch die Zielgruppenarbeit oder das diakonische und politische Engagement vor Ort sind ja funktional ausgerichtet. Der praktisch-theologische Sinn der Funktionskirche ist vielmehr prinzipiell zu formulieren, und zwar mindestens in dreierlei Hinsicht.

Zum Einen nimmt eine solche Struktur die unhintergehbar differenzierte, komplexe und konfliktträchtige Verfassung der gegenwärtigen Gesellschaft ernst. Diese spezifischen Bedingungen hat ein kirchliches Handeln, das die Menschen in ihren realen Lebensbezügen begleitet und orientiert, *inhaltlich* zu berücksichtigen: mit einer situations- und subjektgerechten Verflüssigung seiner Gehalte, die diese zu je neuer Aneignung freigibt (W. Gräb). Zugleich ist jedoch eine *strukturelle* »Verflüssigung« der Handlungs- und nicht zuletzt der Gottesdienstformen geboten. Andernfalls besteht die Gefahr, den Glauben an das Evangelium mit bestimmten Sozialformen zu identifizieren.

Von großer Bedeutung ist sodann nach wie vor E. Langes Hinweis auf den stellvertretenden Charakter der kirchlichen Konflikte und ihrer angemessenen, nämlich *konziliaren* Bearbeitung. In einer gesellschaftlichen Lage, die durch zahlreiche globale, lokale und auch psychische Antagonismen gekennzeichnet ist, kommt der evangelischen Kirche die Aufgabe zu, zur Artikulation wie zur Relativierung dieser Konflikte im Lichte des Evangelium beizutragen. Dies kann nur so geschehen, dass jene Konflikte im kirchlichen Leben *selbst* so zur Darstellung kommen, dass sie in eine verheißungsvolle Bewegung geraten (↗1.3; ↗5.4.1).

Schließlich ist daran zu erinnern, dass die Protagonisten der Kirchenreform ihre Strukturziele durchgehend und explizit theologisch begründet haben, nämlich mit der von der Kirche wie von allen Christen geforderten Teilnahme am Prozess der Zuwendung Gottes zur Welt: Es ist der Auftrag zur *Mission*, der eine funktionale Umgestaltung der kirchlichen Verhältnisse immer wieder neu erfordert.

3.6 Bündelung: Strukturelle und normative Dimensionen der »Gemeinde«

Literatur: *Daiber, Karl-Fritz:* Zur Sozialgestalt der Gemeinden, in: *H. Schröer u. a.* (Hg.), Handbuch Praktische Theologie, Bd. 3, Gütersloh 1983, 11–30. – *Möller, Christian:* Art. »Gemeinde I. Christliche Gemeinde«, in: TRE 12, 1984, 316–335. – *Fechtner, Kristian:* Gemeinde (1997), in: *Ders.,* Späte Zeit der Volkskirche, Stuttgart 2010, 85–100. – *Pohl-Patalong, Uta:* »Gemeinde«. Kritische Blicke und konstruktive Perspektiven, in: PTh 94 (2005), 242–257.

Die Beobachtungen zu einigen Strukturtypen, die die Gestalt der evangelischen Großkirchen bis heute bestimmen, seien in zwei Hinsichten gebündelt. Zum Einen schärft die historische Perspektive den Blick auf Besonderheiten der kirchlichen Organisation im Wandel der Zeiten. Zum Anderen erklärt die kirchliche Strukturgeschichte die Bedeutungsbreite wie das inhaltliche Gewicht des Begriffs »Gemeinde« (↗3.6.2). Mit der gebotenen Vorsicht können aus der historisch-typologischen Deskription daher einige normative Folgerungen gezogen werden.

3.6.1 Strukturelle Besonderheiten der kirchlichen Organisation

Die historischen Skizzen zeigen, dass die evangelische Kirche – wohl stärker als alle anderen Großorganisationen der Gegenwart – durch die Überlagerung mehrerer, in sich stimmiger Strukturen gekennzeichnet ist[70]. Während

E. Troeltsch eine typologische Trias von Sozialgestalten des Protestantismus rekonstruiert, und zwar ebenfalls mit historischen, sozialstrukturellen und theologischen Argumenten (↗ 2.2.1), scheinen in der gegenwärtigen evangelischen Großkirche mindestens fünf Organisationstypen wirksam zu sein, nämlich eine parochiale, eine landeskirchliche, eine vereinskirchliche, eine konvents- und eine funktionskirchliche Grundstruktur. Diese Grundtypen lassen sich in zahlreichen einzelnen *Dimensionen* der Organisation auffinden: Nicht nur im Blick auf das Pfarramt oder die Leitungsstruktur (↗ 5.3), sondern etwa auch hinsichtlich der Finanzierung (↗ 4.2) oder der Nutzung kirchlicher Gebäude lässt sich jeweils eine Mehrzahl von Erwartungen, Kommunikations- und Strukturmustern namhaft machen, die der oben entfalteten Typik entsprechen. Auch ein ›guter‹ Gottesdienst wird in den unterschiedlichen Strukturtypen verschieden bestimmt, etwa was die Bedeutung der Agende, die Beteiligung der Gemeindeglieder oder die Aufmerksamkeit für ›Fernstehende‹ betrifft.

Kirchliche Konflikte lassen sich demzufolge u. a. dadurch verständlich machen, dass diverse Erwartungen – etwa an den Kirchenvorstand oder an die kirchliche Mitgliedschaft – konkurrieren, die auf verschiedene Strukturtypen zurückgehen. Noch komplexer sind die Konfliktlinien, wenn beispielsweise die parochiale Struktur der ortsgemeindlichen Finanzierung mit einer eher vereinskirchlichen Sicht der Mitgliedschaft oder der Gebäudenutzung kollidiert.

Die multistrukturelle, gleichsam polyhybride Verfassung der evangelischen Kirche wird zudem dadurch *dynamisiert*, dass die skizzierten Strukturtypen historisch wie systematisch nicht selten in einem kritischen Verhältnis zueinander stehen – auch dies hat Troeltsch bereits für das Verhältnis der Anstaltskirche zur Sekte und zur Mystik skizziert. So haben sich vereinskirchliche Bestrebungen immer wieder gegen die landeskirchlichen Vorgaben gerichtet; die Funktionskirche wendet sich gegen die Schließungstendenzen der Konvents- wie der Vereinskirche. Diese wechselseitig kritischen, mitunter polemischen Traditionslinien verhindern eine rasche Vermittlung der typologischen Differenzen – das ist etwa bei der Sicht der kirchlichen Mitglieder (↗ 4.1) oder bei der Nutzung eines Gemeindehauses gut zu erkennen.

Die historischen Skizzen lassen weiterhin erkennen, wie tiefgreifend die kirchliche Sozialgestalt von gesellschaftlichen oder genauer: von *politischen* Kontexten geprägt ist. Dies gilt nicht nur für die Interessen sittlicher, kultureller und politischer Domestizierung, die mit Parochie sowie Landeskirche verbunden sind, sondern etwa auch für die Auseinandersetzung der Vereinskirche mit »der Sozialdemokratie« oder »der Großstadt«. Ebenso verdankt sich die Plausibilität der Konventskirche der Erfahrung politischer Marginalisierung; und die Funktionskirche nimmt die – nunmehr weltweiten – sozialen Emanzipationsbewegungen der 1960er Jahre auf. Es sind, so lässt sich resümieren, ganz wesentlich politische und/oder gesellschaftsstrukturelle *Entwicklungen außerhalb* der Kirche, die diese zu weitgreifenden Umbauten nötigen.

Zu jeweils stimmigen, in sich kohärenten und überzeugenden kirchlichen Organisationstypen werden offenbar vor allem solche Gestalten, die jene Anstöße von außen mit der religiösen oder theologischen *Tradition* verbinden können. So knüpft die Landeskirche an staatskirchliche Organisationsmuster aus Antike und Mittelalter an, die Vereinskirche aktiviert vielfältige diakonische Traditionen, und die Funktionskirche aktualisiert reformkirchliche Impulse der Armutsbewegung oder antike Konziliaritätsmodelle. Die religiösen, auch die kirchlichen Traditionen werden dabei mannigfach modifiziert; wesentlich scheint jedoch eine überzeugende Vermittlung zeittypischer Anforderungen und religiöser Tradition zu sein: Zu einem kohärenten kirchlichen Organisationstyp gehört offenbar so etwas wie eine *Populartheologie*. Wie die hier gewählten Beispiele (Sulze, Bonhoeffer, Lange) erkennen lassen, verknüpft eine ›erfolgreiche‹ Begründung kirchlicher Organisationsreform jeweils verschiedene, durchaus disparate Frömmigkeitstraditionen, zu denen immer wieder Impulse der Erweckungsbewegung sowie der religiösen Sozialkritik gehören.

Die historische Dynamik fortgesetzter kirchlicher Strukturreform ist schließlich nicht nur durch politisch-gesellschaftliche Außenimpulse und durch die kreative Rekonstruktion religiöser Tradition bedingt, sondern auch durch das immer wiederkehrende Anliegen, jeweils möglichst alle Menschen, alle Schichten oder sozialen Gruppen der Zeit zu erreichen und einzubinden. Dieser *integrative Impuls* zeigt sich nicht nur in der parochialen wie in der landeskirchlichen Organisationsstruktur, sondern er bestimmt ebenso die ›Gemeindebewegung‹ des späten 19. Jahrhunderts wie die ›Kirchenreformbewegung‹ der 1960er Jahre. Und auch die Konventskirche bemüht sich, namentlich in der DDR, ausdrücklich um möglichst alle Gruppen und ›Klassen‹ – auch und gerade dort, wo die Machthaber eine solche volkskirchliche Offenheit zu verhindern versuchen. Sämtliche skizzierte Organisationstypen implizieren – und propagieren – insofern zugleich ein bestimmtes Sozialmodell, das sich kritisch gegen ausgrenzende wie gegen selbstausgrenzende, separatistische Strömungen in Kirche *und* Gesellschaft wendet. Die evangelische Großkirche erweist sich damit, in allen organisatorischen Wandlungen, als Volks- oder genauer: als dezidiert *gesellschaftsintegrative Kirche*.

Noch einmal anders gewendet: Ohne ein *programmatisches* Moment, das innerkirchliche Kritik, strukturelle Innovation und soziale Integration verbindet, scheint sich die evangelisch-kirchliche Organisation nicht zu realisieren. Insofern diese Programmatik, dieser religiös fundierte Anspruch jeweils

– in Gottesdienst und Gruppenarbeit, in Finanz- und Leitungsstrukturen – eine sichtbare, eine typische Gestalt gewinnt, gehört zur evangelischen Kirche offenbar stets das Moment der Inszenierung. Und insofern diese Programmatik sich auch im kirchlichen Selbstverständnis, also semantisch realisiert, gewinnen bestimmte Begriffe, die jenen Anspruch und jene Kritik in sich fassen, eine ausgesprochen *normative* Bedeutung. Es ist vor allem der Begriff der »Gemeinde«, in dem sich diese semantisch-normative Dimension der kirchlichen Organisationstypik zeigt.

3.6.2 Semantisch-normative Aspekte der kirchlichen Organisation als »Gemeinde«

Der Begriff der Gemeinde hat in der evangelischen Kirche, wie immer wieder festgestellt wird (vgl. zuletzt *Pohl-Patalong*), nicht nur eine außerordentliche Bedeutungsbreite, sondern vor allem ein hohes normatives Gewicht. Als »Gemeinde« können sehr unterschiedliche Organisationsformen bezeichnet werden, von der parochialrechtlich, primär territorial verfassten Kirchengemeinde über eher gemeinschaftliche Formen der Vereins- oder Personalgemeinde bis zu zielbewussten Funktions- oder Richtungsgemeinden – auch und gerade der Gemeindebegriff lässt sich *strukturell* offenbar anhand der hier skizzierten Typik kirchlicher Organisation rekonstruieren. Zugleich aber gilt: Wer in der kirchlichen Debatte mit »der Gemeinde« argumentiert, beansprucht für das eigene Anliegen unmittelbare Evidenz und unbedingte Autorität zugleich – *semantisch* eignet dem Begriff nicht nur eine strukturell-deskriptive, sondern zugleich eine hoch normative Dimension.

Diese gleichsam doppelbödige Semantik der »Gemeinde«[71] macht darauf aufmerksam, dass die Organisationsgeschichte der evangelischen Großkirche, in der die »Gemeinde« eine große Rolle spielt, nicht nur als beständige Ergänzung und Addition neuer Strukturtypen verstanden werden darf, sondern dass jene strukturellen Innovationen sich stets als Aktualisierung von kirchlich-reformatorischen Ursprungsanliegen und darum als *kritische Überbietung* der vorfindlichen Gestalt verstehen. Der wesentlich kritische Impuls, der die gleichsam multistrukturelle Verfassung der evangelischen Kirche zum Ort permanenter Orientierungs- und Verteilungskonflikte macht, verdichtet sich nun in der Bedeutungsgeschichte der »Gemeinde«. Denn diesem Begriff eignet – seit Luthers Unterscheidung der je neu hörenden und glaubenden »Gemeinde« von der römischen »Papstkirche« – seinerseits ein wesentlich kritisches, ja *polemisches Moment*. Wenn E. Sulze »Die evangelische Gemeinde« als Verein gegenseitiger Seelsorge gegen die Amtskirche seiner Zeit setzt (↗ 3.3.2), so soll jener Begriff ebenso zum programmatischen Zentrum eines innovativen Organisationstyps werden wie die »Gemeinde von Brüdern«, die in Barmen III das konventskirchliche Ideal markiert (↗ 3.4.1), oder das »neue Gemeindebild«, mit dem E. Lange Orts- und Parageemeinde integrieren will (↗ 3.5.2). Im Begriff der Gemeinde bündeln sich offenbar die kritischen wie die konstruktiven, die einander überbietenden wie die durchgehenden Züge des spezifischen Reformprogramms, das die Organisationsgeschichte der evangelischen Kirche in Deutschland vorantreibt. Ein synoptischer Blick auf die in jener Strukturgeschichte artikulierten, ihrerseits typischen Reformimpulse ist darum geeignet, ein praktisch-theologisches Verständnis von »Gemeinde« zu umreißen, das sowohl diese normativen Ansprüche als auch dessen faktisch multistrukturelle Basis berücksichtigt.

Charakteristisch für den evangelischen Begriff der Gemeinde ist zunächst der Anspruch, dass hier das Leben mit dem Evangelium, also der Glauben in besonderer Weise *sichtbar* wird. Für die Vereinskirche bedeutet dies, dass die Gemeinde die »Arbeitsgemeinschaft« des Glaubens darstellt (M. Schian), an der alle Einzelnen, auch alle kirchlichen Gruppen aktiv und selbstbestimmt teilnehmen können; in ähnlicher Weise ist auch das funktionskirchliche Gemeindebild konzipiert als engagierter, vielfältiger Dienst an der »missio Dei« in der Welt. Eine andere Linie versteht die Gemeinde primär als den Ort, an dem »Jesus Christus [...] als der Herr gegenwärtig handelt« (Barmen III) und dies in einer liturgisch-theologisch konstituierten Gemeinschaft erfahren wird. Auch die Parochie konzipiert die Sichtbarkeit des Glaubens vor allem als eine passive Erfahrung seiner Sichtbarkeit in Ritual, Kirchengebäude und Pfarramt.

Wenn der reformatorische Gemeindebegriff die *ecclesia audiens* und die *ecclesia docens*, also die Teilhabe und die Teilnahme des Glaubens am Evangelium zusammenhält, dann wird deutlich, dass die Sichtbarkeit des Glaubens in der Gemeinde in sich mehrschichtig, gleichsam *dialektisch verfasst* ist – und zwar aus genuin theologischen Gründen. Auch prinzipiell eignet dem evangelischen Begriff der Gemeinde offenbar ein dialektisches Moment – auf eine bestimmte Organisationsform sind weder die Sichtbarkeit des Glaubens noch die weiteren Strukturmomente festzulegen, die sich mit dem Gemeindebegriff verbinden.

So ist auch die durchgehende Bindung der kirchlichen Organisation an einen bestimmten Ort oder – besser – einen »*gelebten Raum*« (*Fechtner*, 98 f.), wie er durch den Gemeindebegriff markiert wird, in sich mehrschichtig verfasst. In unterschiedlicher Weise halten der parochiale Strukturtyp, die Vereins- und auch die Funktionskirche daran fest, dass das gemeinsame Leben des Glaubens sich wesentlich auf die eigentümlichen Lebensräume bezieht, in denen sich die Glaubenden (und solche, die es werden sollen) regelmäßig bewegen. Die konventskirchliche, und in anderer Weise auch die landeskirchliche Struktur markieren jedoch zugleich, dass die Gemeinde zu ihrem Lebensraum auch in einer sachlich begründeten *Distanz* steht: Die liturgische Praxis der Gemeinde, auch ihre rechtliche Verfassung oder die Stellung der Pfarrpersonen markieren, dass die Präsenz des Evangeliums sich nicht auf das Hier und Jetzt ›vor Ort‹ beschränkt, sondern eingebettet ist in eine räumlich-organisatorisch wie religiös übergreifende, umfassende Gestalt des Glaubens. Zur »Räumlichkeit« der Gemeinde gehört demnach eine Vielfalt von Lebensbezügen, die zugleich – organisatorisch! – »mit Fremdheit durchsetzt« ist (a. a. O., 99).

Ein drittes durchgehendes Moment der kirchlichen Organisationstypologie, das sich im Gemeindebegriff niederschlägt, betrifft den *integrativen* Anspruch der Kirche: Evangelische Gemeinde ist nur denkbar als eine Sozialgestalt, die das Evangelium grundsätzlich allen Menschen zugänglich und erfahrbar macht. Darum erfasst die Parochie ebenso prinzipiell alle Menschen im Umkreis wie die Landeskirche für alle Landeskinder zuständig ist; darum greifen die Vereins- ebenso wie die Funktionskirche weit in die Lebensverhältnisse der Einzelnen hinaus. Zugleich markieren die verschiedenen Organisationsgestalten aber auch den *einen Grund* des Glaubens, sei es durch eine klare liturgische Ordnung in Parochie und Konvent, sei es durch ein diakonisch-missionarisches Handeln, das die Präsenz Christi in der Welt voraussetzt und sichtbar machen will. Wiederum steht der Begriff der Gemeinde für Beides: für den Anspruch, wirklich allen Menschen eine Teilnahme an der Organisation des Glaubens zu eröffnen – und sie auf diese Weise mit dem verborgenen Grund des Glaubens in Kontakt zu bringen.

Eine kirchliche Organisationsreform wird die im Gemeindebegriff bewahrten strukturellen und normativen Momente der eigenen Geschichte nur so aufnehmen können, dass sie ihrerseits dialektisch verfährt: Sie wird die Sichtbarkeit, die Räumlichkeit und die Integrativität des Lebens mit dem Evangelium in immer neuen Formen kirchlicher Organisation zu realisieren versuchen – und sie wird die »Gemeinde« doch nie mit einer einzigen Organisationsstruktur (oder mit einem einzigen, einheitlichen Ensemble von Organisationsstrukturen) identifizieren. Vielmehr wird sie immer auch mit Realisierungen der »Gemeinde« rechnen, die sich am Rand, im Schatten oder im Rücken der kirchlichen Organisation befinden, die gerade dort von dieser Organisation profitieren – und die damit *ubi et quando visum est Deo* den Anstoß zu neuen Organisationsstrukturen geben mögen.

Kapitel 4 – Empirische Bestandsbedingungen

4.1 Mitgliedschaft

Literatur: *Hermelink, Jan:* Praktische Theologie der Kirchenmitgliedschaft, Göttingen 2000. – *Zimmermann, Johannes* (Hg.): Kirchenmitgliedschaft. Zugehörigkeit(en) zur Kirche im Wandel, Neukirchen-Vluyn 2008.

Seit mehr als vierzig Jahren wird das Phänomen der kirchlichen Mitgliedschaft in einer wachsenden Fülle von soziologischen, juristischen, historischen und theologischen Beiträgen thematisiert (vgl. zuletzt *Zimmermann*). Die folgenden Überlegungen skizzieren nur wenige Einsichten dieser Forschung; sie konzentrieren sich auf die genuin praktisch-theologische Frage, wie und von wem jene Bindung *gezielt zu gestalten* ist. Diese Frage bildet den Horizont der meisten Probleme, die derzeit diskutiert werden, namentlich wie man »dem Kirchenaustritt begegnen«[1], Eintritte fördern, ›Kirchenferne‹ beheimaten und ggfs. gestufte Mitgliedschaftsformen einführen sollte. Die Frage der Gestaltbarkeit prägt auch soziologische und rechtliche Erwägungen, insofern sie nach dem Verhältnis der individuellen Bindung zu deren organisatorischen Vorgaben fragen.

Die folgenden Überlegungen entfalten zwei Thesen. Zum Einen erweist sich die kirchliche Bindung[2] sowohl in empirischer wie in theologischer Hinsicht als ein ausgesprochen *vielschichtiges* Phänomen, das durch biographische, regionalkulturelle und gesellschaftsstrukturelle Verhältnisse ebenso geprägt ist wie durch individuelles, eigenständiges Handeln. Die Grenzphänomene des Austritts wie des Wiedereintritts (↗ 4.1.1) lassen erkennen, dass der Pluralität von Bindungsfaktoren ein seinerseits vielschichtiges *Bild der Kirche selbst* entspricht, das durch eigene Erfahrung wie durch kulturelle wie familiäre Vermittlung bedingt ist.

Das bedeutet zum Anderen, dass die Kirche selbst jene individuelle Bindung nur (noch) in Grenzfällen direkt, wesentlich aber *indirekt gestalten* kann. Vor allem diese Einsicht soll hier – unter Rekurs auf den vierdimensionalen praktisch-theologischen Kirchenbegriff – entfaltet werden.

Die *Organisation* (↗ 4.1.2) setzt die rechtlichen Rahmenbedingungen und eröffnet damit – wie soziologisch gezeigt werden kann – ein spezifisches Muster individueller Kirchlichkeit, die als konventionell vorgegeben erscheint – hier erscheint die Kirche selbst als *Institution* (↗ 4.1.3). Zugleich wird jene Bindung von den Einzelnen gelegentlich selbständig gestaltet, so dass die Kirche als *Interaktion* erscheint (↗ 4.1.4).

Wird die Kirche schließlich als *Inszenierung* von Zugehörigkeit begriffen, so werden die spezifischen Medien deutlicher, die die individuelle Bindung – zwar indirekt, aber nachhaltig – prägen (↗ 4.1.5): In der Taufe und in der Gestaltung des gottesdienstlichen Leben macht die kirchliche Praxis erkennbar, wie empirische Vielfalt und religiöser Grund jener Bindung verbunden sind.

4.1.1 Die Grenzen der Mitgliedschaft und ihre Bilder der Kirche

Literatur: *Huber, Wolfgang:* Auf dem Weg zu einer Kirche der offenen Grenzen, in: Chr. Lienemann-Perrin (Hg.): Taufe und Kirchenzugehörigkeit, München 1983, 488–514. – *Hermelink, Jan:* Kirchenaustritt, in: *Ders./Th. Latzel* (Hg.), Kirche empirisch. Ein Werkbuch, Gütersloh 2008, 95–116. – *Wohlers, Michael:* Kircheneintritt, in: *Hermelink/Latzel,* Kirche empirisch, a. a. O., 117-132. – Schön, dass Sie (wieder) da sind! Eintritt und Wiedereintritt in die evangelische Kirche. EKD-Texte 107, hg. v. *Kirchenamt der EKD*, Hannover 2009.

(a)   Kirchenaustritt: Strukturelle, kulturelle und individuelle Bedingungen
Die spezifischen Konturen ihrer Mitgliedschaft macht die Kirche vor allem dann zum Thema, wenn sie mit der ausdrücklichen Kündigung jener Zugehörigkeit konfrontiert und damit in ihrem Bestand angefragt ist. Das gilt für die einschlägige Gesetzgebung, die im 19. Jahrhundert mit den Bedingungen des Austritts auch die Rechte und Pflichten der Mitgliedschaft kodifiziert, das gilt für die großen kirchensoziologischen Untersuchungen, die seit Anfang der 1970er Jahre angesichts steigender Austrittszahlen durchgeführt werden, und dies gilt für die Forderung nach »Mitgliederorientierung«, die die Reformdebatte seit den 1990ern durchzieht. Auch in der pastoralen Praxis sind es vor allem Gespräche mit Ausgetretenen, etwa anlässlich von Kasualien, die bei allen Beteiligten den Sinn oder den ›Nutzen‹ der Mitgliedschaft zum Thema machen.

Die sozialwissenschaftlich elaborierte Erforschung des Phänomens (ein Überblick bei *Hermelink,* Kirchenaustritt) lässt eine außerordentlich komplexe Konstellation von Bedingungen, Anlässen und subjektiven Begründungen erkennen und markiert – gleichsam spiegelbildlich – wesentliche Dimensionen der kirchlichen Bindung selbst.

Die historische Betrachtung der Austrittszahlen bis in die 1970er Jahre, namentlich auch in der DDR, macht zunächst auf die *gesellschaftlichen* Bedingungen der (Nicht-) Mitgliedschaft aufmerksam: Es ist die Stellung der Kirche in der (politischen) Öffentlichkeit, die nach 1918, nach 1935 und in der DDR nach 1953 zu massenhaftem Austritt führt; auch die geringe westdeutsche Rate in den 1950ern wie der Anstieg nach 1968 markieren, wie sehr (konservative) gesellschaftliche Verhältnisse und kirchliche Mitgliedschaft bis vor wenigen Jahrzehnten korrelieren. Für die Gegenwart freilich ist dieser Zusammenhang, auch im Osten, *nicht mehr* zu erkennen: Höher Gebildete, besser Verdienende oder liberaler Eingestellte treten nicht signifikant häufiger aus – die Modernität der Lebensverhältnisse allein steht nicht mehr im Gegensatz zur Mitgliedschaft.

Erheblich bedeutsamer für die Neigung zum Kirchenaustritt sind ›weiche‹ Faktoren. Statistische Feinanalysen sowie ausführlichere Befragungen zeigen, dass vor allem das jeweilige soziale Milieu, die familiäre Prägung sowie die eigene religiös-kirchliche Einstellung über einen möglichen Austritt entscheiden. Dieser Schritt muss offenbar mehrschichtig verstanden werden: Die klassischen *Anlässe* für einen Austritt, nämlich der Berufseinstieg bzw. eine signifikante Änderung der Einkommensverhältnisse oder der Wechsel in eine andere regionale oder soziale Umgebung führen nur dann zur Beendigung der Mitgliedschaft, wenn die zutiefst biographisch, konfessionell und kulturell geprägte, je *persönliche Einstellung* zum Glauben und zur Kirche ohnehin durch Distanz und emotionale Entfremdung geprägt ist. Das rechtliche Ende der Zugehörigkeit ist dann nur der Endpunkt einer vielschichtigen Entwicklung, in der eigenes Handeln, innere Einstellungen und äußere Einflüsse kaum zu unterscheiden sind.

Es ist nur selten ein konkretes pastorales oder kirchenamtliches Handeln, das zum Austritt führt[3]; wohl aber stellt das individuelle, im Laufe des Lebens entstandene *Bild der Kirche* einen entscheidenden Faktor für die (Nicht-) Mitgliedschaft dar. Auf dieses Bild haben nicht allein familiäre Traditionen und private Umbrüche, sondern auch die jeweiligen religionskulturellen Verhältnisse erheblichen Einfluss. So bindet die katholische Kirche ihre Mitglieder nach wie vor erheblich stärker als die evangelischen Kirchen. Gut erkennbar ist in den Austrittsbegründungen auch die Differenz zwischen Westdeutschland, wo zwar »Religion« positiv, die kirchliche Organisation aber kritischer gesehen wird, und der ostdeutschen Abständigkeit gegenüber allem religiösen Glauben – bei gleichzeitiger Offenheit gegenüber kirchlicher Praxis.

Für das Anliegen der kirchlichen Organisation, einen Austritt unwahrscheinlicher zu machen, ergibt sich aus diesen Einsichten negativ, dass eine gezielte, kurzfristig wirksame Einflussnahme auf die Austrittswilligen weder im Ganzen noch vor Ort erfolgreich sein dürfte. Positiv bedeutsam ist vielmehr der Aufbau und die Pflege einer *persönlichen*, auch angesichts regionaler oder sozialer Mobilität *tragfähigen Beziehung* zur Kirche, bei der allen Beteiligten klar ist, wofür die Kirche steht (↗4.1.5. (d)) – und zwar nicht allein inhaltlich, sondern in ihrer Bedeutung für die Lebensführung und das Lebensgefühl der Einzelnen.

(b) (Wieder-) Eintritt: Biographische Horizonte und kirchliche Wahrnehmung

Seit etwa zehn Jahren wird die schon länger steigende Zahl der sog. Eintritte in die Kirche zum Thema sozialwissenschaftlicher Forschung und kirchlich-pragmatischer Reflexion. Von den jährlich ca. 60.000 Menschen, die im Erwachsenenalter den evangelischen Großkirchen in den letzten Jahren beigetreten sind, kommt ein knappes Fünftel aus der römisch-katholischen Kirche; zwei Fünftel sind Täuflinge, die 14 Jahre und älter sind. Vor allem die ›echten‹ Wiedereintritte sind in den letzten Jahren ständig angestiegen: Ihren Austritt aus der evangelischen Kirche haben jeweils über 25.000 Menschen revidiert. Diese Gruppe findet derzeit besonderes Interesse, wird hier doch erkennbar, welche Faktoren die Entscheidung für eine (erneuerte) Mitgliedschaft fördern, und ob bzw. wie die Kirche selbst jene Entscheidung (mit) gestalten kann.

Wie beim Kirchenaustritt ist auch im Blick auf den Wiedereintritt zunächst die große Vielfalt der lebensgeschichtlichen Entwicklungen zu betonen, die einem solchen Schritt vorangehen. Einzelne qualitative Stichproben (vgl. *Wohlers*, 123 ff.; »Schön ...«, 61 ff.) zeigen, wie sehr die Eintrittsentscheidung mit *biographischen Reflexionen* verknüpft ist, die anlässlich von Lebenskrisen, von Kasualien im Familien- oder Freundeskreis oder im Zuge des Älterwerdens angestellt werden. Nicht selten bieten überzeugende persönliche Begegnungen mit engagierten Gemeindegliedern oder mit Pfarrpersonen den unmittelbaren Anlass des Wunsches nach erneuter Zugehörigkeit; dies geschieht aber stets im Horizont einer allmählich gewachsenen Überzeugung, der Austritt aus der Kirche entspreche nicht (mehr) der eigenen Lebensorientierung und dem eigenen Lebensgefühl. Familie und andere soziale Netzwerke bilden so zwar einen wichtigen Bezugsraum für den Wiedereintritt; nur eine Minderheit ist aber durch Gespräche mit Partnern oder Freunden zu jenem Schritt bewogen worden – er scheint »eher ein ›innerer‹ emotionaler Prozess in der Biographie« zu sein als ein Gegenstand ausdrücklicher Kommunikation[4].

Welches *Bild der Kirche* wird in den Wiedereintritts-Biographien erkennbar? Zwar äußern viele Befragte den Wunsch, sie wollten »wieder dazugehören«, eine »Heimat (wieder) finden« oder der »Gemeinschaft« der Glaubenden angehören. Diese biographisch-institutionelle Heimat wird aber nicht ohne Weiteres mit dem gemeinschaftlichen Leben in einer Ortsgemeinde identifiziert. Nur ein Sechstel der Wiedergekehrten ist in einer konkreten Gemeinde engagiert; fast die Hälfte lehnt dies auch prinzipiell ab[5]. Auch wer sich bewusst (wieder) für eine Zugehörigkeit zur Kirche entschieden hat, sieht diese nicht primär als Ort aktiver Beteiligung, sondern als eine Institution, der man sich aus innerer Überzeugung verbunden weiß: »Die Kirche vertritt Werte, die mir persönlich wichtig sind«[6].

Der strikt lebensgeschichtliche Bezug der Motive und Anlässe kommt auch in den konkreten Formen zum Ausdruck, in denen sich Wiedereintritt – und mutatis mutandis auch Übertritt und Erwachsenentaufe – vollziehen (vgl. »Schön ...«, 42 ff.). Am Anfang der Annäherung an die Kirche steht die Suche nach Informationen, nach passenden Veranstaltungen, mitunter auch nach einem Tauf- oder Glaubenskurs. Die konkrete (Wieder-) Aufnahme setzt dann nach dem kirchlichen Recht jedenfalls ein persönliches Gespräch mit einer Pfarrperson voraus, das dezidiert nicht prüfenden, sondern seelsorglichen Charakter haben soll: Die Kirche wird hier als biographiebezogene Interaktion sichtbar.

Ähnlich wie im Blick auf den Kirchenaustritt kann die Kirche selbst die (erneute) Zugehörigkeit jedenfalls nur *indirekt* steuern – die seit Jahrzehnten steigende Zahl der Ein- und Übertritte ist offenbar nicht durch gezieltes Handeln befördert worden, sondern allenfalls durch ein *gewandeltes Bild* der Kirche, die nunmehr ›moderner‹, biographieoffener und jedenfalls zugänglicher erscheint (vgl. *Wohlers*, 122).

Bedeutsam für die Wahrnehmung der Mitgliedschaft ist schließlich die seit Ende der 1990er Jahre zunehmende Zahl von *Wiedereintrittsstellen*, die 2001 eine EKD-weite Rechtsgrundlage erhalten haben (*Wohlers*, 127 f.). Die öffentliche Präsenz solcher Einrichtungen, in denen man unabhängig von einem Kontakt mit dem Ortspfarramt die Mitgliedschaft erneuern kann, markiert, dass die Zugehörigkeit zur Kirche zu einem eigenen, gewichtigen Thema der Organisation geworden ist, und dass jene Zugehörigkeit nicht auf bestimmte Orte und Sozialformen begrenzt, sondern durch die Mitglieder selbst gesteuert werden kann.

Freilich, diese Selbststeuerung ist doch auf eine Kirche bezogen, die den Einzelnen auf verschiedene Weise, in unterschiedlichen Formen und Dimensionen gegenübertritt. Das Wechselverhältnis von mehrschichtiger Mitgliedschaft und mehrdimensionaler Kirche ist nun näher zu betrachten.

4.1.2 Die Organisation der Mitgliedschaft

Die Zugehörigkeit zur Kirche ist in Deutschland grundlegend, wenn auch nicht ausschließlich als Mitgliedschaft zu einer Organisation verfasst. Nehmen die Einzelnen ihre kirchliche Bindung auch vor allem mittels einer selbstverständlich-institutionellen oder einer gemeinschaftlich-engagierten Beteiligung wahr, so beruhen diese Möglichkeiten doch auf organisatorischen Vorgaben. Es ist daher zunächst die Organisation, die von sich aus Zugehörigkeit zu gestalten und zu intensivieren versucht. Die Art und Weise dieser Steuerung – und damit die Art und Weise, in der die Kirche als Organisation verstanden werden kann – zeigt sich im Recht der Kirchenmitgliedschaft (a) sowie in den soziologischen Erhebungen, die seit den 1970er Jahren zu den Einstellungen und Beteiligungsformen ihrer Mitglieder anstellt werden (b).

(a) Zum kirchlichen Recht der Mitgliedschaft
Literatur: *Campenhausen, Axel v.*: Mitgliedschaft in der Volkskirche. Zum Problem des kirchlichen Mitgliedschaftsrechts (1966), in: Ders., Gesammelte Aufsätze, Tübingen 1995, 89–109. – *Germann, Michael*: Was heißt es juristisch, »zur Kirche zu gehören«?, in: Texte aus der VELKD 131 (2004), 23–40. – *Wellert, Anne-Ruth*: Neuere Entwicklungen im Kirchenmitgliedschaftsrecht der evangelischen Kirche, in: PrTh 43 (2008), 176–186.

Die Komplexität des deutschen Kirchenmitgliedschaftsrechts erklärt sich wesentlich aus dem Interesse der Großkirchen, ihren Mitgliedern zwar eine große Vielfalt von Beteiligungs- und Mitgestaltungsformen zu ermöglichen, deren finanziellen Beitrag jedoch gerade nicht auf freiwilliger Basis, sondern in der historisch überkommenen Form eines – staatlich unterstützten – Steuereinzugs zu gestalten. Auch etwa bezüglich des Religionsunterrichts oder der Seelsorge in Krankenhäusern und Gefängnissen ist die evangelische Kirche im Blick auf ihre Mitglieder an der engen Kooperation mit öffentlichen Instanzen interessiert. Das kirchliche Mitgliedschaftsrecht muss einerseits dafür sorgen, dass dieser Status für staatliche Organe klar erkennbar ist; andererseits muss es der inneren Vielfalt einer Organisation Rechnung tragen, die sich in diverse Landeskirchen sowie plurale (orts-) gemeindliche Verhältnisse aufgliedert. Es ist die – für Organisationen typische – Spannung von regionaler, kultureller, nicht zuletzt individueller Vielfalt und struktureller, besonders ökonomischer Vereinheitlichung, die das Recht der kirchlichen Mitgliedschaft prägt.

Der doppelte Horizont des staatlichen Gegenübers wie der innerkirchlichen Vielfalt zeigt sich in der einschlägigen Quellenlage. So stehen den kirchlichen Regelungen eine große Zahl *staatlicher* Gesetze gegenüber, die die (gestufte) Religionsmündigkeit und den Zugang zum Religionsunterricht regeln sowie eine kirchliche Krankenhaus-, Militär- und Gefängnisseelsorge ermöglichen. Historisch wie sachlich von Gewicht sind sodann die Landesgesetze zum Einzug der Kirchensteuer sowie zum Kirchenaustritt. Mit diesen Bestimmungen verhindert der Staat, dass eine Kirche Personen gegen deren Willen so als Mitglieder behandelt, dass ihnen daraus rechtsförmige, vor allem finanzielle Verpflichtungen entstehen. Dass der Austritt aus einer Großkirche vor einer staatlichen Instanz erklärt werden muss, hat insofern wesentlich mit dem öffentlich-rechtlichen Charakter der kirchlichen Steuererhebung zu tun.

Auf *kirchlicher* Seite finden sich entsprechende Steuergesetze sowie u.a.

Gesetze zum Religionsunterricht und zur Anstaltsseelsorge. Vor allem aber wird die Frage, wer als Mitglied einer evangelischen Landeskirche anzusehen ist, in sämtlichen Kirchenverfassungen – und zwar meist an prominenter Stelle – geregelt. Darüber hinaus existiert zu den einschlägigen Fragen seit 1976 ein eigenes *Kirchengesetz der EKD* »über die Kirchenmitgliedschaft, das kirchliche Meldewesen und den Schutz der Daten der Kirchenmitglieder« (KMG.EKD). Damit gehört die Mitgliedschaft zu den wenigen Rechtsmaterien, die primär landeskirchenübergreifend geregelt sind.

Als Kirchenmitglieder definiert das Gesetz »alle getauften evangelischen Christen, die ihren Wohnsitz […] im Bereich einer Gliedkirche der Evangelischen Kirche in Deutschland haben, es sei denn, dass sie einer anderen evangelischen Kirche oder Religionsgemeinschaft angehören« (§ 1 (1) KMG.EKD).

Diese Definition, die sich auch in vielen Kirchenverfassungen findet, lässt zunächst eine ausgesprochen *inklusive Tendenz* erkennen, die auf die staatskirchliche Herkunft des Mitgliedschaftsrechts verweist: Alle evangelisch Getauften (und nicht Ausgetretenen) werden hier zunächst als Mitglieder vereinnahmt und einer Gliedkirche zugeordnet. Auf dieser gleichsam integralistischen Grundlage muss das Mitgliedschaftsrecht jedoch offenbar auf die kirchlich-konfessionell *pluralen Verhältnisse* reagieren, indem es – ausnahmsweise – auch eine Mitgliedschaft in evangelischen Kirchen, die nicht der EKD angehören, in Betracht zieht.

Nahezu alle praktischen Probleme, die mittels des Kirchenmitgliedschaftsrechts gelöst werden sollen, gründen in der Mobilität der einzelnen oder bestimmter Gruppen evangelisch Getaufter. Das betrifft die sog. Möbelwagenkonversion, also den umzugsbedingten Wechsel in eine bekenntnisdifferente Landeskirche (§ 8 (1) KMG.EKD), es betrifft den Status von aus dem Ausland Zuziehenden (§ 9), aber auch die Möglichkeit, in einer Kirchengemeinde, in deren Bereich man nicht wohnt, gleichwohl Mitglied zu werden, ggfs. über Landesgrenzen hinweg (vgl. *Wellert*, 178 f.). In diesen Kontext gehören auch die neueren Rechtsregeln zum Wiedereintritt (vgl. a. a. O., 182 ff.): Seit 2001 kann man – auch außerhalb der räumlich zuständigen Landeskirche – an jeder Wiedereintrittsstelle im Bereich der EKD aus einer anderen Kirche übertreten oder wieder in die Kirche aufgenommen werden.

Die typischen Themen der mitgliedschaftsrechtlichen Debatte lassen die Absicht erkennen, bei Wahrung eines integralistischen, gleichsam staatskirchlichen Rahmens der religiösen Eigenständigkeit der Einzelnen so weit wie möglich Rechnung zu tragen. Eben auf diese Weise wird die rechtsförmige Zugehörigkeit als Mitgliedschaft in einer *Organisation* erkennbar: Das Mitgliedschaftsrecht will durch klare und zugleich flexible Regeln die Pluralität der landeskirchlichen wie der örtlichen Verhältnisse und dazu die individuell selbständige Gestaltung der Mitgliedschaft ermöglichen – und beschreibt zugleich doch eine einheitliche Form, die gleichsam mobilitätsresistent die elementaren Rechte und Pflichten der Einzelnen umfasst.

Die Zweischichtigkeit des Mitgliedschaftsrechts zeigt sich auch hinsichtlich einzelner Rechte und Pflichten sowie deren unterschiedlichem Geltungsbereich[7]. So ist das Mitgliedschaftsverhältnis einerseits als hoheitliches Rechtsverhältnis ausgelegt: Die Kirche tritt den Einzelnen als eine staatsanaloge Instanz gegenüber, die sie oder ihn gleichsam passiv erfasst, registriert und vereinnahmt. Auf Grund von evangelischer Taufe und jeweiligem Wohnsitz, also ohne weiteres eigenes Zutun entstehen der Einzelnen bestimmte – vornehmlich finanzielle – Pflichten, und sie hat Anspruch auf leicht erreichbare kirchliche Dienstleistungen, namentlich Amtshandlungen, kirchlichen Unterricht und pastorale Seelsorge. Auch das aktive und passive Wahlrecht und damit ein – demokratieförmig ausgelegtes – Recht auf Mitgestaltung markiert den hoheitlich-objektiven Charakter der Mitgliedschaft. Dem entspricht, dass diese Rechte und Pflichten durch die Landeskirchen (und die EKD) geregelt sind und dass sie daher auch im Falle eines Umzugs ohne eigenes Zutun weiter gelten: Es ist die gesamtkirchliche Ebene, auf der der Charakter der Kirche als Organisation besonders hervortritt.

In diesem organisatorisch-inklusiven Rahmen räumt das Mitgliedschaftsrecht den Einzelnen nun zahlreiche Möglichkeiten der Beteiligung und des Engagements ein, von der Übernahme der Patenschaft und anderer kirchlicher Ämter, etwa im Kirchenvorstand, bis zur Mitarbeit in den Gruppen der Ortsgemeinde. Die Regelungen, die das individuelle Engagement betreffen, sind allerdings weniger staats- als vielmehr vereinsrechtlich ausgelegt. Die Kirche erscheint hier nicht als eine vorgegebene, Einheit und Kontinuität verbürgende Organisation, sondern – freilich in deren Rahmen – als eine religiöse Vereinigung, an der sich zu beteiligen der je eigenen Entscheidung unterliegt. Hierher gehören dann auch die erleichterte Umgemeindung sowie die Debatte über einen kirchlichen Gaststatus oder eine »gestufte Mitgliedschaft« (↗4.1.4 (c)). Es ist offenbar vor allem die Ebene der *Ortsgemeinde*, auf der diese Rechte der Mitgliedschaft verankert sind und realisiert werden können.

Insgesamt ist die Zugehörigkeit zur Kirche so geregelt, dass deren Charakter als Organisation, als einheitlich strukturierter Rahmen für eine Vielfalt von Aktivitäten und Überzeugungen hervortritt. Zugleich markiert das Mitgliedschaftsrecht den *institutionellen* Charakter einer Kirche, der man – analog zum Staat – zunächst ganz selbstverständlich, gleichsam passiv angehört; und jenes Recht strukturiert ein vielfältiges Engagement, in dem die Kirche als *Interaktion* erfahrbar wird.

(b) Kirchensoziologische Perspektiven

Literatur: *Hild, Helmut* (Hg.): Wie stabil ist die Kirche? Bestand und Erneuerung. Ergebnisse einer Umfrage, Gelnhausen 1974. – *Huber, Wolfgang/Friedrich, Johannes/ Steinacker, Peter* (Hg.): Kirche in der Vielfalt der Lebensbezüge. Die vierte EKD-Erhebung über Kirchenmitgliedschaft, Gütersloh 2006. – *Hermelink, Jan:* Dachorganisation und Symbolisierung des Unverfügbaren. Facetten des kirchlichen Selbstbildes im Spiegel der EKD-Mitgliedschaftserhebungen, in: I. Karle (Hg.), Kirchenreform. Interdisziplinäre Perspektiven, Leipzig 2009, 143–160.

Kirchenstatistische und -soziologische Erhebungen werden seit dem 19. Jahrhundert angesichts des Eindrucks durchgeführt, die Bedeutung der Großkirchen sowohl in der gesamtgesellschaftlichen Öffentlichkeit wie im Blick auf die individuelle Lebensführung sei im Schwinden begriffen. Wird dieses Krisenszenario bis in die 1960er Jahre vor allem durch die Erhebung der (sinkenden) Beteiligung an Gottesdienst, Abendmahl und Gemeindeveranstaltungen begründet sowie durch Meinungsumfragen über die (ebenfalls sinkende) Zustimmung zu zentralen Topoi der kirchlichen Lehre, so versucht die kirchlich initiierte Mitgliedschaftsforschung Ende der 1960er Jahre – alarmiert durch die steigenden Austrittszahlen sowie durch wachsende öffentliche Kirchenkritik – die individuellen Einstellungen durch komplexere Untersuchungsansätze zu erforschen. So nutzt eine von der VELKD in Auftrag gegebene Erhebung das Theorem der »affektiv-kognitiven Konsistenz« bzw. »Dissonanz« zwischen allgemein-gesellschaftlichem und kirchlichem Wertesystem[8]; und die von EKD und einigen Landeskirchen initiierte Mitgliedschaftsstudie wendet sich »der systemtheoretischen Konzeption des Soziologen Niklas Luhmann« zu (*Hild*, 35) und versucht das Verhältnis zwischen den Großkirchen und ihren Angehörigen als Relation zwischen einer Organisation und ihren Mitgliedern zu begreifen.

Luhmanns Ansatz (↗ 2.6.1 (b)) legt sich für eine kirchliche Rezeption nahe, weil er das Verständnis der Organisation als eines thematisch strukturierten Entscheidungszusammenhangs mit einem spezifischen Verständnis von Mitgliedschaft verbindet: Die gesellschaftliche Bedeutung der modernen Organisation ist nach Luhmann darin begründet, dass die individuelle Zugehörigkeit zu einer Organisation als eine Entscheidung für deren Struktur- und Programmentscheidungen behandelt wird. Unter der – ausdrücklich hypothetischen – Annahme, auch die Zugehörigkeit zur Kirche werde angesichts des gesellschaftlichen Wandels zunehmend zu einer Frage bewusster Wahl und Entscheidung (und sei es der Entscheidung, nicht auszutreten), lässt sich die Sorge um die soziale Stabilität der Kirche dann in die forschungsleitende Frage transformieren, »in welcher Weise die Entscheidung über Mitgliedschaft mit der Struktur und den Zwecken der Kirche verknüpft ist« (*Hild*, 36).

In diesem Zusammenhang wird eine weitere organisationssoziologische

These Luhmanns rezipiert, dass nämlich die Mitgliedschaftsmotive der meisten Mitglieder weniger auf konkreten Erfahrungen in (kirchlichen) Veranstaltungen oder mit dem verantwortlichen (pastoralen) Personal beruhen, sondern sich vielmehr »generalisiert« auf ein gesellschaftlich tradiertes, durch lediglich indirekte Beobachtung gestütztes Bild der jeweiligen Organisation und ihrer Funktionen beziehen. Ziel der Erhebung musste demnach sein, »Aufschluss darüber zu erhalten, in welcher Weise Struktur und Ziele der Kirche«, also ihre organisatorische Verfassung, »in der *Vorstellung* ihrer Mitglieder eine Entscheidung zugunsten der Mitgliedschaft begründen oder belasten«[9]. Es ist demnach wesentlich das jeweilige *Bild der Kirche*, das die individuelle Zugehörigkeitsentscheidung positiv oder negativ beeinflusst.

Der organisationssoziologische Ansatz der EKD-Erhebungen stärkt auf diese Weise einerseits die *Perspektive der Mitglieder*. Indem nach der kirchlichen »Verbundenheit«, nach den Gründen für die eigene Mitgliedschaft, nach der subjektiven Deutung einzelner Vollzüge wie der Taufe oder der Diakonie sowie nach den Erwartungen an das kirchliche Handeln im Ganzen gefragt wird (vgl. *Hermelink*, 145 ff.), markieren die Untersuchungen im Ansatz und dann auch in den Ergebnissen: Eine von solchen Einstellungen geprägte Mitgliedschaftsbindung kann nicht direkt, sondern allenfalls indirekt und langfristig gesteuert werden. Andererseits bleibt das *Interesse der Organisation* an der eigenen Stabilität durchgehend präsent: Durch neue Akzente im kirchlichen Handeln, etwa die Aufwertung der Kasualien, der Öffentlichkeitsarbeit oder der integrativen Rolle der Pfarrperson können, so der Tenor vieler Auswertungen, die Bedingungen für eine positive Mitgliedschaftsentscheidung verbessert werden. Aktuell zeigt sich diese Verknüpfung von Mitgliedersicht und organisatorischem Optimierungsinteresse etwa in der Diskussion über kirchliche »Milieus«, wie sie die IV. Erhebung vorstellig gemacht hat, und den daraus zu folgernden Handlungsstrategien[10].

Bestätigt wird ein Verständnis der Mitgliedschaft im Rahmen des Organisationsparadigmas durch das – seit Langem stabile – Ergebnis, dass eine große Mehrheit der Mitglieder für eher allgemeine Überzeugungen wie »den christlichen Glauben« / »die christliche Lehre«, für diakonische und spirituelle Aktivität der Kirche und für einen »vorbildlichen Lebenswandel« der Pfarrperson optiert. Derartige Ergebnisse bestätigen Luhmanns Annahme, die kirchliche Mitgliedschaft sei eher durch generalisierte als durch konkrete, erfahrungs- und interaktionsbezogene Motive charakterisiert.

Stärker als ursprünglich angenommen haben die EKD-Erhebungen und ihre Diskussion jedoch deutlich gemacht, dass jene gleichsam indirekt begründete Zugehörigkeit gerade nicht als Ausdruck einer bewussten Entscheidung zur Mitgliedschaft interpretiert werden kann; es sind höchst »unbestimmte«, »unbewusste« und jedenfalls eher traditionelle und konventionelle Motive, die jenes Mitgliedschaftsprofil prägen[11]. Auch in dieser Hinsicht dürfte sich ein Verständnis der Organisation nahe legen, das neben deren expliziten, zweck- und entscheidungsorientierten Momenten auch die ebenso spezifischen ›Schatten‹, die informellen, eher impliziten und institutionellen Momente der jeweiligen Organisation in den Blick nimmt. Diesen institutionellen Momenten der kirchlichen Mitgliedschaft ist unten weiter nachzugehen (↗ 4.1.3).

Zuvor ist allerdings zu notieren, dass sich das Verständnis der »Distanzierten« oder der »treuen Kirchenfernen«[12] in den letzten Jahren deutlich verschoben hat: Nicht mehr die (relative) Stabilität des Zugehörigkeitsmusters wird betont, vielmehr soll sich die Kirche gezielt um jene Mitglieder bemühen, sie stärker in Interaktion mit der Gemeinde bringen[13]. Auf diese Weise verschiebt sich die Bedeutung des Begriffs: »Kirchenfern« sind nicht mehr (nur) die Mitglieder in »Halbdistanz«, sondern die entsprechenden Angebote – spezielle Gottesdienste, Glaubenskurse, ganze Arbeitsstellen – richten sich nun programmatisch auch an Konfessionslose[14]. Diese Perspektivverschiebung markiert, wie sich eine unter Druck stehende Großkirche noch einmal neu und dezidierter als eine Organisation begreift, die ihre (potenzielle) Mitgliedschaft als wesentliche Ressource wahrnimmt und zu steuern versucht.

Was den Spielraum einer solchen organisatorischen Steuerung der Mitgliedschaftsbeziehung betrifft, so hat die einschlägige Forschung freilich das doppelt ernüchternde Ergebnis bestätigt, das oben im Blick auf die prägenden Faktoren von Austritt und Eintritt notiert wurde. Zum Einen werden Intensität und Profil der Verbundenheit nicht unmittelbar durch das kirchliche Handeln beeinflusst, sondern wesentlich durch die jeweilige Lebensgeschichte, ihre familiäre und regions- (und auch konfessions-) spezifische Prägung sowie durch das kulturelle Milieu der Lebensführung. Diese Faktoren konkretisieren sich, zum Anderen, vor allem in einem individuellen *Bild der Kirche*. Dieses Bild scheint durch direkte Erfahrung und unmittelbare Interaktion nur sekundär beeinflussbar; bedeutsamer sind vielmehr diejenigen konventionellen, traditionellen Aspekte, die den Einzelnen als selbstverständlich erscheinen. Es sind insofern gerade *organisationstranszendente* Züge der Kirche, zu denen sich die Mitgliedschaft – als Institution wie als konkrete Interaktion – wesentlich verhält. Nur wenn diese Aspekte angemessen begriffen sind, dürfte die Kirche in der Lage sein, jenes komplexe Bild ihrer selbst, das den individuellen Mitgliedschaftsbeziehungen zugrunde liegt, gezielt, wenn auch indirekt zu beeinflussen (↗ 4.5).

4.1.3 Zugehörigkeit zur Kirche als Institution

Literatur: *Huber, Wolfgang/Friedrich, Johannes/Steinacker, Peter* (Hg.): Kirche in der Vielfalt der Lebensbezüge. Die vierte EKD-Erhebung über Kirchenmitgliedschaft, Gütersloh 2006. – *Wohlrab-Sahr, Monika:* Kulturelle Diversität *und* ein verbindendes Kontrastprinzip: Kirche in der Vielfalt der Lebensbezüge, in: *J. Hermelink/I. Lukatis/ Dies.* (Hg.), Kirche in der Vielfalt der Lebensbezüge, Bd. 2. Analysen zu Gruppendiskussionen und Erzählinterviews, Gütersloh 2006, 321–338.

Die oben skizzierten soziologischen Einsichten zeigen: Die kirchliche Bindung wird von den Meisten weder als Ergebnis eigener Entscheidung noch als unmittelbare Reaktion auf ein konkretes, selbst erfahrenes kirchliches Handeln verstanden; sie spiegelt vielmehr allgemein verbreitete Überzeugungen in der jeweiligen sozialen Umwelt. Im Folgenden ist dieses wesentlich konventionelle, den Betroffenen selbstverständliche und deshalb schwer zu fassende Verhältnis zur Kirche als Institution genauer zu beschreiben. Dabei wird vor allem auf die quantitativen wie die qualitativen Ergebnisse der jüngsten EKD-Studie zur Mitgliedschaft zurück gegriffen[15].

Einen ersten Eindruck des verbreiteten Bildes der Kirche vermittelt die folgende Übersicht zu einigen Erwartungen von Kirchenmitgliedern und Konfessionslosen (vgl. S. 187).

Noch vor allen Einzelergebnissen erscheint bemerkenswert, dass die Zustimmungsquoten zu den einzelnen Vorgaben (sog. Items) seitens der Konfessionslosen und der Mitglieder sich meist nur graduell unterscheiden – und zwar auch dort, wo es um das genuin ›geistliche‹ Handeln der Kirche geht (Items A–D). Offenbar zeigen sich hier Umrisse eines Erwartungsprofils, das eine gewisse *gesellschaftsallgemeine* Verbreitung besitzt, ungeachtet des persönlichen Verhältnisses zur Kirche, weitgehend ungeachtet auch der religionskulturellen Differenz zwischen West- und Ostdeutschland.

Es sind offenbar vor allem zwei Dimensionen, in denen das kirchliche Handeln auf allgemeine Zustimmung stößt, nämlich zum Einen ein diakonisches Engagement im globalen Horizont (Item F) sowie hinsichtlich der Menschen, die im eigenen Umfeld als hilfsbedürftig erscheinen (J, O). In diesen Kontext gehört wohl auch die Erwartung eines kirchlichen Engagements gegen Fremdenhass und -feindlichkeit (N). Zum Anderen erscheint den allermeisten Befragten eine genuin religiöse Aktivität selbstverständlich, sowohl durch liturgische wie auch durch spirituelle und kasuelle Angebote. Die Kirche erscheint insofern nach wie vor als *religiöse Institution der Gesellschaft*.

Für die Einzelnen hat diese Institution freilich dezidiert den Charakter des Außeralltäglichen: Ein Beitrag zu politischen oder gar zu berufsbezogenen Fragen (Items G, L) wird von der Kirche weniger gewünscht; in den

Mitgliedschaft | 187

Evangelische und Konfessionslose 2002: »Die evangelische Kirche sollte ...«
Mittelwerte auf 7er-Skala: »sollte die evangelische Kirche auf keinen Fall tun« = 1 bis »sollte die evangelische Kirche auf jeden Fall tun« = 7

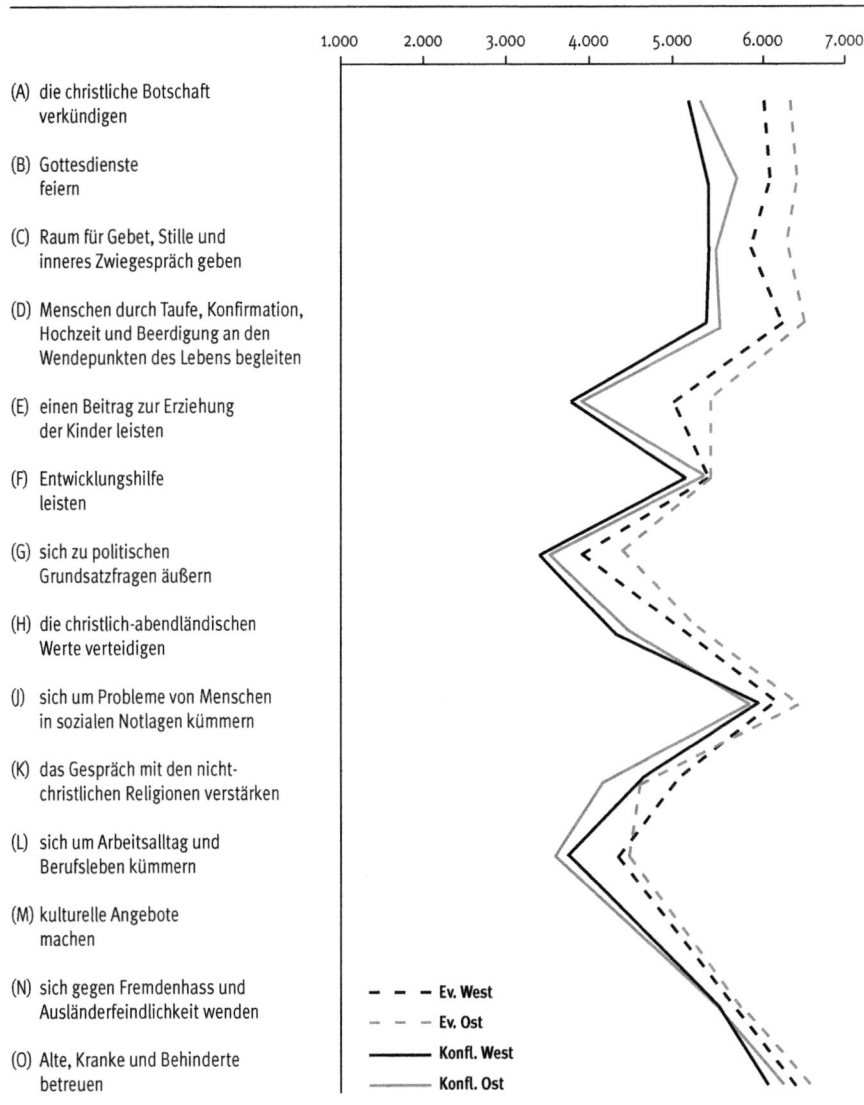

(A) die christliche Botschaft verkündigen
(B) Gottesdienste feiern
(C) Raum für Gebet, Stille und inneres Zwiegespräch geben
(D) Menschen durch Taufe, Konfirmation, Hochzeit und Beerdigung an den Wendepunkten des Lebens begleiten
(E) einen Beitrag zur Erziehung der Kinder leisten
(F) Entwicklungshilfe leisten
(G) sich zu politischen Grundsatzfragen äußern
(H) die christlich-abendländischen Werte verteidigen
(J) sich um Probleme von Menschen in sozialen Notlagen kümmern
(K) das Gespräch mit den nicht-christlichen Religionen verstärken
(L) sich um Arbeitsalltag und Berufsleben kümmern
(M) kulturelle Angebote machen
(N) sich gegen Fremdenhass und Ausländerfeindlichkeit wenden
(O) Alte, Kranke und Behinderte betreuen

– – – Ev. West
– – – Ev. Ost
——— Konfl. West
——— Konfl. Ost

Quelle: KMU IV/1 2006: 107.

Blick tritt sie vielmehr dort, wo der familiäre und berufliche Alltag verlassen wird (bei Kasualien und anderen Gottesdiensten ebenso wie bei spirituellen Angeboten / Item C) oder verlassen werden muss. Dass das individuelle Verhältnis zur Kirche zunächst und vor allem durch formale *Distanz* gekennzeichnet ist, zeigt sich auch in den – ebenfalls recht einmütig gegebenen – Antworten auf die Frage, was »unbedingt zum Evangelisch-Sein [gehört]« (vgl. S. 189).

Im Vordergrund stehen hier gerade nicht direkte, regelmäßige Kontakte mit dem kirchlichen Leben (Items D, M, auch F), sondern ganz überwiegend Qualifikationen der *individuellen Lebensführung*: Evangelisch ist (oder lebt), wer sich um Anstand und Zuverlässigkeit bemüht (Item J, auch N), die Freiheit anderer achtet (P) und dabei unvertretbar eigene ethische und religiöse Maßstäbe in Anspruch nimmt (H, O). Nur in diesem Kontext einer ethisch anspruchsvollen, dezidiert selbstbestimmten Lebensführung kommt ein eigenes Verhältnis zur Kirche in den Blick. Als konstitutiv für ein evangelisches Selbstverständnis erscheint nicht unbedingt die formale Mitgliedschaft (Item C), sondern vielmehr Taufe und Konfirmation (A, B). Nicht ein rechtliches, sondern vielmehr ein religiös-rituell vermitteltes Verhältnis zur Kirche, nicht ihre formale Organisation, sondern die selbstverständliche Zugehörigkeit zur Gemeinschaft der Glaubenden[16] bildet den Hintergrund der eigenen konfessionellen Selbstdeutung. Noch einmal anders gesagt: Für die große Mehrheit der Evangelischen geht eine religiös bestimmbare Lebensführung ohne weiteres mit einer prinzipiellen sozialen Distanz zur kirchlichen Organisation einher[17].

Eine solche Alltagsferne der Kirchenbindung schließt freilich gerade nicht aus, dass diese Zugehörigkeit in bestimmten lebensgeschichtlichen Phasen und Konstellationen bedeutsamer werden kann (nicht muss) – und zwar eben dort, wo die dem eigenen Einfluss entzogenen Vorgaben der Lebensführung zum Thema werden: in Übergangs- und Krisensituationen, in Situationen lebensgeschichtlicher Bilanzierung oder tiefgreifender Verunsicherung. Hier kann, wie etwa die Erzählinterviews aus der dritten EKD-Studie zeigen, der Kontakt mit Pfarrpersonen, mit kirchlichen Angeboten oder Gebäuden zur Klärung beitragen; insbesondere die Kasualien spielen hier – freilich nicht durchgehend – eine wesentliche Rolle. Allerdings gilt auch hier, was schon E. Lange im Blick auf die Interaktion der Mitgliedermehrheit mit dem Pfarrer festgehalten hat: Die »Energien, die da frei werden, fließen in die bürgerliche Existenz seiner [...] Partner«; sie lassen »sich nicht in ein Programm kirchlicher Aktivität ummünzen«[18].

Dass das Verhältnis zur Kirche den Einzelnen nicht als wesentliches Thema der eigenen Lebensführung, sondern vielmehr unthematisch, mehr oder weniger selbstverständlich vorgegeben erscheint, lässt sich auch an weiteren

Merkmale des Evangelischseins in den alten und in neuen Bundesländern

Zustimmungen 6+7 auf 7-stufiger Skala von 1 = »gehört nicht unbedingt dazu« bis 7 = »gehört unbedingt dazu« (in %)

Es gehört unbedingt zum Evangelisch-Sein, dass man ...

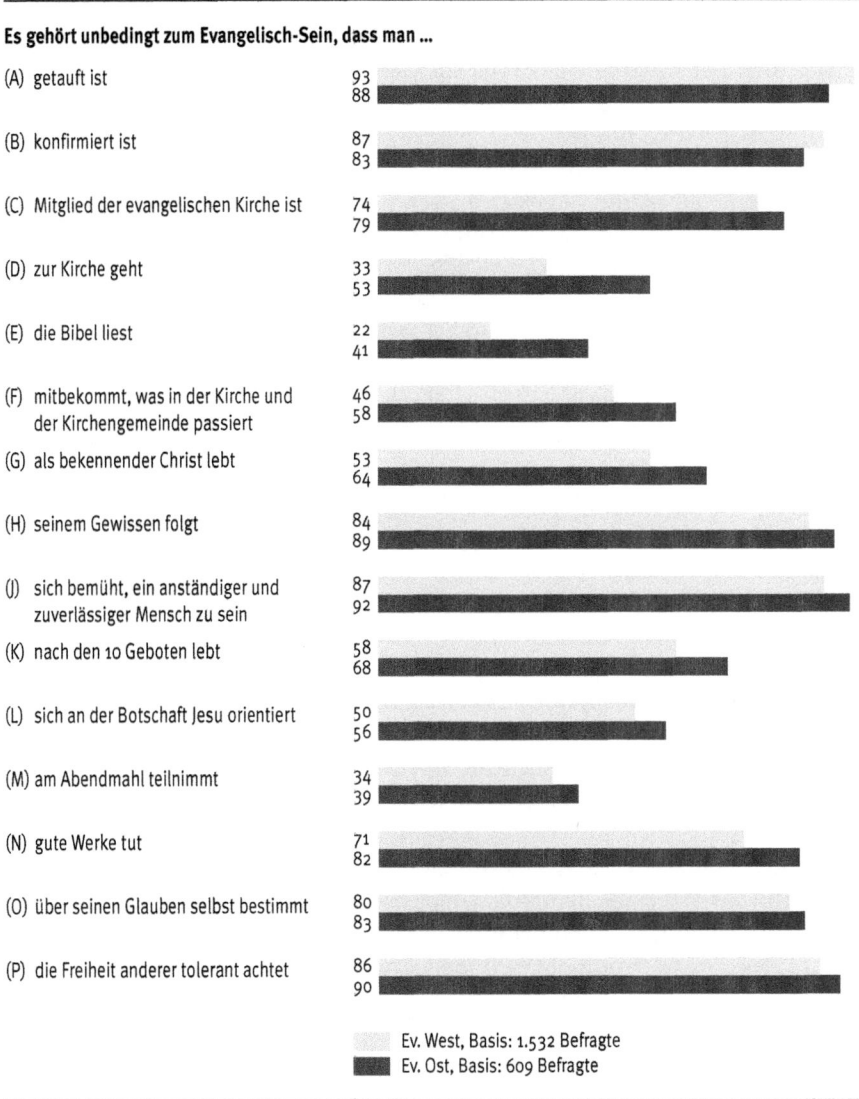

	Ev. West	Ev. Ost
(A) getauft ist	93	88
(B) konfirmiert ist	87	83
(C) Mitglied der evangelischen Kirche ist	74	79
(D) zur Kirche geht	33	53
(E) die Bibel liest	22	41
(F) mitbekommt, was in der Kirche und der Kirchengemeinde passiert	46	58
(G) als bekennender Christ lebt	53	64
(H) seinem Gewissen folgt	84	89
(J) sich bemüht, ein anständiger und zuverlässiger Mensch zu sein	87	92
(K) nach den 10 Geboten lebt	58	68
(L) sich an der Botschaft Jesu orientiert	50	56
(M) am Abendmahl teilnimmt	34	39
(N) gute Werke tut	71	82
(O) über seinen Glauben selbst bestimmt	80	83
(P) die Freiheit anderer tolerant achtet	86	90

Ev. West, Basis: 1.532 Befragte
Ev. Ost, Basis: 609 Befragte

Quelle: KMU IV/1 2006: 440.

Ergebnissen der Mitgliedschaftsforschung konturieren. So ist hinsichtlich der Gründe für die eigene Mitgliedschaft (vgl. *Huber u. a.*, 61. 449 f.) bemerkenswert, dass keine der insgesamt fast zwanzig Vorgaben von mehr als gut 50 % der Befragten eine klare Zustimmung erfährt. Es dominieren mittlere Präferenzen; selbst das diakonische Engagement der Kirche oder ihr Kasualangebot erscheinen der Mehrheit nicht als eindeutige Motive eigener Mitgliedschaft. Offenbar fällt es schwer, dieses formal-rechtliche Verhältnis mit inhaltlichen Argumenten zu verbinden; man gehört eben selbstverständlich und gerade nicht aus wohlerwogenen Gründen dazu. Die schlichte Auskunft »Ich bin in der Kirche, weil meine Eltern [es] auch [...] sind oder waren« findet denn auch – mit dem vierthöchsten Mittelwert – hohe Zustimmung.

Was die Einzelnen ungeachtet sozialer Distanz und trotz einer wenig expliziten Motivationsstruktur mit der Kirche verbinden, lässt sich ansatzweise an einem erstaunlichen – und seit Jahrzehnten wiederkehrenden – Resultat erkennen. Die beiden Vorgaben »Ich bin in der Kirche, weil mir der christliche Glaube etwas bedeutet« bzw. »... weil ich der christlichen Lehre zustimme« finden die zweit- bzw. dritthöchste Zustimmung unter allen Items[19] – zugleich wird die Formulierung »Ich glaube, dass es einen Gott gibt, der sich in Jesus Christus zu erkennen gegeben hat« von weniger als der Hälfte der Mitglieder bejaht (*Huber u. a.*, 465), andere Glaubenssätze wie die Gottessohnschaft Jesu oder seine Auferstehung werden noch stärker abgelehnt. Bei den o. g. Vorgaben ist dann offenbar nicht eine explizit ausformulierte »Lehre« und nicht ein durch ausdrückliches Bekenntnis charakterisierter »Glaube« gemeint. Vielmehr wird die Mitgliedschaft mit einer ganz allgemeinen Zustimmung zu den inhaltlichen Überzeugungen, Sichtweisen oder Werten verbunden, für die die Kirche steht.

Kirchenzugehörigkeit ist insofern, so hat es G. Rau 1990 pointiert, eher ein »Unbewusstheits-« als ein »Bewusstheitsphänomen«[20]: Die Mitgliedschaftsbindung steht, so lässt sich vermuten, in einem mehr oder weniger ausdrücklichen Gegensatzverhältnis zu den rational-expliziten Diskursstrategien, mit denen die gesellschaftlichen Debatten ebenso wie viele Diskussionen im persönlichen Leben geführt werden.

In einer Auswertung der Gruppengespräche, die im Rahmen der vierten EKD-Studie geführt wurden, weist auch M. Wohlrab-Sahr darauf hin, dass die Kirche »für Menschen unterschiedlichster Herkunft, innerhalb und außerhalb der Kirche« dadurch bedeutsam wird, dass sie »in irgendeiner Form ein Kontrastprinzip repräsentiert« (*Wohlrab-Sahr*, 322). Je nach »religiöser Bindung, Lebensalter, biographischer Erfahrung, sozialer Herkunft [...], Geschlecht und Lebensstil« sind die Bezugspunkte dieses Kontrastes unterschiedlich (ebd.); immer jedoch weist das individuelle Verhältnis zur Kirche eine eigentümliche, durch Identifikation und Distanz, durch Immanenz und

Transzendenz zugleich charakterisierte Grundstruktur auf. Gegenüber den Anforderungen einer rationalen Lebensführung kann die Kirche ebenso eine entlastende Kontrasterfahrung markieren wie gegenüber der Erfahrung von Anomie und Desorientierung; der Kontakt mit der Kirche vermag dichte Gemeinschaftsbindung ebenso zu relativieren wie soziale Isolation; und die Kirche steht für eine ethische Orientierung, die zwar ›unmodern‹, aber gerade deswegen bedeutsam erscheint.

Entscheidend für die biographische Bedeutung kirchlicher Bindung dürfte sein, dass diese im Kontext der jeweiligen Lebensführung einen (gelegentlichen) Abstand, eine alternative Perspektive, eine andere Sozialität eröffnet, die den ›normalen‹ Regeln und Zwängen enthoben ist, die aber ihrerseits gerade nicht neue Zwänge oder Verbindlichkeit impliziert, weil sie selbstbestimmt, nach je eigenen Kriterien in Anspruch genommen werden kann.

4.1.4 Zuhörigkeit zur Kirche als Interaktion

Literatur: *Lindner, Herbert:* Mitglieder, in: *Ders.*, Kirche am Ort. Eine Gemeindetheorie, Stuttgart u. a. 1994, 317–346. – *Schulz, Claudia/Hauschildt, Eberhard/Kohler, Eike:* Milieus praktisch. Analyse- und Planungshilfen für Kirche und Gemeinde, Göttingen 2008.

(a) *Semantische Polarität der Zugehörigkeit*
In der kirchlichen wie in der soziologischen Debatte wird häufig zwischen »Distanzierten«, »Kirchenfernen« etc. einerseits und »Hochverbundenen«, »Engagierten», »Kirchentreuen« etc. andererseits unterschieden. Derartigen »Typen« der Zugehörigkeit entspricht in der gegenwärtigen kirchentheoretischen Diskussion die Gegenüberstellung von Kirche als Organisation und als Gemeinschaft bzw. Gemeinde[21]. Diese Polarität findet sich auch in der Perspektive der (engagierten) Mitglieder selbst, wenn sie zwischen der in Gruppen, Netzwerken und Ortsgemeinde erlebten ›eigentlichen‹ Kirche und der Organisation unterscheiden, die sie in ihrem Engagement eher behindert als unterstützt[22]; umgekehrt zeigt sie sich in der gelegentlichen Auskunft, man selbst gehöre nicht zu denen, die »zur Kirche rennen« und »es wohl nötig haben«.

Die semantische Polarität jener zwei Mitgliedertypen basiert offenbar nicht zuletzt auf einer wechselseitigen, geradezu projektiven Abgrenzung, die sozial oder auch religiös umschrieben werden kann. Diese Abgrenzung führt sprachlich bis zur Erweckung, ja bis zum Pietismus zurück; sachlich charakterisiert sie das gesamte neuzeitliche Christentum: Das gesellschaftliche Grundmuster kirchlicher Bindung wird von besonders Engagierten kritisiert und aktiv überboten. Die Grunddifferenz von »Volkskirche« und »Sekte« (Troeltsch) realisiert sich immer wieder aufs Neue dadurch, dass bestimmte Gruppen gegenüber der Durchschnittskirchlichkeit ein religiös elitäres Selbstverständnis ausbilden und dieses in intensiver Interaktion sozial realisieren. Erst im Gegenüber zu *dieser* »Kirchlichkeit« wird das mehrheitliche, in sich durchaus differenzierte Verhalten kritisch, nämlich als »Unkirchlichkeit« wahrgenommen[23] (↗4.1.5 (b)).

Die semantische Polarisierung von Zugehörigkeitstypen, die die innerkirchliche Diskussion in Geschichte und Gegenwart bestimmt, verdeckt allerdings, dass nicht nur ›Distanz‹, sondern auch ›Nähe‹ zum kirchlichen Leben sehr unterschiedliche Formen annehmen kann.

(b) Faktische Pluralität der Interaktion

Angesichts der Tendenz, auch im praktisch-theologischen Diskurs von zwei Typen der Mitgliedschaft zu sprechen, sei eingangs betont: Die diversen Formen, die soziale Beziehung zur Kirche als Interaktion zu realisieren, stehen nicht etwa im Gegenüber zu einem ›institutionellen‹ Typ. Bindung an die Kirche als Institution und an die Kirche als Interaktion stehen weder in einem realen noch in einem idealtypischen Gegensatz, sondern sie verweisen auf unterschiedliche Bindungsdimensionen, die sich stets wechselseitig bedingen. Die folgende Skizze einiger kirchlicher Interaktionsmuster fragt daher auch danach, inwiefern jeweils eine gesellschaftliche Selbstverständlichkeit, eine *Institutionalität* des Kirchenbezuges vorausgesetzt und bestätigt wird.

Zunächst ist festzuhalten, dass nahezu alle Mitglieder gelegentlich in unmittelbaren sozialen Kontakt mit der Kirche treten. Auch eine Bindung, die im Wesentlichen auf sozialer wie auf kognitiver Distanz zur Kirche beruht, enthält doch Momente der Interaktion. Zu diesen zählen neben den Kasualien etwa Festgottesdienste, vor allem am Heiligabend; und hierzu zählt, biographisch prägend, die Erfahrung des gemeindlichen und/oder des schulischen Religionsunterrichts. Diese gelegentlichen Kontakte werden von den Meisten in den Rahmen selbstverständlicher Zugehörigkeit gestellt; sie markieren keine Entscheidung, sondern vielmehr die Überzeugung, neben anderen öffentlichen Einrichtungen sei bei entsprechenden Anlässen auch die Kirche in Anspruch zu nehmen. Dass Konfessionslose an Kasualien, gelegentlich auch am Weihnachtsgottesdienst teilnehmen sowie ihre Kinder in den Religionsunterricht schicken, unterstreicht den Charakter der Kirche als einer *öffentlichen Institution*, mit der zu interagieren keine formale Mitgliedschaft voraussetzt.

In biographischen Konstellationen, in denen *familiäre und nachbarliche Kontakte* in den Vordergrund treten, mögen sich auch die Kontakte zur Kirche intensivieren. Das gilt für die Beteiligung an Kasual- und Familiengottesdiensten, für gesellige und/oder familienbezogene Veranstaltungen, für Gemeindefeste und auch für Angebote der Familienbildung. Insbesondere das sog. Milieu der »Geselligen« (*Schulz u. a.*, 75 ff.) interagiert dort mit der Kirche, wo die dichten und vielfältigen sozialen Kontakte, die diesen Lebensstil prägen, auch in jenem Rahmen vollzogen werden können. Die Begegnungen mit der Kirche sind Ausdruck der Überzeugung: Jene Institution gehört selbstverständlich »zum Leben und ist eine Art freundliche Begleitung«; hier kann man »Gemeinschaft und ein Miteinander [erleben], in dem alle für die eigenen Interessen oder die Interessen des Ortes mit anpacken« (*Schulz u. a.*, 79).

Vor allem im dörflichen und kleinstädtischen Raum kann der *Ortsbezug* des kirchlichen Handelns, seine Verflechtung in die lokalen Lebensbezüge die Interaktion noch stärker prägen. Die Kirche wird dann auch – neben den Kasualien – durch »die Traditionsfeste Weihnachten, Karfreitag und Ostern, Erntedank, Kirchweih, Volkstrauertag« wahrgenommen (*Schulz u. a.*, 59). Wie andere Vereine erscheint auch die Kirche als Ort gemeinsamer praktischer Aktivitäten; ebenso kann sie zum Rahmen sozialen Engagements am Ort werden. Hier fügt sich das gemeinsame Blasen im Posaunenchor ebenso ein wie eine Beteiligung an der Sanierung der Dorfkirche. Zum »Evangelisch-Sein« gehört dann, dass man »mitbekommt, was in der Kirche und der Kirchengemeinde passiert«[24]. Es sind vor allem ›bodenständige‹, traditionsorientierte Menschen, deren Interaktion diesem Muster folgt – auch in der Kirche ist man, »weil sich das so gehört«[25].

Erscheint die Kirche in den gerade skizzierten Fällen als eine Art erweiterte Familie oder Nachbarschaft, so kann sie für Andere auch eine *Ersatz-Familie* oder ein Substitut fehlender lokaler Integration darstellen. Die Interaktion vollzieht sich dann in naturständischen Gemeindekreisen, vielleicht im Besuchsdienst oder im Kirchencafé; sie stellt eine Art »Nachbau von Lebenswelten« dar (*Lindner*, 323). Es sind solche Beteiligungsmuster, die E. Lange dem ortsgemeindlichen »Ensemble der Opfer« zuweist; die Pfarrperson hat es hier »durchweg mit Defiziten und Frustrationen zu tun, mit Wünschen und Bedürfnissen, die im Leben der Gesellschaft [...] zu kurz kommen«[26]. Es dürften diese Mitglieder sein, für die das Motiv »Ich bin in der Kirche, weil ich die Gemeinschaft brauche«, in den Vordergrund rückt[27]. Die Kirche wird angesichts latenter Isolation als eine Gemeinschaft persönlicher Zuwendung in Anspruch genommen; sie weist Züge der »Seelsorgegemeinde« auf, wie sie E. Sulze angesichts der sozialen und religiösen Umwälzung um 1890 propagiert hat (↗3.3.2).

Die Interaktion mit dem kirchlichen Leben kann sich sodann in *kulturellen Veranstaltungen* vollziehen: durch den Besuch von Konzerten und musikalischen Gottesdiensten, mit der Teilnahme an Kunstreisen, dem Angebot der landeskirchlichen Akademien oder der regionalen Erwachsenenbildung.

Auch das Mitsingen in anspruchsvolleren Kirchenchören bildet für Menschen aus den hochkulturellen Milieus eine Kontaktfläche. Die Kirche erscheint ihnen als ein kultureller Akteur unter anderen; sie repräsentiert bestimmte Traditionen und Interessen, mit denen man sich gelegentlich oder auch regelmäßig auseinandersetzt. Die kirchliche Interaktion ist hier weniger traditions- oder gewohnheitsgesteuert als vielmehr Ergebnis einer immer wieder überprüfbaren Auswahl, die sich nach ausdrücklich subjektiven Maßstäben vollzieht, dabei aber – bewusst oder unbewusst – auf die Traditionen eines liberalen, dezidiert institutionsdistanten Christentums zurückgreift (vgl. *Lindner*, 326 ff. zum »Auswahlchristentum«).

Die (ersatz-) familiär, kommunal oder kulturell geprägten Beteiligungsformen der Kirche sind sämtlich offen für unterschiedliche Grade der Intensität, des Engagements und der Verantwortungsübernahme. Seit dem 19. Jahrhundert gehört daher die *ehrenamtliche Mitarbeit* zu den prominenten Interaktionsmustern mit der (evangelischen) Kirche; gesamtgesellschaftlich sind bei »Kirche und Religion« – neben Sport und Kindergarten/Schule – die meisten Menschen aktiv[28]. Dies kann sich im Rahmen der traditionellen Gemeindekreise wie in verschiedenen Selbsthilfegruppen vollziehen; es kann sich an den sozialen Formen des Vereinslebens oder eines überregionalen Netzwerks orientieren. Auch das thematische Spektrum ist außerordentlich breit: von diakonischen über kulturelle zu ausdrücklich religiösen, einer bestimmten Frömmigkeitstradition verbundenen Anliegen; seit den 1960er Jahren bilden auch (reform-) politische Anliegen einen wesentlichen Anlass für ehrenamtliche Beteiligung (vgl. *Schulz u. a.*, 72 ff. zum Milieu der »Kritischen«). Obwohl viele karitative, politische, auch religiöse Interessen durchaus im Umfeld anderer sozialer Organisationen verfolgt werden können, bleiben doch viele Ehrenamtliche, die in der Kirche Verantwortung übernommen haben, diesem Interaktionsraum für lange Zeit verbunden[29].

Schließlich, aber nicht zuletzt gehört zur kirchlichen Interaktion auch die *berufliche Mitarbeit*, sei es in pastoralen, in pädagogischen oder musikalischen Arbeitsfeldern, sei es im ökonomischen wie im juristischen Verwaltungsdienst. Die evangelische Kirche hat eine außerordentlich breite Palette von Berufen ausgebildet; nicht selten haben diese die Entstehung entsprechender säkularer Berufsgruppen, vom Volksschullehrer bis zur Sozialarbeiterin, inspiriert und gefördert[30]. Fast alle kirchlichen Ausbildungsgänge sind dadurch gekennzeichnet, dass die fachliche Qualifizierung mit theologischer Reflexion sowie mit christlich-religiöser Gemeinschaftsbildung verbunden wird. Wer einen kirchlichen Beruf ausübt, wird sich darum zwar nicht unbedingt mit der Organisation, wohl aber mit den Traditionen, Themen und Umgangsformen der Kirche in hohem Maße identifizieren. Das berufsförmige Handeln bildet denn auch für die meisten anderen Interaktionsmuster, von der Teilnahme am Taufgottesdienst über das Gemeindefest bis zum Ehrenamt ein wesentliches Gegenüber, das die jeweilige Praxis allererst als kirchlich ausweist.

Der Durchgang durch einige verbreitete Interaktionsmuster lässt zunächst die *außerordentliche Pluralität* erkennen, mit der die Zugehörigkeit zur Kirche in konkreten, leibhaften Erfahrungen realisiert werden kann. Diese Bandbreite ist offenbar in einem doppelten Kontext begründet. Zum Einen stellen die verbreiteten Muster des sozialen Kontakts mit der Kirche stets eine Variante von Interaktionsformen dar, die *andere gesellschaftliche Bereiche* prägen. Das gilt für Begegnungen, die nach dem Muster einer (erweiterten) Familie gestaltet werden, ebenso wie für die Interaktion mit der Kirche im Zusammenhang nachbarschaftlichen, kommunalen oder kulturellen Lebens. Auch ein ehrenamtliches Engagement in der Kirche unterscheidet sich in seinen Praxisformen zunächst nicht wesentlich von dem, was sich in Sportverbänden, Parteien oder Sozialverbänden findet. Die Erfahrung der Kirche als Interaktion beruht insofern nicht zuletzt auf deren *institutioneller* Dimension: Da die typischen Grundformen der Beteiligung allgemein bekannt sind, erscheint die gelegentliche Inanspruchnahme jener Formen in der Kirche selbstverständlich und nicht weiter begründungsbedürftig. *Wie* man dies im Einzelnen tut, wird jedoch – ungeachtet aller biographischen oder lebensweltlichen Vorgaben – inzwischen als ein Akt selbstbestimmter Wahl wahrgenommen.

Zum Anderen bieten die christlichen Großkirchen für die pluralen Interaktionsmuster offenbar hinreichend vielfältige *Rahmenbedingungen:* Die kirchliche Organisation offeriert vor Ort, gut erreichbar und vergleichsweise niedrigschwellig, variable Räume und dazu eine vielfältige, oft berufliche Professionalität, die familiennahe, gesellige und diakonische Interaktion ebenso zu strukturieren vermag wie kulturelle Erfahrung oder lokalpolitisches Engagement. Und jenseits der Ortsbindung, in Dekanaten wie an besonderen »kirchlichen Orten« (Pohl-Patalong) wird eine Vielzahl von diakonischen und Bildungs-Einrichtungen bereitgehalten, die der gelegentlichen wie der engagiert-regelmäßigen, der vereins- wie der netzwerkartigen Interaktion einen Rahmen bieten.

Die Interaktion, die sich im Rahmen der großkirchlichen Organisation vollzieht, wird nun vor allem dadurch spezifisch strukturiert, dass alle o. g. Muster einen wesentlichen *gottesdienstlichen Bezug* haben: So umfasst familiennahe Interaktion die Teilnahme an Kasual- und Weihnachtsgottesdiensten; zum lokal-traditionellen Beteiligungsmuster gehört ebenfalls der regelmäßige Kirchenbesuch, auch mitunter die Unterstützung durch ehrenamtliche Dienste rund um das Kirchengebäude. Der sonntägliche Gemeindegottesdienst, auch Andachten im Gemeindehaus bilden den liturgischen Haftpunkt für die sozial Isolierten und Depravierten, die im Umkreis der Kirche begegnen. Zu den kulturell strukturierten Kontakten gehören kirchenmusikalisch besondere Gottesdienste, sei es als Besucherin oder Sänger; und vollends das ehrenamtliche Engagement ist stets, sei es vor Ort wie überregional, von einer ganzen Reihe gottesdienstlicher Formate begleitet[31].

Die Beobachtungen zur gesellschaftlichen, organisatorischen und auch zur liturgischen Strukturierung der kirchlichen Interaktion legen es nahe, ihre Eigenart in einem Wechselspiel von sozial-integrativen und -transzendierenden Funktionen zu sehen[32]. Auf der einen Seite stellen alle kirchlichen Interaktionsmuster eine Erweiterung lebensweltlicher Interaktion dar. Auch, gegebenenfalls sogar wesentlich mittels der Kommunikation im Raum der Kirche wird die Einzelne in einen familiären, einen nachbarschaftlich-regionalen bzw. einen durch gemeinsame kulturelle, religiöse oder politische Interessen geprägten Sozialraum *integriert;* der Kontakt mit der Kirche ermöglicht den Einzelnen auch und gerade dort, wo ihre Sozialbeziehungen brüchig erscheinen, die Erfahrung selbstverständlicher Zugehörigkeit und Zuwendung. Diese integrative Funktion der kirchlichen Beteiligung knüpft an die bestehenden Lebensbezüge an; sie ist anschlussfähig für gesellschaftsallgemeine Kommunikation und eröffnet den Einzelnen die Erfahrung biographischer Integrität.

Andererseits eignet den skizzierten Interaktionsmustern durchgehend ein *sozial-kontrastives* Element; der Kontakt zum kirchlichen Leben überschreitet in jedem Fall die alltäglichen Lebensbezüge. Für die familiär oder lokal geprägten Muster ist dies evident; aber auch für die kulturell konstellierte Interaktion markieren die hier präsenten religiösen Themen eine besondere, inhaltlich bestimmte Form der Selbsttranszendenz. Umgekehrt wird die ehrenamtliche, erst recht die berufliche Arbeit in der Kirche von den Beteiligten gelegentlich als eine Form der Selbstausgrenzung aus ›normalen‹, säkularen Berufs- und Sozialbezügen erlebt: Nicht nur »Der Pfarrer«, auch andere kirchlich Engagierte erfahren sich als »anders« in einem religiös qualifizierten Sinn[33].

Soziologisch formuliert, gehört es dann zur Eigenart kirchlicher Interaktion, sowohl soziale Inklusion wie auch Exklusion zu markieren und auf diese Weise, im Medium von Immanenzerfahrung doch zugleich den transzendenten Horizont der Lebensführung zum Thema zu machen. Theologisch sind jene Interaktionsmuster insofern zu würdigen, als sie einerseits jeweils den inkarnatorischen, den alltags- und lebensbestimmenden Charakter des Glaubens erfahrbar machen und andererseits auch dessen ›Weltfremdheit‹, seine unbedingte Sprödigkeit gegenüber allen innerweltlichen Bezügen.

(c) **Rechtliche Stufung der Mitgliedschaft?**[34]
Seit einigen Jahrzehnten wird gelegentlich, vor allem in Ostdeutschland über die Möglichkeit diskutiert, auch Ungetauften und Ausgetretenen bestimmte Beteiligungs- und Mitgliedschaftsrechte einzuräumen. Für Menschen in einem kirchenfernen, ja kirchenkritischen Umfeld, so wird argumentiert, stelle der öffentliche, rechts- und glaubensverbindliche Akt der Taufe eine außerordentlich hohe Hürde dar, die nicht am Anfang eines geregelten Verhältnisses zur Kirche stehen sollte. Auch Mitarbeitende in der Diakonie und anderen kirchlichen Einrichtungen, etwa in Kindergärten, würden sich der (letztlich geforderten) vollen Mitgliedschaft eher annähern, wenn es Zwischenstufen der Bindung gebe. Und eine solche »gestufte Mitgliedschaft« wäre auch interessant für diejenigen Interessenten, die sich zwar in einer Gemeinde oder einem Projekt engagieren, sich mit der kirchlichen Organisation jedoch (noch) nicht identifizieren können, weil sie mit ihr biographisch belastende Erfahrungen gemacht haben.

Da diese Diskussion nicht zuletzt die Frage aufwirft, welchen Stellenwert bestimmte Interaktionsmuster – ein Engagement in der Ortsgemeinde oder die Arbeit in einem kirchlichen »Tendenzbetrieb«– erhalten sollen, sind die angesprochenen Fragen hier unter dem Thema »Zugehörigkeit als Interaktion« kurz zu bedenken.

Regelmäßig tendiert jene Diskussion dazu, sehr unterschiedlich gelagerte Fallgruppen miteinander zu vermischen und zudem zu übersehen, dass für nicht wenige dieser Gruppen auch das geltende Recht schon zahlreiche Möglichkeiten der Interaktion eröffnet. Bisher nicht getauften Kindern von Mitgliedern wird in vielen Kirchenordnungen ebenso ein umfassendes Teilnahme-, auch Mitwirkungsrecht eröffnet wie älteren Taufbewerbern, den sog. Katechumenen. Wer sich in einem Glaubenskurs befindet, wird in vieler Hinsicht schon als Mitglied behandelt – das betrifft die Beteiligung am Gottesdienst wie die Möglichkeit, den Weg in die Kirche selbstbestimmt zu gestalten.

Faktisch konzentriert sich die Diskussion, gelegentlich auch in Westdeutschland[35] auf die Frage nach den Rechten (und Pflichten) derjenigen, die sich in einer Gemeinde, auch für bestimmte Projekte auf längere Sicht engagieren wollen, ohne getauft zu werden bzw. wieder in die Kirche einzutreten. J. Zimmermann hat, wie andere vor ihm, für solche Menschen die Rechtsform eines »Vereins der Freunde und Förderer« vorgeschlagen[36]. In solchen »Freundeskreisen« würde sich das Recht auf Information und projektbezogene Beteiligung mit der Pflicht verbinden, sich finanziell, vor allem aber durch persönlichen Einsatz für bestimmte Bereiche zu engagieren. Auch missionarisch-engagierte Gemeinschaften, die sich im Umkreis entsprechender Gottesdienste bilden, könnten eine solche vereinsrechtliche Form erhalten.

Vielerorts sind solche Interaktionsformate, etwa Fördervereine, schon länger verbreitet. Praktisch-theologisch problematisch erscheinen sie (nur) dort, wo diese Selbstbindung als eine Form beiderseits verbindlicher Mitgliedschaft verstanden wird, die den Einzelnen Beteiligungs-, Mitwirkungs- oder gar Wahlrechte einräumen würde, wie sie eigentlich nur für Getaufte gelten. Hiergegen sind vor allem zwei Einwände zu erheben.

Zum Einen: Werden die skizzierten Formen eines intensiven Engagements durch eine quasi-rechtliche Auszeichnung hervorgehoben, so werden damit implizit, aber umso wirkungsvoller alle Interaktionsmuster abgewertet, die eben nicht eine engagierte, sondern ›nur‹ eine gelegentliche, familiär-lokal oder kulturell-regional motivierte Beteiligung darstellen. Die rechtliche Fixierung einer (auch nur vorläufigen) »Mitgliedschaft für Engagierte« würde diesen einen Vorrang einräumen, während das geltende Organisationsrecht allen Getauften die gleichen, vor allem finanziellen Pflichten wie auch die gleichen Rechte einräumt. Die oben skizzierte Pluralität kirchlicher Interaktion würde auf diese Weise mit einer impliziten Rangordnung versehen: Eine Taufe ohne Engagement schiene einem Engagement ohne Taufe nachgeordnet.

Zum Anderen würde eine solche orts- oder projektbezogene Form der Mitgliedschaft verdunkeln, dass die Kirche wesentlich mehr ist als eine Interaktionsgemeinschaft am konkreten Ort. Die oben skizzierte Vielfalt von Begegnungsmustern, die sich auf regionalkulturelle Aktivitäten ebenso beziehen können wie auf landesweite Netzwerke oder die weltweite Ökumene, markiert gegenüber dem Engagement ›nur‹ vor Ort eine Vielfalt des kirchlichen Lebens, die dessen sozial *transzendierende* Dimension festhält. Diese potenzielle Vielfalt sollte auch im Recht der Mitgliedschaft unbedingt festgehalten werden. Theologisch formuliert: Die Eingliederung in den Leib Christi erweitert und vertieft die Lebensbezüge der Einzelnen – aber jene Eingliederung führt zugleich aus jenen Bindungen hinaus in die *ökumenische Weite* eines Leibes, der nicht in einer – noch so aktiven und attraktiven – Gemeinde aufgeht.

4.1.5 Inszenierung der Mitgliedschaft

Literatur: *Cornehl, Peter:* Teilnahme am Gottesdienst. Zur Logik des Kirchgangs – Befund und Konsequenzen, in: *J. Matthes* (Hg.), Kirchenmitgliedschaft im Wandel, Gütersloh 1990, 15–54. – *Welker, Michael:* Warum in der Kirche bleiben? Antworten an Außen- und Innenstehende, in: *Ders.*, Kirche im Pluralismus, Gütersloh 1995, 78–103. – *Latzel, Thorsten:* Mitgliedschaft, in: *J. Hermelink/Ders.* (Hg.), Kirche empirisch. Ein Werkbuch, Gütersloh 2008, 13–33.

Der Durchgang durch verschiedene Bindungsdimensionen und -muster hat ergeben, dass deren Ausweitung und Intensivierung, an der der Kirche aus empirischen wie theologischen Gründen gelegen sein muss, mittels direkter, organisatorischer Maßnahmen kaum zu erwarten ist. Zu sehr ist jene Bindung durch allgemein-gesellschaftliche Vorgaben geprägt; zu sehr ist sie im Einzelnen durch biographische und lebensweltlich-regionale Prägungen bestimmt. Zugleich ist freilich deutlich geworden, dass das kirchliche Handeln Zugehörigkeit durchaus nachhaltig, aber eben nur indirekt beeinflussen kann: Es ist das jeweilige *Bild ›der Kirche‹*, das die jeweilige Bindung zutiefst prägt, das aber seinerseits nur langfristig verändert werden kann. Kirchliche Gestaltung der Zugehörigkeit vollzieht sich wesentlich durch die Gestaltung eines Kirchen*bildes*, genauer: durch die soziale *Inszenierung der Mitgliedschaft selbst*. Dies geschieht, wie nun zu zeigen ist, grundlegend in der Taufe, aber auch in anderen gottesdienstlichen Vollzügen. Dabei werden implizit, aber wirkungsvoll auch bestimmte *inhaltliche Aspekte* des Kirchenbildes akzentuiert (➚ (d)).

(a) Die Taufe als Grund der Mitgliedschaft
Die Taufe begründet die Zugehörigkeit zur Kirche nicht nur theologisch und rechtlich, sondern ihr liturgischer Vollzug bringt – im Kontext der Lebensbezüge des Täuflings – zugleich die mehrschichtige, dynamische Struktur dieser Zugehörigkeit zu einer eindrücklichen Darstellung: Die Taufe ist eine paradigmatische Inszenierung der Mitgliedschaft. Diese These sei in fünf Hinsichten entfaltet.

(1) Viele biblische Bilder der Taufe – das Bad der Wiedergeburt (Joh 3,5; Tit 3,5), die Versiegelung mit dem Geist (Eph 1,13), das Getötet- und Lebendig-Werden mit Christus (Röm 6,3 ff.) – verweisen auf ein souveränes Handeln Gottes, das der Täufling ganz und gar passiv empfängt und dessen Gaben ihm unverlierbar zugeeignet werden (»character indelebilis«). Zugleich zielt die Taufe auf eine *Aneignung* der Taufgaben: Wir haben Christus wie ein Gewand angezogen (Gal 3,27 u. ö.) und wandeln nun in einem neuen Geist. U. Kühn hat die Taufe daher als ein »Anfangshandeln« bezeichnet, das von Gott und der Gemeinde gemeinsam vollzogen wird, um den Täuflingen die lebenslange Entfaltung dieses Anfangs zu eröffnen[37]. Der lebensgeschichtliche Weg mit der Taufe konkretisiert sich nicht nur, aber auch in der Gestaltung einer Zugehörigkeit zur Kirche.

(2) Zum gemeinsamen Anfangshandeln der Taufe gehört die Verantwortung der Getauften, sich die Taufgaben – die Gliedschaft im Leib Christi, das Leben im Wirkbereich des Geistes – unvertretbar selbst anzueignen. Von daher ist es theologisch nur folgerichtig, dass zur Mitgliedschaft stets eigene, *selbstbestimmte Interaktion*, ein bewusstes Wählen und Verwerfen gehört. Freilich beginnt die Taufe nicht mit jener eigenständigen Gestaltung, sondern sie vermittelt zunächst und grundlegend die bedingungslose Zuwendung

Gottes. Auf diese Weise kommt zum Ausdruck, dass die kirchliche Zugehörigkeit – theologisch ebenso folgerichtig – stets in *institutionellen Vorgaben* fundiert ist: In den familiären, den sozialen und kulturellen Verhältnissen, in der biographischen Erfahrung mit kirchlichen Gebäuden, Personen und deren Unterricht, auch in gelegentlicher Gottesdiensterfahrung kommt die Institution der Kirche zur Wirkung, und darin die Institutionalität des göttlichen Handelns selbst. An diese Vorgegebenheiten knüpft faktisch jede individuelle Gestaltung des Weges mit der Taufe, auch mit der Kirche an.

(3) Die Taufe gliedert nicht etwa in einen platonischen Leib Christi ein, in einen rein innerlich erfahrbaren »Geistleib«, sondern in sichtbare, empirisch bestimmte Verhältnisse. Es gehört zum geistlichen Sinn der Taufe, dass sie den Täufling in verbindliche Beziehungen bringt: Die Taufe selbst – und nicht ein davon zu unterscheidender, zweiter Akt – begründet die Mitgliedschaft in der sichtbaren Kirche, d. h. hierzulande in einer rechtsförmig strukturierten *Organisation*. Es ist diese Organisation, die den Täufling in die Pflicht finanzieller Unterstützung nimmt – es ist aber ebenso diese Organisation, gegenüber der der Täufling die aus der Taufe erwachsenden Rechte artikulieren kann.

Die Konkretionen, die die Kirchen- und Lebensordnungen für diese Rechte formulieren – das Recht auf Unterweisung, auf Seelsorge und Diakonie, auf Teilnahme am Abendmahl und an der Leitung der Kirche – lassen sich in dem Anspruch zusammenfassen, den individuellen Taufweg von der kirchlichen Organisation nachhaltig begleiten und unterstützen zu lassen. In der Taufe sowie in der vorgängigen oder nachfolgenden Unterweisung inszeniert sich die Kirche insofern *selbst* als diejenige Organisation, die dem Täufling ein Leben aus der Taufe eröffnet, ermöglicht und immer wieder erleichtert.

(4) Im Vollzug der Taufe wird die sozial-integrative Funktion der kirchlichen Mitgliedschaft zur Darstellung gebracht. Durch die Kindertaufe wird der Täufling in den Kreis der weiteren Verwandtschaft und der nachbarlichen Öffentlichkeit eingeführt, ggfs. auch im Kontext des Kindergartens, der Schule oder anderer Institutionen hervorgehoben. Und wenn man sich als Jugendliche oder Erwachsener selbst zur Taufe entschließt, so sind es Gemeindegruppen, Freunde oder kirchliche Personen, die zur Taufe ermutigen, darin und danach begleiten und damit soziale Integration zum Ausdruck bringen.

Auf der anderen Seite ist die Taufe jedoch das Sakrament, das alle vorgegebenen sozialen Verhältnisse *transzendiert*. Im rituellen Vollzug der Taufe wird der Täufling unterschieden, ja – kurzzeitig, aber doch markant – von der Familie und den Paten getrennt, die ihn zur Taufe gebracht haben. Auch der erwachsene Täufling wird liturgisch-dramatisch deutlich abgehoben von dem sozialen Zusammenhang, in dem er zum Entschluss der Taufe gekommen ist. Positiv formuliert: Weil die Taufe den Einzelnen der Christusherrschaft unterstellt und dies auch liturgisch inszeniert, wird den anderen Bindungen des

Täuflings eine unbedingte Geltung abgesprochen: Auf das getaufte Leben kann keine Organisation, kein soziales System totale Ansprüche erheben.

(5) Diese Freiheit gegenüber allen weltlichen Bindungen, die sozial transzendierende Funktion der Mitgliedschaft wird in der Taufe schließlich auch hinsichtlich der Kirche selbst zum Ausdruck gebracht. Zwar geschieht die Taufe in einer bestimmten Kirche, in einer konkreten Gemeinde – sie bezieht sich aber zugleich, wie die Liturgie deutlich macht, auf die weltweite Gemeinschaft der Christen. Die Mitgliedschaft wird in der Tauffeier als eine gleichsam *mobilitätsresistente* Bindung inszeniert. Weil die Taufe von allen (Groß-) Kirchen anerkannt wird, erscheint die hier begründete Zugehörigkeit resistent gegenüber einem konfessionell-organisatorischen Wechsel. Im Recht der Taufe kommt zum Ausdruck, dass die Zugehörigkeit zur Kirche nicht in einer Rechtsbeziehung aufgeht, sondern darüber hinaus auf die Gemeinschaft des Glaubens verweist.

Die eigentümliche Freiheit der Mitgliedschaft, die die Taufe inszeniert, betrifft schließlich auch das Verhältnis zur evangelischen Kirche selbst. Weil die Taufe nicht nur für einen bestimmten Ort und seine Gemeinde gilt, sondern ihr – ungeachtet aller sozialen, geographischen und kulturellen Mobilität der Einzelnen – ein character indelebilis zukommt, darum ist der Täufling, der seinen Herkunftsverhältnissen entwachsen ist, ganz und gar frei, den organisatorischen Ort seiner Bindung zu wählen. Und umgekehrt ist die kirchliche Organisation – ausweislich der in der Taufe inszenierten Zugehörigkeit – ihrerseits verpflichtet, den Täufling in allen Konstellationen seiner Lebensführung bei der lebenslangen Aneignung der Taufgaben zu unterstützen.

(b) Intensives Engagement als sichtbares Ideal?
Auf Grund der in der Taufe fundierten Freiheit zu je eigener Gestaltung der Zugehörigkeit kommt den verschiedenen Interaktionsmustern, wie sie oben skizziert wurden (↗ 4.1.4 (b)), gleiches theologisches Recht, gleichrangige geistliche Würde zu. Gleichwohl stellt sich in der Praxis doch immer wieder eine Präferenz für die intensiven, gemeinschaftlichen Formen ein. Faktisch sind es die vereins- und nicht zuletzt die *konventskirchlichen* Interaktionsmuster, die – auch in der Außenperspektive – als ›eigentliche‹, als ideale Gestalt der Mitgliedschaft gelten (↗ 3.4): eine große Interaktionsdichte; ein erkennbar hohes, persönliches Engagement; ein offenbar vertrauter Umgang mit religiösen Ausdrucksformen und der leichte Zugang zu theologischer Reflexion; dies alles konkretisiert in profilierten, vor allem liturgisch konturierten Gemeinschaftsformen.

Auf diese Weise wird eine polare Struktur inszeniert, die sich frömmigkeitsgeschichtlich (↗ 4.1.4 (a)), aber auch kirchensoziologisch erklären lässt[38]: durch die *Inszenierungsbedingungen* einer Mitgliedschaft, die zugleich institutionell vorgegebene wie selbstbestimmte Dimensionen umfasst. Im Kontext einer Gesellschaft, für die eine sozial distanzierte, nur gelegentlich aktivierte Kirchenbindung selbstverständlich ist (↗4.1.3), wird die spezifische Kontur der Mitgliedschaft besonders in jenen Interaktionsmustern *sichtbar*, die auf intensivem ehrenamtlichen oder beruflichen Engagement beruhen: Vor allem eine durch persönliche Identifikation ausgezeichnete, gleichsam ›entschiedene‹ Bindung wird als Inszenierung von Kirchlichkeit wahrgenommen.

Diejenigen, denen ihre kirchliche Mitgliedschaft als selbstverständlich, ja »unbewusst« erscheint (G. Rau), nehmen die eigene, gelegentliche Interaktion dann nicht als Variante jener spezifisch inszenierten Zugehörigkeit wahr, sondern als eine ganz eigene, entweder defizitäre oder (positiver) ›normale‹ Bindung. Umgekehrt fällt es den stärker Engagierten schwer, jene selbstverständliche, institutionelle Dimension auch in der eigenen Beteiligung wiederzuerkennen. Dass ungeachtet der empirischen Vielfalt kirchlicher Interaktion doch immer wieder deren Intensivformen als ›eigentliche‹ Mitgliedschaft erscheinen, ist dann nicht zuletzt eine Folge *wechselseitiger Beobachtung* und kontrastierender *Selbstbeobachtung*. Angesichts dieser Verschränkung von Beobachtungslogiken ist zu betonen, dass die Pluralität der Mitgliedschaft faktisch doch in erheblich größerer Vielfalt zur Darstellung kommt – und so auch inszeniert werden kann.

(c) Die liturgische Gestaltung der Bindungsmuster
Die empirische Skizze der verschiedenen kirchlichen Interaktionsmuster (↗4.1.4 (b)) hat gezeigt: Unter deren organisatorischen Rahmenbedingungen kommt den diversen Formen des Gottesdienstes eine besondere Bedeutung zu, weil hier die spezifisch *religiöse* Dimension der jeweiligen Beteiligung zur Darstellung kommt. Es liegt dann nahe, das liturgische Leben der Kirche insgesamt nicht zuletzt als eine Inszenierung der kirchlichen Mitgliedschaft zu begreifen – und dann von einer prägnanten Gestaltung dieses gottesdienstlichen Lebens auch eine Prägung des allgemeinen Bildes ›der Kirche‹ zu erwarten. Diese These ist hier knapp zu entfalten.

Zunächst bringt die Vielfalt der Formen, in denen man sich gottesdienstlich beteiligen kann, die Vielfalt kirchlicher Bindung im Ganzen zum Ausdruck: Das liturgische Verhalten kann sich eher beobachtend, auch gelegentlich mitsingend oder -betend vollziehen; es kann stärkeres Engagement in diversen Rollen umfassen; es kann sich aber auch auf die finanzielle Unterstützung des Gottesdienstes, insbesondere – etwa in einem Förderverein – seiner sakralen Räume beschränken.

Dass sich Mitgliedschaft in verschiedenen Interaktionsformen realisieren lässt, macht die Kirche sodann dadurch ausdrücklich, dass sie ihren Gottesdienst in einer Vielfalt von Formaten feiert: vom »Normalfall Sonntagsgottesdienst«[39] über Kasual- und Festgottesdienste, von Familien- über Kantaten- oder Filmgottesdienste bis zu den sog. Zweitgottesdiensten. Dazu kommen zahlreiche Andachtsformen, von der Mitarbeiter- über die Taizé- oder die Friedensandacht bis zum Politischen Nachtgebet. Indem die Kirche diese und viele andere liturgische Gattungen regelmäßig organisiert, bringt sie – eher implizit – zunächst zur Darstellung, dass kirchliche Zugehörigkeit im Kontext ganz unterschiedlicher Situationen, Interessen und Bedürfnisse erfahren werden kann.

Wie P. Cornehl herausgestellt hat, ist das liturgische Leben faktisch durch eine Mehrzahl von »Kirchgangsregeln« gekennzeichnet, in denen eine bestimmte »soziale Einbindung« jeweils mit einem spezifischen Muster »religiöser Sinndeutung« vermittelt wird (*Cornehl*, 21). Die diversen Formen gottesdienstlicher Interaktion bringen insofern zum Ausdruck, wie bestimmte soziale Interaktionsmuster durch den Glauben bestätigt, entlastet und nicht zuletzt transzendiert werden: Es sind Kasualgottesdienste, kulturell avancierte Musikgottesdienste oder spirituell anspruchsvolle Frauengottesdienste, in denen die Beteiligten eine erneute und vertiefte Integration in ihre »Primärgruppen« erfahren (*Cornehl*, ebd.) – und in denen die jeweiligen sozialen Verhältnisse zugleich religiös geöffnet und nachhaltig relativiert werden. Das Ineinander von Integration und Transzendenz, das die kirchliche Zugehörigkeit durchgehend kennzeichnet (↗ 4.1.4 (b)), vollzieht sich nicht ausschließlich in gottesdienstlicher Interaktion – es findet hier jedoch seine anschaulichste, markanteste Gestalt.

Für eine gottesdienstliche Gestaltung, die auf eine Inszenierung von Zugehörigkeit im Ganzen zielt, sind dann jedenfalls vier Maßgaben zu formulieren:

– Jeder Gottesdienst sollte eine *Vielfalt von Beteiligungsformen* erlauben – abwartende, skeptisch beobachtende Distanz sollte ebenso möglich sein wie Identifikation und Aktion in verschiedenen liturgischen Positionen oder Rollen. Erst recht ist im örtlichen und regionalen Ensemble der liturgischen Praxis darauf zu achten, dass inhaltlich wie emotional unterschiedliche Interaktionsmuster eröffnet werden.
– Jeder Gottesdienst sollte deutlich machen, inwiefern er in bestimmte Lebensbezüge *eingebettet* ist und inwiefern die kirchlichen Formen und Themen zur Vertiefung und Bereicherung dieser Lebensbezüge beitragen.
– Jeder Gottesdienst sollte die Möglichkeit eröffnen, vom Alltag der Lebensführung, von deren Zumutungen und deren Aufgaben einen *heilsamen Abstand* zu gewinnen und auf diese Weise markieren, dass die kirchliche Interaktion insgesamt auch einen Kontrast zur alltäglichen Lebensführung beinhaltet.
– Angesichts der Pluralität kirchlicher Interaktion sollte jeder Gottesdienst

die Wiedererkennbarkeit bestimmter Formen, Texte und Rollen gewährleisten. Dass ein liturgischer Vollzug als Inszenierung der Mitgliedschaft *im Ganzen* erscheint, setzt den Bezug auf allgemein bekannte Aspekte dieser Mitgliedschaft voraus, etwa auf kirchliche Gebäude, auf die Taufe und auf Personen, die die übergreifende Gemeinschaft des Glaubens symbolisieren.

(d)   Was die Kirche sichtbar macht
Die Kirche setzt den sozialen Sinn der Mitgliedschaft nicht nur liturgisch sowie durch Formen (engagierter) Interaktion in Szene, sondern auch durch die – implizite oder explizite – Markierung bestimmter Inhalte, für die sie steht und deren Bejahung die Mitglieder ihrerseits durch ihre Zugehörigkeit markieren. Diese inhaltliche Dimension der Kirchenbindung lässt sich freilich nicht direkt erheben – zu sehr sind die Einzelnen gegenüber dem normativen Gewicht der kirchlichen Tradition auf selbstbestimmte Distanz und persönliche Aneignung bedacht. Die eigene Zugehörigkeit mit inhaltlichen Gründen zu verbinden, fällt den Menschen – das zeigen etwa die Gruppendiskussionen im Rahmen der EKD-Erhebung von 2002[40] – auch deswegen schwer, weil jene Bindung eher als biographische Vorgabe und weniger als Resultat einer Entscheidung erscheint. Gleichwohl lassen die gängigen Erwartungen und Einstellungen gegenüber der Kirche, auch die einschlägigen Rollenzuschreibungen doch bestimmte Themen und Überzeugungen erkennen, für die jene Organisation steht und die man mit der eigenen Zugehörigkeit affirmiert. Insbesondere drei inhaltliche Implikationen der Mitgliedschaft lassen sich empirisch erkennen und dann auch theologisch rekonstruieren.

(1) Die Kirche steht zunächst für eine *bedingungslose Zuwendung zu den Bedürftigen*. Dass die Kirche »etwas für Arme, Alte und Kranke tut«, begründet für die meisten Befragten die eigene Mitgliedschaft; dementsprechend werden die Pfarrerinnen und Pfarrer allgemein als Seelsorger bezeichnet und wahrgenommen. Es ist die »Kirche für Andere«, die sich großer, auch öffentlicher Unterstützung sicher sein kann; ebenso wird das eigene, ehrenamtliche Engagement ganz überwiegend damit begründet, man wolle »anderen Menschen helfen« und »praktische Nächstenliebe üben« (*Huber u. a.*, Kirche in der Vielfalt, 469).

In theologischer Perspektive skizziert M. Welker die christliche Kirche ebenfalls als »eine Gemeinschaft [...], die sich und andere immer erneut auf das Erbarmen verpflichtet« (*Welker*, 80). Indem die Kirche sich am göttlichen Gesetz orientiert, das Recht und Barmherzigkeit zugleich verkörpert, bringt sie *Gottes eigene Zuwendung* zu den Benachteiligten und Schwächeren nachhaltig, auch öffentlichkeitswirksam zum Ausdruck.

(2) In der Sicht sowohl der Mitglieder wie der Öffentlichkeit steht die

kirchliche Bindung sodann für eine bestimmte *Orientierung im Leben*. Dass die Kirche zur ethischen und religiösen Erziehung beitragen sollte, stellt – auch in anderen europäischen Ländern – eine weit verbreitete Überzeugung dar[41]; in die Debatten zur öffentlichen »Werteerziehung« werden die christlichen Kirchen ganz selbstverständlich einbezogen.

M. Welker hat auch diesen Aspekt präzisiert: Die Kirche akzentuiert in ihren Bildungsbemühungen wie in den Kasualien die »Würde des Individuums« (*Welker*, 85 ff.); vor allem aber stärkt sie »die Sensibilität für kollektive Selbstgefährdung und Sünde« (a. a. O., 93): Der kirchliche Beitrag zur ethischen Orientierung besteht nicht zuletzt darin, in ihrer Liturgie die (selbst-)zerstörerischen Kräfte des (individuellen wie kollektiven) Subjekts in Erinnerung zu rufen und von daher für eine einsichtsvolle *Selbstbegrenzung* der gesellschaftlichen Praxis zu werben.

(3) Schließlich, aber nicht zuletzt stehen die christlichen Kirchen für die Option einer *Überschreitung des Gewohnten, Vertrauten* und damit für den *Transzendenzbezug* des Glaubens selbst. Das gilt nicht nur für die kirchlichen Gebäude, deren Betreten eo ipso den Alltag, auch die alltäglichen Bindungen relativiert, und das gilt nicht nur für die Gottesdienste, die für alle Beteiligten ein ›Jenseits‹ der normalen Lebensführung, ihrer Begrenzungen und Zumutungen markieren (↗ (c)). Sondern auch die kulturellen Phänomene, die mit der Kirche allgemein verbunden werden – musikalische oder literarische Veranstaltungen, »kirchliche« Feiertage, auch die Institution des arbeitsfreien Sonntags – stehen für eine regelmäßige Unterbrechung der zweckrationalen Lebensführung. Und wenn Welker auf »die ökumenische Weltgemeinschaft mit ihren Kräften der [...] Versöhnung und wechselseitigen Herausforderung« verweist (a. a. O., 90), dann steht auch diese für eine Alternative zur allein ökonomisch bestimmten Globalisierung.

In Gottesdiensten, öffentlichen Verlautbarungen, in sichtbaren Gebäuden und alltäglicher Präsenz hält die Kirche die Themen präsent, die die Transzendenz des Glaubens konkretisieren: die unbedingte Würde des Einzelnen, die Unverfügbarkeit des menschlichen Lebens. Wer sich durch formale Mitgliedschaft an die Kirche bindet, bringt für sich und andere die Relevanz mindestens dieser Aspekte zum Ausdruck. Die kirchliche Bindung lässt sich demnach nicht allein aus individuellem Nutzen, aus einer rationalen Abwägung von Aufwand und persönlichen Ertrag begründen, auch nicht ohne weiteres aus dem – kirchlicherseits gerne genannten – Motiv einer solidarischen oder gar sozial erfahrbaren »Gemeinschaft«. Fundamental für die Verbundenheit, die Zugehörigkeit, auch die persönliche Beteiligung an der kirchlichen Organisation sind vielmehr die *inhaltlichen Überzeugungen*, die jene Organisation sichtbar macht und denen man selbst zustimmen kann: das implizite, gerade deswegen bedeutsame Wissen um einen unbedingten, gesellschafts- und alltagstranszendenten Horizont göttlicher Präsenz, aus dem sich Glauben, Liebe und Hoffnung für die je eigene Lebensführung ergeben.

4.2 Finanzen

Literatur: *Lienemann, Wolfgang:* Kirche, Geld und Gottvertrauen. Spannungen und Perspektiven volkskirchlicher Finanzen, in: GuL 10 (1995), 126–133. – *Heidingsfeld, Uwe:* Entwicklungen im kirchlichen Finanzwesen – dargestellt an acht evangelischen Landeskirchen, KJ 2000, Lfg. 2, Gütersloh 2002. – Leitlinien kirchlichen Lebens der VELKD. Handreichung für eine kirchliche Lebensordnung, Gütersloh 2003, bes. 111–119: Geld, Vermögen und wirtschaftliches Handeln der Kirche. – *Bassler, Karin:* Kirchenfinanzen im Umbruch, in: *J. Hermelink/Th. Latzel* (Hg.), Kirche empirisch. Ein Werkbuch, Gütersloh 2008, 313–328. – www.kirchenfinanzen.de.

Bereits die urchristlichen Autoren lassen erkennen: Der Umgang mit Besitz und Geldmitteln ist für das Selbstverständnis der Gemeinde wie für ihre Wirkung nach außen hoch bedeutsam. Das gilt für das lukanische Bild der ersten Gemeinde in Apg 2–5 wie für die religiös aufgeladene Kollektenwerbung des Paulus zugunsten der Jerusalemer Gemeinde (2 Kor 8f.). Für die jüngste Vergangenheit zeigt G. Rau in einem detailreichen Artikel zur »Ekklesiologie kirchlicher Haushaltspläne in Baden«, »wie sehr das Selbstverständnis der Kirche in den letzten 150 Jahren [...] abhängig war von den materiellen Grundlagen der Institution«[42]. Das kirchliche Finanzwesen, also die Struktur der Einnahmen, ihre innerkirchliche Verwaltung und Verteilung wie die Ausgabeprioritäten, vermittelt ein in sich vielschichtiges, bislang wenig reflektiertes, aber – nach innen wie nach außen – eindrückliches Bild der Kirche, das praktisch-theologisch analysiert zu werden verdient (vgl. exemplarisch *Lienemann*).

Die kirchentheoretische Betrachtung des gegenwärtigen kirchlichen Finanzwesens in Deutschland kann hier nur ganz ansatzweise und skizzenhaft erfolgen. Sie konzentriert sich – unter dem Thema des 4. Kapitels: »Bestandsbedingungen« – vor allem auf die *Einnahmen* und deren innerkirchliche Verteilung. Denn die wichtigsten Einnahmeformen, von den sog. Staatsleistungen bis zum Fundraising, verweisen nicht nur auf historische Umbrüche und Akzentverschiebungen im Verhältnis von Kirche, Gesellschaft und Einzelnen[43], sondern sie lassen auch unterschiedliche Ebenen und Formen der kirchlichen Organisation (von der Parochie bis zum Projekt) hervortreten, denen die jeweiligen Einnahmen vornehmlich zugeordnet sind. Vor allem aber kommen in den unterschiedlichen Einnahmearten die charakteristischen Dimensionen der Kirche zum Ausdruck.

Die Generierung und Verteilung von Geldmitteln macht die institutionelle Dimension der erfahrbaren Kirche (↗ 4.2.1) ebenso sichtbar wie deren organisatorische, gemeinschaftlich-interaktionsbezogene und – vor allem neuerdings – deren inszenatorische Seite (↗ 4.2.2–4). Werden diese Dimensionen wahrgenommen, so können schließlich praktisch-theologische Maßgaben für Finanzentscheidungen auf allen kirchlichen Ebenen skizziert werden (↗ 4.2.5).

4.2.1 Die Institutionalität des kirchlichen Finanzwesens

Zwischen 1 % und 11 %[44], im EKD-Durchschnitt 2,3 % der landeskirchlichen Einnahmen stammen aus den sog. *Staatsleistungen*[45], mit denen die Bundesländer, als Rechtsnachfolger der deutschen Staaten des 19. Jahrhunderts, den Kirchen entgangene Erträge aus Landbesitz ausgleichen, der in den Säkularisationen vor 1918 enteignet wurde. Diese Ersatzleistungen erinnern an die agrar- und immobilienwirtschaftliche Grundlage, auf der die kirchlichen Einnahmen über viele Jahrhunderte, in einzelnen europäischen Ländern (z. B. Großbritannien)[46] bis heute beruhen. Durch die Bewirtschaftung von Pfarr- und Kirchenland, dazu durch die Zehnten und andere Abgaben, oft in Naturalien beglichen, tragen alle Bewohner eines Territoriums zum Erhalt der Kirchengebäude, zur Finanzierung der Personals, der Sachausgaben und der ›Mildtätigkeit‹ bei, und zwar entsprechend ihrer Wirtschaftskraft und ihres Grundbesitzes. Bis weit ins 19. Jahrhundert sind die kirchlichen Einnahmen auf diese Weise von den örtlichen Agrarerträgen, von der regionalen Wirtschaftskraft und deren Schwankungen abhängig.

Die Übernahme regionaler Kirchenstiftungen, Pfarrkassen und Pfründen in die zentrale staatliche Verwaltung mindert im 19. Jahrhundert die Abhängigkeit von den lokalen Verhältnissen; zugleich wird freilich der Bezug zwischen den kirchlichen Aufwendungen und deren Finanzierung vor Ort immer undeutlicher. In jedem Fall bleibt es jedoch – und zwar bis heute – bei einer engen Verflechtung der großkirchlichen Einnahmen in die ökonomischen, die rechtlichen und nicht zuletzt die politischen Verhältnisse der jeweiligen Gesellschaft. Während bis 1919 vor allem der Staat den Umfang der kirchlichen Einnahmen nahezu vollständig bestimmt, stellen öffentliche *Zuschüsse und Fördermittel*, etwa zur Denkmalerhaltung, für Kindertagesstätten, Religionsunterricht oder Pflegeheime, auch heute noch einen erheblichen Anteil der Einnahmen dar (2005 ca. 30 %): Wo den Kirchen (weiterhin) die Erfüllung gesellschaftsallgemeiner Aufgaben zugeschrieben wird, im kulturellen wie im sozialen und pädagogischen Bereich, dort werden sie von öffentlichen Geldgebern nach wie vor gefördert.

Der Vergleich mit anderen europäischen Ländern, der hier nicht vertieft werden kann, macht das hohe Maß gesellschaftlicher Einbindung der kirchlichen Einnahmen hierzulande deutlich: Während die Kirchen etwa in Frankreich, den Niederlanden oder Österreich wesentlich aus freiwilligen Beiträgen der Mitglieder finanziert werden, stammen in Deutschland (wie in der Schweiz oder in großen Teilen Skandinaviens) nicht geringe Anteile aus staatlichen Etats, aus Stiftungs- oder Versicherungskassen. Es ist *gesamtgesellschaftliches* Vermögen, mit dem die großen Kirchen als »Körperschaften öffentlichen Rechts« unterstützt werden.

Die *Kirchensteuer*, wie sie im 19. und frühen 20. Jahrhundert in allen deutschen Staaten eingeführt wird, markiert zunächst eine organisatorische Verselbständigung: Nicht mehr (allein) die staatlichen Haushalte, sondern (auch) die jeweiligen Mitglieder tragen in zunehmendem Maße zur kirchlichen Finanzierung bei[47]. In diesem Kontext wird die Selbstverwaltung der Kirchen auf lokaler Ebene ausgebaut: Indem die Steuerpflichtigen in Kirchenvorständen und Synoden über Ausmaß und Ausrichtung des kirchlichen Handelns mitbestimmen, nehmen sie sich – jedenfalls ansatzweise – als Subjekte jenes Handelns wahr.

Gleichwohl wird die Kirchensteuer von den Meisten nicht als Grund möglicher Beteiligung am kirchlichen Leben verstanden, sondern eher als ein weiterer Ausweis des gesellschaftlich akzeptierten, in diesem Sinne *institutionellen* Charakters der Kirche. Denn die Kirchensteuer wird ja mit der Lohn- oder Einkommenssteuer und daher seitens des Staates erhoben; den Einzelnen erscheint sie im Normalfall als eine Form öffentlicher Abgaben unter anderen, die zwar allgemein akzeptiert, im Detail jedoch kaum bekannt erscheint (vgl. *Bassler*, 316 ff.). Die Kirchensteuereinnahmen, deren Anteil am Etat westdeutscher Landeskirchen (etwa im Rheinland) bis zu 90 %, EKD-weit 40 %–45 % beträgt, beruhen insofern ebenfalls auf einer Wahrnehmung der Kirche als einer gesellschaftlichen Institution, die selbstverständlich bestimmte Aufgaben erfüllt und dafür eine adäquate, steuerbasierte Finanzierung erhält.

Von daher verwundert es nicht, dass auch die Struktur der kirchlichen Ausgaben in hohem Maße den traditionellen, allgemeinen Erwartungen entspricht: Es sind Gebäude (ca. 10 % der Aufwendungen) und vor allem das Personal (ca. 70–80 %), darunter Pfarrerinnen, Diakone wie Kindergärtnerinnen, mit denen die Kirche als öffentliche Institution agiert. So lange diese institutionelle Dimension der kirchlichen Praxis auf gesellschaftlichem Konsens beruht, weit über den Kreis der Mitglieder hinaus, dürfte auch die Kirchensteuer auf recht breite Zustimmung stoßen – ungeachtet der Notwendigkeit, ihre Erhebungsgrundlagen und Verwendungszwecke besser zu erläutern (vgl. *Bassler*, 325. 327; ↗ 4.2.4).

Einen institutionellen, immer schon vorgegebenen und insofern gezielter

Gestaltung weitgehend entzogenen Charakter zeigen die Einnahmen schließlich auch insofern, als sie die historisch gewachsene Vielfalt der kirchlichen Akteure spiegeln. So gehen öffentliche Fördermittel an Gemeinden, Kirchenkreise und Landeskirchen, an einzelne Einrichtungen und Projekte; Kassenbeiträge und kommunale Mittel kommen dazu zahlreichen diakonischen wie pädagogischen Einrichtungen zu. Auch die Kirchensteuer steht mitunter, vor allem in den unierten Kirchen im Rheinland und in Westfalen den Ortsgemeinden zu (vgl. *Heidingsfeld*, 123 ff.); ihnen kommen zudem die Erträge aus Friedhöfen sowie die Einnahmen aus dem sog. Allgemeinen Kirchgeld oder dem Gemeindebeitrag zugute, der bei nicht Kirchensteuerpflichtigen erhoben wird.

Gleichwohl stärken die Kirchensteuer sowie viele staatliche Zuschüsse, etwa zum Religionsunterricht, vor allem die großen Einheiten. Steuereinnahmen und Zuschüsse werden den Landeskirchen zugewiesen; deren Gremien entscheiden daher über die Verteilung der Einnahmen an Kirchengemeinden, -kreise und Einrichtungen. Wenn der Charakter der Kirche als einer Organisation vor allem auf der Ebene der Landeskirchen und der Kirchenkreise hervortritt, so ist das nicht zuletzt durch die Dominanz von Kirchensteuer und öffentlichen Mitteln auf der Einnahmeseite bedingt.

4.2.2 Die Organisation des kirchlichen Finanzwesens

Aus der Sicht der meisten Mitglieder markiert die Kirchensteuer den institutionellen Charakter der Kirche, deren traditionelle Handlungsformen allgemein akzeptiert werden. Aus der Sicht der Kirche selbst begründet die Kirchensteuer dagegen eher ein Selbstverständnis als Organisation. »Organisation« kann als eine Form sozialer Praxis begriffen werden, mittels derer unterschiedliche Vollzugsformen koordiniert und die Differenzen zwischen unterschiedlichen Verhältnissen ausgeglichen werden[48] – und zwar mittels expliziter Entscheidungen sowie mittels der Unterscheidung von Mitgliedern und Nichtmitgliedern (↗ 2.6.1). In der Art und Weise, in der die Großkirchen die Kirchensteuer sowie andere Beiträge ihrer Mitglieder erheben und verteilen, tritt ihr Charakter als Organisation besonders präzise hervor – dies sei im Folgenden erläutert.

Die Kirchensteuer knüpft an die unterschiedliche ökonomische Leistungskraft der Mitglieder an und ermöglicht – parallel zur staatlichen Steuererhebung – einen solidarischen Ausgleich dieser Unterschiede. Dies gilt auch für das sog. *Besondere Kirchgeld*, mit dem die Mitglieder, die in einer Ehe mit einem erheblich mehr verdienenden Konfessionslosen leben, nach Maßgabe des gemeinsamen Einkommens ebenfalls zu einer Zahlung an die

Kirchen verpflichtet werden[49]. Diese Einnahmequelle lässt insofern ebenfalls erkennen, dass die Einzelnen nach ihren unterschiedlichen wirtschaftlichen Verhältnissen zu den gemeinsamen Lasten beitragen sollen.

Sodann ist die Kirchensteuer insofern organisationstypisch, als sie ein hohes Maß an *Distanz* zwischen steuerpflichtigen Mitgliedern und einer gleichsam anonymen, Steuer erhebenden Kirchenbehörde eröffnet. Der Charakter der Kirche als gemeinschaftlicher, orts- und situationsbezogener Interaktion wird damit geschwächt; direkte, vor Ort oder persönlich geleistete Abgaben, wie sie bis ins 19. Jahrhundert verbreitet sind, werden zunehmend durch den zentralen, rechtsförmigen Einzug von Steuern ersetzt. Auf diese Weise wird die Kirche zu einer Großorganisation, die kaum mehr auf die individuell verschiedenen Motive der Mitgliedschaft Rücksicht nehmen muss, sondern sich mit einer (durch die Steuerzahlung dokumentierten) »generalisierten Zustimmung der Mitglieder« (N. Luhmann) begnügen kann.

Erst diese (relative) Abkoppelung von individuellen Wünschen und Erwartungen der Mitglieder befähigt die Großkirchen zu einer (relativ) autonomen Entscheidungspraxis über die Verwendung der Einnahmen. Diese Entscheidungen zielen nun in erster Linie darauf, für einen *Ausgleich* unterschiedlicher Verhältnisse, sei es in ökonomischer, sozialer oder struktureller Hinsicht zu sorgen – gerade mit der Einrichtung entsprechend komplexer Finanzausgleichssysteme zeigen sich die evangelischen Großkirchen wiederum als Organisationen.

Ein gleichsam horizontaler Finanzausgleich wird zwischen verschiedenen Gemeinden, zwischen Kirchenkreisen und -regionen, aber auch zwischen den Landeskirchen in Ost- und Westdeutschland praktiziert. Innerhalb der Landeskirchen werden der Berechnung meistens Gemeindeglieder-, mitunter auch Einwohnerzahlen zugrunde gelegt (vgl. *Heidingsfeld*, 52, 139 u. ö.); der Transfer der Gelder zielt wiederum auf den Ausgleich unterschiedlicher ökonomischer sowie religionsstatistischer Verhältnisse. Dabei markiert der Bezug auf sozialstrukturelle Differenzen (etwa Bevölkerungsdichte), dass die Einnahmen nicht nur einer gleichmäßigen »Versorgung« der Gemeindeglieder, sondern auch der kirchlichen Außenwirkung zugute kommen sollen.

Insgesamt zeigt sich auch im Blick auf die finanziellen Verhältnisse der Kirche ein dialektisches, wechselseitiges Bedingungsverhältnis zwischen Institution und Organisation. Einerseits sind es offenbar die gesellschaftlich selbstverständlichen Züge ihrer Finanzierung, namentlich der staatliche Steuereinzug und andere öffentliche Förderungen, die (relativ) autonome Entscheidungen über die Mittelverwendung ermöglichen. Andererseits ist es allererst diese Organisation der Finanzströme, die den institutionellen, vielfältigen Horizont der kirchlichen Einnahmen, namentlich die Ost-West-Differenz, allererst sichtbar und damit thematisierbar macht.

Die wechselseitige Bedingtheit von unhintergehbaren Vorgaben und deren ausgleichend-koordinierender Organisation zeigt sich auch bei der gleichsam vertikalen Zuordnung der Finanzen zu den verschiedenen Organisationsebenen, von den Gemeinden über die Kirchenkreise bis zur landeskirchlichen Ebene. Nahezu jede Landeskirche folgt hier einem anderen System, um sowohl die relative Selbständigkeit der Ortsgemeinden als auch die verlässliche Finanzierung überregionaler Aufgaben zu sichern. Dabei spielen konfessionsspezifische Traditionen, etwa die Steuerhoheit der rheinischen und westfälischen Kirchengemeinden ebenso eine Rolle wie regionale Besonderheiten eher ländlicher oder eher städtisch geprägter Kirchenorganisation; zugleich werden, vor allem seit den 1990er Jahren, auch Zuweisungs- und Budgetierungssysteme aus der kommunalen Verwaltungsorganisation genutzt.

Gegenüber der landeskirchlichen Ebene, die in den meisten Kirchen organisatorisch besonders hervortritt, markiert eine weitere Einnahmequelle, nämlich das *Kirchgeld* ein gewisses (freilich eher symbolisches als faktisches) Gegengewicht. Sowohl das Besondere Kirchgeld, das – analog zur Kirchensteuer – bei glaubensverschiedenen Ehen eingezogen wird (s. o.), als auch das Allgemeine Kirchgeld, erbeten von den nicht steuerpflichtigen Mitgliedern, sind durchgehend als Ortskirchensteuer angelegt, kommen also unmittelbar und ausschließlich der Gemeinde zugute (vgl. *Heidingsfeld*, 74, 92 f., 159 f. u. ö.).

Angesichts (teils dramatisch) zurückgehender Einnahmen haben die meisten Landeskirchen in den 1990er Jahren umfangreiche Reformen des Finanzwesens durchgeführt (vgl. *Heidingsfeld*, 67 f., 80 ff., 110 f., 126 ff. u. ö.), die die Budgetverantwortung stärker auf die ausgebenden Stellen verlagern und alle kirchlichen Ebenen gleichmäßiger an den Finanzentscheidungen beteiligen. Im Zuge dieser Organisationsreformen, aber auch der Konzepte zur Regionalisierung der Gemeindearbeit gewinnt die *Ebene des Kirchenkreises* zusehends an Bedeutung; er erscheint nunmehr als »wichtige Gestaltungsebene« (Kirche der Freiheit, 38, vgl. 36). Denn hier werden die landeskirchlichen Zuweisungsregeln mit den ortsgemeindlichen und regionalen Verhältnissen vermittelt. Nicht nur (wie schon lange) über Baumittel, sondern auch über Stellen- und Sachmittel wird zunehmend auf der mittleren Ebene entschieden, und zwar nicht selten anhand ausdrücklicher Kriterien und Zielvorgaben. Auf diese Weise macht das ökonomische Profil eines Kirchenkreises die Schwerpunkte der kirchlichen Praxis selbst erkennbar – (nicht nur) unter finanziellen Gesichtspunkten erscheint der Kirchenkreis als eine besonders reflexive und insofern moderne Organisationsform.

4.2.3 Finanzen als Thema kirchlicher Interaktion

Neben öffentlichen Zuschüssen und Kirchensteuer zählen auch *Kollekten, Spenden oder Erbschaften* zugunsten der Kirche zu deren herkömmlichen Einnahmearten. Machen diese auch insgesamt nur einen Anteil von knapp 3 % aus, so kann eine solche direkte, oft zweckgebundene Form der Zuwendung doch in einzelnen Gemeinden und Regionen eine beträchtliche Summe erreichen. Offensichtlich sind Spenden und ähnliche Gaben stärker personen- und ortsgebunden; es sind jeweils bestimmte Projekte oder Personen, lokale Schwerpunkte oder »kirchliche Orte«, auch diakonische oder missionarische Einrichtungen, die sich zu größeren Teilen durch unmittelbare Zuwendungen finanzieren.

Die Erfahrung der Kirche als Interaktion, als unmittelbare Kommunikation unter Interessierten, Engagierten und Betroffenen, geht nicht selten mit einem erhöhten finanziellen Engagement einher. Nicht wenige Formen kirchlicher Interaktion sind auf ein solches Engagement in Form regelmäßiger Spenden angewiesen und machen dies durch entsprechende Bitten und Aufrufe ausdrücklich zum Thema. Dabei erscheint diese Form kirchlicher Finanzierung nicht selten als Ausdruck der ›eigentlichen‹, der ursprünglich gemeinten und auch gegenwärtig anzustrebenden kirchlichen Gemeinschaft (vgl. *Lienemann*, 130). Während die Kirchensteuer als anonyme Finanzierung kritisiert werden kann, die die Kirche von der staatlichen (Steuer-) Politik abhängig macht, sollen persönliche Spenden die Unabhängigkeit einer kirchlichen Gemeinschaft, ihrer spezifischen Anliegen und Projekte stärken. Die neutestamentlichen Belegstellen aus Apg 2,44 oder 4,32 ff., aus Luk 8,1–3 oder 2 Kor 8 f. scheinen diese Vorzüglichkeit der unmittelbaren Gabe ebenso zu bestätigen wie viele ökumenische Beispiele einer rein spendenbasierten Besoldung und Gebäudeerhaltung durch die lokalen Gemeinden selbst – was offenbar hohes persönliches Engagement voraus- und freisetzt.

Das gezielte Bemühen um finanzielle Unterstützung, durch persönliche Ansprache wie durch systematisches Spendenmarketing, kann darum seinerseits die Dichte und Intensität der Interaktion stärken. Eine Kirche, die wesentlich auf persönliches Engagement und vielfältige Verantwortungsübernahme setzt, wird darum das finanzielle Engagement zum Thema machen: »Kirchenmitglieder sehen in ihrer Spendenbereitschaft auch eine Form der Beteiligung und Mitverantwortung an kirchlichen Aufgaben in ihrem unmittelbaren Lebensumfeld. – Aber auch Nicht-Kirchenmitglieder spenden für kirchliche Zwecke.« (Leitlinien, 112)

Dass engagierte Spender und Sponsoren sich auf diese Weise am kirchlichen Leben beteiligen, löst jedoch – wie der eben zitierte Satz andeutet – nicht selten auch Konflikte aus. Neben die rechtlich geordneten Entscheidungsgremien und -wege treten nun weitere Akteure, seien es die Vorstände von Fördervereinen oder Stiftungen, seien es engagierte Fundraiser oder Großspender. Auf diese Weise können Spannungen zwischen dem Interesse an verbindlicher Gemeinschaft und an offener Beteiligung sich ebenso manifestieren wie Kompetenzstreitigkeiten zwischen lokalen und regionalen Entscheidungsebenen. Erst recht steht die Gestalt der sichtbaren Kirche dort auf dem Prüfstand, wo Menschen, die der Kirche nicht (mehr) angehören, durch ihr finanzielles Engagement bestimmte Gebäude, Einrichtungen oder Projekte stärken, die für die Gemeindeglieder selbst nicht im Vordergrund stehen.

Angesichts solcher und anderer Konfliktlagen ist daran zu erinnern, dass das finanzielle Engagement, mit dem eine intensive Gemeinschaft an einzelnen »kirchlichen Orten« unterstützt oder gar ermöglicht wird, seinerseits von mannigfachen organisatorischen Voraussetzungen abhängt: Auch in finanzieller Hinsicht ist die Kirche stets mehr als – noch so engagierte – Interaktion. Spendenbasierte Projekte, erst recht Fördervereine setzen ein erhebliches Maß an ökonomischer und juristischer Professionalität voraus; sie nehmen die Organisation des Rechtssystems ebenso in Anspruch wie die Organisation der Gesamtkirche – und zwar nicht zuletzt dort, wo sie sich um die (inner- wie außerkirchliche) Publizität ihres Anliegens bemühen.

4.2.4 Zur öffentlichen Darstellung des kirchlichen Finanzwesens

Seit Jahrzehnten werden die kirchlichen Finanzen in der Öffentlichkeit vor allem unter kritischer Perspektiver diskutiert. Nicht nur »der Vatikan« oder »die katholische Kirche«, sondern auch die evangelischen Kirchen werden dann als allzu reiche Kirchen gezeichnet, die der Gesellschaft auf undurchsichtige Weise Vermögen entziehen und zudem – ebenso undurchsichtig – seitens des Staates fremdfinanziert werden[50]. Auch auf lokaler oder regionaler Ebene erhält das kirchliche Finanzwesen meist nur dort öffentliche Aufmerksamkeit, wo einzelnen Verantwortlichen Veruntreuung oder Verschwendung vorgeworfen wird oder wo – auch unter engagierten Haupt- und Ehrenamtlichen – der Eindruck entsteht, die kirchlichen Finanzentscheidungen seien insgesamt ungerecht und intransparent (vgl. *Bassler*, 321 f.).

Die moralisch aufgeladene Form öffentlicher Thematisierung zeigt auch dort, wo sie sachlich unbegründet erscheint, doch gleichsam spiegelverkehrt, wie hoch die allgemeinen Erwartungen an eine treue, verlässliche und gerechte Handhabung der kirchlichen Einnahmen sind – schon im Neuen Testament kommt, im Blick auf die Außenwirkung, »der Zuverlässigkeit im Umgang mit anvertrautem Geld ein hoher Rang« zu (Leitlinien, 115). Die kirchliche Organisation reagiert auf die kritische Sicht ihres Finanzgebarens in letzter Zeit mit einer wachsenden Zahl an Informationsbroschüren, Jahresberichten und Internetportalen[51], die die jeweiligen Einnahme-, Verteilungs- und Ausgabestrukturen erläutern und begründen. Auf diese Weise realisiert die kirchliche Organisation die – etwa in Barmen III formulierte – Einsicht, dass auch ihre administrative »Ordnung« in erheblichem Maße zur (Un-)Glaubwürdigkeit, zur Plausibilität und Wirksamkeit ihres religiösen Handelns beiträgt.

In den entsprechenden Publikationen findet sich neben den einschlägigen Informationen regelmäßig der Dank für die gezahlte Kirchensteuer sowie eine Werbung (oder Einladung), die kirchliche Arbeit in der einen oder anderen Form durch Spenden weiter zu unterstützen. Auf diese Weise begeben sich die Großkirchen auf einen inzwischen sehr komplexen und umkämpften »Spendenmarkt«[52]. Die hier geforderten Inszenierungsleistungen werden im Bereich des *Fundraising*, in dem sich die Kirchen seit dem Ende der 1990er Jahre engagieren, besonders deutlich. Die innerkirchlichen Ziele, Maßnahmen und Konflikte, die sich mit dieser neuesten Einnahmequelle verbinden, lassen zudem das gewandelte Bild einer Kirche erkennen, die (auch) ihre finanzielle Struktur öffentlich darstellen muss[53]. In dieser kirchentheoretischen Perspektive ist das Fundraising hier kurz zu skizzieren.

Von der verbreiteten Praxis, einzelne Menschen und Gruppen gezielt auf mögliche, auch regelmäßige Spenden für einzelne Projekte anzusprechen, unterscheidet sich das gegenwärtige Fundraising vor allem durch einen höheren Grad *planvoll strukturierten Vorgehens*. Fundraising impliziert, wie die einschlägigen Veröffentlichungen immer wieder deutlich machen, einen erheblichen Umbau der kirchlichen *Organisation* – das betrifft nicht nur die Einstellung professioneller Kräfte oder den Aufbau entsprechender Stabsstellen und Datenbanken. Sondern um systematisch für eine nachhaltige Unterstützung der kirchlichen Arbeit zu werben, muss diese allererst selbst in eine systematische Form gebracht werden: Indem das Fundraising nach den Anliegen, den Zielen und den benötigten Mitteln der kirchlichen Praxis fragt, nötigt sie diese dazu, sich ihrerseits die Form einer klar strukturierten Organisation zu geben, die konzept- und zielorientiert arbeitet und dafür um externe Unterstützung wirbt.

Gegenstand der kirchlichen Organisation, die das Fundraising erfordert, sind aber weniger die internen Strukturen als vielmehr die Intensivierung spezifischer *Interaktionsformen*. Versteht sich das Fundraising als Beziehungsmanagement, als Management von Aufmerksamkeit, emotionaler Bindung und Vertrauen, so geht es wesentlich um unmittelbare Ansprache und direkten Kontakt. Zu den herkömmlichen Formen kirchlich-gemeinschaftlicher Kommunikation in Gottesdiensten und Gruppenarbeit treten nun spezielle kulturelle und gesellige »Events« für Förderer und Sponsoren. Das Grundmuster dieser Interaktionen ist offenbar asymmetrisch; die Interessen und Erwartungen der Spender und Spendergruppen, die ›von außen‹ kommen, werden von den Vertretern innerkirchlicher Interessen systematisch und zielgerichtet bearbeitet.

Die kirchliche Praxis des Fundraising steigert schließlich, aber nicht zuletzt die *inszenatorische* Dimension der Kirche – setzt das systematische Management der Spendebeziehungen doch eine eindrückliche, eine prägnante und motivierende Darstellung der Arbeit voraus. Angesichts eines umkämpften Aufmerksamkeitsmarktes kommt es mehr und mehr darauf an, sich in der Öffentlichkeit erkennbar und unterscheidbar zu machen. Dabei haben Anliegen, die sich auf soziale oder kulturelle Bedürfnisse am Ort oder in der Region beziehen, offenbar besonders gute Chancen; nur in diesem Rahmen kann dann auch ein spezifisch kirchlich-religiöses Anliegen zur Darstellung kommen.

Die gesteigerte Praxis des Fundraising markiert in der Kirche eine Reihe von typischen Konfliktlinien, die mit den gestiegenen Anforderungen an die Inszenierung ihrer finanziellen wie ihrer inhaltlichen Arbeit zusammenhängen. So steht die Organisation vor der Frage, wie das gesamtkirchliche Interesse an steigenden Einnahmen und die Einrichtung entsprechender Stabsstellen sich mit dem Interesse von Gemeinden und Arbeitsfeldern vor Ort verbinden lässt, über die Generierung und Verwendung der entsprechenden Mittel selbst zu verfügen. Zu diesen gleichsam vertikalen Spannungen treten horizontale, in den Gemeinden selbst: Wie verhält sich die gesteigerte Aufmerksamkeit für finanziell potente Spenderinnen und entsprechende Veranstaltungen zu der ›ganz normalen‹ Interaktion in Gemeindehaus, Gottesdienst und Seelsorge? Wie lässt sich verhindern, dass das Interesse an nachhaltiger finanzieller Unterstützung in Konkurrenz mit der Aufgabe einer Begleitung und Konfrontation im Namen des Glaubens gerät? Oder noch elementarer: Wie kann der Eindruck vermieden werden, das Fundraising verweise die verbreitete, selbstverständliche Unterstützung durch Kirchensteuer und Kirchgeld auf den zweiten Rang – so dass die wesentliche Institutionalität der Kirche, auch ihrer finanziellen Mittel aus dem Blick gerät?

Insofern das Fundraising eine verlässliche Steigerung der Einnahmen und dazu eine Intensivierung der Interaktion verspricht, kann diese Praxis die herkömmlichen Formen kirchlicher Geldbeschaffung sinnvoll ergänzen. Indem es das darstellende, inszenatorische Element der Kirche jedoch auch und gerade auf ihre finanzielle Ordnung ausweitet, wird die kirchlich-organisatorische Verflechtung in die gesamtgesellschaftliche Ökonomie gesteigert, und zwar nicht nur – wie bei der Kirchensteuer – in Einkommensverhältnisse und staatliche Steuerpolitik, sondern in die Ökonomie einer wechselnden Aufmerksamkeit für bestimmte Themen, Anliegen und Ziele. Agiert die Kirche in der Ordnung ihres Finanzwesens nicht nur als öffentliche Institution und als Gemeinschaft der Engagierten, sondern zugleich auf einem Markt kulturell vermittelter Spendenbereitschaft, so bedarf sie erst recht einer theologischen Reflexion darüber, welchen Maßstäben die Entscheidungen über den Umgang mit anvertrauten Geldmitteln folgen sollten.

4.2.5 Theologische Maßgaben kirchlicher Finanzentscheidungen

Zwar finden sich in neueren Kirchenverfassungen gelegentlich Hinweise auf die Kriterien des Finanzgebarens, so etwa in der Verfassung der Evangelischen Kirche in Mitteldeutschland: »Im Sinne verantwortlicher Haushalterschaft ist auf einen solidarischen, sparsamen, wirtschaftlichen und transparenten Einsatz aller Mittel zu achten.«[54] Solche Kriterien werden aber nur selten ausdrücklich mit den Traditionen der evangelischen Kirchen ins Gespräch gebracht. Eine solche Vermittlung soll hier abschließend skizziert werden, und zwar im Rückgriff auf Kriterien, die sich anhand der verschiedenen Dimensionen des kirchlichen Finanzwesens en passant bereits ergeben haben. Dabei sind im Prinzip alle Ebenen im Blick, auf denen in der kirchlichen Organisation, durch gewählte Gremien wie durch Konsistorien und Verwaltungsämter, über die Strukturen der Einnahme, der Verteilung und der Verwendung finanzieller Mittel entschieden wird.

– *Allgemeine Zustimmungsfähigkeit.* Die evangelische Kirche beansprucht, die christliche Prägung der Gesellschaft und vieler individueller Biographien aufzunehmen; sie akzeptiert daher, dass sie in der Öffentlichkeit als Teil einer selbstverständlichen sozialen Ordnung wahrgenommen wird. Solange die evangelische Kirche diesen ihren institutionellen Charakter über Staatsleistungen, öffentliche Zuschüsse und die Kirchensteuer auch für die eigene Finanzierung nutzt, wird sie bei der Verteilung dieser Mittel darauf achten müssen, dass ihre Entscheidungen sich im Rahmen der entsprechenden gesellschaftlichen Erwartungen bewegen. Eine solche institutionelle Selbstbindung schließt spezifische Schwerpunktsetzungen, auch Erwartungsenttäuschungen nicht aus; wohl aber muss das System der kirchlichen Mittelgenerierung und -verwendung im Ganzen allgemeine Akzeptanz finden können.

– *Nachhaltigkeit.* Die kirchlichen Entscheidungen und Entscheidungsprogramme stehen unter dem Gebot verlässlicher Planung. Organisatorisch ist dies mit der Verantwortung für zahlreiche Mitarbeitende, mit weiteren rechtlichen Bindungen sowie nicht zuletzt mit der Pflege der kirchlichen Gebäude begründet. Das entsprechende Kriterium der treuen Haushalterschaft begegnet mehrfach im Neuen Testament (Luk 12,42 ff.; 1 Kor

4,1 f.; 1 Ptr 4,10 u. ö.); es reflektiert die Einsicht des Glaubens, dass das menschliche Leben und alle seine Ressourcen als göttliche Gaben zu würdigen sind. Das schließt festlichen Überfluss, auch die Haltung sorglosen Verschwendens nicht aus[55], stellt diese aber in den Rahmen einer Verantwortung für das anvertraute Gut. Der christliche Glaube erweist sich insofern als Basis einer ökonomischen Ordnung der Nachhaltigkeit, die auf den wirkungsvollen, risikobewussten und sparsamen Einsatz der Mittel achtet.
- *Solidarität.* Die Organisation des kirchlichen Finanzwesens zielt darauf, zwischen sozialstrukturell oder ökonomisch unterschiedlich situierten Gemeinden, Regionen bzw. Landeskirchen einen gerechten Ausgleich zu schaffen. Damit erweist sich die evangelische Kirche als Organisation im soziologischen Sinn; sie erweist sich zugleich als Anwalt eines solidarischen Ausgleichs, wie er gesamtbiblisch als Kennzeichen der Gemeinde Gottes hervorgehoben wird (vgl. nur Gal 6,2). Auf diese Weise übernimmt die Kirche auch mit ihrem Finanzwesen eine exemplarische Funktion für die gesamtgesellschaftliche Wirtschafts- und Sozialordnung (vgl. Leitlinien, 117 f.); vor allem aber konkretisieren die Entscheidungen, die sich an diesem Kriterium orientieren, den geschwisterlichen Charakter der kirchlichen Gemeinschaft.
- *Transparenz.* Die Kirche lebt auch in finanzieller Hinsicht von Gaben, die ihr seitens der Gesellschaft wie der einzelnen Mitglieder anvertraut sind. Daraus ergibt sich nicht nur im Sinne ökonomischer Vernunft, sondern auch im Blick auf die allgemeinen Erwartungen an die Kirchen, dass diese über die Verwendung ihrer Mittel öffentliche Rechenschaft abzugeben haben. Eine solche Transparenz der Einnahmegewinnung und -verteilung, wie sie in den kirchlichen Haushalten und deren nachvollziehbarer, publizistisch aufbereiteter Präsentation zum Ausdruck kommt, entspricht dem inszenatorischen Charakter der Kirche: Sie zeigt sich auf diese Weise als eine Gemeinschaft wechselseitigen Dienstes und wechselseitiger Unterstützung.
- *Beteiligungsoffenheit.* Zum Wesen der kirchlichen Gemeinschaft, auch ihrer Organisation gehört es schließlich, Entscheidungen prinzipiell durch alle Beteiligten gemeinsam zu treffen. Die Mündigkeit der Christen, wie sie in der Taufe begründet und im Motiv des ›allgemeinen Priestertums‹ zu entfalten ist, umfasst auch das Recht, über die Verteilung und Verwendung der kirchlichen Gaben mitzubestimmen. Auch wenn dieses Kriterium gelegentlich in Spannung zu den Geboten eines sparsamen Umgangs mit der Zeit und einer effizienten, ergebnisorientierten Administration gerät (vgl. *Bassler*, 314), so bringt es doch eine derartig fundamentale Einsicht des christlichen Glaubens zum Ausdruck, dass einer

maximalen Beteiligungsmöglichkeit im Zweifel der Vorrang eingeräumt werden sollte.

Insgesamt können die skizzierten Entscheidungskriterien im Begriff einer *verantwortlichen, treuen »Haushalterschaft«* zusammengefasst werden[56]. Diese Verantwortung betrifft die gesellschaftlichen wie die individuellen Akteure, die der Kirche Mittel zur Verfügung stellen und daher Anspruch auf öffentliche Transparenz und Beteiligung haben; sie betrifft die der Kirche anvertrauten Personen, Traditionen und Gebäude, für deren Erhaltung das Finanzsystem zu sorgen hat. Verantwortlich sind die kirchlichen Finanzentscheidungen gegenüber einer Gemeinschaft, die ihre mannigfachen sozialen und wirtschaftlichen Unterschiede als vor Gott unerheblich bekennt, so dass schwache und starke Gemeinden, Regionen und Kirchen solidarisch füreinander einzustehen haben. Und in allen diesen Entscheidungen manifestiert sich die Verantwortung gegenüber Gott, der der Kirche erhebliche finanzielle Mittel zur Verfügung stellt – und der sie mittels deren Begrenzung an ihre eigene Endlichkeit erinnert.

Kapitel 5 – Orientierung: Kirche leiten

5.1 »Leitung in der Kirche« als theoretisches Problem

Literatur: *Breitenbach, Günter:* Gemeinde leiten. Eine praktisch-theologische Kybernetik, Stuttgart u. a. 1994. – *Hildemann, Klaus D.* (Hg.): Spannungsfeld Führung. Neue Konzepte in einem veränderten Sozialstaat, Leipzig 2002. – *Wegner, Gerhard:* Leiden als Bedingung der Freiheit. Kirchliche Organisation und geistliche Entscheidung, in: PTh 92 (2003), 403–417. – *Abromeit, Hans-Jürgen u. a.* (Hg.): Leiten in der Kirche. Rechtliche, theologische und organisationswissenschaftliche Aspekte, Frankfurt/M. 2006. – *Campenhausen, Jan v.* (Hg.): Dokumentation des Workshops »Leitung und Führung – Orientierung in einem zentralen Handlungsfeld«, Oktober 2008, in: epd-Dokumentation 21/2009.

Es gehört zu den Charakteristika der jüngsten, ca. 1990 einsetzenden Phase der kirchentheoretischen Debatte, dass das Thema der »Leitung« (oder »Führung«) nicht nur erheblich an publizistischer Aufmerksamkeit und praktischer Bedeutung gewonnen hat, sondern dass mit diesem Thema auch ganz neue Phänomene, zusätzliche Akteure sowie andere theoretische Zugriffe verbunden werden. Mittels einiger Beobachtungen zu den einschlägigen literarischen Beiträgen und Problemanzeigen können die Fragen deutlich werden, die in einer praktisch-theologischen Theorie der Leitung in der Kirche gegenwärtig zu bearbeiten sind.

Charakteristisch für die Gesprächslage vor den neueren Entwicklungen ist eine Schrift des Geistlichen Vizepräsidenten der Hannoverschen Kirche, Hans-Philipp Meyer: »Was heißt ›Leitung‹ in der Kirche?« (1981)[1]. Im Rückgang auf die Confessio Augustana und weitere Bekenntnisschriften unterscheidet Meyer zwei kirchliche Grundformen der Leitung. Auf der einen Seite steht die spezifische »Vollmacht des Predigtamtes«, die als Wortverkündigung an die Gemeinde, aber auch an Einzelne und an die Öffentlichkeit (nach CA 28) unmittelbare *geistliche* Autorität beanspruchen kann. Umso wichtiger ist es, dass diese Leitungsmacht sich nicht anmaßt, den Willen Gottes »in Ordnungen oder Regeln für ein christliches Leben [...] durchzusetzen« – der zeitgeschichtliche Debattenkontext zur verbindlichen ethischen Positionierung in der Kirche ist deutlich. Für alle kirchlichen »Befugnisse zum Ordnen und Entscheiden« sind vielmehr auf der anderen Seite *rechtlich* geordnete Organe zuständig, die Meyer vor allem in der Landessynode und im Kirchenamt verortet. Die Entscheidungen dieser Organe betreffen vor allem Stellenbesetzungen etc., aber auch kirchliche Finanzen und Strukturen; sie haben (im Anschluss an CA 16) allein weltliche, politische Verbindlichkeit und sind insofern auf die (mindestens stillschweigende) Zustimmung der Gemeinde bzw. ihrer synodalen Vertretung angewiesen.

Unter den Titeln »äußere/innere Kirchenleitung«, oder »Leitung durch das Wort / durch das Recht«, hat die hier entfaltete Unterscheidung in der evangelischen Kirche eine lange Tradition; sie ist aber – insbesondere von reformierter Seite – immer wieder auch bestritten worden. Wenn es in der III. Barmer These heißt, die Kirche habe Christus »mit ihrer Botschaft wie mit ihrer Ordnung« zu bezeugen, so steht alle Leitung im Rahmen der kirchlichen Rechtsordnung unter dem Primat der Christusverkündigung. Notorisch unklar und umstritten erscheint das Verhältnis von »geistlicher« und »weltlicher«, rechtsförmiger Leitung vor allem in der Praxis der Visitation (↗ 5.4.4); auch bei der kirchlichen Entscheidung über Personen spielen rechtliche *und* geistliche Aspekte auf schwer unterscheidbare Weise zusammen[2].

Gleichwohl sind strukturelle und finanzielle, auch personelle Entscheidungen der (Landes-) Kirchenleitungen vor 1990 nur selten mit genuin theologischen Argumenten kritisiert oder legitimiert worden. Im Zuge der jüngsten Einnahmerückgänge sehen sich die evangelischen Großkirchen jedoch zu derart umfassenden Struktur- und auch Personalveränderungen genötigt, dass von den Verantwortlichen nun auch ausdrücklich theologische Begründungen erwartet werden[3]. Gegenläufig dazu, und im Kontext der gleichen Debatten, gerät die kirchliche Leitungspraxis deswegen in die Kritik, weil ihre Entscheidungswege außerordentlich komplex, undurchsichtig und langwierig, gleichsam zu sehr geistlich und zu wenig weltlich erscheinen. Dazu verlieren die herkömmlichen Verfahren insofern an Plausibilität, als die jeweils betroffenen Personen ihre Ansprüche selbstbewusster artikulieren.

Es ist daher kein Zufall, dass die kirchliche Leitungspraxis sich seither vor allem im Bereich der – nunmehr so genannten – *Personalentwicklung* tief greifend gewandelt hat (↗ 5.4.2). Detailliert und umfassend werden Qualifikation, Auswahl (»assessment«), Begleitung und Konfliktmanagement von haupt- wie ehrenamtlich Mitarbeitenden inzwischen thematisiert, und zwar auf allen kirchlichen Ebenen[4]. Die vergleichsweise rasche und nahezu flächendeckende Einführung der sog. Mitarbeiter- oder Jahresgespräche[5] markiert die Tendenz, die Personalführung von einem reaktiven und punktuellen Aufsichtshandeln umzustellen auf eine kontinuierliche, systematisch strukturierte Begleitung, die die jeweilige Verantwortung der leitenden wie der geleiteten Personen präziser zu beschreiben versucht. Freilich bleibt auch hier das Verhältnis weltlicher und religiöser Leitungsvollzüge schwierig, wenn dem Superintendenten zugemutet wird, zugleich *pastor pastorum* und Dienstvorgesetzter zu sein und gleichwohl in den Jahresgesprächen alle »seelsorglichen« Vollzüge sorgsam zu vermeiden[6].

Auch im Blick auf andere Medien oder Formen kirchlicher Leitung sind allgemein-weltliche und spezifisch-religiöse Aspekte schwer zu trennen. Dies gilt insbesondere für das Medium der *Entscheidung*. So erwartet R. Preul von der Kirchentheorie wesentlich die Klärung der Regeln und der nicht disponiblen Grundlagen kirchlicher Entscheidungen sowie die Auskunft, »welche Entscheidungs- und Urteilsbefugnis welchen Instanzen in der Kirche zusteht«[7]; ähnlich hält der EKD-Workshop von 2008 fest: »Zu einer guten Führungsstruktur gehört daher die Klarheit darüber, welche Ebene was wann zu entscheiden hat.«[8] Die herkömmliche Leitungspraxis der Kirche wird deswegen kritisiert, weil sie rasche, durchsichtige und zielorientierte Entscheidungen verhindere.

Die Aufgabe theologischer Reflexion scheint dann vor allem in der – vor- oder nachgängigen – Begründung kirchenleitender Maßnahmen und ihrer Strukturen zu bestehen; als eigenes Medium der Leitung kommt die »Vollmacht des Predigtamtes« (Meyer) jedoch kaum mehr in den Blick. Die geistlichen Vollzüge der Predigt bzw. der Seelsorge stehen unverbunden, allenfalls »konditionierend«[9] neben dem nunmehr zentralen Medium der Leitungsentscheidung.

Erst recht bleibt auf diese Weise die symbolische Dimension von Leitung unberücksichtigt: Steht der Bischof für die Einheit der Kirche, markiert der Kirchenvorstand das Lokalkolorit der Ortsgemeinde oder die Pfarrerin den Traditionsbezug der Gesamtkirche, so sind dies höchst wirksame Leitungsformen, die sich aber vor, ja unabhängig von allem bewussten Handeln oder gar Entscheiden vollzieht. Eine praktisch-theologische Leitungstheorie wird daher die *verschiedenen Leitungsmedien*, vor allem die Entscheidung, die öffentliche Deutung des kirchlichen Lebens und seine symbolische Inszenierung in ein – wechselseitig begrenzendes – Verhältnis setzen müssen (↗ 5.4). Erst auf diesem Hintergrund ist zu fragen, inwiefern auch gegenwärtig von einer spezifisch »geistlichen« Dimension der kirchlichen Leitung zu reden ist (↗ 5.5).

Charakteristisch für die kirchliche Leitungsdebatte der letzten beiden Jahrzehnte erscheint sodann, dass nunmehr auch die Handlungsebenen der Kirchenkreise, der kirchlichen Dienste sowie der Ortsgemeinden in den Blick kommen. Nicht nur Fragen der Mitarbeiterführung, sondern auch Entscheidungen über Stellenpläne, Budgets sowie Strukturveränderungen, dazu Maßnahmen der Mitgliederbindung und der Öffentlichkeitsarbeit gelten jetzt auch als gemeindliche und pastorale, als synodale und ephorale Aufgaben und werden in einer Fülle von Handbüchern und Praxisanleitungen thematisiert[10]. Dazu kommt seit etwa fünfzehn Jahren ein ständig wachsendes, im Einzelnen sehr differenziertes Fortbildungsangebot, das sich an Pfarrpersonen und Dekane sowie gelegentlich auch an Kirchenvorstände wendet.

Je mehr nun die verschiedenen *Subjekte*, die Instanzen oder Organe in den Blick kommen, die die Leitung in der Kirche auf unterschiedlichen Ebenen zu verantworten haben, desto mehr scheinen ihre jeweiligen Kompetenzen der Klärung zu bedürfen. Das gilt in der Ortsgemeinde für das Verhältnis von Pfarramt und Kirchenvorstand[11], es zeigt sich im Verhältnis zwischen der Superintendentin und der Gemeindeleitung vor Ort sowie – komplexer, aber auch gründlicher reflektiert – für die landeskirchliche Ebene[12]. Grundsätzlicher noch wird im Blick auf die kirchlichen Leitungsinstanzen im Ganzen gefordert, die »jetzigen synodalen Strukturen, die ganz überwiegend den Gedanken der Partizipation […] in den Mittelpunkt stellen […], einer kritischen Prüfung im Blick auf ihre Zielorientierung und Effektivität« zu unterziehen (Kirche der Freiheit, 29) und eher personale Leitungsorgane und Steuerungsgruppen zu stärken.

Nur am Rande wird in solchen Diskussionen freilich bedacht, dass Leitung – im Sinne einer gezielten Einwirkung auf das Ganze – auch durch kollegiale Gremien, etwa ein Konsistorium, sowie überhaupt durch kirchliche Verwaltungen geschieht. Diese Instanzen sind daher in eine Reflexion der Leitungsorgane ebenso einzubeziehen wie die kirchliche, rechtlich verfasste Ordnung im Ganzen, denn diese – das zeigt Meyers eingangs erwähnte Schrift – stellt selbst ein wesentliches, höchst einflussreiches Medium kirchlicher Gestaltung dar. Dazu übernehmen in jüngster Zeit zahlreiche Steuerungsgruppen, Perspektivkommissionen und Projektgruppen leitende Funktionen; auch hierfür gibt der EKD-Reformprozess eindrückliche Beispiele. – Eine praktisch-theologische Reflexion der spezifisch kirchlichen *Leitungsorgane* und ihrer jeweiligen Funktionen bildet daher den Kern der folgenden Überlegungen (↗ 5.3).

Welche Ebenen und Subjekte der Leitung in den Blick kommen, und welche Kompetenzen ihnen in der Kirche zugewiesen werden, das hängt jedoch wesentlich vom jeweils gewählten Theorierahmen ab – die jüngste Debatte hat hier eine ganze Reihe von Reflexionshinsichten erprobt[13]. Während hinsichtlich der Leitung von Landeskirchen das juristische Paradigma vor allem (wie in der Anstaltsdiakonie) durch Einsichten aus der Theorie der Unternehmensführung (Management Science) ergänzt wird[14], nutzen die Handbücher für Kirchenkreis und Ortsgemeinde auch psychologische und sozialpädagogische Einsichten; dazu bringt M. Josuttis energisch »phänomenologische« Einsichten zur religiösen Führerschaft ins Gespräch[15]. Als besonders plausibel erweisen sich die Kategorien der Systemischen Organisationsentwicklung, die in der Gemeindeberatung breit rezipiert werden und die G. Breitenbach zu einer umfassenden Theorie der Gemeindeleitung ausgebaut hat[16]. Das »Lernen von der Wirtschaft« spielt hier nur eine Nebenrolle; hilfreicher erscheint die systemische Maxime, diverse Perspektiven, Prägungen und Kräfte in eine stimmige Balance zu bringen und die Gemeindeleitung als »konziliares Zusammenspiel der Leitungsformen« zu begreifen (*Breitenbach*, 333).

Die praktische Evidenz dieser sozial- und organisationswissenschaftlichen Perspektiven sowie die Fülle der damit erschlossenen Phänomene und Aufgaben hat dazu geführt, dass eine im engeren Sinne *theologische* Reflexion der kirchlichen Leitungspraxis in den letzten Jahren in den Hintergrund getreten ist. Die Überlegungen etwa zur konziliaren Gemeinschaft in der Kirche (G. Breitenbach, H. Lindner), zur »theologischen Achse« der Kirchenleitung (A. Jäger) oder zur individuellen Spiritualität der Leitungspersonen (G. Wegner u. a.) bleiben abstrakt oder wirken angehängt. Umgekehrt gelingt es den (wenigen) Beiträgen, die dezidiert nach dem »Beitrag von Theologie und kirchlicher Lehre« für die pastorale Führungspraxis fragen[17], nur selten, die konkreten Gegenwartsprobleme und Auseinandersetzungen in den Blick zu bekommen. Die kategoriale Differenz von geistlicher Vollmacht und weltlichem Leitungshandeln scheint sich auch dort durchzuhalten, wo das juristische Paradigma des Leitens durch ökonomische, psychologische oder systemisch-beraterische Kategorien ergänzt oder ersetzt wird.

Angesichts der gegenwärtigen Verhältnisse, die eine solche Trennung in der Praxis gerade nicht mehr zulassen, wird eine praktisch-theologische Reflexion – ohne jene neuen Perspektiven zu ignorieren – zeigen müssen, welchen Begriffen und Kategorien der Theologie für die *gesamte* Leitungspraxis eine erschließende und orientierende Kraft zukommt. Dies betrifft zunächst eine generelle Aufgabenbestimmung für diese Praxis sowie die Angabe von Kriterien, denen in theologischer wie in empirischer Hinsicht orientierende Kraft für die konkreten Leitungsaufgaben zukommen kann (↗5.2). Im Weiteren kann die Untersuchung den vierdimensionalen Kirchenbegriff der Praktischen Theologie nutzen (↗2.6): Die herkömmlichen wie die neueren Leitungsinstanzen gewinnen ihr eigentümliches Profil dadurch, dass sie gestaltende Funktionen jeweils im Blick auf die kirchliche Organisation, die von ihr geprägte religiöse Interaktion, die gesellschaftliche Institutionalität und die gezielte Inszenierung des Glaubens übernehmen (↗5.3).

5.2 Aufgaben und Kriterien

Literatur: *Herms, Eilert:* Was heißt Leitung in der Kirche?, in: Ders., Erfahrbare Kirche, Tübingen 1990, 80–101. – *Neuberger, Oswald:* Führen und führen lassen. Ansätze, Ergebnisse und Kritik der Führungsforschung, Stuttgart 6., neu bearb. Aufl. 2004. – *Rössler, Dietrich:* Moderation der Diskurse. Praktisch-theologische Erwägungen zu Art und Aufgabe der evangelischen Kirchenleitung, in: *F. Hauschildt* (Hg.), Sine vi, sed verbo. Die Leitung der Kirche durch das Wort, Leipzig 2005, 157–172.

Die eben skizzierte Debatte macht auf die außerordentliche Bedeutungsbreite der Begriffe »Leitung« und (stärker personbezogen) »Führung« aufmerksam. Ihren semantischen Kern kann man als ›Einfluss auf soziale Verhältnisse‹ umschreiben. In der Kirche umfasst »Leitung« einen besonders großen Phänomenbereich, weil ein Einfluss auf die kirchliche Sozialität offenbar von einzelnen Personen und Personengruppen, aber auch von Organen, Gremien und Rechtsordnungen ausgeübt wird (↗ 5.3). Im Folgenden wird die Betrachtung der kirchlichen Leitung auf diejenigen sozialen Einflüsse fokussiert, die gezielt und beabsichtigt: *intentional* auf die Verhältnisse einwirken, und die daher, jedenfalls im Nachhinein, auch auf ihre Ziele und Kriterien befragt und insofern theologisch *reflektiert* werden können.

Die Bedeutungsbreite (und -unschärfe) des Begriffs kirchlicher Leitung ist sodann darin begründet, dass die erfahrbare Kirche selbst nicht auf einen sozialen Begriff, etwa den der Gemeinschaft oder den der Organisation zu bringen ist. Muss die Kirche praktisch-theologisch in irreduzibel verschiedenen Dimensionen begriffen werden (↗ 2.6), so betrifft dies nicht zuletzt das Verständnis der Leitungsaufgabe. Diese kann zwar zunächst und umfassend als eine koordinierende, um Kooperation oder Kohärenz bemühte Einflussnahme beschrieben werden, also als Leitung einer *Organisation*. Im Anschluss an den systemisch-dialektischen Organisationsbegriff (↗ 2.6.1 (c)) gehört zur kirchlichen Leitung jedoch auch eine Wahrnehmung der religiösen, kulturellen und gesellschaftsstrukturellen Vorgaben aller kirchlichen Praxis, also ihrer *institutionellen* Dimension. Eine Einflussnahme auf die vornehmlich religiösen *Interaktionen*, die das kirchliche Leben vor Ort primär, wenn auch nicht ausschließlich bestimmen, werden die kirchlichen Leitungsinstanzen vor allem indirekt leisten können: durch die Bereitstellung förderlicher Rahmenstrukturen sowie – da zum »Führen« auch immer ein »Führen lassen« gehört *(Neuberger)* – durch die Pflege und Prägung der kirchlichen Kommunikations- und Leitungskultur.

Zielt die praktisch-theologische Reflexion der evangelischen Kirche auf deren Kennzeichnung als öffentliche *Inszenierung* des Glaubens (↗ 2.6.4), so kann die entsprechende Leitungsaufgabe mit einer Formulierung umschrieben werden, die Schleiermacher in seiner »Kurzen Darstellung« eher en passant gefunden hat. Ihm zufolge bezweckt die kirchliche Leitung, »die Idee des Christentums nach der eigentümlichen Auffassung der evangelischen Kirche in ihr immer reiner zur Darstellung zu bringen und immer mehr Kräfte für sie zu gewinnen«[18]. Diese Formulierung erscheint in mehrfacher Hinsicht aufschlussreich und weiterführend. Zunächst lässt sie erkennen, dass der Erfolg der kirchlichen Leitung sich nicht unmittelbar überprüfen oder gar messen lässt. Zwar kann – im Sinne der gegenwärtigen Debatte zur Mission – durchaus gefragt werden, ob und inwiefern eine Leitungspraxis dazu beiträgt,

»immer mehr Kräfte« für das Evangelium zu gewinnen – dieser Gewinn kann sich freilich in einer intensivierten Beteiligung an der kirchlichen Interaktion ebenso zeigen wie in einer steigenden (etwa finanziellen) Unterstützung der kirchlichen Organisation.

Erst recht wird die ›Reinheit‹ der Darstellung des Christlichen, die Prägnanz der gemeinschaftlichen Inszenierung des Glaubens sich nicht unmittelbar an einer messbaren Wirkung ablesen oder auch nur einschätzen lassen. Das Gelingen der kirchlichen Leitungspraxis ist vielmehr auch in dieser Hinsicht nur indirekt zu beurteilen, nämlich einerseits mittels *ästhetischer* Kriterien, die die kommunikative Prägnanz der jeweils geleiteten Darstellung betreffen, und andererseits mittels *theologischer*, inhaltsbezogener Reflexion. Was die »Idee des Christentums«, was den Glauben an das Evangelium und die soziale Gestalt dieses Glaubens in der Gegenwart ausmacht, bedarf einer stetigen Verständigung – nur in einem kirchen*theoretischen* Horizont kann die Aufgabe der kirchlichen Leitung je neu konkretisiert werden.

Die zitierte Formulierung deutet an, dass auch die *Kriterien* einer sachgemäßen Leitungspraxis einerseits theologisch, nämlich mit Rekurs auf die »Idee des Christentums« selbst bestimmt werden müssen: In der Art und Weise kirchlicher Leitung müssen, das halten auch Luther, Calvin oder Barth auf je ihre Weise fest, die Einsichten und Strukturen des christlichen Glaubens selbst zum Ausdruck kommen. Andererseits sind jedoch auch die allgemeinen kommunikativen Bedingungen jener Darstellung und des ihr entsprechenden Leitungshandelns zu berücksichtigen. Einschlägig ist hier vor allem die Einsicht der organisationspsychologischen Führungsforschung, dass jede gezielte Einflussnahme im Rahmen von Organisationen stets mit bestimmten, nicht prinzipiell auflösbaren *Dilemmata* oder Spannungen konfrontiert ist (vgl. *Neuberger*, 337 ff.). Bedeutsam für die kirchliche Leitungskultur sind insbesondere die irreduziblen Spannungen zwischen einer Orientierung am Ganzen oder an den einzelnen Verhältnissen vor Ort, zwischen einer Binnen- und einer Außenorientierung der Leitung, und zwischen bewahrenden, traditionsbezogenen und verändernden, zukunftsorientierten Impulsen.

Eine Formulierung praktisch-theologischer Kriterien kirchlicher Leitung wird sich dann einerseits auf die theologische, vor allem die ekklesiologische Tradition beziehen (↗2.1 – 2.4); andererseits wird sie zu bedenken haben, dass solche Orientierungen nur im Rahmen jener Spannungsfelder zur Geltung kommen können, also stets dialektisch, unter Rekurs auf ihr Gegenüber zu fassen sind. In diesem Sinne seien hier vier Kriterienpaare oder Orientierungsachsen benannt, die eine theologisch verantwortliche Leitungspraxis in der Kirche zu beachten hat.

– In der evangelischen Kirche besteht das fundamentale Leitungskriterium in der *Freiheit des Glaubens*, die für dessen Handeln, auch dessen gemeinsames Handeln eine endliche, aber unbedingt zu respektierende Freiheit der Einzelnen impliziert. Der Leitung in der Kirche ist daher jeder Totalzugriff auf die Geleiteten, jeder religiöse Zwang und jede absolute Gehorsamsforderung verwehrt; sie muss vielmehr auf die Förderung der Gewissens- wie der Handlungsfreiheit aller Beteiligten bedacht sein. – Da der christliche Glauben sich in einer »kommunikativen Freiheit« (W. Huber) realisiert, beruht die Legitimität der kirchlichen Leitung zugleich auf der wechselseitigen *Selbstbegrenzung* der individuellen Freiheit – Luthers Konzept des öffentlichen Amtes macht das exemplarisch deutlich (↗ 2.1.1 (e)); ebenso kann die theologische Relevanz rechtlicher Ordnungen auf diese Weise begründet werden (↗ 5.3.1).

– Die Kirche kann den Glauben, die individuelle Gottesbeziehung weder schaffen noch normieren wollen – diese spezifisch protestantische Überzeugung wird in der Formel vom »allgemeinen Priestertum« formuliert. Aus dieser Einsicht ergibt sich das prinzipielle Recht aller Getauften, an der Leitung der Kirche teilzuhaben: ihre Ordnung zu bestimmen und ihre Organe zu wählen. – Dieses Kriterium *maximaler Partizipation* ist jedoch jeweils neu auszugleichen mit dem Erfordernis *geordneter Delegation*. Hier muss prinzipiell beachtet werden, dass eine solche Delegation stets nur begrenzt, zeitlich befristet und sachlich eingeschränkt erfolgt. In der evangelischen Kirche kann es kein hierachisches Leitungsamt geben, das einer Kontrolle durch die Gemeinschaft der Getauften konstitutiv und auf Dauer entzogen wäre.

– Weil die evangelische Kirche ihre Einheit wie ihre Apostolizität nicht durch ein »monarchisches« Leitungsamt sichern kann, kommt dem Konsens über die *inhaltliche Basis* der Kirche, der sie mit ihrem Ursprung verbindet, eine elementare Bedeutung zu. Zu den Leitungskriterien gehört es daher, sich erkennbar an diesem Konsens auszurichten, also – wie E. Herms es nennt – Leitung durch Auslegung der kirchlichen Lehre zu vollziehen (↗ 2.4.1 (c)). – Freilich ist dieser auslegende Bezug auf verbindliche Grundtexte nicht etwa auf bestimmte Organe oder Foren beschränkt, seien es Gremien der Kirchenleitung oder wissenschaftlich-theologische Debatten. Kirchliche Leitung besteht, so hat es D. Rössler im Anschluss an Schleiermacher pointiert, nicht in der Produktion definitiver Lehre und auch nicht in deren definitiver Beurteilung – all dies kann nur die Gemeinschaft aller Getauften vollziehen. Kirchenleitung besteht vielmehr wesentlich in der »Moderation der Diskurse«; ihr Kriterium ist die *Diskursivität* ihrer eigenen Vollzüge, eine erkennbare Bemühung um die inhaltliche Verständigung *aller* Beteiligten.

– Angesichts der protestantischen Betonung individueller Freiheit und Mündigkeit hält eine am Organisationsbegriff orientierte Kirchentheorie fest, dass die kirchliche Leitungspraxis nicht nur verbindlicher Grundtexte, sondern auch *verlässlicher* Strukturen bedarf: Nur in einem organisatorisch klaren Rahmen kann die informelle, gerade nicht organisierbare Interaktion des Glaubens sich entfalten und fokussieren (↗ 2.6.3). – Zugleich impliziert die Endlichkeit der menschlichen Freiheit, auch die Endlichkeit des menschlichen Planens die Einsicht, dass alle organisatorischen Festlegungen durch veränderte Verhältnisse wie durch bessere Einsicht *überholbar* sind. Es gibt einen eschatologischen Vorbehalt gegenüber aller pragmatischen Fixierung des Glaubens. Auch die kirchliche Leitungspraxis muss daher die Vorläufigkeit, die Revisionsoffenheit aller ihrer Vollzüge festhalten und zum Ausdruck bringen.

Der Respekt vor der religiösen Freiheit aller Getauften, ihre größtmögliche Beteiligung an den kirchlichen Leitungsvollzügen, deren Rückbindung an die apostolische und die reformatorische Überlieferung, Verlässlichkeit und Revidierbarkeit – diese Kriterien kirchlicher Leitung sind in sich durchaus spannungsvoll und sie erzeugen in der Praxis eine Vielzahl von *Konflikten*, die stets biographisch, sozial und politisch bedingt sind, die aber auch auf genuin religiösen Dissens zurückgehen. Zu den Aufgaben kirchlicher Leitung gehört es daher schließlich, aber nicht zuletzt, solche Konflikte der Frömmigkeit, der theologischen Überzeugung und der ethischen Orientierung nicht als Ausdruck »weltlicher« oder gar sündhafter Unvollkommenheit der Beteiligten zu deuten, sondern als Gelegenheit, sich in einer bestimmten Situation von Neuem über die »Idee des Christentums« zu verständigen. Kirchliche Leitung ist insofern dem Prinzip der *Konziliarität* verpflichtet, wie es E. Lange, W. Huber u. a. im Blick auf je konkrete Konfliktlagen entfaltet haben (↗ 1.3; ↗ 5.3.3 (f)).

Das Prinzip der Konziliarität kann als eine Art Basiskriterium kirchlicher Leitung gelten, weil es die oben genannten Aspekte im Blick auf die kommunikative Bearbeitung konkreter Auseinandersetzungen verbindet: Deren konziliare Inszenierung geht von der *inhaltlichen* Bindung aller Beteiligten an das Evangelium aus; sie zielt daher auf eine gleichberechtigte, geordnete *Beteiligung* aller Betroffenen; und sie bemüht sich um Kommunikationsbedingungen, die die *freie Einsicht* der Einzelnen wie ihre Selbstbindung an das Ganze fördern. Auf diese Weise hält sie zugleich die *Revidierbarkeit* aller Leitungsstrukturen fest.

5.3 Organe und Funktionen

5.3.1 Kirchliche Rechtsordnung

Literatur: *Herms, Eilert:* Die Ordnung der Kirche (1988), in: *Ders.*, Erfahrbare Kirche, Tübingen 1990, 102–118. – *Rau, Gerhard u. a.* (Hg.): Das Recht der Kirche, 3 Bde., Gütersloh 1994–1997. – *Richter, Martin:* Art. »Kirchenrecht. Kirchenverfassung/Kirchenordnungen/Mitgliedschaftsrecht/Kirchl. Dienstrecht«, in: *W. Gräb/B. Weyel* (Hg.), HB Praktische Theologie, Gütersloh 2007, 113–125. – *Germann, Michael:* Wem dient das kirchliche Recht? Überlegungen zur Funktion des Kirchenrechts für das Handeln in der ev. Kirche, in: PrTh 43 (2008), 215–225. – *Sichelschmidt, Karla/ Rießbeck, Walther:* Blicke und Einblicke in die Beratungspraxis von Kirchenjuristen, in: PrTh 43 (2008), 164–175. – *De Wall, Heinrich/Muckel, Stefan:* Kirchenrecht, München 2009.

(a) Kirchenrecht und Leitungspraxis
Die konkreten Vollzüge, mit denen Synoden, Kollegien sowie Einzelne die Gestalt der Kirche prägen, sind ihrerseits in vielfältiger Weise durch kodifizierte Regeln bestimmt: Leitungspraxis vollzieht sich in den deutschen Großkirchen beiderlei Konfession wesentlich unter Bezug auf kirchliches Recht. Das betrifft vor Ort insbesondere die Anstellung von beruflich Mitarbeitenden wie sämtliche finanziellen Entscheidungen, auch etwa Stiftungsgründungen und nicht zuletzt das Verhältnis zu einzelnen Mitgliedern, etwa was ihre Mitwirkung in kirchlichen Gremien und Vereinen betrifft. In der pastoralen Praxis treten kirchenrechtliche Fragen anlässlich der Kasualien regelmäßig auf, dazu in der Zusammenarbeit mit dem Kirchenvorstand sowie bei der Kooperation mit anderen Gemeinden. Noch deutlicher und durchgängiger ist die Leitungspraxis auf übergemeindlicher Ebene durch kirchenrechtliche Vorgaben bestimmt.

Das kirchliche Recht prägt jedoch nicht nur viele Leitungsvollzüge, sondern es bestimmt auch den *Spielraum* der konkreten Leitungsinstanzen; ja diese werden, wie am Beispiel des Kirchenvorstands oder der kirchlichen Verwaltungsämter zu sehen ist, durch rechtliche Bestimmungen allererst konstituiert.

Angesichts der für die Leitungspraxis konstitutiven, sowohl regulativen wie limitierenden Bedeutung des Rechts wird immer wieder gefragt, wie dieses sich zu den religiösen Dimensionen der Kirche verhält. Einschlägig erscheinen hier theologische Grundfiguren wie das Verhältnis von Gesetz und Evangelium, von Recht und Gnade; in der Praxis wird gerne mit »seelsorglichen« Ausnahmen, mit der evangelischen Freiheit der pastoralen Praxis wie mit der individuellen Situation argumentiert: »Von theologischer Seite wird

[...] häufig das ›Recht‹ des sich jeder Vergleichbarkeit entziehenden Einzelfalls gegen die Autorität des abstrakt-generellen Kirchengesetzes ausgespielt.«[19]

Rudolph Sohms prägnante, immer noch gern zitierte These »Das Wesen des Kirchenrechts steht mit dem Wesen der Kirche in Widerspruch. [...] Das Wesen der Kirche ist geistlich; das Wesen des Rechts ist weltlich« (1892)[20] gilt nach wie vor als elementare Herausforderung der rechtstheologischen Debatte. Denn es scheint, dass hier die Vorbehalte der kirchlichen ›Basis‹ ebenso auf den Begriff gebracht sind wie die in (vor allem lutherischen) Landeskirchenämtern bis in die 1990er Jahre verbreitete Auffassung, das kirchliche Recht sei rein vernunftgemäß zu ordnen und habe mit der geistlichen Dimension der Kirche nur so zu tun, dass es ihr nicht widersprechen dürfe[21]. Inzwischen hat sich jedoch die Überzeugung ausgebildet, dass das Recht für die Leitung der erfahrbaren Kirche einen positiven Sinn hat, der auch und gerade ihre genuin religiöse Praxis betrifft. Dieser positive Sinn kann leitungstheoretisch dreifach konkretisiert werden:

– Das Kirchenrecht ist in seinem faktischen, materialen Bestand eng mit dem staatlichen sowie dem bürgerlichen Recht, insbesondere dem Arbeitsrecht verflochten. Das materiale Kirchenrecht markiert die geschichtlich-gesellschaftlichen Vorgaben der kirchlichen Strukturen; insofern bringt es die *institutionelle* Dimension der kirchlichen Leitung zum Ausdruck (↗(b)).
– Das Kirchenrecht stellt faktisch vor allem ein »Organisationsrecht« dar (*Richter*, 115). Seine kirchliche Geltung bedarf einer theologischen Begründung, die auf allgemeine rechtstheoretische Einsichten zurückgreifen kann[22]: Konstitutiv ist das Recht, weil es das gemeinsame Handeln der Glaubenden als *Organisation* strukturiert und damit dem individuellen Glauben und seiner Interaktion einen schützenden und prägenden Spielraum gewährt (↗(c)).
– Das Recht trägt zur kirchlichen Leitung auch insofern bei, als es wesentliche Eigenarten der Kirche erkennbar macht, etwa ihre hoheitliche, in vieler Hinsicht staatsanaloge Gestalt, ihre Bindung an inhaltliche Grundsätze (»Bekenntnis«) sowie das prinzipielle Recht aller Mitglieder, die Gestalt ihrer Kirche mitzubestimmen (»Priestertum aller Getauften«). Das Recht trägt wesentlich zur *öffentlichen Inszenierung* des Glaubens bei und sollte in diesem Sinne ausgelegt und weiter entwickelt werden (↗(d)).

(b) Zum rechtlichen Bestand – institutionelle Bedingungen kirchlicher Leitung
Nach Umfang und Detailliertheit liegt der Schwerpunkt des kirchenrechtlichen Bestandes »im Organisationsrecht, das z. T. in den Kirchenverfassungen, z. T. in einfachen Kirchengesetzen enthalten ist. Zum Organisationsrecht im weiteren Sinne gehört auch der Komplex [...], in dem die Bedingungen für die Tätigkeit der Amtsträger und sonstiger Mitarbeiter enthalten sind, ebenso das [...] kirchliche Finanzrecht.«[23] Hauptbestandteile des kirchlichen

Rechts, das im Wesentlichen landeskirchlich-partikulares Recht ist, sind die jeweiligen Kirchenverfassungen oder -ordnungen, das Dienst- und Arbeitsrecht sowie nicht zuletzt Verwaltungsgesetze, die neben den Finanzen weitere Verfahrensregeln, etwa zu Wahlen thematisieren.

Die *Kirchenverfassungen*[24], in den 1920er Jahren entstanden und nach 1945 sowie in den 1960er/1970er Jahren meist stark überarbeitet, präsentieren die evangelischen Landeskirchen ganz analog zu staatlichen Körperschaften: mit programmatischen Präambeln, Grundbestimmungen zu Geltungsradius und -anspruch sowie mit einem Aufbau in meist drei Ebenen, von der Kirchengemeinde über Kirchenkreis (o. ä.) zur Landeskirche. Die Eigenart der kirchlichen Organisation bringen die Verfassungen v. a. darin zum Ausdruck, dass sie zu Beginn den »Auftrag« oder die »Aufgaben der Kirche« benennen und dass sie stets Regelungen zur Mitgliedschaft sowie zu Dienst bzw. Mitarbeit enthalten. Besonders ausführlich sind hier die Ausführungen zum Pfarramt einerseits, zu Kirchenvorstand (o. ä.) und Synode andererseits. Damit erweisen sich »Amt und Priestertum aller Gläubigen als wesentliche Bauprinzipien« der kirchlichen Rechtsordnung (*Richter*, 116).

Auch das kirchliche *Arbeits- und Dienstrecht* ist im Grundsatz, oft auch im Einzelnen dem staatlichen Recht nachgebildet; freilich gelten für die kirchlich Bediensteten besondere Loyalitätsanforderungen. Im *Steuer-, Haushalts- und sonstigen Verwaltungsrecht* sind die Rechte und Pflichten der verschiedenen kirchlichen Organisationsebenen und -gliederungen unterschiedlich geregelt. Die irreduzible Spannung zwischen lokalen Besonderheiten, dem Wunsch nach organisatorischer Effizienz und dem Anspruch innerkirchlicher Gerechtigkeit verursacht gerade hier permanente Reformbemühungen, die sich auf die kirchliche Leitungspraxis erheblich auswirken.

Zum Bestand kirchlichen Rechts gehören zwei weitere, eigentümliche Korpora. Zum Einen regelt das ›*geistliche Recht*‹ die religiöse Praxis im engeren Sinne: die Seelsorge, den Unterricht und vor allem den Gottesdienst. Agenden, Gesangbücher, die Ordnungen der Abendmahlszulassung und nicht zuletzt der Amtshandlungen sind zentrale Gegenstände der Gesetzgebung. Dabei wird das »ius liturgicum« nicht allein von landeskirchlichen Synoden gesetzt, sondern auch von den konfessionellen Bünden einerseits, den einzelnen Kirchengemeinden andererseits (vgl. *de Wall/Muckel*, 284 f.). Zum geistlichen Recht gehören auch die sog. *Lebensordnungen*, die vor allem die kirchliche Interaktion der Mitglieder betreffen und daher neben dem Gottesdienst- und Kasualrecht Regelungen zur Beteiligung, zu Diakonie und Seelsorge, mitunter auch zum wirtschaftlichen Handeln der Kirche enthalten. Die rechtliche Qualität dieser Lebensordnungen, die zuletzt vor ca. zehn Jahren von VELKD und UEK neu gefasst worden sind, ist höchst umstritten[25]; ihre Relevanz in der Praxis ist jedenfalls gering.

Bedeutsamer für das kirchliche Handeln ist zum Anderen das sog. *Staatskirchenrecht*[26]. Es umfasst zunächst die Artikel des Grundgesetzes zur »Freiheit des Glaubens«, zur »ungestörten Religionsausübung« und zum Religionsunterricht (Art. 4; Art 7 GG) sowie die aus der Weimarer Reichsverfassung von 1919 übernommenen Artikel, die u. a. die Rechtsfähigkeit der »Religionsgesellschaften«, ihr Recht zur Steuererhebung und zur Seelsorge »im Heer, in Krankenhäusern, Strafanstalten und sonstigen öffentlichen Anstalten« kodifizieren (Art. 139 WRV). Staatlicherseits sind auch die Kirchensteuer, der Austritt aus der Kirche und der Religionsunterricht geregelt. Zum Staatskirchenrecht gehören zudem die sog. »Kirchenverträge« bzw. die (katholischen) »Konkordate«, die neben finanziellen vor allem Fragen des (Hoch-) Schulwesens, nicht zuletzt der Theologischen Fakultäten ordnen. In jüngster Zeit gewinnt auch das Europäische Recht für die Kirchen und ihre diakonischen Verbände an Bedeutung, etwa hinsichtlich des Arbeits- und des Steuerrechts. Angesichts zunehmender öffentlicher Präsenz anderer Religionen – insbesondere des Islam – in Deutschland werden viele der hier genannten Fragen inzwischen auch unter dem Stichwort »Religions(verfassungs)recht« verhandelt[27].

Der vorstehende Überblick kirchenrechtlicher Gegenstände zeigt zunächst die große Vielfalt und Komplexität dieses Gebiets: Ein Recht, das sowohl den Ablauf eines Bestattungsgottesdienstes wie die Dienststellung der Pfarrerin und die Finanzierung des Religionsunterrichts regelt, lässt sich juristisch wie theologisch kaum auf einen einheitlichen Begriff bringen. Dies ist zwischen 1950 und 1970 in der sog. »Grundlagendiskussion« zum evangelischen Kirchenrecht nicht immer beachtet worden[28]. Auch die Vielfalt der bei der Rechtssetzung beteiligten Akteure, in Synoden und Kirchenämtern wie auf der staatlichen Seite, lässt den Wunsch nach einer einheitlich-systematischen Gestaltung des kirchlichen Rechts als unrealistisch erscheinen.

Deutlich ist weiterhin, wie sehr die Rechtsgestalt der evangelischen Kirche im Ganzen wie im Detail durch ihre staatskirchliche Herkunft geprägt ist. Auch in der Gegenwart bindet sich die Kirche, vor allem im Arbeits- und Dienstrecht sowie in der Steuergesetzgebung, eng an die Vorgaben des allgemeinen Zivil- bzw. Staatsrechts. In ihrer rechtlich geordneten Praxis ist die Kirche in außerordentlich hohem Maße durch externe Vorgaben geprägt, die dem Willen der kirchlichen Akteure entzogen sind. »In ihren rechtlichen Ordnungen erweist sich die Kirche besonders anschaulich als die religiöse Institution der Gesellschaft.«[29]

Für die kirchliche Leitungspraxis ergeben sich aus diesem Umstand zwei Maßgaben. Zum Einen ist stets auch nach dem *allgemeinen, gesellschaftlichen Sinn* der jeweiligen Rechtsregeln zu fragen; erst dann erscheint eine (auch theologische) Reflexion sinnvoll, ob dieser institutionelle Sinn eines Rechtssatzes für die kirchliche Praxis weiterhin, nicht mehr oder auch erneut als angemessen erscheint. In der sachgemäßen Pflege ihres eigenen Rechts (und dessen Auslegung) vermag die Kirche dann auch einen Beitrag zur »Verbesserung des gesamten und einheitlichen Rechtssystems« zu leisten[30].

Zum Anderen ist die kirchliche Leitungspraxis angesichts der institutionellen Vorgegebenheit der Rechts zu einer gewissen *Selbstbescheidung* verpflichtet. Die Autorität von Kirchenämtern und Synoden, auch die Möglichkeit von Pfarrerinnen und Bischöfen, die Gestalt der Kirche zu beeinflussen, beruht wesentlich auf gesamtgesellschaftlichen Strukturen und Überzeugungen, die im Kirchenrecht Ausdruck gefunden haben. Diese leitungspraktische Selbstbegrenzung erscheint freilich nur dann legitim, wenn jene Institutionalität des kirchlichen Rechts nicht nur faktisch und historisch, sondern auch theologisch zu begründen ist.

(c) Theologische und juristische Begründungen der kirchlichen Organisationsordnung

Die theologischen Begründungen für die Verbindlichkeit wie für die Ausgestaltung des evangelischen Kirchenrechts setzen sich explizit oder implizit stets mit der *römisch-katholischen* Auffassung auseinander, derzufolge das Recht für die Kirche »unbedingt notwendig« ist, »damit ihre hierarchische und organische Struktur sichtbar wird und die Ausübung [...] insbesondere der geistlichen Gewalt und der Verwaltung der Sakramente ordnungsgemäß geregelt wird«[31]. In der römischen Kirche wird das Recht allein durch die Bischöfe und insbesondere den Papst gesetzt; es zielt, so der *Codex Iuris Canonici* von 1983 in seinem abschließend summierenden Rechtssatz, auf »das Heil der Seelen«. Das katholische Kirchenrecht »richtet sich heute vornehmlich auf das Innere des Menschen, das sog. forum internum« (*De Wall/ Muckel*, 100).

Auch wenn dieser Satz vor allem den Bedeutungsverlust äußerlicher Zwangsmittel im kirchlichen Rechtswesen umschreiben soll, so markiert er doch zugleich den prinzipiellen Unterschied zur reformatorischen Sicht: Das »Innere des Menschen«, das »Heil der Seelen« kann und darf durch das kirchliche Recht gerade nicht betroffen werden. Im Namen des Glaubens an das allein rechtfertigende Evangelium hat Luther gegen eben jene Vorstellung protestiert, eine sichtbare, rechtlich geregelte Institution könne, vor allem durch das Mahl- und das Bußsakrament, über das Heil der Einzelnen verfügen und insofern geistliche Gewalt ausüben.

Bis in die Gegenwart ist das kirchliche Recht in den *lutherischen* Kirchen daher als eine rein weltliche Ordnung begriffen worden, die zwar die äußeren, materiell-organisatorischen Bedingungen der Evangeliumsverkündigung sicherzustellen hat, der aber selbst keinerlei geistliche Qualität oder religiöse

Funktion zukommt. Den stärker die Mitglieder ansprechenden »Lebensordnungen« kann dann keine Rechtsqualität zukommen[32]; auch das Recht der Agenden und der Kasualien wird sehr zurückhaltend gehandhabt.

In der *reformierten* Tradition, die die äußere Ordnung der Kirche stärker gewichtet, ist das Recht eher als Teil des kirchlichen Zeugnisses aufgefasst worden. Wirkungsgeschichtlich bedeutsam ist die Formulierung der Barmer Theologischen Erklärung, die Kirche habe ihre exklusive Bindung an Christus »mit ihrer Botschaft wie mit ihrer Ordnung [...] zu bezeugen« (These 3). Auch das Recht gehört dann »mit zum Zeugnis der Kirche«[33]; es ist – so Karl Barth im Anschluss an Erik Wolf – als »bekennendes Recht« zu praktizieren[34].

Wird diese Formel als Hinweis auf einen unmittelbar verkündigenden Charakter des Kirchenrechts verstanden, so dass es zur kirchlichen »Botschaft« des Evangeliums gleichgewichtig hinzuträte, dann wird das faktische Recht zweifelsohne überfordert. Die Rede vom »bekennenden Charakter« oder vom »Zeugnischarakter« des Rechts kann jedoch auch so verstanden werden, dass nicht nur die explizit lehrende und predigende Praxis der Kirche, sondern auch ihre rechtlich-organisatorische Gestalt wesentlich zur überzeugenden Darstellung des Evangeliums beiträgt. In diesem Sinne ist es inzwischen allgemeine Auffassung, »dass die Kirche auch darin ihren Herrn bekennt, wie sie sich ordnet, wie Menschen rechtlich in der Kirche miteinander umgehen«[35].

Auf diesem Hintergrund hat M. Germann die These entfaltet, das Kirchenrecht diene »der Gemeinschaft der Getauften als die Form, in der sie sich im Vertrauen auf die verheißene Gegenwart Gottes darüber verständigen, welches kirchliche Handeln verantwortet werden soll« (*Germann*, 215, vgl. 221 f.). Auf diese Weise wird die religiöse Dimension nicht nur in der Zwecksetzung, sondern auch in der Erarbeitung kirchenrechtlicher Regeln verortet. Zudem lässt die Formulierung erkennen, dass der Bezug auf den »kirchlichen Auftrag« oder das »Zeugnis« theologisch unzureichend ist: Nicht nur ein gemeinsames Handeln nach außen wird durch das Recht geordnet, sondern ebenso die inneren Verhältnisse, die spezifischen Formen der kirchlichen Gemeinschaft selbst.

Die allgemeine Funktion des Rechts, durch die strikte Verbindlichkeit seiner Regeln einen Schutz-, ja einen Spielraum für herrschaftsfreie, von wechselseitigem Verständnis und Vertrauen getragene Interaktion zu ermöglichen, hat E. Herms auf die Interaktion der Glaubenden in der Kirche bezogen: Gerade indem die Grundregeln des kirchlichen Lebens rechtsförmig gesichert sind, gewähren und eröffnen sie unsicheren Einzelnen einen Spielraum, »in dem der Glaube schwach und angefochten sein *darf* und dennoch zugleich wachsen *kann*« (*Herms*, 116). Konkret wird dies etwa an der These, dass auch die liturgischen Agenden Rechtsqualität besitzen: Nicht zuletzt die Ordnung des Gottesdienstes muss auf eine Weise verbindlich gemacht werden, die pastorale Übergriffe verhindert und der Interaktion aller Beteiligten einen verlässlichen Rahmen gibt.

Derartige Überlegungen machen deutlich, dass das evangelische Kirchenrecht als Ordnung der kirchlichen *Organisation* verstanden werden kann: Es sind rechtliche Regeln, die das kirchliche Leben an verschiedenen Orten und in verschiedenen Situationen verbinden, vermitteln und vergleichbar machen, und mehr noch: Es sind – vom Agenden- über das Pfarrerdienst- bis zum Versicherungsrecht – genuin rechtliche Regeln, die *die Kommunikation des Glaubens selbst* in der Kirche ermöglichen, sie wesentlich prägen und strukturieren. Dem Kirchenrecht eignet *als* Ordnung der kirchlichen Organisation seinerseits eine theologische Qualität.

Der eigentümlich evangelische Charakter der kirchlichen Organisation kommt im Kirchenrecht dann so zum Ausdruck, dass es – im Unterschied zum römisch-katholischen Recht – gerade *nicht* auf das Innere des Menschen zielt: »Das Gesetz Gottes – seine Forderung, die jeden Glaubenden im Gewissen trifft und verpflichtet – geht nicht in die Ordnung der Kirche ein.« (*Herms*, 106) Eine unbedingte, geistlich verbindliche Autorität kann dem kirchlichen Recht an keiner Stelle zukommen. Insofern kann durchaus bezweifelt werden, ob den »Lebensordnungen«, so weit sie nach ihrem eigenen Verständnis die Christen auch »mahnen«, ja »predigen« wollen[36], überhaupt rechtliche Qualität zukommt. Ebenso kann auch den Rechtsvorschriften zur pastoralen Lebensführung keine religiöse, sondern lediglich eine pragmatische Geltung zukommen.

Der konstitutive und zugleich wesentlich begrenzte Sinn einer rechtlichen Organisation der Kirche kommt besonders klar an den Kasualgesetzen zum Ausdruck. Das kirchliche Recht macht in diesem Kernbereich religiösen Handelns eine Struktur verbindlich, die – gerade für distanzierte Mitglieder – so verlässlich wie durchsichtig sein und dabei die Rechte aller Beteiligten wahren soll. Zu dieser Struktur gehört es wiederum, dass die Zulassung zu den Kasualien gerade nicht an den – prinzipiell unzugänglichen – Glauben der Beteiligten gebunden wird, sondern lediglich an äußere Merkmale wie die rechtliche Mitgliedschaft oder das öffentliche Bekenntnis. Das kirchliche Recht bindet die Einzelnen nicht an eine totale Institution, sondern vielmehr an eine religiöse Organisation, die die individuelle Glaubenspraxis auch dadurch prägt, dass sie dezidiert auf eine umfassende Regelung dieser Praxis *verzichtet*.

(d) Die symbolische Bedeutung des Kirchenrechts
Die Bedeutung des Kirchenrechts erschöpft sich nicht darin, das Leben der Glaubenden und ihrer Gemeinschaft organisatorisch zu ermöglichen und nachhaltig zu prägen. Sondern jenen Regelungen kommt im Einzelnen wie

im Ganzen auch selbst eine »bezeugende« Qualität zu. Auch und gerade im kirchlichen Recht wird öffentlich erkennbar, wie die Gemeinschaft des Glaubens sich als soziales Phänomen begreift. Diese symbolische Dimension des Kirchenrechts lässt sich in vier Hinsichten konkretisieren.
- Indem die Großkirchen sich nicht als Vereine, sondern als »Körperschaften öffentlichen Rechts« organisieren, bringen sie ein Selbstverständnis zum Ausdruck, demzufolge die Kirche sich im Grunde nicht einem freiwilligen, insofern verfügbaren und veränderbaren Zusammenschluss einzelner Menschen verdankt, sondern dem gleichsam *hoheitlichen Anspruch des Evangeliums:* Wie der Staat treten auch die rechtlich verfassten Großkirchen der Gesellschaft in gewisser Weise gegenüber und kommunizieren auf diese Weise ein Evangelium, das alle sozialen Bereiche, Organisationen und Gruppen betrifft.
- Durchgehend halten die Kirchenverfassungen fest: »Der Gottesdienst der Gemeinde ist Mitte allen Handelns der Kirche.« (Art. 2 (2) KVerf EKM) Indem die kirchliche Gesetzgebung Gesangbücher und Agenden zum Gegenstand macht, indem sie Kasualrecht setzt und sowohl den Pfarrpersonen wie den Kirchenvorständen an erster Stelle liturgische Aufgaben zuweist[37], wird die *Zentralstellung der gottesdienstlichen Praxis* im juristischen Detail unterstrichen. In ihrem Rechtsbestand inszeniert die evangelische Kirche sich wesentlich als liturgisch-homiletische Organisation.
- Hat das allgemeine Institut des Rechts nicht zuletzt die Funktion, soziale Konflikte durch friedlichen Ausgleich begrenzen und lösen zu können, so symbolisiert die rechtsförmige Gestalt der kirchlichen Organisation, dass soziale *Konflikte* auch zum Leben des Glaubens und seiner Gemeinschaft regelmäßig *dazugehören*. Indem das Kirchenrecht die möglichen kirchlichen Organisationskonflikte sichtbar macht und regelhaft strukturiert, trägt es wesentlich zur Inszenierung der ›konziliaren‹ Sozialgestalt des Glaubens bei.
- Indem das evangelische Kirchenrecht die Formen gemeinsamer Willensbildung, vor allem die Wahl repräsentativer Gremien und leitender Amtsinhaber sowie innerorganisatorische Gewaltenteilung aus dem allgemeinen Rechtsleben übernimmt, symbolisiert es ein Kirchenverständnis, demzufolge *alle Mitglieder* an der Verständigung über das kirchliche Handeln teilnehmen können und sollen. Im Unterschied zur römisch-katholischen Kirche zeigt sich damit öffentlich, wie das Priestertum aller Getauften in der Organisationsgestalt der Kirche zu realisieren ist.

5.3.2 Verwaltung und kollegiale Gremien

Literatur: *Campenhausen, Axel v.*: Kirchenleitung, in: ZEvKR 29 (1984), 11–34. – *Kienitz, Andreas:* Das Verhältnis der kirchenleitenden Organe zueinander nach lutherischem Verständnis, in: KuR 1998, 9–26. – *Scholz-Curtius, Gotthard:* 50 Jahre Kirchenverwaltung der Evang. Kirche in Hessen und Nassau, in: JB hess. kirchengesch. Vereinigung 52 (2001), 3–40.

(a) Zur Stellung der Verwaltung in der Kirche
Befasst sich die einschlägige, meist kirchenrechtliche Literatur vor allem mit den Konsistorien, Landeskirchenämtern etc., so wird in der Praxis doch auch die leitende Tätigkeit in Ortsgemeinden, Kirchenkreisen und Arbeitsstellen wesentlich durch administrative Vollzüge bestimmt. Zu ihren genuinen Aufgaben gehört Finanz- und Vermögensverwaltung, die Sorge für die Gebäude und nicht zuletzt »das gesamte Ämterwesen« (*Campenhausen*. 32): Stellenplanung und -besetzung für alle kirchlich Beschäftigten, deren Dienstaufsicht, Besoldung und Versorgung, und im Blick auf die Pfarrpersonen auch ihre Ausbildung und Begleitung. Auf regionaler und überregionaler Ebene ist die Verwaltung immer stärker mit Planungstätigkeit befasst; dazu kommen Aufgaben der Rechtsaufsicht und -beratung.

Prägenden Einfluss gewinnt die Verwaltung auch dadurch, dass Synoden und andere leitende Gremien, die »nur von Zeit zu Zeit zusammentreten, [...] ohne die Vorarbeit der Behörde praktisch keine kompetenten Entscheidungen treffen [könnten]. Die Verantwortung für die Vorbereitung steht hinter der für die endgültige Entscheidung kaum zurück.« (ebd.) Sodann gestaltet die Verwaltung die kirchlichen Außenbeziehungen, sobald es um mehr als punktuelle Kontakte zu staatlichen Stellen – etwa im Bildungs- oder im Sozialbereich – und zu anderen Körperschaften, Verbänden und Organisationen geht. Das Bild, das die gegenwärtige Organisationsgesellschaft von der evangelischen Kirche hat, wird insofern ganz wesentlich durch deren Verwaltungsstrukturen und -vollzüge bestimmt.

Sind in den örtlichen und regionalen Verwaltungsämtern vor allem kaufmännische und administrative Berufe vertreten, so ist die Leitung der landeskirchlichen Administration vor allem durch Juristen, daneben durch Theologen und gelegentlich auch durch Ökonomen besetzt. In ihrer Verwaltung besitzt die evangelische Kirche daher eine Leitungsinstanz, die – im Unterschied zur römisch-katholischen Kirche – wesentlich von Laien getragen und wesentlich von nicht-theologischer Professionalität bestimmt ist. Umso bedeutsamer erscheint ein Verständnis der kirchlichen Verwaltung, das ihren spezifischen, unverzichtbaren Beitrag zur Leitungspraxis festhält (↗(c)) und dazu dem Missverständnis wehrt, die Verwaltung sei, weil nicht theologisch geordnet, in der Kirche nicht eigentlich geistlich bestimmt (↗(d)).

(b) Die historische Prägung der Kirchenverwaltung
Eigenart und Gewicht der Verwaltung im Konzert der kirchlichen Instanzen beruhen wesentlich darauf, dass sie – neben dem Pfarramt – in der evangelischen Kirche das älteste Leitungsorgan darstellt. Bevor im 19. Jahrhundert synodale Gremien und nach 1918 bischöfliche Ämter hinzutreten, wird die äußere Gestalt der evangelischen Kirche, auch ihre Lehr- und Gottesdienstordnung durch die Kollegialorgane des landesherrlichen Kirchenregiments bestimmt, das auf unterschiedliche Weise in die staatliche Administration eingeordnet ist: Evangelische Kirchenleitung wird seit der Mitte des 16. Jahrhunderts vor allem durch Behörden vollzogen[38].

Im Kontext der staatlichen Verwaltung haben die Kirchenbehörden seit dem 16. Jahrhundert stets Anteil an den politischen Bemühungen, die wechselnden Herrschaftsgebiete kulturell, auch schulisch zu *integrieren* und die Loyalität der Bevölkerung zu sichern. Die Verwaltung steht darum bis heute für die übergemeindliche Dimension der Kirche, für die Bedeutung des allgemeinen Rechts und der Ökonomie.

Andererseits: Die mehrfache Reorganisation der evangelischen Konsistorien und Oberkirchenräte im 19. Jahrhundert, die sowohl staats- wie konfessionspolitisch motiviert ist, schafft doch auch die Grundlage für eine zunehmende *Verselbständigung*. Dass die evangelischen Landeskirchen nach dem Ende des staatlichen Kirchenregiments 1918/19 sozial, auch politisch handlungsfähig bleiben, verdanken sie wesentlich der Stabilität ihrer Verwaltungsbehörden. Bis heute begründet die starke, bislang hoch professionelle Verwaltung den Anspruch der Kirche, gegenüber den staatlichen Organen wie anderen Großverbänden ›auf Augenhöhe‹ zu agieren.

Historisch bedingt ist schließlich auch die immer wieder aufbrechende, in der Verfassungstheorie wie in der Leitungspraxis strittige Frage, ob die kirchlichen Behörden nur nachgeordnet verwalten sollten, also »eine Art Schreibstube« darstellen[39], oder eigene, unvertretbare Leitungsfunktionen ausüben. Die erstgenannte Sichtweise beruht, so R. Smend, auf dem »säkularen Missverständnis«, die kirchliche Verwaltung könne der (synodalen oder kollegialen) Kirchenleitung ebenso untergeordnet werden wie die staatliche Verwaltung dem Parlament und der Regierung[40]. Dass die kirchliche Administration während der NS-Herrschaft das geltende Recht höher gewichtete als die theologischen Einsprüche der Bekennenden Kirche, habe nach 1945 nicht selten zu einer »Abwertung der Kirchenbehörden und ihres Wirkens« geführt[41]. Auch in den lutherischen Kirchen ist eine solche Abwertung verbreitet; wiederum dürften sich dabei die kritischen Einstellungen zum ›obrigkeitlichen‹ Handeln in Staat und Kirche verbinden: »Die Kirchenbehörde erscheint dabei als Inbegriff der Rechtsmacht und damit als Widerspruch zur christlichen Freiheit.« (*Campenhausen* 31) Insofern liegt auch gegenwärtig die Frage nahe, wie der Beitrag der Verwaltung zur Gestaltung der Kirche positiv beschrieben werden kann.

(c) Der spezifische Beitrag der Verwaltung zur Kirchenleitung
Zu den prägenden Subjekten der kirchlichen Leitung gehören offenbar nicht allein synodale Gremien und geistliches Personal: Die einen treten nur gelegentlich zusammen, um Grundsatzbeschlüsse zu fassen; die anderen sind »nur für einen, wenn auch sachlich bedeutsamen Ausschnitt verantwortlich«[42]. In »ihrer Gesamtheit und in ihrer ständig fortlaufenden Entwicklung«, in der Kenntnis des Details wie im Überblick über die Verhältnisse kann die Leitung der Kirche nur mittels professioneller, hauptberuflich besetzter Behörden bewerkstelligt werden.

Wird die kirchliche Organisation als diejenige Struktur begriffen, die die Kommunikation und das gemeinsame Leben des Glaubens an verschiedenen Orten, in unterschiedlichen Verhältnissen erkennbar zusammenhängend ermöglicht (↗2.6.1), so sind jene Verwaltungsbehörden auf allen Ebenen *als Substrat der Organisation* zu begreifen: Es sind die rechts- und verwaltungsförmigen, insofern rationalen und transparenten Entscheidungen, die die Vergleichbarkeit der Verhältnisse innerhalb einer Region, einer Landeskirche, auch der EKD sicherstellen, die dem gestaltenden Handeln der Organisation Kohärenz und Prägnanz verleihen und die die geschichtliche Kontinuität der Kirche – in ihren Gebäuden und Stellenstrukturen, in ihren Arbeitsfeldern und Berufsbildern – gewährleisten.

Das Interesse an Kontinuität, Verlässlichkeit und übergemeindlicher Einheit, das die Verwaltung auszeichnet, scheint sie unvermeidlich in Gegensatz zu einem Kirchenverständnis zu setzen, das die Freiheit, die unverfügbare Spontaneität des Glaubens und die daraus resultierende Vielfalt der Interaktion betont. Allerdings ist die Kommunikation des Glaubens auf einen verlässlichen Rahmen angewiesen: »Wir brauchen für den Gang des Evangeliums Vielfalt und Freiheit, aber ebenso auch Einheit und Ordnung in der Kirche. Dieses Viereck muss in Balance gehalten werden.«[43]

Dabei ist festzuhalten, dass die hier angedeuteten Spannungsverhältnisse keineswegs typisch kirchlich sind. Alles administrative Handeln, in diesem Sinne alles organisatorische Handeln ist nicht nur mit der Spannung von Einheit und Vielfalt, von allgemeinen Grundsätzen und Einzelfallgerechtigkeit befasst. Sondern in der Gegenwart ist alles Verwaltungshandeln durch die Spannungen zwischen Entscheidung und (vorlaufender) Beratung, zwischen (kostengünstiger) Effizienz und breiter Partizipation, zwischen Planungssicherheit und Flexibilität geprägt (vgl. *Scholz-Curtius*, 30 ff.). Die Administration trägt insofern auch darin zur Leitungspraxis der Kirche bei, dass sie deren unhintergehbar weltlichen, sozial allgemeinen Charakter betont.

Die strukturelle Nähe zu anderen, vor allem staatlichen Organisationen führt die kirchliche Verwaltung nicht selten in die Konkurrenz zu einer weiteren Leitungsinstanz, nämlich den *synodalen Gremien* (↗ 5.3.3). Auch diese bestehen ja aus theologischen Mitgliedern und Laien; auch sie dienen der Verständigung über das gemeinsame, einheitliche Handeln der Kirche. Die Parallele zur staatlichen Gewaltenteilung, in der die Exekutive der gewählten, parlamentarischen Legislative nachgeordnet ist, dazu die historische Hypothek der staatskirchlichen Struktur und nicht zuletzt die Argumentationsfigur des Priestertums aller Getauften, das sich in der Synode unmittelbarer zu artikulieren scheint – alle diese Faktoren führen in einigen Verfassungen und erst recht in der Praxis dazu, den genuinen Beitrag der Verwaltungsämter zur kirchlichen Leitung in Frage zu stellen[44]. Daher ist abschließend zu klären, inwiefern auch und gerade der kirchlichen Administration eine religiöse Dimension eignet.

(d)   Der religiöse Charakter der Kirchenverwaltung
Angesichts der verbreiteten Tendenz, die organisatorische Dimension der Kirche, wie sie sich in den Verwaltungsämtern manifestiert, in einen Gegensatz zu ihrer geistlichen Leitung zu setzen, ist zunächst nochmals festzuhalten: Das Bild der einen, seit alters bestehenden, verlässlich agierenden und öffentlich wirksamen Kirche, wie es durch ihre Administration gefördert wird, bringt wesentliche Dimensionen der einen, apostolischen und katholischen Glaubensgemeinschaft zum Ausdruck; insofern ist auch und gerade die konsistoriale Leitung am kirchlichen Zeugnis beteiligt.

Sodann sind die Gegenstände der Verwaltung – Finanz- und Bausachen, »Ämterwesen«, Planung und Außenvertretung – nahezu sämtlich von großem Gewicht; sie reichen »ins Allgemeine und Grundsätzliche, in die entscheidenden Fragen des geistlichen Lebens der Kirche«[45]. Insofern herrscht in Theorie und Praxis der kirchlichen Verwaltung heute Übereinstimmung, »dass eine strenge Trennung von geistlicher und administrativer Funktion unangemessen ist« (*Campenhausen*, 29). Das gilt nicht zuletzt im Blick auf die Personen: In den Landeskirchenämtern kommt den Theologen, der oft sog. »Geistlichen Abteilung«, kein Primat gegenüber den anderen Berufsgruppen und Abteilungen zu; Juristinnen und Ökonomen begreifen sich ebenso als »Mitarbeiter in einem in seinem Vollgehalt verstandenen Dienst der Kirche« (ebd.); auch sie üben ihr Amt als Konkretisierung des allgemeinen Priestertums aus. Die kollegiale Leitungsstruktur der (evangelischen) Behörden ist ein sachgemäßer Ausdruck dieses Grundmotivs.

Von daher kommt schließlich eine wesentliche Differenz zur öffentlichen Verwaltung in den Blick: Die kirchlichen Behörden sind »nicht lediglich dem positiven Recht ihrer Landeskirchen und ihren landeskirchlichen Oberen Gehorsam schuldig, sondern in diesen Bindungen und notfalls gegen sie dem Herrn der Kirche«[46]. Die formale Legalität, die organisatorische Rationalität und Transparenz einer kirchlich-amtlichen Entscheidung ist zwar schon als solche religiös bedeutsam; deren letztes Kriterium besteht aber darin, »in diesen Bindungen und notfalls gegen sie« die Eigenart des Glaubens und seiner sozialen Gemeinschaft zum Ausdruck zu bringen. Indem die Verwaltung den Organisationscharakter der Kirche stärkt, markiert sie deren notwendige *und* nicht hinreichende Bedeutung.

5.3.3 Synodale Gremien

Literatur: *Heinemann, Gustav:* Synode und Parlament. Ansprache zum Gedenken an die Emder Generalsynode von 1571 (1971), in: *Ders.:* Allen Bürgern verpflichtet. Reden des Bundespräsidenten 1969–1974, Frankfurt/M. 1975, 132–143. – *Huber, Wolfgang:* Synode und Konziliarität, in: G. Rau/H.-R. Reuter u. a. (Hg.), Das Recht der Kirche, Bd. 3, Gütersloh 1994, 319–348. – *Mehlhausen, Joachim:* Art. »Presbyterial-synodale Kirchenverfassung«, in: TRE 27, 1996, 331–340. – *Dinkel, Christoph/Preul, Reiner:* Art. »Synode III. Reformation bis zur Gegenwart«, in TRE 37, 2001, 559–582. – *Rohls, Jan:* Die presbyterial-synodale Kirchenverfassung, in: G. Wenz (Hg.), Ekklesiologie und Kirchenverfassung, Münster 2003, 137–163. – *Lindner, Herbert:* Leitungsgremien in den Ortsgemeinden, in: *J. Hermelink/Th. Latzel* (Hg.), Kirche empirisch. Ein Werkbuch, Gütersloh 2008, 395–420.

(a) **Die Bedeutung der presbyterial-synodalen Leitungsstruktur in der evangelischen Kirche**
In Selbstverständnis wie Außenwahrnehmung der evangelischen Kirche stellen gewählte, aus Ordinierten und Laien zusammengesetzte Versammlungen ein konstitutives Element der Leitung dar. So heißt es in der Verfassung der Evang.-Reformierten Kirche: »Alle Kirchenleitung erfolgt durch Kirchenräte/Presbyterien und Synoden«[47], und in der Lutherischen Kirche in Bayern »wirken Pfarrer und Pfarrerinnen sowie Kirchenvorsteher und Kirchenvorsteherinnen bei der Leitung der Kirchengemeinde zusammen«[48]. In der Landeskirche ist, notiert R. Preul, die Synode »das wichtigste der kirchenleitenden Organe, da sie nicht nur über Ordnungen des kirchlichen Lebens, kirchliche Einrichtungen, Kirchengesetze, den Haushalt, […] Verträge mit dem Staat und anderen Kirchen beschließt, sondern durch die Wahl des Bischofs bzw. […] Präses und in der Regel auch der Kirchenleitung weitreichende Personalentscheidungen trifft« (*Dinkel/Preul*, 578).

Auch wenn die Stellung der synodalen Instanzen unterschiedlich akzentuiert wird, so stellt deren Leitungsgewalt doch ein wesentliches Charakteristikum der evangelischen Kirchen dar. Der von der Reformierten Kirche formulierte Verfassungsgrundsatz, »keine Gemeinde darf über eine andere, kein Gemeindeglied über ein anderes Vorrang oder Herrschaft beanspruchen« (a.a.O., §4), kann zwar durchaus *politisch* gelesen werden, als Kritik monarchischer oder aristokratischer Herrschaftsformen; die verbreitete Rede von der Synode als »Kirchenparlament« markiert – obwohl ekklesiologisch ungenau – zu Recht den egalitären Grundzug der presbyterial-synodalen Kirchenverfassung. Aber die herrschaftskritische Tendenz unterscheidet vor allem *theologisch* die evangelische von der römischen wie der orthodoxen Kirchenfamilie: Eine religiös begründete Hierarchie, ein wesentlicher Vorrang des Klerus in der Gemeinde oder ein Primat des Bischofs in der Regionalkirche sind durch das synodale Prinzip ausgeschlossen.

In der (seltenen) dogmatischen Reflexion dieses Leitungsprinzips werden fundamentale Konzepte der protestantischen Ekklesiologie herangezogen. So formuliert W. Härle: »Die Synode ist diejenige Form der Beteiligung der Gemeinde an der Kirchenleitung, durch die das allgemeine Priestertum der Gläubigen am angemessensten zur Geltung kommt.«[49] Und W. Huber versteht Kirchenvorstände und Synoden nicht nur als exemplarische Formen einer wesentlich konziliaren Leitungsstruktur (*Huber*, 338 ff.), sondern kann auch die Vertretung von ordinierten *und* nicht-ordinierten Kirchenmitgliedern auf das reformatorische Grundverständnis der Kirche zurückführen: »Die Synode verbindet öffentliches Predigtamt und hörende Gemeinde, *ecclesia audiens* und *ecclesia docens* in einer Weise, die eine Majorisierung der Gemeinde durch das Predigtamt unmöglich macht, aber zugleich erkennbar werden lässt, dass alle kirchenleitende Tätigkeit dem Auftrag zur Verkündigung des Evangeliums nachgeordnet ist.«[50]

(b) Probleme der presbyterial-synodalen Leitung in der Gegenwart
In der konstitutiven Bedeutung der Presbyterien, der Kirchenvorstände und Synoden kommen Grundzüge des evangelischen Kirchenverständnisses zu einem prägnanten Ausdruck. Um so schwerer wiegt es, dass die praktische Arbeit der synodalen Gremien in der Gegenwart vielfach als problematisch empfunden wird, und zwar von innen wie von außen, in lokalen wie in übergemeindlichen Kontexten.

Der Eindruck, kirchliche Entscheidungsprozesse seien zu langwierig, intransparent und wenig wirkungsvoll, wird in neueren Reformpapieren, etwa im EKD-Impulspapier »Kirche der Freiheit«, explizit auf die »jetzigen synodalen Strukturen« bezogen, die »ganz überwiegend den Gedanken der Partizipation [...] in die Mitte stellen«: Sie »bedürfen [...] einer kritischen Prüfung im Blick auf ihre Zielorientierung und Effektivität« (a. a. O., 29). Ähnlich bemängeln die westfälischen Überlegungen zu einer »Kirche mit Zukunft«, »dass die Gremien aufgrund ihrer Beschäftigung mit Einzelproblemen und kleinteiligen operativen Aufgaben de facto nicht in der Lage sind, eine wirkungsvolle, strategische und konzeptionelle Leitung auszuüben«[51].

Die »Steuerungsqualität kirchlicher Gremien« wird allerdings nicht nur in einer solchen betriebswirtschaftlich-organisatorischen Sicht kritisch gesehen[52], sondern auch von vielen Pfarrerinnen und Pfarrern: In einschlägigen Befragungen beurteilen sie insbesondere die Leitungskompetenz von Landes- und Kreissynoden als »eher schlecht«; nur der Kirchenvorstand schneidet »eher gut« ab[53]. Und aus der Sicht der Laien erscheint die Arbeit in presbyterial-synodalen Gremien immer unattraktiver, das zeigen nicht nur die verbreiteten Klagen über lange Sitzungen, unklare Kompetenzverteilung und ein miserables Konfliktmanagement[54], sondern auch die vielerorts zunehmende Mühe, genügend Kandidatinnen und Kandidaten für die Kirchenvorstandswahlen zu finden. »Die Kirche verliert als demokratische Sitzungsmaschine an Attraktivität [...].«[55]

Angesichts immer komplexerer kirchlich-organisatorischer Verhältnisse, dazu der Verlagerung von Personal- und Budgetverantwortung in die Kirchenkreise haben die Anforderungen für Kirchenvorstände und Synodale erheblich zugenommen. Eine Gremienarbeit, die – je nach Situation der Gemeinde – den finanziellen und personellen Mangel verwalten oder haupt- wie ehrenamtliche Arbeit in der Dimension eines kleinen Unternehmens koordinieren muss und dabei die unterschiedlichsten Interessen auszugleichen hat, dazu hohen Erwartungen begegnet und zugleich der Erfahrung von Gleichgültigkeit – eine solche synodale Gremienarbeit erfordert offenbar kompetente Leitung und kontinuierliche Begleitung. Viele Landeskirchen haben die Fortbildung von Kirchenvorständen daher ausgebaut und werben für die Gremienwahlen mit hoher Intensität.

Gleichwohl stagniert die Beteiligung seit Jahrzehnten auf einem – verglichen mit kommunalen Wahlen – ausgesprochen niedrigen Niveau; in städtischen Regionen werden mitunter kaum 10 % erreicht. Genauere Untersuchungen zeigen, dass die Mitglieder der Kirchenvorstände ebenso wie ihre Wählerinnen und Wähler vor allem aus einem bestimmten Milieu kommen, das kirchlich hoch verbunden, traditionell und lokal orientiert ist[56]. »Die Kirchenvorstände sind vom Mittelstand geprägt. Selbständige haben die größten, Arbeiterinnen die geringsten Chancen, gewählt zu werden.« (*Lindner*, 413)

Neben engagierten Gliedern der Ortsgemeinde werden häufig auch Personen (wieder) gewählt, die für die soziale, historische oder religiöse Prägung des Ortes stehen: Die synodalen Gremien repräsentieren nicht nur das (binnen-)kirchliche, sondern auch das kommunale Leben. Treten beide Größen auseinander, etwa in Diasporagebieten und in großstädtischen Gemeinden, so sinkt das Interesse an Wahl und Mitarbeit erheblich.

Offenbar wandeln sich die Aufgaben der kirchlichen Gremien: Die Funktion einer öffentlichen Repräsentation ist eher zurückgegangen; die Anforderung an sog. strategisches, perspektivisches Arbeiten nimmt zu. Die innere Vielfalt der Presbyterien und Synoden ist erheblich gewachsen; persönliche und sachliche Konflikte erschweren die synodale Arbeit an vielen Stellen. Zugleich verbreitet sich der Eindruck, die ›eigentlichen Entscheidungen‹ in der Kirche würden anderswo getroffen, sei es in den Kirchenämtern, in Steuerungsgruppen oder in kleinen Zirkeln Hochengagierter.

Insofern scheint es erforderlich, den spezifisch synodalen Beitrag zur Leitung der evangelischen Kirche in der Gegenwart genauer zu bestimmen. Dazu bedarf es zunächst eines Überblicks über die Vielfalt von Funktionen, die kirchlichen Vertretungskörperschaften in der Geschichte zugewachsen sind (c). Sodann ist im Horizont des vierfachen praktisch-theologischen Kirchenbegriffs zu fragen, inwiefern die presbyterial-synodale Verfassung die *Organisations*form der Kirche prägt (d), inwiefern sie zu ihrer gesellschaftlich-*institutionellen* Verankerung (e) und zur unmittelbaren, religiösen *Interaktion* beiträgt (f). Auf diese Weise kann gezeigt werden, dass Kirchenvorstände und Synoden den eigenartigen Charakter der evangelischen Kirche öffentlich machen (g).

(c) Formen und Funktionen der synodalen Gremien in der Geschichte
Neben Einzelpersonen gehören auch synodale Versammlungen, wie Apg 15 zeigt, von Anfang an zur Leitung der Kirche. In den altkirchlichen und mittelalterlichen Konzilien wird um theologischen wie organisatorischen Konsens gerungen. Durch solenne Bekenntnisse, aber auch durch Verfahrensordnungen versuchen die Synoden bis heute, die Einheit der Kirche und ihr spezifisches Profil zu markieren; prominente Beispiele der Gegenwart sind die Barmer Bekenntnissynode von 1934, das II. Vatikanische Konzil oder die Synode der Reformierten Kirche in Belhar (Südafrika), die 1986 die religiöse Begründung der Apartheid verwirft.

Während die römisch-katholischen, bis ins 19. Jahrhundert auch die lutherischen Synoden nur Kleriker versammeln, gehören zu den Presbyterien der reformierten Kirche von Anfang an auch *Laien* (vgl. *Dinkel/Preul*, 572 ff.). Prägend wird vor allem Calvins Genfer Kirchenordnung von 1541/61, die vier Gruppen von Amtsträgern vorsieht: Neben den Pastoren, den Doktoren und den Diakonen zählen auch »Älteste« zum Presbyterium; diesen fällt die Aufgabe zu, durch Aufsicht über die Lebensführung der einzelnen Christen für die sichtbare Heiligung der Gemeinde Sorge zu tragen (↗2.1.2 (c)). Die reformierten Presbyter stehen den Theologen nicht als Vertreter der Laien oder der Gemeinde gegenüber, sondern sind ebenso wie jene mit einem öffentlichen Amt betraut; faktisch repräsentieren sie die kommunale Führungsschicht.

Seit der Mitte des 16. Jahrhunderts etabliert sich in den reformierten Kirchen Westeuropas ein mehrstufiges System *überregionaler*, jeweils ›von unten‹ delegierter Kreis-, Regional- und Nationalsynoden. Gegenüber katholischen oder lutherischen Obrigkeiten sorgen sie, gerade in Zeiten der Verfolgung, für eine *politische* Repräsentanz der Minderheitskirchen. Der oben (a) zitierte reformierte Grundsatz »Keine Gemeinde darf über eine andere, kein Gemeindeglied über ein anderes Vorrang oder Herrschaft beanspruchen« hat darum, *als* religiös begründete Regel, zugleich stets politische Bedeutung – das zeigen im letzten Jahrhundert etwa die Barmer Bekenntnissynode oder die Synoden der Evangelischen Kirche in der DDR der 1980er Jahre.

Weitere politische Implikationen der Synodalverfassung zeigen sich in den deutschen Staaten des 19. Jahrhunderts. So markiert die Rheinisch-Westfälische Kirchenordnung, 1835 nach langen Verhandlungen verabschiedet, die religiös-kulturelle *Eigenständigkeit* der neuen preußischen Provinzen – ebenso wie die Hannoversche Kirchenordnung von 1866, dem Jahr der preußischen Annexion. Die synodalen Gremien, die dort bestätigt, hier etabliert und zunehmend auch in anderen Provinzen und Staaten eingeführt werden, verschaffen regionalen Prägungen und Besonderheiten eine öffentliche Artikulation. Und bei der Erprobung von Wahl- und Geschäftsordnungen, bei der Kompetenzklärung gegenüber Behörden oder bei der Einführung des gleichen, später auch des Frauenstimmrechts dienen die kirchlichen Synoden als eine Art Laboratorium politischer Verfassungsreform[57].

Der kirchlichen Synodalverfassung ist im 19. Jahrhundert eine große Vielfalt politischer, aber auch religiöser Bedeutungen zugewachsen. So wird die synodale Interessenvertretung ›von unten‹, das wachsende Gewicht der Einzelnen bzw. der Kommunen und Ortsgemeinden von den politisch konservativen Kräften, den ihnen verbundenen Theologen und den oberen Behörden in Kirche und Staat nachhaltig abgelehnt; das synodale Element erscheint hier als Ausdruck einer (tendenziell revolutionären) Demokratisierung und zugleich des säkularen Werteverfalls. Auf der anderen Seite verbünden sich bei den Befürwortern synodaler Leitungsmacht die liberalen, auf Stärkung individueller Interessen drängenden Kräfte mit ganz anderen, eher konservativen Gruppen: Es ist nicht zuletzt die *Erweckungsbewegung*, die die Kirchenvorstände und Synoden, auch die überregionalen »Kirchentage« als Ort religiösen Engagements entdeckt und für eine breitere Akzeptanz dieses Verfassungselements auch in den Kirchenleitungen sorgt. Aus dieser Konstellation ergibt sich alsbald eine kerngemeindlich konservative Prägung der Gremien[58], die sich etwa in hohen Ansprüchen an die »Kirchlichkeit« der

Kandidaten niederschlägt – oder in Ordnungen, die die Wahl an den Sonntagsgottesdienst binden und damit alle ausschließen, die sich nicht »zur Kirche halten«.

Eine weitere Funktion, die religiöse und organisatorische Aspekte verbindet, wächst den Kirchenvorständen schließlich im Kontext der Gemeindebewegung seit den 1880er Jahren zu (↗3.3.2). Wenn E. Sulze und andere die Gemeinde als seelsorglich-diakonische »Arbeitsgemeinschaft« verstehen und darum neben den verfassungsmäßigen Gremien auch »Hausväterverbände« u. ä. etablieren, so wird das Presbyterium zu einer Art *Vereinsvorstand*, der das Engagement der Ehren- und Hauptamtlichen koordiniert, befördert und beaufsichtigt.

(d) Kirchenvorstand und Synode als Leitungsinstanzen der kirchlichen Organisation

Während der Zusammenhalt der vielfältigen kirchlichen Praxis auf überregionaler Ebene eher durch rechtliche und administrative Instanzen sichergestellt wird, kommt vor Ort nach wie vor den Presbyterien und Kirchenvorständen die Aufgabe zu, über Zuteilung von Geldern, Anstellung von Hauptamtlichen und inhaltliche Schwerpunktsetzung das gemeinsame, zugleich differenzierte Handeln einer Gemeinde zu gestalten: Die lokale Organisation der Kirche wird wesentlich durch ein synodales Organ geprägt.

Schon auf dieser Ebene, das zeigen Praxisberichte[59] wie organisationstheoretische Reflexion, führt es aber zu Überforderung, wenn sich der Kirchenvorstand in Analogie zum Vorstand eines Vereins oder eines Kleinunternehmens versteht: Auf Grund der komplexen Arbeitsfelder, vor allem aber des hohen Autonomieanspruchs der Engagierten kann die gemeindliche Organisation operativ, im Blick auf sachliche Detailfragen, nicht durch Entscheidungen eines synodalen Gremiums geleitet werden. Gerade Presbyterinnen und Presbyter, die aus dem Wirtschaftsleben kommen, müssen hier ggfs. mühsam umlernen.

Erst recht dürften sich Mitglieder einer Landessynode, auch eines Landessynodalausschusses oder einer kollegialen Kirchenleitung missverstehen, wenn sie sich primär als Vorstand oder Aufsichtsrat eines kirchlichen »Unternehmens« begreifen. Organisatorisch-strukturelle Entscheidungen können auf dieser Ebene kaum noch von neben- oder ehrenamtlichen Delegierten getroffen werden; faktisch sind es viel eher die Instanzen und Personen der Kirchenverwaltung, deren Entscheidungen die vielfältigen Verhältnisse des kirchlichen Lebens moderieren.

Eine in diesem Sinne organisatorische, praktische Differenz moderierende Funktion kommt den synodalen Gremien freilich in hohem Maße dort zu, wo es um *religiöse* Differenzen geht. In Kirchenvorständen, in anderer Weise auch in Landes- und EKD-Synoden ist die Pluralität religiöser Biographien ebenso zu vermitteln wie deren unterschiedliche regionale, soziale und berufliche Prägung. Eine »volkskirchliche« Praxis setzt voraus, dass die Vielfalt individueller Frömmigkeiten, die immer auch für bestimmte Milieus und Gruppen in der Kirche stehen, zu einem tragfähigen, d. h. auch religiös überzeugenden Konsens geführt wird.

Hohe organisatorische Bedeutung kommt den synodalen Gremien darüber hinaus dort zu, wo sie die kirchlichen Leitungspersonen wählen. Im Unterschied zu den meisten ökonomischen und religiösen Organisationen beruht individuelle Leitungsmacht in der evangelischen Kirche auf der Beauftragung durch ein seinerseits gewähltes Gremiums, dem die Leitungspersonen – Pfarrerin ebenso wie Kirchenrat oder Bischöfin – zudem regelmäßig Rechenschaft schuldig sind. Auf diese Weise vermögen die synodalen Instanzen über das Profil, die innere Ausrichtung und die äußere Wirkung ihrer Kirche höchst nachhaltig zu bestimmen. Dass die synodalen Wahlakte regelmäßig eine hohe öffentliche Aufmerksamkeit finden, erscheint von daher sachgemäß. Hier zeitigt das Grundprinzip des allgemeinen Priestertums strukturelle, im engeren Sinne organisatorische Konsequenzen.

(e) Die politisch-institutionelle Funktion der synodalen Gremien
Vergleicht man die heutige Öffentlichkeitswirkung synodaler Debatten und Beschlüsse mit dem 19. Jahrhundert oder auch noch mit den 1960er Jahren, so ist ein politischer Bedeutungsverlust der Gremien unübersehbar. Nachdem die Verfahren demokratischer Willens- und Mehrheitsbildung politisch längst eingeübt – und ihrerseits von Legitimationsschwäche befallen – sind, seitdem die großen öffentlichen Debatten eher in den Massenmedien als in Parlamenten geführt werden, erscheint auch die öffentliche Resonanz der »Kirchenparlamente« rückläufig. Allenfalls dort, wo es um ethisch oder politisch hoch kontroverse Themen geht, bekommen »Worte« oder Beschlüsse einer Synode noch die Publizität, die ihnen aus der binnenkirchlichen Sicht zugesprochen wird[60].

Bei näherer Betrachtung dürfte die gesellschaftliche Relevanz der Synoden und Presbyterien, auch ihre Bedeutung für die institutionelle Verankerung der Kirche allerdings nach wie vor erheblich sein. Auch wenn bestimmte Milieus und Lebensbereiche in den Leitungsgremien kaum vorkommen – die Prägung der Kirche durch die gesellschaftlichen Verhältnisse, auch durch die sozialen und kulturellen Konflikte einer Region manifestiert sich doch nach wie vor in den jeweiligen synodalen Organen. So weit irgend möglich, wird in Kirchenvorständen wie in Regional- und Landessynoden darauf geachtet, dass soziale Gruppen, kulturelle Traditionen und nicht zuletzt religiöse Prägungen breit und vielfältig vertreten sind. Insbesondere in den Ortsgemeinden kommt dieser institutionellen Dimension erhebliches Gewicht zu: Kirchenvorstände und Presbyterien repräsentieren die tradierte Selbstverständlichkeit von Religion, Liturgie und kirchlicher Sitte vor Ort und vermögen von daher den Veränderungsimpulsen von außen und von ›oben‹ nicht selten nachhaltigen Widerstand entgegenzusetzen.

Verkörpert ein Kirchenvorstand oder eine Regionalsynode also so etwas wie die soziale Verwurzelung der kirchlichen Institution, dann können hier Probleme des gemeinsamen Lebens auf eine Weise artikuliert werden, die das jeweilige Anliegen nicht sofort medial zuspitzt oder politisch instrumentalisiert. Gerade unpopuläre Einsichten, etwa zur Ausgrenzung alter und neuer Minderheiten, können mittels der synodalen Gremien öffentlichkeitswirksam werden. Eine solche politische Wirkung wird das kirchliche Gremium kaum steuern können; sie ist offenbar davon abhängig, dass das öffentliche Wohl in den Presbyterien und Synoden überhaupt zum Thema und aus unterschiedlichen Perspektiven bedacht wird.

In diesem – genuin christlichen – Interesse an der *res publica*, am gemeinsamen Leben der Verschiedenen sind Synode und Parlament offenbar durchaus vergleichbar; aus dieser Gemeinsamkeit ist auch die wechselseitige Beeinflussung von kirchlicher und staatlicher Verfassungsreform im 19. Jahrhundert zu erklären. Ob diese Parallele auch das Selbstverständnis der Synode und der Synodalen prägen sollte, ist jedoch in der einschlägigen Debatte durchaus umstritten[61]. Die hier virulente Frage, inwiefern auch in den Synoden nicht nur die Suche nach Konsens, sondern auch der *Konflikt* widerstreitender Interessen einen Ort haben kann, macht sich praktisch vor allem an den Fraktionsbildungen fest, die in vielen Landes- und EKD-Synoden, seltener auch auf regionaler und lokaler Ebene begegnen[62].

Auch wenn die meisten dieser Gruppenbildungen sich aus religiösen Unterschieden begründen, in einem Spektrum von ›evangelikal‹ bis ›liberal‹, von volks- bis zu gruppenkirchlicher Orientierung, so verbinden sich mit diesen Positionen doch fast unausweichlich politisch konservative bzw. ›linke‹ Assoziationen. Mit dem Auftreten solcher Richtungsgruppen halten entsprechende Mehrheits-/Minderheits-Konstellationen, oft auch Fraktionszwänge und Durchsetzungsstrategien Einzug, die aus dem politischen Betrieb bekannt und eher negativ besetzt sind. Damit droht undeutlich zu werden, dass es in den synodalen Gremien am Ende nicht um Richtungsentscheidungen zuungunsten einer Minderheit gehen kann, sondern dass die Arbeit dieser Gremien auf religiös begründete *Einmütigkeit*, auf die – gerade im Konflikt bewährte – *Einheit* der Kirche zielt.

Es ist diese Perspektive, die es den – auch politisch – widerstreitenden Gruppen in der Kirche prinzipiell (wenn auch oft nicht faktisch) erlaubt, ihre Konflikte in den Gremien nicht antagonistisch und durchsetzungsorientiert auszutragen, sondern einander differenzierter wahrzunehmen – als getragen von ähnlichen Überzeugungen und an gemeinsamen Zielen interessiert. Wo es gelingt, Konflikte nicht zu verschleiern, aber auch nicht theologisch zu überhöhen, dort markiert gerade die *politische* Kultur der synodalen Leitungstätigkeit zugleich ihr genuin religiöses Profil.

(f) Synodale Strukturen als Ermöglichung konziliarer Interaktion
Dass Kirchenvorstände und Synoden keine politischen, sondern religiöse Versammlungen sind, wird in manchen Verfassungen ausdrücklich festgehalten: »Jedes kirchliche Gremium empfängt seine Vollmacht im Hören auf Gottes Wort. Schriftwort und Gebet sind Bestandteil jeder Beratung. Das Bemühen um geschwisterliche Verständigung und Rücksichtnahme bestimmt den Umgang miteinander.«[63]

Der religiöse Charakter der Gremienarbeit wird in solchen Bestimmungen durch eine Positionierung als hörende Gemeinde markiert: »Der Herr selbst leitet durch den Heiligen Geist seine Gemeinde in der Verkündigung des Wortes.« (*Mehlhausen*, 332) Menschliches Leitungshandeln, vor allem organisatorisch-administratives Entscheidungshandeln, erscheint dann lediglich *abgeleitet*, von sekundärer Qualität – es wird religiös depotenziert. Und sobald der Zusammenhang der Gremienarbeit mit dem vorlaufenden Verkündigungs- und Hörgeschehen nicht mehr erkennbar ist, scheinen religiöse Gemeinschaft und kirchliche Organisation mehr und mehr auseinanderzufallen.

Der religiöse Charakter der synodalen Arbeit kann freilich auch anders beschrieben werden, nämlich mit Rückgriff auf die ökumenische Entfaltung des Begriffs »Konziliarität« seit den 1960er Jahren. Die ÖRK-Kommission »Faith and Order« hat 1971 prägnant resümiert:

»Unter Konziliarität verstehen wir das Zusammenkommen von Christen – örtlich, regional und weltweit – zu gemeinsamem Gebet, zu Beratung und Entscheidung in dem Glauben, dass der Heilige Geist solche Zusammenkünfte für seine eigenen Zwecke der Versöhnung, Erneuerung und Umgestaltung der Kirche benützen kann, indem er sie zur Fülle der Wahrheit und Liebe hinführt.«[64]

Die synodale Beratung und Entscheidung wird hier ebenfalls als gottesdienstliches Geschehen begriffen, jedoch vor allem *pneumatologisch* interpretiert. Handelt in den synodalen Versammlungen der Heilige Geist selbst, so repräsentiert die Vielfalt der Beteiligten ebenso die Pluralität des Geistes wie der – ggfs. langwierige – Prozess der Beratung dessen lebendige Dynamik zum Ausdruck bringt. In dieser Perspektive gehören Auseinandersetzungen, ja manifeste Konflikte zum erneuernden Wirken des Geistes hinzu; und dieser wird dort wirksam, wo die Beteiligten auch und gerade da, wo sie mit ganz anderen Einstellungen konfrontiert sind, die Präsenz einer eigenen, unverzichtbaren

Manifestation des Geistes erkennen. Das gemeinsame Ringen um die »Erneuerung und Umgestaltung der Kirche« ist eine menschliche Bemühung – und zugleich ein Geschenk des Geistes, der in den getroffenen Entscheidungen selbst bezeugt wird. Wesentlich für die konziliare Deutung der synodalen Versammlungen ist schließlich der Hinweis, dass deren Leitungsentscheidungen angewiesen sind auf die Rezeption durch die betroffenen Einzelnen bzw. Einzelgemeinden – weil »der Geist Gottes allen Gliedern der Gemeinde verheißen ist« (*Huber*, 345).

Bezieht man dieses anspruchsvolle pneumatologische Modell auf die konkrete Gremienarbeit, so lässt sich sagen: Synoden und Kirchenvorstände tragen dort zur Realisierung konziliarer Gemeinschaft bei, ja sie nehmen dort unmittelbar religiösen Charakter an, wo es gelingt, die jeweils beteiligten Personen, Positionen und Gruppen als prinzipiell gleichberechtigte und gleichermaßen bedeutsame Partner in dem Bemühen um die »Erneuerung und Umgestaltung der Kirche« zu sehen. Zu einer religiösen Interaktion kommt es in den Leitungsgremien dann, wenn die latenten und manifesten Konflikte, die langwierigen Prozesse der Konsenssuche, wenn schließlich auch die Entscheidungsfindung als Wirken des Geistes selbst gesehen, und d. h. auch: ertragen werden.

(g) Kirchenvorstand und Synode als Inszenierung des evangelischen Glaubens
Religiöse Qualität hat die synodale Praxis offenbar weniger dort, wo Struktur- und Finanzentscheidungen gefällt werden, sondern dort, wo jene Praxis als Zeugnis des Glaubens, als *Darstellung* einer bestimmten, situations- und organisationsbezogenen religiösen Einsicht vollzogen und verstanden, intendiert und rezipiert wird. Der religiöse Charakter synodaler Arbeit dürfte dann dort besonders prägnant und überzeugungskräftig zu Tage treten, wo die *Vielfalt* der wahrgenommenen Positionen und Aspekte markiert, wo der *Prozess* der Konfliktaustragung und der Suche nach Einmütigkeit durchsichtig gemacht und wo die getroffene Entscheidung als ein vorläufiger, für neue Einsichten *offener Konsens* erkennbar wird. Auf diese Weise hat die Stellung wie die – durchaus unspektakuläre – Arbeit der Kirchenvorstände und Synoden in der evangelischen Kirche als markante Inszenierung nicht nur dieser Kirche selbst, sondern auch des gelebten evangelischen Glaubens zu gelten. Dieser vor allem darstellende Charakter der presbyterial-synodalen Kirchenverfassung ist abschließend zu skizzieren.

Die zentrale Bedeutung synodaler Instanzen setzt die Eigenart der evangelischen Großkirchen nicht nur im Unterschied zur römisch-katholischen Kirche in Szene, sondern auch in Hinsicht auf andere Großorganisationen, etwa im Bildungs- oder im Wirtschaftsbereich. Mit ihrer synodalen Struktur zeigt sich die evangelische Kirche als eine wesentlich plural verfasste Organisation, die mit inhaltlichen Konflikten rechnet und diese produktiv zu nutzen versucht: Kirchlich-organisatorische Einheit gibt es, ausweislich dieses Leitungsorgans, nicht anders als in der permanenten Auseinandersetzung.

Die evangelische Kirche inszeniert in den repräsentativen Leitungsgremien ihre enge Verflechtung mit den jeweiligen kulturellen, den sozialen und politischen Verhältnissen: Es ist präzise die *Volkskirche*, die sich im Gewicht von Kirchenvorstand und Synode realisiert. Die Reflexion dieser Leitungsstruktur erweist, dass die Volkskirche nicht allein gesellschaftlich, sondern darin zugleich theologisch begründet ist: Es ist das allgemeine Priestertum, dessen kybernetische Relevanz hier zum Ausdruck kommt.

Die Einheit im Konflikt, die die evangelische Kirche auszeichnet, ist darum nicht als gleichsam weltliche Schwäche, sondern als Ausweis ihrer geistlichen Stärke zu interpretieren. Das bedeutet auch: Die *Bekenntnisbestimmtheit* der evangelischen Kirchen, auch in ihrer lutherisch-reformierten Differenz, manifestiert sich derzeit weniger in bestimmten religiösen Inhalten; die evangelischen Großkirchen sind keine Überzeugungsgemeinschaften. Das evangelische Bekenntnis wird vielmehr primär in bestimmten Formen der Selbst-Leitung inszeniert: Die Verfahrensregeln der Presbyterien und Synoden sind nicht nur Ausdruck organisatorischer Vernunft, sondern sie stellen zugleich das religiöse Profil der Kirche, die plurale und dynamische Eigenart des in ihr gelebten *evangelischen Glaubens* dar.

In Struktur und Vollzugsformen der kirchlichen Leitungsgremien kommt ein Glauben zum Ausdruck, der seinerseits alles andere als einheitlich verfasst ist. Das betrifft die Vielfalt biographischer, regionaler, auch milieuspezifischer Frömmigkeit, die in einem Kirchenvorstand sichtbar wird; es betrifft erst recht die Vielfalt praktischer Konsequenzen, die sich offenbar aus dem evangelischen Glauben begründen lassen. Dieser Glauben zeigt sich im Spiegel synodaler Praxis als beständig in Frage gestellt, in tiefgreifender Auseinandersetzung und Rechtfertigung begriffen – und nur im Durchgang durch solche Klärungsprozesse in der Lage zu gemeinsamen Handeln.

Für die Gestalt der Kirche selbst hat eine derart presbyterial-synodal inszenierte Frömmigkeit schließlich zwei bedeutsame Konsequenzen. Zum Einen erscheint diese Frömmigkeit als ausgesprochen *widerständig* gegen alle Formen organisatorischer wie inhaltlicher Vereinheitlichung: Die konziliare Bildung des Glaubens in den Leitungsgremien vor Ort kann durch eine hierarchische Spitze, auch durch theologische Autoritäten vielleicht geprägt, nicht aber bestimmt oder gar normiert werden. Zum Anderen wird der individuelle Glauben sich in der unscheinbaren, oft mühseligen und scheinbar wenig effizienten synodalen Arbeit seiner Unscheinbarkeit, seiner sozialen Marginalität und seiner institutionellen Schwäche bewusst. Die Praxis der presbyterial-synodalen Verfassung stellt nicht zuletzt eine nachhaltige *Anfechtung* des Glaubens dar.

Eine kirchliche Leitungspraxis, die sich diesem evangelischen Glauben verpflichtet weiß, wird diese Schwäche wie jene Stärken der synodalen Arbeit darzustellen haben – nicht zuletzt dadurch, dass sie selbst das synodale Prinzip ebenso hoch gewichtet als alle Formen individueller oder rechtlich-administrativer Leitungsmacht.

5.3.4 Pastorales Amt

Literatur: *Abromeit, Hans-Jürgen u. a.* (Hg.): Spirituelles Gemeindemanagement. Chancen – Strategien – Beispiele, Göttingen 2001. – *Petry, Bernhard:* Leiten in der Ortsgemeinde. Allgemeines Priestertum und kirchliches Amt – Bausteine einer Theologie der Zusammenarbeit, Gütersloh 2001. – *Herms, Eilert:* Das evangelische Pfarramt als Leitungsamt (2002), in: Ders., Kirche – Geschöpf und Werkzeug des Evangeliums, Tübingen 2010, 207–229. – *Hermelink, Jan:* Die kirchenleitende Funktion der Predigt. Überlegungen zum evangelischen Profil der Kybernetik, in: PTh 94 (2005), 462–479.

(a) Leitung im Pfarramt als praktische Aufgabe und theoretisches Problem
Die Frage nach »Leitung« (oder »Führung«) im Pfarramt ist in den gegenwärtigen Debatten zur Kirchenreform wie zum pastoralen Beruf ein besonders heikles und umstrittenes Thema. Zweifelsohne haben leitende Tätigkeiten der Pfarrperson, sei es in der Ortsgemeinde oder in Funktionsstellen, in den letzten Jahrzehnten ein größeres Gewicht erhalten, und zwar sowohl in genuin religiöser wie in administrativer Hinsicht. Neben die Leitung von Gottesdiensten, auch von Kasual- und Seelsorgegesprächen ist seit dem 19. Jahrhundert die Leitung von allerhand Gruppen getreten; in jüngerer Zeit wird – unter dem Titel »Geistliche Begleitung« – auch die religiöse Leitung von Einzelnen (wieder) zu den pastoralen Grundaufgaben gezählt. – Offenbar hat auch die administrative Beanspruchung im Pfarramt zugenommen, sei es Büro- und Aktenführung, sei es die Leitung von Sitzungen und Besprechungen. Und bei der Führung von ehren- und hauptamtlichen Mitarbeiterinnen, bei ihrer Motivation, Qualifikation und Begleitung[65] gehen religiöse und administrative Aspekte ebenso ineinander über wie bei einer Leitung des Kirchenvorstandes. Erst recht gilt dies für die pastorale Mitarbeit in Projekt-, Steuerungs- und anderen Reformgruppen auf lokaler oder regionaler Ebene.
Je stärker Leitungstätigkeiten im pastoralen Alltag Raum und Aufmerksamkeit beanspruchen, und je stärker das Thema »Leitung« überhaupt in den Fokus der kirchentheoretischen Debatte rückt, umso drängender stellen sich zwei Fragen: Welche dieser Leitungsfunktionen gehören zu den ›eigentlichen‹ Aufgaben des Pfarrberufs, und wie verhält sich diese genuin pastorale Lei-

tungstätigkeit zu den anderen, oben thematisierten Instanzen kirchlicher Leitung, namentlich zur Tätigkeit des Kirchenvorstandes[66]?

Inwiefern Leitungstätigkeiten zu den ›eigentlichen‹, den ›geistlichen‹ Aufgaben des Pfarramts gehört, hängt vor allem vom Verständnis dieses Berufs selber ab. In der gegenwärtig sehr intensiven pastoraltheologischen Debatte reicht das Spektrum von der Marginalisierung der Gemeindeleitung, wie sie etwa bei I. Karle[67], bei M. Josuttis, aber auch in dem einschlägigen Handbuchartikel von B. Weyel[68] zu beobachten ist, bis zu der von E. Herms, aber etwa auch von M. Herbst u. a. vertretenen These[69], das evangelische Pfarramt sei wesentlich als Leitungsamt zu begreifen. Angesichts dieses manifesten Dissenses, der fundamentale pastoraltheologische Differenzen markiert, soll die Frage nach den genuin pastoralen Aufgaben in der Gemeindeleitung im Folgenden nicht vom Verständnis des Pfarrberufes, sondern vom Verständnis der zu leitenden »Kirche am Ort« (H. Lindner) aus beantwortet werden, also im Anschluss an den diesem Buch zugrunde liegenden, vierfach dimensionierten Kirchenbegriff: Der pastorale Beitrag zur Leitung der Organisation ist vor allem kritisch zu bestimmen (b, e), weil jene Leitung religiös-institutionell begründet ist (c, d) und sich in spezifischen Interaktionen (f) sowie in der ›Regie‹ einer gemeinsamen Inszenierung des Glaubens realisiert (g).

(b) **Pastorales Management der kirchlichen Organisation vor Ort?**
Versteht man »Organisation« als diejenige Form sozialer Systeme, die es ihnen erlaubt, thematisch ganz unterschiedliche und situativ getrennte Vollzüge dauerhaft aufeinander zu beziehen (↗ 2.6.1 (b)), so lässt sich eine organisatorische Verfassung der Kirche vor Ort erst im 19. Jahrhundert beobachten. Die Einrichtung von Kirchenvorständen, die unterschiedliche religiöse, kulturelle und soziale Prägungen repräsentieren, und erst recht die Zunahme vereinsförmiger Gruppen, ab den 1880er Jahren verbunden mit dem planmäßigen Einsatz hauptamtlicher Kräfte, eröffnet für die »Seelsorgegemeinde« (E. Sulze) die Möglichkeit, sich auf die Verhältnisse ihrer Glieder höchst differenziert und zugleich koordiniert einzustellen (↗ 3.3.2).

In dieser »Arbeitsgemeinschaft« des allgemeinen Priestertums (M. Schian) kommt dem Ortspfarrer die Aufgabe zu, haupt- und ehrenamtliche Mitarbeiterinnen und Mitarbeiter zu gewinnen, zu begleiten und ihre Arbeit, dazu die Arbeit der diversen Vereins- und Bezirksvorstände zu koordinieren. Seither gehören Sitzungs- und Teamleitung, Mitarbeiterpflege, planmäßiger »Gemeindeaufbau« und zielgruppenorientierte Initiativen zu den wesentlichen Tätigkeiten einer Pfarrperson – ohne dass dies freilich mit dem herkömmlichen Bild des Berufes, in dem Predigt, Seelsorge und Unterricht im Mittelpunkt stehen, inhaltlich überzeugend verknüpft werden kann[70].

Die organisatorische Differenzierung der Ortsgemeinde, die Vielfalt ihrer

Zielgruppen und ihrer Mitarbeiterschaft hat in den letzten Jahrzehnten stetig zugenommen. Dementsprechend ist auch die Leitungsaufgabe in der Gemeindeorganisation komplexer geworden; vor allem die systemische Reflexion dieser Aufgabe hat dazu zahlreiche hermeneutische und methodische Einsichten erbracht. Im Hinblick auf die einschlägigen Werke[71] fällt allerdings auf, dass die Rolle der *personalen* Gemeindeleitung, also die spezifische Aufgabe der Pfarrperson, hier – im Unterschied zur Gemeindebewegung des 19. Jahrhunderts – nur ganz am Rande thematisch wird. Je stärker ein moderner, auf systemische Eigendynamik und Selbstverantwortung setzender Organisationsbegriff sich durchsetzt, desto entbehrlicher, ja dysfunktionaler erscheint offenbar die Vorstellung einer mit umfassenden Kompetenzen ausgestatteten Person an der Spitze.

Wird die pastorale Aufgabe in der Organisation, also das personale »Management« der Gemeinde überhaupt zu einem eigenen Thema, dann geschieht dies meist mit Kategorien, die das organisatorische Paradigma *überschreiten*. Im Entwurf eines »spirituellen Gemeindemanagements« etwa kommt dem Pfarrer im Wesentlichen die Aufgabe zu, die Ziele oder die »Vision« einer Gemeinde zu formulieren, ihren Handlungsrahmen also gleichsam von außen zu bestimmen (*Abromeit u. a.*, 102 ff.; ↗ (e)). In anderen Ansätzen wird die pastorale Leitungsrolle mit personalen, etwa transaktionsanalytischen oder psychoanalytische Kategorien beschrieben[72]; auch hier fehlt jeder Bezug auf die komplexe organisatorische Verfassung der Gemeinde.

Diese Beobachtungen legen die Vermutung nahe, dass ein genuin theologisches Selbstverständnis des pastoralen Berufs, das allenfalls die »Leitung durch das Wort« kennt, sich zur organisatorischen Gemeindeleitung ausgesprochen sperrig verhält. Die Spannung zwischen kirchlicher Organisation und personaler Leitung lässt sich allerdings auch – noch vor aller Pastoraltheologie – *organisationstheoretisch* erklären[73]. Demnach sind individuelle Führungskräfte vor allem als »Lückenbüßer der Organisation« (N. Luhmann) zu verstehen; die – relativ aufwändige und teure – personale Führung wird nur dort benötigt, wo Verfahrensroutine oder systemische Eigendynamik, wo also organisationsförmige Differenzkoordinationen versagen, weil die Situation zu komplex oder widersprüchlich ist und zugleich rascher Klärung bedarf. Eine Leitung durch das pastorale Amt ist demnach dort und nur dort erforderlich, wo die Gemeinde gerade *nicht* effektiv, methodisch und zielorientiert organisiert werden kann.

Anders gesagt: Von einem pastoralen »Management« der Gemeinde kann nur dann sinnvoll geredet werden, wenn man es gerade nicht *in* der arbeitsteiligen Organisation, sondern an deren unscharfen, durch Einzelpersonen bedingten Rändern und religiös-inhaltlichen Bruchlinien verortet[74]: Gerade das pastorale Management macht deutlich, dass die Kirche vor Ort mehr ist als eine Organisation von Differenz und Abwesenheit, von klaren Rollen und distinkten Kompetenzen. Um diese *organisationstranszendente Funktion* des Pfarramts positiv zu fassen, bietet sich der Rekurs auf das lutherische Verständnis von Gemeindeleitung durch das Amt der öffentlichen Verkündigung an.

(c) »Öffentliche Verkündigung« als institutionelle Gemeindeleitung

Die lutherische Kirchentheorie (↗ 2.1.1) ist zunächst durch eine sehr kritische Haltung gegenüber religiös-autoritativen Leitungsinstanzen gekennzeichnet: In *geistlicher* Hinsicht muss die Kirche »ohne menschliche Gewalt, allein durch Gottes Wort« gestaltet werden (CA 28): Allein durch Predigt und theologische Lehre haben Bischöfe wie Ortspfarrer ihr Leitungsamt auszuüben. Und auch wo es um die *weltliche* Verfassung der Kirche geht, die »dem Frieden und der guten Ordnung« zu dienen hat (CA 15), ist zwar theologische Beratung erwünscht, nicht aber eine pastorale Entscheidung. Hier wie dort setzt die reformatorische Ekklesiologie vielmehr auf die religiöse bzw. die politische Kompetenz der gesamten Gemeinde oder ihrer Repräsentanten: Im Unterschied zur römisch-katholischen Ekklesiologie kann nach evangelischem Verständnis die Ordnung der Glaubensgemeinschaft, im Einzelnen wie im Ganzen, nur von dieser selbst bestimmt werden.

Wie sich Luther selbst das Verhältnis von allgemeiner Kirchenordnung und individueller, geistlicher Leitung vorstellt, zeigt *in nuce* eine Passage aus der zweiten Invokavitpredigt. Im Blick auf die Reform der Messordnung schärft Luther den Wittenberger Predigern ein: »Macht ihnen kein Gesetz, dringt auch nicht auf eine allgemeine Ordnung. Wer da folgen wollte, der folge, wer da nicht wollte, bleibe draußen. Derweil fiele das Wort tief in das Herz und wirkte. So wird der eine gleich gefangen und gibt sich schuldig, geht hin und fällt ab von der Messe; morgen kommt ein anderer. So wirkt Gott mit seinem Wort mehr, als wenn du und ich alle Gewalt auf einen Haufen brächten. […] So muss dann das Ding zuletzt von selbst zerfallen und aufhören, und wenn danach alle Gemüter und Sinne zusammenstimmten und vereinigt würden, so schaffe man dann die Messe ab.«[75]

Bei der Reform des Gottesdienstes, ebenso bei der Ordnung der Lehrgrundlagen und des kirchlichen Lebens kommt dem Prediger gerade nicht die Rolle eines Gesetzgebers zu; die klerikale oder theologische Autorität Einzelner kann sich nicht vor die allein von Gott bewirkte, freie Einsicht des Glaubens setzen wollen. Zur zusammenstimmenden Beschlussfassung über die geistliche wie die weltliche Ordnung der Gemeinde können die Prediger vielmehr nur so beitragen, dass sie die jeweilige *Situation* in das Licht des biblischen Wortes rücken – ohne eine bestimmte Entscheidung vorwegnehmen zu wollen. Diese Konzeption einer pastoralen Leitung allein durch (gemeinde-)öffentliche Verkündigung lässt sich in zweifacher Hinsicht präzisieren.

(i) Zum Einen macht die pastorale Predigt allen Gemeindegliedern die *Grundlage* ihres Glaubens – die biblische Überlieferung, dazu die kirchliche Bekenntnisorientierung – so deutlich, dass sie ihre individuellen wie ihre gemeinsamen Entscheidungen daran ausrichten können. Die pastorale Verkündigung präsentiert die inhaltliche Basis der kirchlichen Gemeinschaft – und sie macht zugleich deutlich, dass diese Basis auf je neue Aneignung durch alle Hörenden angewiesen ist. Insofern wird die Kirche, wird auch jede einzelne Ortsgemeinde in der Tat »durch die Auslegung ihrer eigenen Lehre geleitet«[76]. Diese »Selbststeuerung« (R. Preul) oder Selbstleitung vollzieht sich aber gerade nicht dergestalt, dass jene Auslegung allein durch die Pfarrperson geschehen würde. Diese stellt der Gemeinde vielmehr, in der Verkündigung des Evangeliums, nur die Lehr*grundlage* zur Verfügung, deren Auslegung sich – für alle Einzelnen unverfügbar – in der *gemeinsamen* Verständigung über das jeweils Angemessene vollzieht.

Die pastorale Erschließung der inhaltlichen Grundlagen kirchlicher Ordnung hat dann, so könnte man sagen, eine erinnernde und zugleich eine rahmende Funktion. Sie vergegenwärtigt der sich selbst leitenden Gemeinde das ihr voraus liegende Evangelium, das ihr immer schon gegebene, *institutionelle* Fundament, auf dem ihr Glauben und ihr Handeln ruht. Und die pastorale Verkündigung hat die gemeinsame Selbstleitung zu »konditionieren« (E. Herms): Die »hermeneutische«, das Evangelium erschließende Funktion »des ministerium verbi [zielt] darauf, dass alle Glieder der Kirche Klarheit über die schlechterdings verbindlichen Grundlagen und Spielräume ihrer jeweiligen Entscheidungen gewinnen« (*Herms*, 225). Diese Klarheit über die Rahmenbedingungen kirchlicher Entscheidung kann ihrerseits nicht erzwungen werden, sie muss sich einstellen – daher kann ein pastorales oder bischöfliches Vetorecht gegenüber gemeinschaftlichen Beschlüssen allenfalls aufschiebende, nicht aber bindende Wirkung beanspruchen.

(ii) Auch in einem zweiten Sinne ist die pastorale Leitungspraxis, die sich durch die Verkündigung des Evangeliums in der kirchlichen Öffentlichkeit vollzieht, auf eine immer schon vorgegebene, institutionelle Größe bezogen: Vorgegeben ist stets auch die *Situation* der Verkündigung: die Hörer der Predigt und ihr Kontext, die Lage der Beteiligten an einem Gespräch, die Situation, in der das Sakrament empfangen wird. Die Vergegenwärtigung der christlichen Tradition, die für die Reformation den Kern der pastoralen Leitungsaufgabe darstellt, geschieht stets im Blick auf bestimmte Gegebenheiten: die religiösen und sozialen Verhältnisse der Glaubenden wie ihre kirchliche Lage. Die theologische Kompetenz, die das Predigtamt erfordert, besteht nicht etwa in der programmatischen Konstruktion neuer Verhältnisse, sie zielt nicht auf eine Reformation, sondern wesentlich auf eine *Reflexion* der immer schon gegebenen Kirche.

Gerade Luthers Invokavit-Predigten machen allerdings deutlich, dass eine geistliche Leitung der Kirche, die sich durch die theologische Deutung ihrer institutionellen Gegebenheiten vollzieht, keineswegs mit deren Affirmation verwechselt werden darf. Werden die kirchlichen Verhältnisse in das Licht des Evangeliums gestellt und wird diese Deutung von den Beteiligten als je eigene Glaubenseinsicht rezipiert und beherzigt, so können jene Verhältnisse vielmehr auch in ein ausgesprochen *kritisches* Licht geraten. Diese Kritik kann die gottesdienstliche Ordnung ebenso betreffen wie die Stellung der Amtsträger oder die ökonomische Struktur der Gemeinde, sofern diese Institutionen sich als Hindernis des Glaubens und seiner Gemeinschaft erweisen.

Die Verkündigung des Evangeliums, verstanden als Leitungstätigkeit, zielt demnach in einem sehr grundsätzlichen Sinn auf die Institutionalität der Kirche: Sie stellt die jeweils gegebenen Verhältnisse der Einzelnen, ihrer Gemeinschaft und ihrer gesellschaftlichen Einbindung in das Licht des Gesetzes, markiert also Ausrichtung und Grenze des menschlichen Handelns. Zugleich stellt sie jene Verhältnisse in das Licht des Evangeliums: Sie zeigt, inwiefern jenen Verhältnissen Gottes gnädiger Zuspruch gilt, so dass – nochmals am Beispiel der Invokavitpredigt – etwa die Abschaffung der Messe nicht als Weisung der Theologen, sondern als Wirkung des Geistes erkennbar wird. Anders gesagt: Die pastorale Leitung kommt da an ihr Ziel, wo die erfahrbare Gemeindesituation als *Ort des Handelns Gottes* erscheint: als Ausdruck der verborgenen, der von Gott gestifteten (institutum) Gemeinschaft des Glaubens (vgl. *Hermelink*, bes. 495 ff.).

(d) Die Ordination als Begründung der pastoralen Leitungskompetenz

Die spezifische Leitungsaufgabe der kirchlichen Amtsträger vor Ort hat die Reformation dadurch zum Ausdruck gebracht, dass sie diese Aufgabe nicht durch den Rechtsakt einer (römisch-katholischen) Priesterweihe, sondern durch die Liturgie der Ordination begründet sieht[77]. Während die religiöse Kompetenz des römischen Priesters sich aus der Vollmacht zum eucharistischen Opfer ergibt, wobei die Vollmacht zur verbindlichen Lehre und Ordnung der Kirche im Wesentlichen beim Bischof verbleibt, kann die evangelische Gemeinde weder die Fixierung der Lehre noch der kirchlichen Ordnung ausschließlich oder auch nur primär an einzelne Amtsträger delegieren. Speziell verantwortlich sind die Amtspersonen nicht etwa für die Vermittlung des Evangeliums in die jeweiligen individuellen und sozialen Verhältnisse – dies ist Aufgabe aller Christinnen und Christen. Auch die Gestaltung der kirchlichen Sozialität können sie nur indirekt beeinflussen. Unverzichtbar erscheint der reformatorischen Ekklesiologie vielmehr ein persönlicher Dienst (ministerium), der die Grundlagen jenes Glaubens und seiner Gemeinschaft für diese Gemeinschaft selbst (und insofern öffentlich) präsent hält. Aus dieser Aufgabe ergibt sich das Profil der evangelischen *Ordination*.

Die Kompetenz, der Gemeinde ihre eigene inhaltliche Grundlage, die Botschaft des Evangeliums, zuverlässig und verständlich zu präsentieren, kann die Einzelne offenbar nicht mittels einer sakramentalen Weihe erlangen. Sie setzt vielmehr eine gründliche Beschäftigung mit den Inhalten dieser Botschaft voraus; seit der Reformation gilt daher ein wissenschaftlich-theologisches Studium als notwendige Voraussetzung für das Predigtamt. Näherhin setzt die Ordination, wie die einschlägigen kirchlichen Ausbildungsordnungen zeigen[78], eine dreifache theologische Kompetenz voraus: die *inhaltliche* Kenntnis und Reflexion der biblischen wie der kirchlich-theologischen Überlieferung, die *persönliche* Aneignung der prinzipiellen Wahrheit dieser Überlieferung sowie die Fähigkeit, diese Wahrheit in konkreten Situationen auch *kommunikativ* klar zu präsentieren. Auf wissenschaftliche Weise vertieft die theologische Bildung damit Kompetenzen, die – wie das Theorem vom Allgemeinen Priestertum markiert – in elementarer Weise jedem Glaubenden zukommen.

Die Ordination stellt »eine gottesdienstliche Berufungs-, Sendungs- und Segenshandlung« dar, in der theologisch gebildete Personen »im Namen der gesamten Kirche und für sie in einen auf Dauer angelegten, eigenverantwortlichen Dienst der öffentlichen Wortverkündigung und Sakramentsverwaltung« eingesetzt werden[79]. Weil die Überlieferung, die zu präsentieren den Ordinierten aufgetragen ist, für die Kirche grundlegend ist, darum ist es nach evangelischer Auffassung die *gesamte* Kirche, auf die die Ordinierten von Anfang an und bleibend bezogen sind. Für die pastorale Leitungsaufgabe, die mit der Ordination begründet wird, sind dann drei Spannungsverhältnisse kennzeichnend, die sie von anderen Leitungsinstanzen unterscheiden.

Zum Ersten ist die pastorale Leitungstätigkeit zwar durchgehend inhaltsbezogen – sie erinnert und entfaltet die christliche Überlieferung. Zugleich kann sich diese theologische Auslegung aber nur in einer unvertretbar »eigenverantwortlichen« Form vollziehen (Reuter); die pastorale Leitungspraxis ist irreduzibel *subjektiv geprägt* – das ist ihre Stärke und ihre Grenze zugleich. Es ist von daher nicht verwunderlich, dass die pastorale Leitung konkret vor allem in persönlicher, unmittelbarer Interaktion, in der Förderung individueller Frömmigkeit und kirchlicher Gemeinschaft vor Ort geschieht (↗(f)). Diese subjektive Dimension aller pastoralen Leitung unterscheidet sie von den synodalen Leitungsinstanzen; sie dürfte auch dafür verantwortlich sein, dass sich das pastorale Management im Wesentlichen nicht in der kirchlichen Organisation, sondern an ihren Rändern und Brüchen vollzieht (↗(b)).

Zum Zweiten vollzieht sich die pastorale Leitung zwar stets in einer konkreten Gemeinde; die Mitwirkung von – nicht ordinierten – Gemeindevertretern gehört daher zu den wesentlichen Kennzeichen der evangelischen Ordination, die sie von der katholischen Priesterweihe rituell erkennbar unterscheiden. Zugleich stellt die Ordination jedoch eine *gesamtkirchliche* Beauftragung dar. Von daher erscheint es sachgemäß, dass die Pfarrpersonen in den meisten evangelischen Großkirchen nicht von der Gemeinde, sondern von ihrer Landeskirche besoldet und beaufsichtigt werden. Auch die pastorale Leitungstätigkeit ist daher, in relativem Unterschied zu den Aufgaben anderer Mitarbeiterinnen und des Kirchenvorstandes, stets auf einen gesamtkirchlichen Horizont bezogen; sie hat die Interessen und Ansprüche der Kirche vor Ort zwar nach außen zu vertreten, aber auch nach innen zu begrenzen.

Zum Dritten ergibt sich aus der theologischen Ausbildung der künftigen Pfarrpersonen, seit dem 19. Jahrhundert auch im Predigerseminar, so etwas wie eine *Gemeinschaft der Ordinierten*, die sich – mutatis mutandis – auch in den Pfarrkonventen einer Region oder eines Kirchenkreises fortsetzt. Auch wenn die evangelische Ordination nicht in einen sakramentalen *ordo* versetzt – die einzelne Ordinierte ist doch weder auf die eigene, subjektive Einsicht noch auf die Gemeinde vor Ort allein verwiesen, wenn sie ihre Leitungstätigkeit theologisch zu verantworten sucht. Die gemeinschaftliche Auslegung der Überlieferung, die die kirchliche Selbstgestaltung prägen soll, bildet sich in einer gemeinschaftlichen theologischen Arbeit des ordinierten Leitungspersonals ab. Es ist nicht zuletzt diese theologische Weiterbildung, die die einzelnen Pfarrpersonen in die Lage versetzt, den einzelnen Gemeindegliedern wie der kirchlichen Organisation vor Ort nicht etwa affirmierend, sondern wesentlich kritisch gegenüber zu treten und damit das innovative Potenzial des Evangeliums zugänglich zu machen (↗ (e)).

(e) Pastorale Verstörung der gemeindlichen Organisation
Wird die spezifisch pastorale Kompetenz – aufgrund der Ordination – als eigenverantwortliche, theologisch-inhaltlich wie gesamtkirchlich reflektierte Deutung der gegebenen Verhältnisse bestimmt, so kann der Beitrag dieser personalen Leitungspraxis zu den *organisatorischen*, arbeitsteiligen und zielorientierten Dimensionen des Gemeindelebens genauer bestimmt werden, und zwar unter Rekurs auf das Konzept des »spirituellen Gemeindemanagements« sowie auf kybernetische Skizzen von M. Josuttis und U. Wagner-Rau.

Das »spirituelle Gemeindemanagement« *(Abromeit u. a.)* kommt aus der Tradition des evangelikalen Gemeindeaufbaus und grenzt sich davon zugleich ab, u. a. hinsichtlich der pastoralen Rolle. Zugunsten einer gemeinsamen Verantwortung wird die Leitungsaufgabe der Pfarrperson deutlich relativiert: »Pfarrer sollen leiten lernen, indem sie andere anleiten, miteinander in der Bibel Hoffnungsbilder von der Zukunft der eigenen Gemeinde zu entdecken.

Darum wird eine kommunikative und bibelzentrierte Weise eingeübt, zu einer gemeindlichen Vision zu kommen.«[80] Aus dieser Vision, so sieht das Konzept vor, wird dann – ebenfalls in gemeinsamer Arbeit – über eine Situationsanalyse ein System von Zielen, eine Strategie und ein Marketing-Portfolio für die jeweilige Gemeinde entwickelt.

Indem die Gemeindeentwicklung konsequent zu einem methodisch, hier durch moderne Management-Schemata strukturierten Programm gemacht wird, tritt die Pfarrperson, so scheint es zunächst, in den Hintergrund: Es sind nicht zuletzt (ökonomisch geübte) Laien, die auf diese Weise gestalterische Verantwortung übernehmen könnten. Auf den zweiten Blick bleibt die pastorale Rolle hier aber so gewichtig wie problematisch. Indem das »spirituelle Gemeindemanagement« ausdrücklich als »Langzeitfortbildung von Pfarrerinnen und Pfarrern« konzipiert ist, wird diesen nun doch die Gesamtverantwortung für die Organisation des Gemeindeaufbaus zugewiesen, ohne dass dies irgendwo mit ihrer theologischen Bildung oder ihrer Ordination begründet wird. So dürfte es schwer zu vermeiden sein, die pastorale Leitung auf eine (letztlich unausgewiesene) organisatorisch-positionelle Macht zurückzuführen, und eben nicht auf eine bestimmte inhaltliche Aufgabe.

Im Horizont des ordinationsgebundenen Leitungsverständnisses zeigen sich zwei weitere Probleme des organisationsförmigen »Gemeindemanagements«: Zum einen lässt dieses Konzept – wie die meisten Gemeindeentwicklungskonzepte – jeden Bezug auf *gesamtkirchliche* Horizonte und Zielvorstellungen vermissen; die inhaltliche wie die personelle und nicht zuletzt die ökonomische Einbindung der Ortsgemeinde in eine regionale und globale Gemeinschaft wird ausgeblendet. Damit hängt zum anderen zusammen, dass Gemeinde hier stets als ein allererst zu verwirklichendes *Projekt* begriffen wird: Dass die Pfarrerin eine Gemeinde (mit) leitet, die – als Institution – immer schon durch Gottes Handeln begründet und bewahrt *ist*, kommt nicht in den Blick[81].

Auch bei anderen Programmen der gemeindlichen Organisation fällt auf, dass durchgehend von einer Veränderungs- oder Reformbedürftigkeit der Kirche vor Ort ausgegangen wird. Der Rekurs auf die biblische Tradition wird – nach dem Motto des EKD-Impulspapiers: »Auf Gott vertrauen und das Leben gestalten« (a. a. O., 48 u. ö.) – als eine Suche nach Gestaltungsimpulsen oder einer »gemeindlichen Vision« (M. Herbst) vollzogen. Die Einsicht in das »kritische und motivierende Potenzial biblischer Vision« steht dann immer schon unter der Maßgabe, aus jener Vision ein Programm ›zukunftsfähiger‹ Gemeinde- oder Kirchenreform abzuleiten.

M. Josuttis hat verschiedentlich darauf hingewiesen, dass Visionen im Kontext solcher Reorganisationsbemühung »immer eine Tendenz zur Gesetzlichkeit« enthalten[82]. Wird aus den biblischen Traditionen vor allem ein »Auftrag« zum Handeln entnommen, so scheint »der Kontakt der Gottesbeziehung auf die Befehlsdimension beschränkt. [...] Dabei wird das Verhältnis der Kirche zu ihrem Herrn gesetzlich bestimmt. Und dabei geht auch verloren, dass sich keine Institution mit dem Leib Christi einfach identifizieren kann.« Das prophetische Potenzial, das Visionen im biblischen Sinne eigen ist, realisiert sich nicht dort, wo man nach einer – tendenziell affirmativen – Zielbestimmung des organisierten Handelns sucht, sondern eher dort, wo ein Prediger das biblische Wort zunächst *kritisch* auf die bestehenden Verhältnisse bezieht. In seiner pastoraltheologischen Meditation über den »Traum des Theologen« skizziert Josuttis, wie er sich diese kritische Leitung durch eine eindrückliche Predigt »in der Martinskirche« vorstellt:

»Gemeinde entsteht dort durch *Streit*. Der Prediger hat das Böse beim Namen genannt, und das Unwahrscheinliche geschieht: Das Wort findet Gehör, die Menschen stimmen ihm zu, ja bejubeln ihn. [...] Das Wort der Predigt bringt etwas ans Licht, was verborgen oder verboten gewesen ist.«[83] Josuttis generalisiert: »Eine Predigt, die Schuldige bei ihrer Verantwortung behaftet, schafft Freiheit. Gerade das Wort, das die gesellschaftlichen Konflikte nicht scheut [...], erbaut die Gemeinde.« (ebd.)

Diesem Hinweis zufolge besteht die genuine Leitungsaufgabe der Pfarrperson in einer Verkündigung, die »das Böse«, genauer: die Sünde aufdeckt, die in Gesellschaft wie Gemeinde verborgen wirksam ist. Zugleich bringt eine solche Predigt – so ist Josuttis zu ergänzen – auch die Gnade Gottes zur Sprache, mit der er die Schöpfung und darin die Kirche auf verborgene Weise erhält.

Systemisch formuliert, stellt eine solche Leitung durch das konfrontative Wort, das Verborgenes beim Namen nennt, eine *Irritation* der gängigen Sicht- und Handlungsweisen dar. Die spezifische, durch kein Gremium und keinen Mitarbeiterkreis zu ersetzende pastorale Leitungskompetenz dürfte in einer arbeitsteilig, zielorientiert organisierten Gemeinde in der Präsentation solcher verstörenden Einsichten bestehen.

Das konkrete Verständnis dieser Aufgabe kann sich an Untersuchungen zur »work activity« im Wirtschaftsmanagement orientieren[84], denen zufolge die Arbeit des Managers sich in einem weit gespannten, vielschichtigen Geflecht von Kontakten vollzieht, das die strukturierten Kommunikationswege der Organisation nutzt und sie zugleich intern wie extern überschreitet. Die unerwarteten Einsichten und Impulse, die ein solches kommunikatives Netz vermittelt, ergeben sich für die kirchliche »Managerin« etwa durch Kasualgespräche, daneben durch Kontakte mit Verantwortlichen aus der (kommunalen) Politik, aus der Wirtschaft oder dem Bildungssystem. Solche Gespräche basieren auf der hervorgehobenen Position der Pfarrperson, vollziehen sich aber auch außerhalb der Organisation und können daher irritierende Impulse freisetzen.

Diese pastorale »Position am Rand«, die spezifische Erfahrungen und Einsichten eröffnet, entspricht U. Wagner-Rau zufolge der »Dynamik des Gebets, durch die Menschen über sich hinaus- und auf Gott zugehen. Es ist eine Bewegung, die den Bann der Verwicklungen im Inneren aufbricht zugunsten der Erwartung, dass von außen, von einem fremden Gegenüber heilsame Wirkungen ausgehen [...].«[85] Die spezifisch pastorale Leitungspraxis, die der Organisation neue Impulse zugänglich macht, vollzieht sich dann nicht zuletzt in einem spezifisch liturgischen Kontext (↗(g)). Dazu kommen Impulse, die sich aus der theologischen Reflexion ergeben: aus dem Studium der Tradition und ihrem Bezug auf die gegebenen Verhältnisse. Es sind dann wesentlich ihre *theologische Bildung* und ihre *religiöse Artikulationsfähigkeit*, die die Pfarrerin der kirchlichen Organisationsreform – diese kritisch verstörend – zur Verfügung stellt.

(f)   Pastorale Förderung religiöser Interaktion

In vielen Überlegungen zur pastoralen Leitungskompetenz wird deutlich, dass die Pfarrperson weniger für die Reform der kirchlichen Organisation als vielmehr für die Vertiefung der religiösen *Interaktion*, für die Kommunikation der Christen vor Ort zuständig ist. Hier ist dann zu fragen, welche Formen der Interaktion mit Gruppen und Mitarbeitenden der Gemeinde einer durch theologische Bildung und gesamtkirchliche Verantwortung ausgezeichneten Leitungstätigkeit besonders bedürfen.

Im Kontext eines inzwischen breit ausgebauten Freiwilligenmanagements in der Kirche, das die individuelle Mitarbeit in unterschiedlichen Handlungsfeldern methodisch begleitet, kann sich die pastorale Leitung auf ihre seelsorgliche Kompetenz stützen, also die *spezifisch religiöse* Dimension der individuellen Mitarbeit zum Thema machen. In diesem Sinne hat B. Petry, in seiner Studie zum Verhältnis von allgemeinem Priestertum und kirchlichem Amt, dessen Leitungsaufgabe als »Hilfe zur Freude (2 Kor 1,24)« skizziert: als Unterstützung der Einzelnen, ihre je »eigene Berufung zu finden, zu leben und zu entwickeln«. Zugleich hilft die Pfarrperson dabei, »die verschiedenen Berufungen zu einem funktionierenden Ganzen zusammenzuführen und die dabei entstehenden Konflikte zu bearbeiten« (*Petry*, 277).

Auch andere Konzepte pastoraler Leitung betonen die Aufgabe, die spezifischen »Gaben« oder »Charismen« der Einzelnen zu identifizieren und für die kirchliche Interaktion nutzbar zu machen[86]. Gegenüber dieser pragmatischen Metaphorik akzentuiert die – ebenso biblische – Rede von der »Berufung« noch deutlicher den strikt individuellen Ausgangspunkt der religiösen Interaktion, und ebenso deren individuelle Zielrichtung. Strukturell ähnlich wie im Blick auf eine ganze Gemeinde wird es auch in der pastoralen Leitungsarbeit mit Einzelnen darum gehen, die individuelle Biographie nicht allein als Resultat menschlicher Prägungen und Entscheidungen zu sehen, sondern zugleich als Ausdruck eines *göttlichen Zuspruchs:* einer Berufung, die allem menschlichen Handeln vorausliegt und diesem Handeln ein unbedingtes, ewiges Ziel gibt.

Pastorale Leitung ist dann im Schema einer »geistlichen Begleitung« gedacht, die den Gottesbezug bestimmter Lebenskrisen und -entscheidungen aufzudecken versucht. M. Josuttis hat immer wieder betont, dass die hieraus erwachsende »Gemeinschaft der Heiligen« in der »landeskirchlichen Organisation« ebenso wenig aufgeht wie im »Milieu« ortsgemeindlichen Lebens[87]. Dass die individuellen, geistlich geförderten Berufungen tatsächlich zu »einem funktionierenden Ganzen« zusammenfinden (Petry), ergibt sich insofern aus einem seelsorglich akzentuierten Verständnis pastoraler Leitung keineswegs von selbst.

Eine andere Schwierigkeit der pastoralen Konzentration auf die Entwicklung und Vertiefung individueller Berufungen »besteht in der geistlichen Überheblichkeit. Man kann die religiöse Macht [...] im Sinne persönlicher Allmacht missbrauchen. Man kann die Aufgaben von Begleitung und Stellvertretung [...] übersteigern und sich selbst mit papaler Unfehlbarkeit ausstatten.«[88] Gerade ein seelsorglich, auf religiöse Begleitung ausgerichtetes Leitungsverständnis wird darauf achten müssen, diese Begleitung nicht auf Dauer zu stellen – und damit die reformatorische Betonung der prinzipiell mündigen, von religiösen Mittlern unabhängigen Gottesbeziehung zu verdecken.

Ein Verständnis pastoraler Förderung der kirchlichen Interaktion, das die genannten Schwierigkeiten vermeidet, findet sich in Schleiermachers Skizze der Seelsorge als »ordnendem« Leitungshandeln[89]. Zugrunde liegt hier eine Auffassung der christlichen Religion als Betätigung »geistiger Freiheit«, die erst im »geselligen« Austausch zu ihrer je individuellen Gestalt oder Berufung kommt. Die Interaktion der Gemeinde dient insofern zugleich der religiösen Selbständigkeit der Einzelnen *und* dem prägnanten Ausdruck des gemeinsamen Glaubens. Eine seelsorgliche Initiative des Geistlichen ist dann dadurch motiviert, dass diese religiöse Freiheit – durch Zweifel, Leiden oder Schuld – bei Einzelnen eingeschränkt ist; die seelsorgliche Leitung zielt darauf, diese Freiheit wiederherzustellen – und sich insofern selbst überflüssig zu machen.

Auch in der Gegenwart kann die religiöse Begleitung Einzelner, verstanden als Hilfe zur Klärung ihrer Berufung seitens der Pfarrperson, nur dann als *Leitung*tätigkeit verstanden werden, wenn der systematische Bezug der individuellen Berufung zur religiösen Interaktion vor Ort deutlich wird, und wenn zugleich vermieden wird, diese Interaktion prinzipiell von der pastoralen Leitungs- oder Führungsfigur aus zu entwerfen.

Hilfreich erscheint hier der Versuch von U. Wagner-Rau, die pastorale Praxis am »Leitbild der Gastfreundschaft« zu orientieren[90] und damit die »Schwelle«, die »Übergangszonen zwischen Innen und Außen« (97 ff.) sowie die Dynamik einer permanenten Begegnung mit dem Fremden (112 ff.) in den Blick zu rücken. Im Blick auf Einzelne hat die Pfarrerin dann vor allem ein »einladendes und entlassendes Amt« inne (125 ff.), das sich etwa in der City-Seelsorge, in der Lebensberatung, vor allem aber im Zusammenhang mit Kasualien realisiert. Im Horizont des Evangeliums von einem gastfreundlichen und gerade im Fremden begegnenden Gott kann der Pfarrer zur Auseinandersetzung mit dem je eigenen Gottesbezug einladen, er kann fremde religiöse Welten miteinander in Kontakt bringen – und er ist frei, die Menschen »selbstverständlich gehen zu lassen, die nicht bleiben wollen oder können« (129).

Auch im Blick auf Konflikte unter den Mitarbeitenden setzt die genuin pastorale Leitungsaufgabe dort ein, wo jene Auseinandersetzungen religiös gedeutet werden können, nämlich als Hinweis auf die Dynamik des göttlichen Geistes in der Kirche. Einschlägig ist hier einmal mehr das ökumenische Konzept der »Konziliarität«, wie es von E. Lange und anderen auf typische kirchliche Konfliktfelder bezogen worden ist[91]. Wird Konziliarität als pneumatologisch begründete »Lebensform der Kirche« (W. Huber) interpretiert, so erscheinen Spannungen zwischen verschiedenen Interessen, Organisations- und Frömmigkeitsformen nicht als Störung, sondern geradezu als Basis der kirchlichen Interaktion. Gelingt es der Pfarrperson, diese Sichtweise in der konkreten Auseinandersetzung plausibel zu machen, so wird für die Konfliktpartner die Möglichkeit eröffnet, im jeweiligen Gegenüber eine Bereicherung der je eigenen Berufung zu entdecken. Zur seelsorglichen und zugleich leitenden Aufgabe gehört es dann, solchen erweiterten Einsichten bei allen Beteiligten zur Artikulation zu verhelfen. Wiederum ist es zuerst und zuletzt die Kompetenz, eine konflikthafte Situation theologisch zu reflektieren, mit der die Pfarrperson – ohne sich als geistliche Führerin missverstehen – ihren spezifischen Beitrag zur religiösen Interaktion leistet.

(g) Pastorale Regie der gemeinsamen Inszenierung des Glaubens
Die bisherigen Ausführungen könnten den Eindruck erwecken, der pastorale Beitrag zur kirchlichen Leitung bestünde ausschließlich in einer religiösen *Deutung,* mit der die Verhältnisse einer konkreten Gemeinde als Ausdruck der verborgenen Kirche sowie die Lebensgeschichten der einzelnen Beteiligten als Ausdruck einer göttlichen Berufung erscheinen. Als ein lediglich reflektierendes, nachträglich deutendes und kommentierendes Handeln wäre die spezifisch pastorale Leitung jedoch unterbestimmt – und dies nicht nur deswegen, weil die Pfarrperson in Seelsorge, Bildungs- und Öffentlichkeitsarbeit implizit, aber nachhaltig an der kirchlichen Darstellung des Glaubens betei-

ligt ist. Sondern an dieser spezifischen Inszenierung wirkt die Pfarrerin jedenfalls dort ausdrücklich und gezielt mit, wo sie die *Gottesdienste* der Gemeinde (mit) verantwortet und im Einzelnen leitet.

Kommt der Glauben, dessen Darstellung der evangelischen Kirche im Ganzen aufgetragen ist, in den öffentlichen Gottesdiensten besonders prägnant und differenziert zum Ausdruck (↗ 2.6.4), so gehört zum kirchenleitenden Handeln der Pfarrerinnen und Pfarrer wesentlich die Art und Weise der gottesdienstlichen Leitung. Auch wenn das *ius liturgicum* nicht allein bei der Pfarrerin liegt[92], so ist die Arbeit an der gottesdienstlichen Praxis doch der Ort, wo die Pfarrerin am ehesten tatsächlich Leitungs-*Entscheidungen* trifft, die das Ganze der Kirche vor Ort betreffen. Dies geschieht zusammen mit dem Kirchenvorstand etwa hinsichtlich der Gestaltung des Kirchengebäudes, des Rhythmus' der Gottesdienste und ihrer Ausrichtung – hier kommt der pastoralen Stimme eine besondere, wenn auch nicht exklusive Bedeutung zu.

Im Blick auf eine konkrete gottesdienstliche Gestalt stellen die pastoralen Leitungsentscheidungen im Vorfeld stets Verabredungen mit anderen Beteiligten dar und sind, auch in der Feier selbst, auf die Mitwirkung aller Teilnehmenden angewiesen. Analog zur gängigen Deutung des Gottesdienstes in theatralen Kategorien (↗ 2.6.4 (b)) kann die liturgische Leitung als *Regiearbeit* bezeichnet werden; ähnlich wie die Regisseurin ist auch der Pfarrer auf die Verständigung mit zahlreichen Mitwirkenden angewiesen. Unter seiner Leitung stellt das Team eines Gottesdienstes, nicht nur bei den sog. Alternativen Gottesdiensten, regelmäßig eine höchst prägnante Inszenierung der durch den Glauben bestimmten Gemeinschaft dar.

Besonders markant entscheidet die Pfarrperson dort über die gemeinsame Inszenierung des Glaubens, wo auch die Kirchenordnungen ihr eine exklusive Verantwortung zuschreiben: bei der »Verwaltung der Sakramente«. Im Unterschied zur Predigt wird die Gemeinschaft des Glaubens hier nicht nur verbal, sondern als eine spezifische *Konstellation* mit klaren Grenzen und Regeln zur Darstellung gebracht. In der Taufe wird – unter Leitung des Pfarrers – eine Gemeinschaft in Szene gesetzt, die mehr ist als die religiöse Interaktion vor Ort. Und in der Leitung des Herrenmahls kann die Pfarrerin deutlich machen, dass die Kirche eine Gemeinschaft von Gästen ist, die durch Konflikte hindurch geht und die auch und gerade Fremde einschließt[93]. An den Sakramenten wird überdies deutlich, dass die liturgischen Entscheidungen der Pfarrerin vor allem dadurch einen leitenden, die gesamte Inszenierung des Glaubens prägenden Charakter erhalten, dass sie langfristig wirken, also gleichsam einen *Inszenierungsstil* ausbilden[94].

Zur Leitung der Kirche vor Ort trägt die Pfarrperson schließlich, aber nicht zuletzt mit der Gestalt ihrer *gesamten Berufstätigkeit*, auch jenseits des

Gottesdienstes bei. Indem die Pfarrerin die Auseinandersetzung mit der christlichen Überlieferung erkennbar zur Grundlage ihres Handelns macht, indem sie sich Zeit und Raum für die theologische Reflexion nimmt und indem sie sich, etwa durch Kanzeltausch oder regionale Kooperation, sichtbar in die Gemeinschaft der Ordinierten einordnet, kann sie – so nachhaltig wie prägnant – eine Kirche in Szene setzen, die einen geschichtlichen (apostolischen) Ursprung hat, die von der Welt unterschieden (heilig) ist und die regional wie ökumenisch umfassend (katholisch) existiert.

5.3.5 Episkopales Amt

Literatur: *Junghans, Helmar:* Art. »Superintendent«, in: TRE 32, 2001, 463–467. – *Hauschild, Wolf-Dieter:* Zur Geschichte des ephoralen Amtes im deutschen Luthertum vom 16. bis zum 20. Jahrhundert, in: *U. Hahn/V. Weymann* (Hg.), Die Superintendentur ist anders. Strukturwandel und Profil des ephoralen Amtes, Hannover 2005, 9–56. – *Körtner, Ulrich H. J.:* Kirchenleitung und Episkopé. Funktionen und Formen der Episkopé im Rahmen der presbyt.-synod. Ordnung evang. Kirchen, in: KuD 52 (2006), 2–24. – *Wendebourg, Dorothea:* Das bischöfliche Amt, in: ZevKR 51 (2006), 534–555.

Dass die sichtbare Kirche nicht nur in der Ortsgemeinde, sondern auch in ihrem übergemeindlichen Zusammenhang einer geregelten Leitung bedarf, steht für die reformatorischen Kirchen von Anfang an ebenso wenig in Frage wie die Einsicht, dass diese Leitung einer Regional- oder Landeskirche nicht allein durch synodale und administrativ-konsistoriale Instanzen erfolgen kann, sondern hierfür auch eine personale Leitung, ein geordnetes episkopales Amt erforderlich ist. Auf landeskirchlicher Ebene existiert ein solches Amt jedoch – aus historischen, nicht aus theologischen Gründen – in Deutschland bekanntlich erst seit den 1920er Jahren. Seine Aufgaben, auch seine Benennung als »Landesbischof«, »Präses« oder »Kirchenpräsident«[95] sind von der langen staatskirchlichen Geschichte der deutschen evangelischen Kirchen zutiefst geprägt. Auf regionaler Ebene dagegen hat es ein evangelisches episkopales Amt – unter den Bezeichnungen »Superintendent«, »Dekan« oder »Propst« – seit der Reformationszeit durchgehend gegeben; seine Ausgestaltung war stets nicht nur von theologischen Einsichten, sondern zugleich von politischen Interessen und gesellschaftlichen Verhältnissen bestimmt.

(a) Zur Geschichte des episkopalen Amtes in der evangelischen Kirche
Die einschlägige theologische Reflexion orientiert sich in den evangelischen Großkirchen stets zuerst an den Ausführungen »von der Bischofen Gewalt« in

CA 28[96]. In der historischen Situation des Jahres 1530 ist dieser Text zunächst daran interessiert, zwischen dem weltlich-politischen, uneigentlichen Amt der Bischöfe und ihrem eigentlichen, kirchlich-geistlichen Amt sorgfältig zu unterscheiden. Hierbei, innerhalb der Kirche obliegt es den Bischöfen zum Einen, liturgische und administrative Regeln zu erlassen, »damit es ordentlich in der Kirche zugehe« und »einer den anderen nicht ärgere« (BSLK 129). Während diese ordnende Kompetenz *iure humana* gilt, soll das bischöfliche Amt zum Anderen *iure divino* »das Evangelium predigen, Sünde vergeben, Lehr urteilen und die Lehre, so dem Evangelium entgegen, verwerfen und die Gottlosen [...] aus christlicher Gemein ausschließen, ohn menschlich Gewalt, sondern allein durch Gottes Wort« (sine vi humana sed verbo – BSLK 123 f.). In diesem »geistlichen Regiment« (BSLK 122), der Leitung durch das Wort entspricht das bischöfliche Amt offenbar präzise dem Amt des Ortspfarrers[97]; dieses stellt für die lutherische Reformation das öffentliche Amt par excellence in der Kirche dar. Lediglich die Aufgabe der Lehrbeurteilung scheint das episkopale Amt über das Gemeindepfarramt hinauszuführen.

Im Blick auf ein landesbischöfliches Amt bleiben diese theologischen Klärungen zwar lange Zeit theoretisch, weil sich die deutschen Stadt- und Landesherren das Regiment über die geistlichen wie die weltlichen Angelegenheiten der Kirche nicht nehmen lassen. Gleichwohl entwickelt sich in diesem politischen Rahmen doch sehr bald eine Praxis der Kirchenaufsicht, die jene Einsichten auf regionaler Ebene aufnimmt und institutionalisiert. Diese Praxis der Episkopé gründet von Anfang an in einem klassisch bischöflichen Instrument, nämlich der *Visitation*. Wirkungsgeschichtlich bedeutsam ist vor allem die kursächsische Visitation (1526–1530), für die Melanchthon mit dem »Unterricht der Visitatoren« (1528) eine frühe, immer wieder zitierte Lehr- und Kirchenordnung verfasst; Luther selbst hat diese Ordnung mit einem programmatischen Vorwort versehen (WA 26, 195–201).

Auch für Luther sind örtliches Pfarr- und überörtliches Bischofsamt durch eine identische Kompetenz gekennzeichnet: durch eine Aufsicht über Lehre und Leben, die sich wesentlich durch besuchende, vor Ort visitierende Vollzüge konkretisiert. So wie neben die öffentliche Predigt und Sakramentsverwaltung des Bischofs eine kritische Beurteilung von Lehre und Leben der Pastoren vor Ort tritt, so hat auch der Pfarrer, neben seiner öffentlichen Lehre in der Predigt, auch diejenige Lehre zu prüfen und zu klären, welche alle Christen in ihrem Beruf und in ihren Häusern alltäglich vollziehen. Auch in einer solchen innergemeindlichen ›Visitation‹ realisiert sich die wechselseitige Stärkung von allgemeinem Priestertum und kirchlich-öffentlichen Amt und damit eine Einheit der evangelischen Gemeinde, die – nach CA 7 – strikt inhaltlich, eben lehrmäßig begründet ist.

In der Praxis der kursächsischen Visitation wird diese Einheit, nun übergemeindlich, durch den Besuch einer Kommission herzustellen versucht, die – auch darin beispielgebend – aus zwei Juristen und zwei Theologen besteht. Derartige Kommissionen, für die es mittelalterliche Vorbilder gibt, werden in der Folge zu landesherrlichen »Konsistorien« verstetigt, die eine – wiederum weltliche und geistliche – Aufsicht über die Ortsgemeinden üben. Daneben tritt nun, ebenfalls schon in Kursachsen und mit Vorbildern etwa in Stralsund[98], ein personales Amt, das von Melanchthon »superattendens«, von anderen bald »Superintendent« genannt wird – damit wird, Augustin folgend, das griechische *episkopos* ins Lateinische übertragen. Die Aufgaben dieses Amtes, das sich rasch verfestigt und ausbreitet, werden in Melanchthons »Unterricht der Visitatoren« wie folgt beschrieben:

»Dieser Pfarrer soll superattendens sein über alle anderen Priester, die im Amt oder Revier des Ortes sitzen […]. Er soll fleißig aufmerksam sein, dass in jenen Pfarreien recht und christlich gelehrt, das Wort Gottes und das heilige Evangelium rein und treulich gepredigt, und die Leute mit den heiligen Sakramenten – nach der Satzung Christi – seliglich versehen werden. Auch dass sie ein gutes Leben führen, damit sich das gemeine Volk bessere, und kein Ärgernis empfange. [Und dass sie] nicht Gottes Wort entgegen, oder zu Aufruhr wider die Obrigkeit predigen oder lehren.«

Wieder steht hier – unter deutlichem Rückgriff auf CA 5 – die Aufsicht über die Lehre, die Sakramentsverwaltung und die Lebensführung der Pfarrer im Vordergrund, und zwar mit dem doppelten Kriterium der Entsprechung zum Evangelium und der Abwehr sittlicher Missstände und politischen Ungehorsams. In der – im Einzelnen sehr differenzierten und komplexen – Entwicklung der folgenden Jahrhunderte konkretisieren sich beide Aspekte des ephoralen Amtes[99] weiter aus.

Was die *theologische* Aufsicht des Superintendenten über Lehre und Leben der Pfarrer betrifft, so haben sich ausweislich der Kirchenordnungen des 16. Jahrhunderts schon sehr früh zahlreiche Formen entwickelt[100]. Bis ins 18. Jahrhundert ist der Superintendent an den theologischen Examina beteiligt; in jedem Fall prüft er die ihm zugewiesenen Kandidaten des Predigtamtes im Blick auf ihre persönlichen Umstände und Überzeugungen, ordiniert sie und führt sie in ihr Amt ein. Die Lehre der angestellten Pfarrer wird durch eine mindestens jährliche Einberufung von Predigerkonventen gefördert; der Superintendent fungiert hier – mitunter durch förmliche theologische Vorlesungen – als Lehrer und Prüfer zugleich. Auch die Pflicht der Landpfarrer, anlässlich eines Besuches in der Stadt die Predigt des Superintendenten zu hören und/oder ihm regelmäßig Predigten zur Überprüfung einzureichen, markiert dessen Funktion, die inhaltliche Einheit der regionalen Kirche durch die Weiterführung derjenigen theologischen Bildung zu sichern, welche wesentlich zum evangelischen Verständnis der Ordination gehört.

Verbunden, oft auch überlagert ist diese inhaltsbezogene Aufgabe durch die Einbindung des Superintendenten in die staatliche *Verwaltung* und deren zunehmende Verdichtung. Predigerkonvente wie Gemeindevisitationen, oft Inspektionen genannt, betreffen stets auch Finanz-, Bau- und Schulaufsicht, dazu Fragen des Ehe- und Standesrechts. Über die Superintendenturen, die den fürstlichen Administrationen detailliert berichtspflichtig sind, werden die Pfarrer nachhaltig in das Bestreben des frühmodernen Staates eingeordnet, nicht nur das ökonomische, sondern auch das sittliche Leben der Bevölkerung engmaschig zu überwachen und zu steuern[101].

Diese politische Einbindung des ephoralen Amtes wird seit dem 19. Jahrhundert ergänzt, mitunter auch relativiert durch das Aufkommen von Kirchenvorständen, Kreis- und Regionalsynoden (↗ 5.3.3 (c)). Wirkungsvoll, auch in den lutherischen Landeskirchen, ist wiederum die rheinisch-westfälische Kirchenordnung von 1835[102], die – unter dem Einfluss reformierter Traditionen – die Leitung der »Kreisgemeinde« durch eine Synode, einen Kreissynodalvorstand und dazu den Superintendenten vorsieht, der beide Gremien zu leiten hat, ihnen aber auch rechenschaftspflichtig ist. Da weder die ›obrigkeitlichen‹ Pflichten des Amtes, besonders gegenüber dem Generalsuperintendenten, noch die visitatorischen Pflichten gegenüber Gemeinden und Pfarrern vermindert sind, wird dem Superintendenten nun eine fast schon beängstigende Fülle an Pflichten zugeordnet[103] – zumal er auch in den Gremien der wachsenden Vereinskirche tätig zu sein sowie ausdrücklich die »Misshelligkeiten, welche zwischen Gemeinden, Geistlichen, Presbyterien, diesen und der Gemeinde entstehen, auszugleichen« hat (§ 51 (2) RWKO).

Noch vielgestaltiger, auch einflussreicher erscheint, nicht nur in Preußen, das Amt des Generalsuperintendenten (oder Kreisdekans, Propstes), der – oft auch als Mitglied des landeskirchlichen Konsistoriums – mit nahezu allen theologischen, administrativen, personellen, politischen und öffentlichkeitsrelevanten Angelegenheiten der Kirche befasst sein kann, und zwar auf regionaler wie auch auf örtlicher Ebene, im Kontakt mit Pfarrern und Gemeinden wie mit kirchlichen Vereinen, Wohltätigkeitsorganisationen, politischen Parteien und zahlreichen anderen Vereinigungen[104].

Die reiche Ausgestaltung, die das ephorale Amt im kirchlichen Leben des 19. Jahrhunderts erfährt, ist auch deswegen wirkungsgeschichtlich bedeutsam, weil sie die allmähliche Verselbständigung des gemeindlichen, vor allem aber des regional-kirchlichen Lebens gegenüber der staatlichen Obrigkeit markieren. In den Provinzialsynoden und Konsistorien, vor allem aber in der allgemeinen Öffentlichkeit erhalten die (General-)Superintendenten in dieser Zeit ein institutionelles Gewicht, das die Etablierung des landeskirchlichen Bischofsamtes nach 1919 präfiguriert[105].

Die organisatorische Selbständigkeit, die die evangelischen Landeskirchen mit dem Ende der Monarchie gewinnen, verstärkt das Gewicht der Landessynoden; sie bringt aber vor allem ein episkopales Amt hervor, das in den meisten lutherischen, auch einigen unierten Landeskirchen – oft nach langer Diskussion – als »(Landes-)Bischof« bezeichnet wird. Mit diesem Amt verbinden sich vor allem zwei Erwartungen. Zum Einen soll der Bischof die »*Geistliche Führung*« der Kirche übernehmen[106], die ihr – so scheint es – bisher mehr gefehlt hat als eine weltliche Administration, an deren Zuschnitt sich nach 1918 auch zunächst kaum etwas ändert. Zu dieser »geistlichen Führung« gehören die Rechte der Visitation und der Ordination samt den damit einhergehenden seelsorglichen Pflichten als ›pastor pastorum‹; in diesen und anderen Hinsichten verliert der Superintendent nun an den Landesbischof Kompetenzen, die jenes regionale Amt seit Langem als episkopal markiert hatten. – Zum Anderen wird vom Bischof, auch vom Landessuperintendenten etc. die *Repräsentation der (ganzen) Kirche nach außen* erwartet: gegenüber einer gesellschaftlichen Öffentlichkeit, die – gerade nach 1918 – als nicht mehr kirchlich und auch nicht mehr ohne weiteres als christlich wahrgenommen wird. Stärker noch als der (General-)Superintendent erscheint der (Landes-)Bischof seither selbstverständlich als *persona publica*, als Sprecher und Symbol einer religiösen, auch sozialdiakonischen und kulturellen Institution mit gesellschaftlicher Relevanz.

Welche Leitungsaufgaben und -medien dem episkopalen Amt auf Grund seiner Verfassungs- und Organisationsgeschichte wie seiner gegenwärtigen Kontexte zukommen, soll wiederum anhand des vierfach differenzierten praktisch-theologischen Kirchenbegriffs skizziert werden. Dabei konzentrieren sich die Ausführungen auf das *episkopale* Amt im engeren Sinne, versuchen aber die – noch erheblich komplexeren – Verhältnisse im ephoralen Amt im Blick zu behalten[107].

(b) Episkopale Leitung der Organisation durch Personalentscheidungen
Um die »geistlichen Leitung« zu akzentuieren, setzen die meisten Kirchenordnungen das Bischofs- oder Präses-Amt in eine gewisse Distanz zur Administration, zum Alltagsgeschäft der konsistorialen Entscheidung. Auch gegenüber den synodalen Finanz- und Strukturentscheidungen bleibt die Bischöfin, die in den lutherischen Kirchen der Synode nicht angehört, meist auf Abstand. Die kirchliche »Organisation« im landläufigen, etwa von M. Josuttis formulierten Sinn[108] fällt damit, so erscheint es gerade nach außen, zunächst einmal nicht in die leitende Kompetenz des bischöflichen Amtes.

Versteht man »Organisation« freilich stärker funktional als eine moderne Form, thematisch differente Handlungs- oder Kommunikationsvollzüge, also soziale Abwesenheit zu ermöglichen und zugleich verlässlich zu koordinieren (↗2.6.1 (b)), so stellt – neben den strukturellen Instanzen des Rechts und der Verwaltung – gerade die episkopale Leitung offenbar eine konstitutive Form der kirchlichen Einheit in der Vielfalt dar. Namentlich die episkopale *Visitation* (↗ 5.4.4) dient seit ihren Anfängen einer administrativ-rechtlichen Koordination, zugleich aber auch der Einheit der Lehre sowie dem persönlichen, seelsorglichen Kontakt einzelner Gemeinden und Pfarrpersonen einer Region. Als Visitator steht der Bischof, steht die Superintendentin für den Zusammenhang eines territorial, kulturell wie religiös vielfältigen Kirchentums.

Auch als pastor pastorum wie als Mittler zwischen Gemeinden und ihren Mitarbeitenden, Kirchenkreisen und kirchlichen Einrichtungen sorgt der Bischof, sorgen auch regionale Ephoren für den Ausgleich höchst differenter Einstellungen und Interessen. In diesem Sinne formuliert der hannoversche Altbischof E. Lohse:

»[M]it Pfarrern und Pfarrerinnen sowie mit Kirchenvorständen und Vertretungen der Gemeinden sind viele Gespräche zu führen, die der Behebung entstandener Schwierigkeiten und Missverständnisse dienen sollen. Dann wäre in der Regel wenig geholfen, wenn man diese oder jene Anordnung treffen wollte. Nur durch aufmerksames Zuhören, begründeten Rat und herzliche Bitte lässt sich in den meisten Fällen ein Weg finden, um auseinanderstrebende Gruppen und Kräfte zusammenzuhalten, gegenseitiges Verständnis zu wecken, Konflikte aufzulösen, Personalentscheidungen vorzubereiten […].«[109]

Diese Skizze lässt allerdings auch erkennen, dass die episkopale Koordinationstätigkeit gerade nicht auf dem typischen Mittel der Organisation, nämlich der Entscheidung beruht: Zur »Anordnung« ist der Bischof, ist auch die Superintendentin nur in bestimmten, gleich zu nennenden Hinsichten befugt; in den meisten Fällen ist sie, wenn auch oft als Vorsitzende, in kollegiale Gremien wie einen Kirchensenat (Hannover) oder Landeskirchenrat (Bayern) eingebunden. Die Vorstellung freilich, der Bischof oder die Pröpstin könnte Strukturen, Finanzen oder Ziele der kirchlichen Organisation durch persönliche Entscheidung wesentlich beeinflussen, geht an der Verfassung wie an der Praxis der meisten evangelischen Landeskirchen weit vorbei.

Insofern ist die rechtliche und faktische Ausgestaltung des episkopalen Amtes in den deutschen Landeskirchen ein starker Beleg dafür, dass diese Gebilde als »Organisationen« nur unvollständig beschrieben sind. Vielmehr illustriert die bischöfliche Form der Leitung »durch aufmerksames Zuhören, begründeten Rat und herzliche Bitte« (Lohse) die soziologische These A. Nassehis, dass organisationsförmige Kommunikation, also ein in sich geschlossenes System von Entscheidungen, stets in einem wechselseitig-paradoxen Funktionszusammenhang mit informellen Vollzügen steht, mittels derer Entscheidungen vorbereitet und durchgesetzt werden, die jedoch – wichtiger noch – auch die ›eigentlichen‹, thematisch einschlägigen Vollzüge der jeweiligen Organisation umfassen (↗ 2.6.1 (c)). Im Strukturschatten einer rechtlich wie administrativ wohl organisierten Großkirche ist es nicht zuletzt die episkopale Gesprächsführung, die »auseinanderstrebende Gruppen und Kräfte« vermittelt und die in ihrer Form (Zuhören, Rat, Bitte) präzise die strikt *personbezogene*, seelsorgliche wie kerygmatische Typik[110] *religiöser* Kommunikation zur Geltung bringt.

Bevor diese spezifischen, durch die Organisation verdeckten wie allererst ermöglichten Leitungsformen des bischöflichen Amtes entfaltet werden, und zwar hinsichtlich der ordinierten Personen (c) wie der Gemeinden und der gesellschaftlichen Öffentlichkeit (d), ist allerdings darauf hinzuweisen, dass auch und gerade dem Bischof doch bestimmte Entscheidungsbefugnisse wesentlich zukommen. Der sachliche Grund dieser Entscheidungskompetenz ist bereits in CA 28 angedeutet, wo dem Bischof – wie jedem Pfarrer! – *iure divino* die Aufgabe zugewiesen wird, »[...] Lehre [zu] beurteilen und die Lehre, so dem Evangelium entgegen, [zu] verwerfen und die Gottlosen [...] aus der Gemeinde aus[zu]schließen« (BSLK 124). Die Aufsicht über die Lehre: über die Wahrheit der Verkündigung oder die Schrifttreue der Predigt impliziert Unterscheidungen und kritische Urteile, die zwar *sine vi humana* ergehen, deren Befolgung also nicht erzwungen werden kann, die aber im Extremfall zum Ausschluss aus der Gemeinde führen. Die CA denkt hier wahrscheinlich an den Ausschluss vom Sakrament, also die Exkommunikation[111], auf der landeskirchlichen Ebene ist an das – derzeit ebenso seltene – Lehrbeanstandungsverfahren zu erinnern, das mit dem Entzug des öffentlichen Predigtamtes enden kann[112].

Die bischöfliche Aufsicht über die Lehre wird demnach dort konkret, auch zu konkreten Entscheidungen, wo es um die *öffentlich lehrenden Personen* geht, und zwar weniger um ihren Ausschluss von diesem Amt als vielmehr um ihren Zugang dazu. In diesem Sinne gehört es von Anfang an zu den Kernaufgaben des Superintendenten, die Kandidaten des Predigtamtes in ihrer theologischen Ausbildung zu begleiten, sachlich und persönlich zu prüfen und sodann zu entscheiden: mindestens über ihre Ordination und ihre Installation in einer bestimmten Gemeinde. Während die pastorale Stellenbesetzung heute meist mit einer kollegialen Wahlentscheidung verbunden ist, bleibt doch die Entscheidung über Ordination, gelegentlich auch die Besetzung kirchlicher Leitungsämter nach wie vor der Bischöfin vorbehalten. Und die (General-)Superintendentin ist nicht nur wesentlich in Personalentscheidungen eingebunden, sondern sie entscheidet nach wie vor über Umfang und Inhalt der pastoralen Fort- und Weiterbildung und damit auch über die Karriereoptionen der ihr zugewiesenen Pfarrpersonen.

Gehören Personalentscheidungen in einer Organisation, und erst recht in einer religiösen Organisation zu den zentralen Leitungsvollzügen, dann kommt auch und gerade dem episkopalen Amt, auch in der evangelischen

Kirche, eine Leitungsfunktion zu, die diese Organisation nachhaltig – und zwar durchaus nicht *sine vi humana* – prägt[113].

(c) Episkopale Förderung einer Interaktion der Ordinierten

Die »geistliche Leitung«, die dem bischöflichen Amt ausdrücklich oder implizit zugewiesen wird, vollzieht sich – gerade in der Abgrenzung von der konsistorialen Organisation – wesentlich in *personalen* Begegnungen, also in der unmittelbaren Interaktion. Die Basis für die spezifisch episkopale Interaktion, insbesondere mit den Pfarrpersonen, bildet der »Kern bischöflicher Verantwortung: die Ordination. Und die Vorbereitung darauf. Und eigentlich auch die darauf folgende notwendige Begleitung. Hier werden Beziehungen etabliert.«[114] Der nordelbische Bischof G. Ulrich spitzt dementsprechend zu: »Bischöfliche Verantwortung ist immer auch Personalentwicklung« – eine Personalentwicklung, die die mit der Ordination begründete Beziehung kontinuierlich entfaltet.

Eine solche Begleitung der Ordinierten, die schon im Vikariat und bei der ›Ordinationsrüstzeit‹ beginnt und sich in zahlreichen Begegnungen, Konventen und Gesprächen fortsetzen kann, umfasst offenbar mehrere Dimensionen; sie entsprechen dem komplexen Charakter der Ordination als der gesamtkirchlichen Indienstnahme eines theologisch gebildeten Subjekts. In der Gegenwart steht dabei zunächst die *personale* Begleitung im Vordergrund; der Bischof agiert prinzipiell seelsorglich, als *pastor pastorum* und führt den Pfarrpersonen gerade damit eine Basis ihrer eigenen Berufstätigkeit vor Augen.

»Insofern haben Pastorinnen und Pastoren [einen spezifischen] Anspruch an den Bischof / die Bischöfin: Er oder sie soll nicht dafür da sein, die ohnehin hohen Ansprüche noch zu erhöhen. Er oder sie muss auch sich zeigen als Zeuge und Zeugin, mit Stärken und Schwächen, mit Mut zu offener theologischer Position, mit Glaube und Zweifel; mit dem Eingeständnis der eigenen Brüche – kurz: mit der eigenen pastoralen Existenz.«[115]

Die bischöfliche Begleitung der Ordinierten realisiert ein altes pastoraltheologisches Leitungsmodell: die Leitung durch das persönliche Vorbild, das – in unabsichtlicher Wirkung wie in gezieltem Zeugnis – eine Art geistliche Begleitung darstellt.

Ulrichs pointierte Skizze wendet sich dezidiert gegen einen abstrakten Anspruch pastoraler »Professionalität«, der sich in institutionellen oder intellektuellen Ansprüchen realisiert; sie markiert aber zugleich eine andere Seite pastoraler Profession und episkopaler Interaktion, nämlich die inhaltliche, *theologische Reflexion*. Als »Aufsicht über die Lehre« gehört die theologische Begleitung der Ordinierten von Anfang an zu den Kernaufgaben des Superintendenten; in seinem Amt realisiert sich wesentlich das gesamtkirchliche Interesse, die Klarheit der Verkündigung in der Vielfalt der kulturellen und persönlichen Verhältnisse zu bewahren. In der Gegenwart verteilt sich diese Verantwortung für die pastorale Lehre, für die fortgesetzte Reflexion ihrer ›theologischen Existenz‹ auf eine ganze Reihe von Bildungsinstitutionen; die Kirchenverfassungen halten aber zumeist daran fest, dass den Ephoren für die pastorale Aus- und Fortbildung eine besondere Verantwortung zukommt.

Charakteristisch für diese Bildungsprozesse, in denen sich subjektive Einsicht und theologische Inhalte fortwährend vermitteln, ist ihr gemeinschaftlicher Vollzug, ihr Charakter als Interaktion. In dieser pastoralen Interaktion kann die Bischöfin, vor allem aber die Dekanin gelegentlich eine exemplarische Rolle spielen. Historisches Paradigma sind die vom Superintendenten geleiteten Predigerkonvente oder Pfarrkonferenzen, in denen gemeinsame theologische Fortbildung geschieht – angefangen bei der Arbeit an einem biblischen Text bis hin zum mehrtägigen Pastoralkolleg.

Die wesentliche Gemeinschaftlichkeit, die *Kollegialität* des ordinierten Amtes, die in solchen ephoralen Konferenzen zur Darstellung kommt, findet sich auch auf der Ebene des episkopalen Amtes in verschiedenen Ausprägungen, etwa in der – vom Bischof geleiteten – Ephorenkonferenz, im »Bischofsrat« (Hannover) der Landessuperintendentinnen und -intendenten und – nicht zuletzt – in den Zusammenkünften der Bischöfe selbst[116].

Für die episkopale Leitungstätigkeit sind diese kollegialen Interaktionen, zu denen Exerzitien ebenso gehören mögen wie akademisch-theologische Fortbildung, auch deswegen von hoher Bedeutung, weil hier die Vielfalt, die Spannungen und auch die *Konflikte* der kirchlichen Sozialität zum Thema werden. Im gemeinschaftlichen, konziliaren Umgang mit solchen Konflikten bewährt sich die »theologische Existenz« der bischöflichen Person, und hier bewährt sich auch ihre theologische Kompetenz.

Zu diesen Konflikten gehören allerdings nicht nur – theologisch wie persönlich begründete – Spannungen zwischen einzelnen Pfarrerinnen, Pfarrern und Gemeinden, sondern auch prinzipielle Spannungen zwischen den Einzelnen und der Kirche im Ganzen: »Die bischöfliche Person ist als Gegenüber auch Anwältin oder Anwalt der Ansprüche, die die Institution in ihrer je konkreten Situation formuliert. Die Kandidatinnen [...] haben einen Anspruch darauf, möglichst früh zu hören, was die Institution von ihnen [...] erwartet. Und auch: was sie ihnen bietet!«[117]

Diese Spannung zwischen gesamtkirchlicher Organisation und pastoraler Person findet sich keineswegs nur am Anfang des Berufsweges, sondern sie setzt sich fort in der vielfältigen Spannung zwischen der Orts- oder Gemeindebindung der Pfarrperson und den Ansprüchen der Regional- bzw. Landeskirche. Es ist nicht zuletzt die regelmäßige pastorale Interaktion mit dem Bischof, der Bischöfin, sei es in Konventen oder bei Regionalvisitationen, in der die Pfarrpersonen die Chance haben, jene gesamtkirchliche Verantwortung für sich selbst zu realisieren und zu reflektieren.

Schließlich: Auch die Superintendentin vollzieht ihr Leitungsamt nicht zuletzt in der Interaktion mit den Pfarrerinnen und Pfarrern. Angesichts der Komplexität, die dieses Amt offenbar strukturell charakterisiert, hat sich diese persönliche Begleitung der Ordinierten allerdings – in problematischer Weise – ausdifferenziert: Die seelsorgliche Dimension jener Begleitung wird derzeit eher den Pröpsten und Landessuperintendentinnen zugewiesen; auch Supervisorinnen und »geistliche Begleiter« übernehmen hier – mitunter unreflektiert – episkopale Funktion. Die theologisch-inhaltliche Reflexion vollzieht sich – wenn es gut geht – in der Interaktion des Konvents oder in Pastoralkolleg und individueller Fortbildung. So bleibt den Ephorinnen und Ephoren oft nur die Begleitung im Einzelfall, der dann nicht selten krisenhafte Züge hat. Die in vielen Landeskirchen erfolgte Einführung von (Mitarbeiter-)Jahresgesprächen, die die Superintendentin regelmäßig mit den Pfarrern zu führen hat, sorgt zwar für eine regelmäßige und strukturierte Interaktion (und ist wohl auch deswegen sehr rasch akzeptiert worden); inhaltlich-theologische, Aspekte werden aus diesen Gesprächen jedoch, so scheint es, weitgehend ausgeklammert.

Die Verantwortung für die Ordinierten, die zu den Aufgaben des episkopalen Amtes wesentlich gehört, ist in der Gegenwart auf eine Vielfalt von Instanzen verteilt. Damit fehlt aber weithin ein erkennbares, personales Gegenüber, das die Pfarrerinnen und Pfarrer gerade in der charakteristischen Verbindung von theologischer Bildung, individueller Besinnung und organisatorischer Verantwortung begleitet, die ihre berufliche Existenz ausmacht.

(d) Episkopale Leitung der Institution durch Visitation und öffentliche Predigt
Während die Kirche als Organisation wie als Interaktion sich unmittelbar selbst gestaltet, durch Entscheidungsvollzüge oder direkte religiöse Kommunikation, ist die Kirche als Institution sich immer schon vorgegeben und darum lediglich mittelbarer, indirekter Selbstleitung zugänglich. Diese – auch theologisch zu deutende – Vorgegebenheit der Kirche wird durch das episkopale Amt vor allem in zweierlei Hinsicht wahrgenommen. Bischöfinnen und Ephoren sind – vielleicht stärker als Ortspfarrer und -gemeinden – mit dem öffentlichen, gesellschaftlich verbreiteten Bild von ›evangelischer Kirche‹ konfrontiert; und sie stehen für eine Kirche, die sich wesentlich in einer *Vielfalt* von regionalen, kulturellen und religiösen Verhältnissen vorfindet – einer Vielfalt, die im Einzelnen wie im Ganzen einer gezielten Gestaltung weitgehend entzogen scheint.

Um mit dieser institutionellen Vielfalt einzusetzen, so kann die *Visitation*, aus der sich das evangelische Superintendentenamt allererst entwickelt hat, als eine genuin episkopale, seit dem Mittelalter zu den Kernaufgaben des bischöflichen Amtes gehörende Form des Umgangs mit der irreduziblen Pluralität der Kirche gesehen werden[118]. Dabei wird dieser geregelte »Besuchsdienst« (Arnoldshainer Konferenz)[119] zwischen Gesamtkirche und Kirche vor Ort, in der reformatorischen Tradition immer als ein gemeinschaftliches Geschehen von Theologen und Laien vollzogen, stellt also eine – bischöflich geleitete – kollektive *episkopé* dar. Sie bezieht sich ausdrücklich nicht allein auf »Lehre und Leben« der Ordinierten, sondern vielmehr der Gemeinden im Ganzen.

Seit ihren Anfängen eignet der evangelischen Visitation ein sowohl sachlich wie relational doppelter Charakter, in dem sich die komplexe Institutionalität der Kirche spiegelt. In *sachlicher* Hinsicht betrifft die Visitation zum einen die religiösen Verhältnisse vor Ort, sie ist Lehraufsicht oder theologische Beratung; zum anderen werden hier aber auch die weltlich-organisatorischen Verhältnisse zum Thema: die Finanzlage wie der Gebäudebestand, das Schulwesen und die Diakonie.

Relational kann sich die Visitation eher als Aufsicht und – vor allem rechtsförmige – Kontrolle seitens der ›Zentrale‹ vollziehen; das ist bis vor wenigen Jahrzehnten die Regel und akzentuiert ein (klassisches) Verständnis der Kirche als Organisation[120]. Seither wird das Verhältnis von Orts- und Regionalkirche, das in der Visitation zum Ausdruck kommt, eher als wechselseitige Kontaktaufnahme und geschwisterliche Verständigung begriffen; dann treten Methoden der Gemeindeberatung sowie religiöser Interaktion in den Vordergrund. Die Aufgabe der Episkopalperson kann dann – etwa im Spektrum zwischen vollmächtiger Predigt und differenzbewusster Seelsorge – sehr unterschiedlich begriffen werden.

Der institutionelle, nämlich am Gegebenen orientierte Charakter der Visitation verstärkt sich, wenn – seit dem 19. Jahrhundert – neben den Besuch des Pfarrers und ›der Gemeinde‹ das Gespräch mit weiteren, auch ehrenamtlichen Mitarbeitern tritt. In den jüngeren Ordnungen wird zudem Wert darauf gelegt, dass die Gemeinde anlässlich der Visitation auch ihr soziales und kulturelles Umfeld sorgfältig wahrnimmt und Perspektiven von außen, sei es von Kirchenfernen oder von kommunalen Schlüsselpersonen einbezieht. Die theologische Deutung, die der episkopale Amtsträger in der Predigt wie im Visitationsbescheid zu geben hat, kann die gegebenen Verhältnisse, die kirchliche Institution vor Ort sehr differenziert zum Thema machen.

In eine andere Richtung gehen neuere Überlegungen, nach Rückschau und Gegenwartsanalyse »so etwas wie ein Programm zu erarbeiten, das die nächsten Schritte in den Blick nimmt und eine Brücke zwischen der vorfindlichen Lebenswirklichkeit und der ihr innewohnenden größeren Möglichkeit baut«[121]. Wird die Visitation derartig pragmatisch ausgerichtet, dann tritt, so scheint es, der Aspekt einer religiösen Deutung zugunsten der Verabredung von Entwicklungszielen in den Hintergrund; die Rolle der Superintendentin verlagert sich dann auf das parakletische Element; die Predigt ist wesentlich Mahnung und Ermutigung.

Die Erleichterung des Reisens lässt in der Gegenwart auch andere Formen der bischöflichen Visitation zur Regel werden. Dazu gehört die Beteiligung ökumenischer Gäste, die weitere gesamtkirchliche Perspektiven einbringen, dazu gehört aber vor allem der förmliche Besuch der Bischöfin anlässlich von Jubiläen, Eröffnungen und Einweihungen, von Ordination und Installation sowie anderen Festen vor Ort. Auch eine solche Visite dient der Wahrnehmung der lokalen, historischen wie kulturellen Gegebenheiten; er bringt aber vor allem die übergemeindliche Einbettung – und Würdigung – der besuchten Institution zum Ausdruck und er dient – im Kontakt mit den Eliten und den Medien vor Ort sowie nicht zuletzt in der öffentlichen Predigt – der Darstellung der Gesamtkirche, ihrer spezifischen Themen und ihrer gesellschaftlichen Relevanz.

Der Übergang von solchen episkopalen Visiten zu anderen Formen öffentlicher Präsenz des Leitungsamtes ist offenbar fließend. Dazu gehören Besuche bei bzw. regelmäßige Kontakte mit Verantwortlichen aus den Organisationen des Bildungswesens, der Wirtschaft, der Politik und der Zivilgesellschaft; dazu gehört ebenso die Präsenz in den Print- und audiovisuellen Medien der Region.

Der exemplarische Fall einer solchen Öffentlichkeitsarbeit des episkopalen oder ephoralen Amtes ist – seit der Reformation – die *öffentliche Predigt,* die den Honoratioren ebenso gilt wie den vielfältigen Verhältnissen, den Konflikten wie den Projekten vor Ort. Eine solche bischöfliche Predigt kann sich auf parakletische Vollzüge konzentrieren; Warnung und Mahnung scheint – erst recht vielleicht unter den Bedingungen der massenmedialen Aufmerksamkeitsökonomie – besonders öffentlichkeitswirksam. Die kritisch mahnende und fordernde Predigt affirmiert freilich das ohnehin verbreitete Bild einer normierenden, anklagenden Kirche, und sie dürfte zudem selten konstruktive Wirkung entfalten.

Angemessener erscheint auch und gerade für die episkopale, die kirchenleitende Predigt das Paradigma einer religiösen Deutung des Gegebenen (↗5.3.4 (c)), die in den gegebenen sozialen, kulturellen und religiösen Verhältnissen die schöpferische und gnädige Zuwendung Gottes zur Sprache bringt. Insofern damit auch – und sei es implizit – die *kirchlichen* Gegebenheiten vor Ort in einen allgemeinen religiösen Deutungshorizont gestellt werden, bringt gerade die bischöfliche Verkündigung den Zusammenhang der einen Kirche zur Darstellung. Dort, wo Visitation und Visitationspredigt in diesem Sinne kirchliche, traditions- wie situationsadäquate Lehre vollziehen, zeigen sie die episkopale Leitungstätigkeit als eine ästhetische, genauer: als eine *inszenierende* Tätigkeit.

(e) Das episkopale Leitungsamt als Inszenierung der einen evangelischen Kirche
Stärker als andere Leitungsinstanzen ist das episkopale Amt Gegenstand ökumenischer Gespräche und Medium ökumenischer Selbstdarstellung. Zwischenkirchliche Kontakte wie die öffentliche Präsentation gemeinsamer Anliegen vollziehen sich durch die personale Präsenz episkopaler Amtsträgerinnen und -träger. Die Einheit, aber zugleich die konfessionelle Differenz der christlichen Kirche wird vornehmlich im Medium des bischöflichen Personals in Szene gesetzt. Auf diese Weise wird deutlich, dass das episkopale Amt – auch in der evangelischen Kirche – in besonderer Weise für die Einheit, aber auch für die Eigentümlichkeit der Kirche steht; es hat insofern wesentlich symbolische Qualität.

Die ökumenische Bedeutung des bischöflichen Amtes macht es auch zu einem wichtigen Thema des interkonfessionellen Konflikts. Denn an der Ausgestaltung der personalen *episkopé* kommt besonders prägnant zur Darstellung, wie eine Kirche die Eigenschaften, die ihr im Credo zugesprochen werden, versteht und in soziale Gestaltung umsetzt: Das bischöfliche Amt inszeniert auch in der evangelischen Kirche deren Einheit und Katholizität, ihre spezifische Heiligkeit und ihre apostolische Ursprungstreue; auf diese Weise übt es eine wesentliche Leitungsfunktion aus.

Das evangelische Bischofsamt markiert, dass die *Einheit* der Kirche nicht allein durch rechtliche und administrative und auch nicht allein durch synodale Gremien und Verfahren gewahrt werden kann. Wenn die CA 7 die Übereinstimmung in der Lehre (doctrina), in der inhaltlich konsonanten Predigt des Evangeliums als hinreichenden Grund kirchlicher Einheit markiert, dann bedarf diese Lehrkonsonanz nicht nur in der Ortsgemeinde, sondern auch übergemeindlich einer *personalen Repräsentation*.

Dabei ist das evangelische Bischofsamt – als Lehramt – nicht nur dadurch gekennzeichnet, dass es – wie das pastorale Grundamt der Kirche – selbstverständlich auch für Frauen zugänglich ist, sondern dass jenes Amt nicht monarchisch, sondern prinzipiell kollegial und vor allem gemeinschaftlich angelegt ist: Die Einheit der evangelischen Kirche wird durch ein »synodales Bischofsamt«[122] gewahrt. Diese synodale Einbettung[123] realisiert sich nicht nur in der Wahl der Episkopen, meist auch der Ephoren durch die entsprechenden Gremien sowie in der inhaltlichen Rechenschaft, die die Gewählten den Synoden regelmäßig schuldig sind. Sondern auch Ordination und Visitation sind keineswegs ein exklusiv bischöflicher Vollzug, sondern schließen die Beteiligung weiterer ordinierter und nicht-ordinierter Vertreter der Kirche ein[124]. Auch im Blick auf die gottesdienstliche Ordnung und auf die theologische Lehre selbst kommt der Bischöfin, kommt auch dem Kollegium der Ephoren in der evangelischen Kirche kein ausschließliches Entscheidungsrecht zu. Nur mit einer angemessenen Repräsentanz *aller* Getauften kann die im Evangelium selbst gründende Einheit der evangelischen Kirche sachgemäß zum Ausdruck gebracht werden.

Die *Katholizität* der Kirche, ihres sozial, kulturell wie territorial umfassenden Anspruchs wird in der evangelischen Kirche dezidiert *nicht* durch die Person des Landesbischofs oder der Superintendentin zum Ausdruck gebracht. Die Fülle der amtlichen Kompetenzen eignet vielmehr dem Amt der öffentlichen, theologisch verantworteten Verkündigung des Evangeliums in der Ortsgemeinde: dem ordinationsgebundenen Pfarramt. Denn es ist die persönlich angeeignete und situativ konkretisierte *doctrina*, die die umfassende Präsenz oder die allgemeine Zugänglichkeit der Kirche zu sichern vermag.

Alle Leitungstätigkeiten, die sich auf die Vielfalt der gegebenen sozialen, kulturellen, strukturellen und religiösen Verhältnisse der Kirche beziehen und deren Katholizität markieren, werden darum wesentlich durch die Pfarrerin, den Pfarrer vor Ort ausgeübt. In dieser Hinsicht sind Superintendent und Bischof, wie die entsprechenden Einführungsliturgien markieren, nichts anderes als Inhaberinnen eines überregionalen, aber damit qualitativ nicht besonderen Pfarramtes[125], das die kirchliche Lehre und ihren Grund, das Evangelium, eben für eine bestimmte Region und ihre prägenden Kräfte artikuliert.

Die *Heiligkeit* der Kirche, ihr spezifischer und konstitutiver Gottesbezug wird von den evangelischen Leitungspersonen nicht durch eine besondere moralische Qualität oder Glaubwürdigkeit zur Darstellung gebracht. Inszeniert wird die *sanctitas* im episkopalen Amt vielmehr eher dahingehend, dass auch und gerade der Gottesbezug der Gesamtkirche nicht auf bestimmten rechtlichen, rituellen oder hierarchischen Strukturen beruht[126], sondern auf der *persönlichen Erfahrung des Evangeliums*, die sich in einer persönlichen Aneignung der Predigt realisiert. Bedeutsam ist – auch – das episkopale Amt in der evangelischen Kirche dann als das Amt einer *Predigt*, einer öffentlichen Rede, die erkennbar persönlich verantwortet ist und auf den ebenso persönlich verantworteten Glauben ihrer Adressaten zielt. Die evangelische Bischöfin inszeniert die Heiligkeit ihrer Kirche, indem sie den kommunikativen Grundzug des Glaubens, die *Mitteilsamkeit* der evangelischen Frömmigkeit erkennbar werden lässt.

Die spezifische soziale Gestalt der evangelischen Kirche wird vom bischöflichen Amt schließlich, aber nicht zuletzt hinsichtlich deren *Apostolizität* zur Darstellung gebracht. In den ökumenischen Dialogen zum Bischofsamt wie zur Einheit der Kirche im Ganzen hat die lutherische Seite (meist) sehr deutlich markiert, dass die Ursprungstreue der evangelischen Kirche nicht auf einer historischen Sukzession des bischöflichen Amtes beruht und beruhen kann; von einem evangelischen »defectus ordinis« sollte daher nicht gesprochen werden[127]. Die Apostolizität der Kirche beruht vielmehr auf der Treue zur apostolischen Lehre und darum – wenn denn von Sukzession geredet werden soll – auf der Kontinuität eines Amtes, das diese Lehre rekonstruiert, reflektiert und öffentlich artikuliert. Die kirchliche Apostolizität gründet auf dem pastoralen Amt der öffentlichen Verkündigung sowie auf einem Amt, das die Einheit und Reinheit dieser Verkündigung auch übergemeindlich wahrt.

In das Zentrum des episkopalen Amtes rückt damit die Funktion, die dem evangelischen Superintendent von Anfang an wesentlich zukommt, nämlich die »Aufsicht« über die pastorale Lehre. Diese Aufsicht wird inzwischen von vielen Personen und Instituten in der Aus- und Fortbildung, in der Personalentwicklung und nicht zuletzt in der selbstorganisierten Arbeit der Pfarrkonvente wahrgenommen. Gleichwohl dürfte es wichtig bleiben, dass Dekane, Landessuperintendentinnen und Bischöfe der evangelischen Kirche erkennbar bleiben als Personen, die den Glauben, seine Überlieferung und seine gegenwärtige Bedeutung ihrerseits reflektieren, also *theologisch arbeiten*, und selbst Verantwortung für die theologische Arbeit der Ordinierten übernehmen, etwa durch engen Kontakt mit Theologischen Fakultäten und Ausbildungsstätten oder durch die Initiative zu theologischen Fortbildungsaktivitäten.

Eine erkennbare theologische Reflexivität im episkopalen Amt markiert die Art und Weise, in der die evangelische Kirche ihre Apostolizität wahrt; und sie inszeniert zugleich die typische Art und Weise, in der in dieser Kirche *überhaupt Leitung vollzogen wird:* Die ›Leitung durch das Wort‹, die mit CA 28 in den Mittelpunkt gerückt wird, oder die »geistliche Leitung und Aufsicht«, die etwa die Hannoversche Kirchenverfassung (Art. 62) dem Landesbischof zuweist, vollzieht sich konkret durch Menschen, die sich – ausweislich der Ordination – die Wahrheit des Evangeliums mittels gründlicher *inhaltlicher* Reflexion *persönlich* zu eigen gemacht haben, die diese evangelische Wahrheit in der *kollegialen* Gemeinschaft mit anderen Ordinierten artikulieren und sie in *gemeinschaftlicher* Verantwortung mit anderen auf die kirchliche Praxis beziehen: in Akten religiöser Deutung, persönlicher Begleitung, gemeinsamer Entscheidung, liturgischer Ordnung und – schließlich, aber nicht zuletzt – theologischer Reflexion. Auch dort, wo die Leitung in der evangelischen Kirche nicht *sine vi humana* auskommt, vollzieht sie sich doch prinzipiell als eine theologisch verantwortete Leitung. Ob diese Leitung erfolgreich ist, das unterliegt dann – vielleicht noch mehr als bei anderen Organisationen – dem Vorbehalt aller evangelischen Predigt: *ubi et quando visum est Deo* (CA 5).

5.3.6 Projekt- und Steuerungsgruppen

Literatur: *Asselmeyer, Herbert/Behrmann, Henning u. a.* (Projektgruppe): Lernende Organisation Kirche. Erkundungen zur Kirchenkreis-Reformen, Leipzig 2004. – *Bröckling, Ulrich:* Das unternehmerische Selbst. Soziologie einer Subjektivierungsform, Frankfurt/M. 2007. – *Barz, Peter u. a.:* Gemeindeentwicklungstraining. Praxisbuch, Göttingen 2008. – *Nüchtern, Michael:* Strategie, schmiegsam! Recht und Relativität planenden Handelns in der Kirche, in: PrTh 44 (2009), 265–272. – *Klostermeier, Birgit:* Das unternehmerische Selbst der Kirche, Berlin / New York 2011.

(a) Neue Leitungsinstanzen
Während alle bisher betrachteten Leitungsorgane seit Langem im kirchlichen Verfassungsrecht verankert sind, begegnen seit den 1990er Jahren leitende Gremien, Funktionspositionen und Gruppen, die am Rande oder außerhalb der herkömmlichen Strukturen agieren, zugleich aber wachsenden Einfluss auf die kirchlichen Verhältnisse gewinnen. Bereits die Funktionskirche (↗ 3.5) der 1960er Jahre ist von einer – oft beklagten – Vervielfältigung der Fach- und Leitungsgremien begleitet: Beiräte und Leitungskonferenzen, Mitarbeiter- und Betroffenenvertretungen, Koordinations- und Planungsausschüsse begleiten die zunehmende Differenzierung des kirchlichen Handelns. Seit den 1990er Jahren werden Einsparungen durch Struktur- oder Stellenplanungsausschüsse moderiert, die von Synoden und Dekanatsräten zunächst ad hoc eingesetzt, dann aber nicht selten auf Dauer gestellt werden und erhebliche Bedeutung auf der Ebene von Kirchenkreisen und Regionen gewinnen. Auch die diversen Formen der zwischengemeindlichen Kooperation erfordern Regionalausschüsse, weitere Beiräte und Planungsgruppen.

Nicht nur Leitungsgremien, sondern auch -positionen verändern und vermehren sich seit den 1990er Jahren beträchtlich. So erhalten die stellvertretenden Dekaninnen und Dekane eigene Aufgaben im Bereich der Personalführung oder der Außendarstellung; die Verwaltungsleiter gewinnen angesichts der landeskirchlichen Finanz- und Organisationsreformen an Bedeutung; und viele Kirchenkreise schaffen eigene Stabsstellen für Personal-, Organisations- oder Gemeindeentwicklung, die zwar formal der Superintendentin zugeordnet sind, faktisch aber erhebliche Gestaltungsmacht besitzen.

Eine exemplarische Erkundung in hannoverschen Kirchenkreisen erbrachte 2002/2003 die Einsicht, dass Leitung immer mehr »konzentriert in kleinen Gruppen statt[findet]« (*Asselmeyer u. a.*, 53 ff.). Die (zwei-)wöchentlich tagenden Leitungsrunden versammeln den Superintendenten, seine Stellvertreterinnen, den Leiter des Verwaltungsamtes, mitunter die Vorsitzende des Kirchenkreistages, die Geschäftsführer größerer Einrichtungen. »Oft werden ›gute Atmosphäre‹ und ›Effektivität‹ gerade in diesen Leitungsteams gelobt.« (ebd.) Strukturell ähnliche Mitarbeiterrunden, mitunter ergänzt durch engagierte Ehrenamtliche, finden sich in vielen Gemeinden und Arbeitsbereichen. Und die verfassungsmäßigen Leitungsorgane, die eine vergleichbar gemischte Zusammensetzung und ebenfalls operative Aufgaben aufweisen, etwa Kirchenkreisvorstände, Dekanats- oder Landessynodalausschüsse, gewinnen ihrerseits an Einfluss auf das kirchliche Leitungs- und Planungsgeschehen.

Neben diese regelmäßig arbeitenden Leitungsgruppen treten im Zuge der jüngeren Reformprozesse *temporäre* Steuerungsgruppen, die etwa einen Kooperations- oder Fusionsprozess, eine Reorganisation der Öffentlichkeitsarbeit oder eine Leitbildentwicklung begleiten. In großem Stil haben sich solche Steuerungsgremien, mit thematischen Untergruppen wie koordinierenden Arbeitsstellen, vor allem im Zuge der landeskirchlichen Fusionen in Mittel- und in Nordostdeutschland gebildet[128]. Diese Steuerungs- oder Koordinationsgremien arbeiten zwar stets im Auftrag von Synoden oder Kirchenleitungen, entfalten aber nichtsdestotrotz erhebliche Gestaltungskraft. Ähnliches gilt schließlich von den Perspektivkommissionen oder Impulsgruppen, die – ebenfalls von leitenden Instanzen eingesetzt – angesichts struktureller oder finanzieller Zwänge Leitbilder oder »Impulspapiere«, mitunter auch umfassende »Perspektivprogramme« ausarbeiten[129]. Hier sind etwa die einschlägigen Prozesse in der westfälischen, der Berliner oder der badischen Kirche zu nennen (vgl. *Nüchtern*);

Besondere Publizität hat das Impulspapier »Kirche der Freiheit« des Rates der EKD erhalten. An dem daran abschließenden »Reformprozess« ist die Formenvielfalt der neuen Leitungsgremien exemplarisch zu studieren[130]: Nachdem eine vom Rat der EKD eingesetzte »Perspektivkommission« das Impulspapier verfasst hat (a. a. O., 108), bildet sich eine von Rat, Kirchenkonferenz und Synode der EKD beschickte »Steuerungsgruppe«; die operative Arbeit erledigt seither ein »Projektbüro« im Kirchenamt der EKD.

Die kirchentheoretische Reflexion dieser neuen Leitungsgremien steht erst am Anfang. Die vorliegenden Arbeiten, etwa von M. Nüchtern und B. Klostermeier, konzentrieren sich – nicht zufällig – auf die Analyse einschlägiger ›grauer‹ Texte, nehmen Struktur und Arbeitsweise der Gremien aber nur am Rande in den Blick. Im Folgenden kann daher nur ganz vorläufig versucht werden, die eigentümlichen Strukturen und Funktionen jener Steuerungs- und Projektgruppen zu reflektieren. Leitend ist wiederum die Frage, inwiefern die vier Dimensionen der kirchlichen Sozialität durch jene Leitungsgruppen spezifisch gestaltet werden.

(b) Interaktion der Engagierten in Projekten
Während Kirchenrecht und -verwaltung besonders die organisatorische Dimension betreffen und die personalen Leitungsämter stärker die institutio-

nellen, immer schon gegebenen Verhältnisse der Kirche hervortreten lassen, scheinen die neuen Leitungs- und Steuerungsgruppen die Kirche vor allem als *Interaktion* zu realisieren. Vom Anspruch her realisiert sich kirchliche Leitung in den oben skizzierten Formen als eine dichte, häufige und hoch engagierte Kommunikation, in der die ›eigentlichen‹ Aufgaben und Probleme artikuliert und in ›Echtzeit‹ bearbeitet werden können. Nicht selten wirken diese leitenden Gruppen dann von außen hermetisch; ihre Prozesse erscheinen zwar rasch und zielorientiert, aber mit den komplexen Verhältnissen vor Ort zu wenig vermittelt (vgl. *Asselmeyer* u. a., 54 f.).

Die Interaktion in den neuen Leitungsgruppen gewinnt ihre Legitimation, auch ihren Einfluss aus einer *Zusammensetzung*, die nicht – wie bei Gottesdiensten, Gemeindegruppen oder auch Kirchentagen – auf freiwilliger Teilnahme, sondern – ähnlich wie bei Synoden – auf Delegation beruht. Bilden Synoden jedoch vor allem die sozialen, kulturellen und religiösen Verhältnisse einer Gemeinde oder einer Region ab (↗ 5.3.3 (e)), so repräsentieren die Mitglieder einer Steuerungs- oder Perspektivgruppe die organisatorischen Strukturen, die hier zu leiten sind. So sind regelmäßig ›Spitzenvertreter‹ der beteiligten Einheiten anwesend; es wird auf die Repräsentanz verschiedener Kompetenzen, Arbeitsbereiche und Perspektiven geachtet. Nicht selten sind verschiedene Ebenen, fast immer Haupt- und Ehrenamtliche vertreten[131]. Die Beteiligten repräsentieren dabei nicht allein ihre Sichtweisen und Herkunftsbereiche, sondern sie qualifizieren sich zugleich durch ein hohes Engagement, dazu nicht selten durch einen hohen Grad an Vernetzung innerhalb und außerhalb der kirchlichen Organisation (vgl. *Asselmeyer* u. a., 53 f.; *Bröckling*, 273 f.). Vor allem bei Perspektiv- und Impulsgruppen wird zudem darauf geachtet, auch Außenperspektiven, kirchlich distanzierte oder kritische Stimmen einzubeziehen (vgl. etwa *Barz* u. a., 11 f.).

Etwas zugespitzt lässt sich im Anschluss an Schleiermacher sagen, dass der Anspruch und die Überzeugungskraft dieser Leitungsgremien auf der Kombination von »gebundener« und »ungebundener«, von organisierter und »freier geistiger Macht« beruht[132]. Denn der Konsens, der hier unter hohem zeitlichen und personellen Aufwand erzielt wird, kann beanspruchen, die kirchlichen Verhältnisse innerhalb und jenseits der Organisation zu repräsentieren[133].

Viele der hier in Rede stehenden Leitungsgruppen sind im Blick auf bestimmte Aufgaben gebildet – sei es die Begleitung einer Umstrukturierung, sei es die Entwicklung neuer Arbeitsfelder oder umfassender Leitbilder. Die Interaktion kann daher als *Arbeit an Projekten* bezeichnet werden; das entspricht auch vielen Selbstbezeichnungen[134]. Für die projektförmige Interaktion ist eine zeitliche Befristung kennzeichnend, in der eine möglichst ›bunt‹ zusammengesetzte Gruppe mit hoher Energie und Beweglichkeit ihr vorgestecktes Ziel zu erreichen versucht (vgl. *Bröckling*, 273 ff.). Diese Beweglichkeit resultiert aus der spannungsvollen Kombination von strukturierenden Elementen, etwa der Netzplantechnik oder einer Moderationsmethodik, und gleichsam emotionalisierenden Elementen aus der Gruppendynamik und der humanistischen Psychologie: »Selbstorganisation und Sachzielorientierung« (*Bröckling*, 276), »Ich, Wir und Thema« (ebd., nach dem Schema der TZI) werden auf eine Weise vermittelt, die die Interaktion mit einer hohen, zielorientierten Dynamik ausstattet.

Im kirchlichen Kontext können schließlich auch die im Projektmanagement gängigen Empfehlungen, die gemeinsame Arbeit mit Ritualen, Festen und öffentlichen Präsentationen zu strukturieren, leicht umgesetzt und religiös aufgeladen werden: Durch thematische Andachten und festliche Gottesdienste, durch »Visionstage« (*Barz u. a.*, 83 ff.) und die Arbeit mit biblischen Texten verorten sich viele Reformprozesse im Horizont der vertrauten kirchlichen Kommunikation.

(c) Flexibilisierung und Zukunftsbindung der kirchlichen Organisation
Die Leitung durch kirchliche Steuerungs- und Projektgruppen gehört in den Kontext einer Organisation, die sich unter erheblichem Veränderungsdruck sieht und daher auf neue, »effizientere« Formen der Koordination ihrer Praxis angewiesen scheint. Angesichts unübersichtlicher Verhältnisse wird nach ›kurzen Wegen‹ der Entscheidungsfindung und -durchsetzung gesucht; die herkömmlichen Leitungsstrukturen müssen beschleunigt, verdichtet und flexibilisiert werden.

Diesem Ziel dient die Delegation von besonders dicht vernetzten und zugleich engagierten Personen in die jeweilige Projektgruppe – diese Einzelnen bringen ihr Wissen und ihren Einfluss bezüglich der organisatorischen Entscheidungswege in eine Interaktion ein, die diese Entscheidungswege dann – gleichsam in der Rückkoppelung – zu beschleunigen verspricht.

Tiefgreifender noch als durch diese Flexibilisierung wird die kirchliche Organisation, die sich (auch) durch Steuerungs- und Projektgruppen leiten lässt, durch deren konstitutive Bindung an *ausdrückliche Ziele* geprägt. Die besorgte Frage nach der Wirksamkeit oder der Relevanz der kirchlichen Praxis, die schon die funktionskirchlichen Reformen der 1960er Jahre bestimmt, wird in den Projektgruppen der 1990er Jahre noch grundsätzlicher gestellt. Wenn zur Erarbeitung von Leitbildern regelmäßig die Erkundung der sozialstrukturellen und kulturellen Verhältnisse gehört[135], wenn kirchliche Reformen auf allen Ebenen von einer empirischen Vergewisserung begleitet werden, dann steht dahinter die Überzeugung, die Bedeutung der kirchlichen Arbeit entscheide sich daran, wie jene sozialen Kontexte nachhaltig geprägt werden können. Auf diese Weise werden in der kirchlichen Organisation ausdrücklich formulierte Ziele wichtig – ein besonders bekanntes Beispiel sind die »Leuchtfeuer« des EKD-Impulspapiers »Kirche der Freiheit«, die jeweils »die Situation beschreiben«, »Perspektiven eröffnen« und von daher eine ganze Reihe von quantitativen »Ziele[n] beschreiben« (a. a. O., 49 ff.).

Bindet sich die kirchliche Organisation traditionell an einen Auftrag, etwa den der Verkündigung oder der Bezeugung des Evangeliums, so wird diese »Zeugnisorientierung« im Kontext der Projektsteuerung durch eine »Zielorientierung« ergänzt (*Nüchtern*, 270 f.), mitunter auch ersetzt. Die strukturierte Koordination der kirchlichen Praxis findet ihren Maßstab nicht mehr allein an vorgegebenen Inhalten und Überzeugungen, sondern an der Verständigung über gemeinsam zu erreichende Ziele – und eben diese Verständigung vollzieht sich ebenso in den neuen, projektförmigen Leitungsinstanzen wie die ständige Überprüfung der Zielerreichung.

Zusammengefasst: Die kirchliche Organisation bearbeitet den (selbst-)kritischen Eindruck, sich von der ›eigentlichen‹ religiösen Praxis zu sehr entfernt zu haben, nicht zuletzt dadurch, dass sie sich selbst stärker als Interaktion präsentiert: Sie bindet ihre Entscheidungen an die sichtbare, gleichsam repräsentative Interaktion in Steuerungs- und Projektgruppen und versieht sie zugleich mit Gründen (nämlich Zielangaben), die in der zukunftsorientierten Interaktionskultur der Gegenwart besonders plausibel erscheinen.

Die Umstellung von Auftrags- auf Ziel- oder Zukunftsbindung betrifft im Übrigen auch ein zentrales Medium der Organisation, nämlich ihre schriftliche Kommunikation. Während kirchliche Struktur-, Programm- und Personalentscheidungen herkömmlich mit dem Hinweis auf die ›geltende Rechtslage‹ sowie nicht zuletzt mit dem Bezug auf Bibel und Bekenntnis begründet werden, gewinnen nunmehr andere, zukunftsbezogene Gattungen an Bedeutung, nämlich Leitbilder[136], Impulspapiere und detaillierte, etwa kreiskirchliche Planungsvorgaben. Dass auch auf diese Weise eine umfassende Koordination der vielfältigen kirchlichen Praxis beabsichtigt ist, zeigt die Gliederung der kirchlichen Perspektivpapiere, etwa in Westfalen oder in Baden, die ihre jeweiligen Zielformulierungen nicht nur mit umfassender Situationsbeschreibung, sondern auch mit genauer Verfahrensklärung und detaillierter Planung verbinden: »Kirche evangelisch zu ›planen‹ heißt nicht nur, das Gewünschte zu nennen, sondern auch umsichtig die Bedingungen der Verwirklichung zu beschreiben und zu sichern.« (*Nüchtern*, 272)

(d) Strukturelle und religiöse Vorgaben projektförmiger Leitung

Die ziel- und wirkungsorientierte Orientierung der neuen, projektförmigen Leitungsinstanzen scheint zunächst eine Distanz zu den institutionellen, religiös und sozial immer schon vorgegebenen Verhältnissen der Praxis zu implizieren. Eine kirchliche Organisation, die sich durch (Selbst-)Steuerung reformieren, die durch präsentisch formulierte »Leuchtfeuer« ihre eigene Zukunft gegenwartsbestimmend machen will, radikalisiert eine ekklesiologische Tendenz, die T. Rendtorff schon 1977 namhaft gemacht und in ihren typischen Phänomenen beschrieben hat, nämlich als

»Selbsterbauung der Kirche im Unterschied und in ausdrücklicher Unterscheidung von ihren geschichtlichen Bedingtheiten. Dazu gehört [...] die tendenzielle Zunahme spezifisch kirchlicher Gremien, die Entstehung von Beratungskreisen und Aktionsformen, die eine Art sekundärer Kirchlichkeit bilden. Dies alles ist charakteristisch für den Versuch, die Kirche als Subjekt ihres Handelns aufzubauen und darzustellen.«[137]

Rendtorff weist darauf hin, dass diese »Selbstthematisierung und Selbstorganisation der Kirche [...] nur innerhalb des tragenden Zusammenhangs der Volkskirche [möglich ist]« (a.a.O., 117). In der Gegenwart ist dieser tragende Zusammenhang stärker selbst als organisatorischer Rahmen zu bestimmen: Die Steuerungs- und Projektgruppen gewinnen, wie oben skizziert, ihre Leitungsmacht vor allem durch die Mitgliedschaft von Personen, die ihrerseits innerhalb der jeweiligen kirchlichen Organisation, ihrer regionalen, hierarchischen oder thematischen Untergliederungen leitende Positionen innehaben. Die Legitimität projektförmiger Leitung setzt einen übergreifenden Zusammenhang voraus (vgl. *Bröckling*, 251); die Steuerungsgruppen oder Perspektivkommissionen müssen von Synoden oder (Kreis-)Kirchenleitungen eingesetzt werden und sind ihnen de jure rechenschaftspflichtig. Auch die Berücksichtigung von wichtigen Anspruchsgruppen, von distanzierten oder kritischen Stimmen verweist auf den Rahmen der jeweiligen Organisation, die hier erwartungsvoll oder kritisch in den Blick kommt.

Die wachsende Legitimität von Leitungsinstanzen, die in der kirchlichen Tradition wie in ihrer Verfassung nicht vorgesehen sind, speist sich zudem aus den gegenwärtigen gesellschaftlichen Verhältnissen, in denen »fast alles zum Projekt werden kann«, und wo nicht zuletzt der Einzelne mehr und mehr als ein »individuelles Projektportfolio« erscheint (*Bröckling*, 251, 279). Die Projektorientierung der kirchlichen Leitung kann aber zudem auf spezifische religiöse Traditionen zurückgreifen (vgl. *Klostermeier*, Teil 2 – 9.2): Eine evangelische Kirche, die das Priestertum aller Glaubenden, also die undelegierbare Verantwortung für den je eigenen Glauben und das je eigene Leben in den Mittelpunkt stellt, wird – wie schon bei Luther zu sehen ist – einen Modus der Entscheidungsfindung präferieren, der die Interaktion der religiös wie kirchlich Engagierten in den Mittelpunkt rückt. Die Projektgruppen erscheinen dann als legitime Aktualisierung einer wesentlich genossenschaftlichen Gemeindeleitung, wie sie bei Luther und bei Schleiermacher vorgestellt ist.

Auch die Vorstellung einer *ecclesia semper reformanda*, wie sie dem Protestantismus im 19. Jahrhundert zuwächst, kann als Begründung für die projektförmige Selbststeuerung einer »lernenden Organisation« genutzt werden. Gerade in den Traditionen eines liberalen, tendenziell organisations- und traditionskritischen evangelischen Christentums, also in den religiös-institutionellen Vorgaben der kirchlichen Praxis, liegen offenbar semantische Ressourcen bereit, mit denen die kirchliche Organisation selbst ihre Interaktions- und Zukunftsbindung nach innen wie außen plausibel machen kann.

(e) Inszenierung einer kirchlichen Selbst-Artikulation und Selbst-Verantwortung
Zur Selbststeuerung durch Projekt- und Planungsgruppen gehört, wie immer wieder betont wird (*Barz u. a.*, 12 ff. 119 ff.), eine bewusste Kommunikation der Absichten und Ergebnisse nach innen und außen. Namentlich die kirchlichen Leitbildprozesse sind regelmäßig auf hohe Publizität und maximale Beteiligung hin angelegt (vgl. etwa *Nüchtern*, 266 f. zum badischen »Leitsatzprozess«); auch der EKD-Reformprozess bemüht sich über Tagungen, einen »Zukunftskongress« und vor allem über eine engagierte Publikationsstrategie, nicht zuletzt im Internet, um öffentliche Aufmerksamkeit. Die Kirche als Inszenierung des Glaubens und seiner Gemeinschaft (↗ 2.6.4) ist auch und gerade für die neuen Leitungsformen ein wesentlicher Bezugshorizont. So liegt schließlich die Frage nahe, in welcher Weise die Kirche sich – explizit oder implizit – durch die Zunahme von Projekt-, Perspektiv- und Steuerungsgruppen selbst darstellt.

Zunächst inszeniert sich die projektförmig geleitete Kirche als eine moderne, zeitgemäße Organisation, die den gegenwärtigen Anforderungen von dezentraler, flexibler Selbstorganisation, von Zukunftsorientierung und Planungskompetenz mit einem eigenen, religiös begründeten und methodisch erprobten Instrumentarium zu begegnen vermag. Die projektförmige Leitung ermöglicht eine breite, zugleich selbstverantwortliche und hoch engagierte Partizipation, wie sie dem Priestertum aller Glaubenden ebenso entspricht wie den modernen Vorstellungen bürgerschaftlichen Engagements.

Indem die kirchliche Organisation ihre Struktur- und Ressourcenplanung immer mehr in projektförmige Interaktionsformen verlagert, ermöglicht sie ihren einzelnen Einheiten, den Kirchenkreisen, Einrichtungen oder Ortsgemeinden, sich als eigenständige, selbstverantwortliche Handlungsgemeinschaften, als »kollektives Subjekt« darzustellen (*Klostermeier*, Teil 2, Abschn. 3). In den Leitbildprozessen stellen sich die jeweils Beteiligten nicht nur dar, sie stellen sich vielmehr geradezu her – nämlich als ein Subjekt, das *sich selbst* auf bestimmte Ziele verpflichtet, das bei sich selbst bestimmte Kompetenzen, »Mentalitäten« und Einstellungen entwickeln will – und das auf diese Weise, in einem sehr grundsätzlichen Sinn, für sich selbst Verantwortung übernimmt.

Die Verantwortung für die eigene Praxis und deren soziale Gestalt bezieht sich hier, ausweislich der Arbeitsweise jener Gruppen, weniger auf externe Horizonte, etwa eine Gesamtkirche, die Pfarrer und Bischöfinnen ordiniert, oder eine Gemeinde, die ihren Kirchenvorstand wählt, und darum auch weniger auf die religiöse Instanz, die in den Ordinationsagenden und Amtsverpflichtungen so öffentlich wie feierlich artikuliert wird. In der Etablierung wie in den Perspektiv- und Planungspapieren der neueren Leitungsorgane artikuliert sich vielmehr ein Selbstverständnis, das zwar ebenfalls vom Vertrauen auf Gott ausgeht, die Realisierung dieses Vertrauens aber ganz den einzelnen Beteiligten und der Qualität des Projektmanagements überlässt.

5.4 Spezifische Formen

Die Reflexion der Aufgaben und Kriterien kirchlicher Leitung (↗ 5.2), vor allem aber ihrer verschiedenen Organe (↗ 5.3) hat en passant gezeigt, dass diese Leitungspraxis sich in einer Vielzahl von Formen oder Medien vollzieht, die auch in anderen gesellschaftlichen Bereichen begegnen, zugleich aber doch eine spezifische Prägung erkennen lassen. Die Kirche wird, wie andere Sozialgebilde auch, durch Entscheidung wie durch Beratung, durch Projektmanagement und durch symbolische Aktion geleitet; Leitung betrifft hier wie dort Strukturen und Personen, Programme und Sozialgestalten. Typisch für die kirchlichen Verhältnisse erscheint die Unterscheidung zwischen weltlicher und geistlicher Leitungsmacht, die jedoch weder einzelnen Leitungsorganen noch -formen zugeordnet werden kann; vielmehr lässt sich »geistliche Leitung« als eine spezifisch reflexive Dimension aller kirchlichen Leitungspraxis rekonstruieren (↗ 5.5).

Die folgende Betrachtung konzentriert sich auf einige allgemein verbreitete Leitungsformen oder -medien, die zugleich einen spezifisch kirchlichen Charakter, anders gesagt: eine geistliche Dimension erkennen lassen – dies soll durch die jeweils doppelte Überschrift angezeigt werden. Besonderes Augenmerk erhält die Frage, wie sich diese Formen angesichts des *gegenwärtigen Wandels* der kirchlichen Sozialität und ihrer gesellschaftlichen Lage beschreiben – und theologisch verantworten lassen.

5.4.1 Entscheidung – Konziliarität

Literatur: *Nassehi, Armin:* Die Organisationen der Gesellschaft. Skizze einer Organisationstheorie in gesellschaftstheoretischer Absicht, in: *J. Allmendinger/Th. Hinz* (Hg.), Organisationssoziologie, KZSS, SH 42, Wiesbaden 2002, 443–478. – *Wegner, Gerhard:* Leiden als Bedingung der Freiheit. Kirchliche Organisation und geistliche Entscheidung, in: PTh 92 (2003), 403–417.

Wird ein soziales Gebilde primär durch die Kommunikationsform »Entscheidung« geleitet, oder genauer: durch ein Geflecht von aufeinander verweisenden Entscheidungen, so kann es soziologisch als »Organisation« begriffen werden (↗ 2.6.1 (b)). Der funktionale Gewinn einer solchen Leitungsform liegt – darauf hat A. Nassehi aufmerksam gemacht – u. a. darin, dass die jeweiligen sozialen Verhältnisse durch das Medium der Entscheidung *reflexiv* werden: Anhand der jeweiligen Entscheidungen, ihrer Begründungen (in anderen Entscheidungen) und Folgen (für weitere Entscheidungen) wird allererst die eigentümliche Geschichte erkennbar, die die jeweiligen Beziehungen, sozialen Strukturen und Erwartungen prägt. Dazu kommt: Anhand der jeweiligen Entscheidungen und deren Geschichte wird die spezifische *Rationalität* eines Funktionssystems sichtbar – die Organisation bildet in ihren Entscheidungen ab, welchen Regeln der gesellschaftliche Bereich folgt, in dem die Organisation sich vornehmlich verortet.

Dieser Reflexivitäts- und Rationalitätsgewinn hängt schließlich damit zusammen, dass Entscheidungen einer bestimmten Stelle, einer spezifischen Instanz zugerechnet werden können – so dass nach der inhaltlichen wie der personalen *Verantwortung* von Leitungsvollzügen gefragt werden kann. Als Komplexe von Entscheidungen sind Organisationen in der Lage, mit rasch wechselnden, turbulenten Gegebenheiten umzugehen und gleichwohl – durch die Reflexivität und Verantwortlichkeit des Entscheidens – so etwas wie eine strukturelle Identität zu bewahren.

Nochmals ist daran zu erinnern, dass Entscheidungen nicht die gesamte Gestalt einer Organisation prägen; nachhaltig leitend sind stets auch informelle Vollzüge, die sich aber – gleichsam parasitär – an die offiziellen Strukturen anlagern, diese nutzen und von ihnen ihrerseits genutzt werden, um Entscheidungen vorzubereiten und wirksam zu machen. Entscheidungen stellen insofern auch in der Kirche so etwas wie das strukturelle Gerüst des Leitungshandelns dar; auch das gemeinsame Leben der Christen gewinnt durch die kirchliche Entscheidungsstruktur allererst die (reflexive) Möglichkeit, seiner eigenen Geschichte sowie der Regeln, der spezifischen Rationalität ansichtig zu werden, der das Leben in der Kirche folgt (↗ 2.6.4), und zugleich diejenigen Instanzen zu identifizieren, denen eine Verantwortung für die Gestalt des christlichen Lebens zugeschrieben werden kann[138]. Der Leitungsform der Entscheidung eignet freilich in der Kirche eine eigentümliche religiöse Struktur, die als »konziliares« Entscheiden beschrieben werden kann (↗ 5.3.3 (f)).

Zunächst lässt sich feststellen, dass Entscheidungen in der Kirche – abgesehen von administrativen, wenig prägenden Routinen und von einmütigen Beschlüssen, bei denen Alternativen kaum zu erkennen sind – vor allem zwei Gegenstandsbereiche betreffen: zum Einen die Auswahl von leitenden Personen – vom Pfarrer über die Verwaltungsleiterin bis zum Bischof – und zum Anderen grundsätzliche Entscheidungen über Ordnungen, Strukturen oder Programme des kirchlichen Lebens: von der Taufagende über die Finanzierung bestimmter Arbeitsbereiche bis zur Fusion von Gemeinden oder Kirchenkreisen. Entscheidungen in der Kirche markieren nicht selten charakteristische *Konfliktkonstellationen;* sie gewinnen an Bedeutung, weil hier – anhand der zur Alternative stehenden Personen oder Strukturen – die nachhaltige Prägung eines kirchlichen Lebensgebietes zum Thema wird.

Für die Entscheidung über solche kirchlichen Alternativgestalten ist es nun charakteristisch, dass sie nur ausnahmsweise von einzelnen Personen, sondern fast immer von kollegialen oder synodalen *Gremien* getroffen werden. Es sind Auswahlkommissionen oder Projektgruppen, in denen weitreichende Beschlüsse vorbereitet werden; es sind Räte, Kollegien oder presbyteriale Versammlungen, in denen Richtungsentscheidungen gefällt werden. Die nachhaltig entscheidenden Instanzen der Kirche sind insofern *konziliar verfasst:* angefangen mit Apg 15 über die Wittenberger Fakultät oder die Barmer Synode von 1934 bis zu heutigen Kirchenvorständen und Landessynoden.

Leitungsentscheidungen, die die Kirche nachhaltig prägen, sind durch eine gewisse Zögerlichkeit gekennzeichnet: »Was für alle gilt, muss sich ergeben, sich einstellen, emergieren, um es zeitgemäß zu formulieren – Emergenz ist das Medium des Heiligen Geistes.« (*Wegner*, 415) Konziliare Entscheidungsvollzüge berufen sich auf eine bestimmte religiöse Überzeugung – sie geschehen »in dem Glauben, dass der Heilige Geist solche Zusammenkünfte für seine eigenen Zwecke der Versöhnung, Erneuerung und Umgestaltung der Kirche benützen kann«, und zwar gerade durch Auseinandersetzungen und Konflikte hindurch[139].

In einer solchen konziliaren Perspektive treten vor allem drei Kriterien eines Entscheidungsprozesses hervor, die die spezifische Rationalität der kirchlichen Organisation wie des christlichen Lebens im Ganzen markieren können:
– Das konziliare Entscheiden ist von vornherein darauf ausgerichtet, von allen jeweils betroffenen Christen als eine überzeugende Entscheidung wahrgenommen, akzeptiert und rezipiert zu werden. Das Kriterium *maximaler Beteiligung,* wie es sich aus dem Theorem des Allgemeinen Pries-

tertums ergibt, führt de facto zu einer starken Orientierung am Konsens, am innerkirchlichem Ausgleich, an einer ›Versöhnung der Verschiedenen‹.
- Sodann unterliegen konziliare Grundsatzentscheidungen, die als Wirkung des Geistes verstanden werden wollen, der Forderung inhaltlicher, genauer: *religiöser Begründung*. Das gilt für Struktur-, nicht selten aber auch für Personalentscheidungen, in denen die Bewerber/innen ihr Profil u. a. durch eine Predigt zu markieren haben.
- Konziliare Entscheidungen müssen sich für zukünftige Wirkungen des Geistes offen halten; sie unterliegen einem eschatologischen Vorbehalt und zugleich dem ganz irdischen Kriterium, jederzeit – vielleicht schon bei der nächsten Versammlung – *revidierbar* zu sein. Insofern erscheint es sachgemäß, dass kirchliche Leitungspersonen sich regelmäßig vor den synodalen oder kollegialen Gremien zu verantworten haben, die die Christen einer Gemeinde oder einer Region repräsentieren.

Wie kann diese Grundform kirchlicher Leitung mit tief greifendem *sozialen Wandel* und mit ggfs. raschem Reaktionsbedarf umgehen? Zum einen könnte die Kirche darauf vertrauen, dass dieser Wandel in einem repräsentativen Gremium durchaus präziser und differenzierter wahrgenommen und artikuliert wird als in einer kleinen, scheinbar effektiven Steuerungsgruppe. Und zum anderen zeigt die Erfahrung, dass gerade dringende Entscheidungen doch nur zur Wirkung kommen, wenn sie von allen Betroffenen rezipiert und akzeptiert werden. Eine solche Rezeption kann durch einzelne Personen kaum und durch kleine Gruppen nur dann vorweggenommen werden, wenn jene Entscheidungen sich erkennbar an den *inhaltlichen* Grundlagen ausrichten, die die betroffenen Christen teilen. Nur religiös überzeugende, theologisch reflektierte Entscheidungen haben eine Chance, das kirchliche Leben auf Dauer und in der Breite zu prägen – auch und gerade dann, wenn dieses Leben in raschem Wandel begriffen ist.

5.4.2 Personalentwicklung – Berufung

Literatur: *Halbe, Jörn:* Das Pastoralkolleg. Ein institutionalisiertes Überraschungsrisiko, in: PTh 96 (2007), 172–184. – *Lindner, Herbert:* Kontinuität und Systematik. Auf dem Weg zur Personalentwicklung in evangelischen Kirchen, in: PrTh 37 (2002), 253–264.

Für Organisationen aller Art gehört der Umgang mit Mitarbeitenden, insbesondere mit leitenden Mitarbeitenden, gegenwärtig zu den zentralen Leitungsvollzügen. Die Auswahl dieser Personen, ihre Aus- und Fortbildung, ihre systematische Begleitung und Beurteilung erhalten in Dienstleistungs-

und Expertenorganisationen auch deswegen hohe Aufmerksamkeit, weil die Gestalt von thematisch einschlägigen Interaktionen, und damit die soziale Wirkung jener Organisationen in hohem Maße durch entsprechend gebildete Personen geprägt wird.

Auch die evangelischen Großkirchen haben der religiösen, der theologischen und kommunikativen Qualifikation ihres pastoralen Leitungspersonals, dazu auch anderer kirchlicher Berufe, von Anfang an hohe Bedeutung beigemessen. Dabei lag der Schwerpunkt der kirchenleitenden Begleitung, vor allem im 20. Jahrhundert, allerdings gleichsam im Vorfeld: in einer vergleichsweise anspruchsvollen Ausbildung, in der Ordination bzw. Beauftragung und der Übertragung geeigneter Stellen. Die bis 1918 übliche dauernde, sehr strikte und umfassende ephorale Aufsicht über Lehre und Leben der Ordinierten ist für längere Zeit in den Hintergrund getreten, und zwar nicht allein wegen ephoraler Überlastung, sondern vielmehr – vor allem nach den Erfahrungen der NS-Diktatur – infolge einer stärkeren Betonung der Unabhängigkeit des kirchlichen Amtes von allen obrigkeitlichen, auch kirchenamtlichen Ansprüchen: Der Respekt vor der religiösen Freiheit wie vor der theologischen Eigenverantwortung der Ordinierten führt zu einer inhaltlich sehr zurückhaltenden Personalarbeit.

Der Wandel der gesellschaftlichen wie der kirchlichen Situation stellt dieses reaktive Leitungsmodell seit den 1990er Jahren in Frage; es ist inzwischen allenthalben »einer systematischen Begleitung über die gesamte Zeit der aktiven Berufstätigkeit« gewichen (*Lindner*, 254). Paradigmatisch für das derzeitige Modell kirchlicher Personalführung sind die sog. Mitarbeiter- oder Jahresgespräche[140], mit denen die jeweiligen ›Vorgesetzten‹ Arbeitsziele, -erfolge und -zufriedenheit ihrer ›Untergebenen‹ regelmäßig, methodisch und detailliert begleiten sowie mit den Zielen der Gemeinde bzw. der Einrichtung vermitteln sollen. Dass sich die kirchliche Personalführung jedoch in diesem – recht unspezifischen – Instrument nicht erschöpfen kann, zeigt die anhaltende Verbreitung von drei weiteren, z. T. schon älteren Formen, die jeweils bestimmte Aspekte kirchlicher Leitung akzentuieren.

- Seit etwa dreißig Jahren hat sich in den meisten Landeskirchen ein breites Angebot an pastoralpsychologischer Beratung, Supervision und – seit Neuerem – Coaching für Pfarrerinnen und Pfarrer etabliert. Diese Instrumente akzentuieren die Selbstleitung der Berufstätigen sowie die *Freiheit* der Einzelnen, diese – prinzipiell kollegiale, partnerschaftliche – Begleitung in Anspruch zu nehmen. Ob dabei auch religiöse und theologische Themen zur Sprache kommen, ist ganz den Beteiligten überlassen.
- Jüngeren Datums ist der Aufschwung einer »Geistlichen Begleitung«, die von Pfarrerinnen nicht nur angeboten, sondern – ebenso wie von anderen Mitarbeitenden – auch in Anspruch genommen wird, um die eigene

- Berufstätigkeit, vor allem aber die eigene persönliche Entwicklung ausdrücklicher *religiös:* als Weg mit Gott oder zu Gott zu begreifen[141]. Auch hier steht die Selbstleitung im Vordergrund, freilich unterstützt durch *homines religiosi*, die die innere Berufung der Mitarbeitenden sowie deren Entwicklung in den Vordergrund stellen und der Leitung selbst damit eine religiöse Form verleihen.
- Freiheit und Kollegialität der pastoralen Selbstleitung sowie deren religiöse Struktur verbinden sich in einer noch älteren Form der Personalführung, nämlich dem sog. Pastoralkolleg. Was hier dazu kommt, ist eine dezidiert *theologische* Reflexion der eigenen Berufserfahrung sowie die *gemeinschaftliche* Form der sowohl inhalts- wie personbezogenen Besinnung. Das Pastoralkolleg kann auf diese Weise beanspruchen, zu einer Vergewisserung und Entfaltung der Ordination beizutragen, die durch eine Verbindung von inhaltlich-reflexiver, persönlicher und gemeinschaftlicher Erfahrung der christlichen Freiheit geprägt ist (↗5.3.4 (d)).

Nachdem die allgemein verbreiteten Maximen und Methoden organisatorischer Personalentwicklung in der Kirche heimisch geworden sind, scheint es angebracht, die spezifisch ›geistliche‹ Dimension dieser Leitungsform zu unterstreichen: Wird die Mitarbeit in der Kirche, auch die pastorale Mitarbeit als Ausdruck einer spezifischen *Berufung* verstanden, so hat deren Begleitung seitens der kirchlichen Leitung auf den weltlich-geistlichen Doppelcharakter der Berufung zu achten: Die *vocatio externa*, die kirchliche Amtseinsetzung und Begleitung, die sich stets in einem Wechselspiel von inhaltlich-theologischer Reflexion und persönlicher Aneignung vollzieht, steht in Korrespondenz, aber auch in Spannung zu der *vocatio interna*, der Berufung durch Gott in einer Erfahrung der Freiheit des Glaubens. Von daher wird eine evangelische Personalführung sorgfältig zu unterscheiden haben zwischen dem Anspruch auf kirchliche Loyalität der Berufenen[142] und ihrer Gottesbeziehung, in die einzugreifen jeder äußeren, auch jeder kirchlichen Instanz verwehrt ist: Eine totale Identifikation mit dem religiösen Beruf wird die Leitung gerade nicht erwarten dürfen.

5.4.3 Leitbildentwicklung – Predigt

Literatur: *Breitenbach, Günter:* Gemeinde leiten, Stuttgart u. a. 1994, 236–250: Gemeindeleitung als Entwicklung der Leitbilder.

Neben der Führung von Personen sowie der Entscheidung über Strukturen gehört zur Leitung größerer Organisationen stets auch, gegenwärtiger Auffassung zufolge, die Formulierung eines übergreifenden Zieles, einer leitenden

(Geschäfts-)Idee oder einer »Vision«, an der sich die Motivation von Mitarbeitenden und Interessenten, die Struktur von Arbeitsbereichen und die Koordination einzelner Vollzüge auszurichten vermag. Im Kontext einer systemischen Organisations- und Leitungstheorie hat G. Breitenbach die Bedeutung »leitender Bilder« hervorgehoben, die die prägenden Erfahrungen und Orientierungen eines Systems zu einem »Deutemuster« verdichten.

»Dabei haben Bilder nicht nur eine interpretierende, sondern eine transzendierende Funktion. Bilder malen vor Augen, was erstrebenswert ist. Und sie helfen entdecken, was möglich ist. Leitende Bilder […] motivieren zum Handeln. Sie legitimieren Interessen. […] Sie integrieren Einzelvollzüge. Sie organisieren das Zusammenspiel im System und […] mit seiner Umwelt. Leitende Bilder spiegeln nicht nur Wirklichkeit. Sie schaffen neue Wirklichkeit.« (*Breitenbach*, 237)

Dass überzeugende, eindrückliche Bilder einen sozialen Zusammenhang zutiefst prägen und insofern leiten können, wird man – gerade im Blick auf konkrete Interaktionen und auf gesamtgesellschaftliche Institutionen – nicht bezweifeln können. Der Versuch einer gezielten *Steuerung von Organisationen* durch Leitbildentwicklung, deren Boom seit den 1980er Jahren sich in Breitenbachs Text spiegelt, wird freilich inzwischen skeptischer betrachtet. Denn hier werden – zugunsten der Idee programmatisch geschlossener Neuentwürfe – die immer schon gegebenen, in den faktischen Strukturen wie den kulturellen Prägungen eingelassenen »leitenden Bilder« systematisch unterschätzt.

Breitenbach selbst meint, dass die »theologische Rede von der Leitung durch das Wort […] in der Vorstellung von der steuernden Kraft der Leitbilder ihre Konkretion und Füllung« erfährt (a.a.O., 243). An dieser These ist sicher richtig, dass gerade Luther die Bildhaftigkeit der Verkündigung hervorgehoben hat, die auf diese Weise nicht nur kognitiv, sondern emotional vergewissernd und verstörend zu wirken vermag. Auch macht Breitenbach zu Recht darauf aufmerksam, dass die Verkündigung des Wortes nicht nur den Einzelnen und auch nicht nur die gesamte soziale Wirklichkeit betrifft, sondern dass die Predigt stets auch der Erbauung der Kirche gilt[143]: In der Predigt vollzieht sich auch in dieser Hinsicht eine »Bewegung zwischen Vergewisserung und Störung vertrauter Bilder« (a.a.O., 240).

Allerdings ist die evangelische Predigt primär nicht durch den Bezug auf die leitenden Bilder ihrer Adressaten, sondern durch den Auftrag gekennzeichnet, in diese (kirchliche) Situation hinein das (biblische) Wort Gottes auszulegen. Damit aber verkehrt sich hier das übliche Verhältnis von Kontinuität und Wandel, von Vergewisserung und Störung der Leitbilder. Wird die spezifisch kirchliche »Programmsteuerung« *(Luhmann)* im Paradigma der Predigt verstanden, so liegt die Kontinuität nicht auf Seiten immer schon vorhandener kirchlicher (Selbst-)Bilder, die es aufzunehmen und zu ›steuern‹

gälte, sondern in der Vorgegebenheit des biblischen Wortes: eines *verbum externum*, das die Predigt immer wieder neu und insofern gerade *nicht* kontinuierlich auf die jeweiligen kirchlichen Verhältnisse bezieht. Die gängigen kirchlichen Selbstbeschreibungen geraten gleichsam in einen neuen Rahmen: in das – vorgängige – Licht des Evangeliums, des göttlichen Zuspruchs und Anspruchs. Die kritische, verstörende Kraft der Predigt betrifft dann nicht zuletzt den kirchlichen Anspruch, sich durch »leitende Bilder« selbst definieren und steuern zu können.

Das verbreitete Verständnis einer programmatisch leitenden »Vision« wird auf diese Weise nachhaltig korrigiert. Die in der Predigt erinnerten und ausgelegten Visionen dienen *nicht* der Motivation und Orientierung eines gemeinsamen (kirchlichen) Handelns, sondern sie lassen aufleuchten, was den jeweiligen Verhältnissen von Gott zugesprochen und verheißen ist. Insofern ist die »Leitung durch das Wort« erheblich offener für den Wandel der gesellschaftlichen wie der kirchlich-organisatorischen Verhältnisse; wie allerdings auf diesen Wandel jeweils zu reagieren ist, das kann die kirchliche Leitung gerade nicht vorgeben oder »visionär«, durch Leitbildentwicklung steuern – sondern dies kann sie der wechselseitigen Verständigung aller Hörenden und Glaubenden vor Ort überlassen.

5.4.4 Inspektion – Visitation

Literatur: *Josuttis, Manfred:* Visitation und Kommunikation, in: PTh 64 (1975), 95–104. – *Peters, Christian/Krause, Friedrich:* Art. »Visitation«, in: TRE 35 (2003), 151–166.

Um politische oder religiöse Macht jenseits der lokalen, unmittelbaren Interaktion geltend zu machen, also einen gleichsam imperialen Anspruch zu markieren, scheint die gelegentliche Präsenz der Zentralmacht vor Ort unerlässlich zu sein. Dabei haben sich die Formen einer solchen – antik gesprochen – *epiphanía* der Machthaber verändert, sei es durch die Erleichterung des Reisens, sei es durch die Nutzung elektronischer Medien; auch die moderne Organisation jedoch muss sich gelegentlich in den von ihr koordinierten Interaktionen unmittelbar, gleichsam physisch manifestieren, um ihren Ordnungs- oder Entscheidungsanspruch aufrecht zu halten. Eine solche Inspektion oder Besichtigung dient der wechselseitigen Wahrnehmung und Wertschätzung – die Organisationsleitung würdigt die konkreten Verhältnisse und Vollzüge vor Ort und empfängt umgekehrt deren symbolische ›Huldigung‹ oder doch Anerkennung. In der Leitungsform der Inspektion wird sowohl die thematische Eigenart der Organisation als auch ihr übergreifender, translokaler Anspruch öffentlich gemacht.

Die kirchliche Organisation hat für die Inspektion durch die überörtlich leitenden Organe bekanntlich das Instrument der Visitation entwickelt; für die evangelischen Kirchen liegt in dieser Leitungsform der Ursprung aller episkopalen Ämter (↗5.3.5 (a) und (d)). Charakteristisch für die Visitation ist eine enge, durchaus spannungsvolle, aber nicht auflösbare Verbindung administrativ-organisatorischer und spezifisch religiöser Dimensionen. Darum gilt die Visitation sowohl Finanzen, Infrastruktur oder Schulwesen wie auch dem religiösen Leben der Gemeinden und Pfarrerinnen, und ihrer Lehre. Dementsprechend ist die Visitationskommission von Anfang an gemischt zusammengesetzt; ihr gehören Ordinierte ebenso an wie Laien; und sie repräsentiert nicht allein die kirchliche Obrigkeit, sondern auch das Interesse anderer Gemeinden und Regionen an den jeweiligen Verhältnissen vor Ort.

Die Visitation changiert darum unhintergehbar zwischen Aufsicht und Beratung, zwischen »Kontrolle und Kommunikation« *(M. Josuttis)* und bringt damit die Rationalität einer Kirche zum Ausdruck, die zwar einer zentralen Koordination bedarf, diese aber immer an eine geschwisterliche Kooperation der Gemeinden bzw. der Christen zurückbindet: Das episkopale Amt ist den pastoralen und gemeindlichen Vollzügen vor Ort in der evangelischen Kirche weder funktional noch gar religiös vorgeordnet.

Die strukturelle Zentralstellung von Gemeinde und deren Amt zeigt sich auch daran, dass die konkreten Vollzüge der Visitation sehr genau den elementaren Strukturen gemeindlicher Interaktion entsprechen[144]. Das gilt für die Kassenprüfung, die Begehung der Gebäude oder die Kontakte mit den örtlichen Eliten, die eben auch von der Pfarrerin wahrgenommen werden; das zeigt sich erst recht darin, dass die geistliche Dimension der Visitation sich in den religiösen Grundformen seelsorglicher Begleitung einzelner Mitarbeitender, im gemeinsamen Gottesdienst und in der öffentlichen Predigt des Ephoren oder der Episkopin realisiert. Auch die Bearbeitung von organisatorischen Konflikten, und ebenso die Beratung gemeindlicher Programme vollzieht sich nach Mustern und Kriterien, die den lokalen Verantwortlichen immer schon vertraut sind.

5.4.5 Symbolische Strukturierung – Ordnung des Gottesdienstes

Liteartur: *Herms, Eilert:* Überlegungen zum Wesen des Gottesdienstes. Aus Anlass des Entwurfs für eine »Erneuerte Agende«, in: KuD 40 (1994), 219–249. – *Roth, Ursula:* Die Theatralität des Gottesdienstes, Gütersloh 2006. – *Plüss, David:* Gottesdienst als Textinszenierung. Perspektiven einer performativen Ästhetik des Gottesdienstes, Zürich 2007.

Soziale Leitung, der gezielte Einfluss auf eine Organisation, eine Interaktion oder eine gesellschaftliche Institution vollzieht sich nicht allein instrumentell, durch unmittelbare Einflussnahme, sondern hat immer auch eine symbolische Dimension, in der die Möglichkeiten der Einflussnahme ›nur‹ gezeigt und erinnert werden. So beruht Macht im Grunde nicht auf der faktischen Ausübung von Gewalt, sondern auf der überzeugenden Darstellung ihrer Möglichkeit; ja politische Macht beruht darauf, dass physische Gewalt oder andere Formen negativer Sanktion im Regelfall *nicht* angewandt werden[145].

Die symbolische Dimension der Leitung kann als Inszenierung ihrer Kriterien oder Prinzipien, ihrer Subjekte, vor allem aber ihrer Wirkungsformen verstanden werden: Es wird – etwa bei einer Militärparade – in Szene gesetzt, in welcher Weise und von wem Einfluss genommen werden kann oder genommen wurde – und es wird zugleich deutlich gemacht, wem dieser Einfluss gilt. Die symbolische Dimension der Leitung bringt immer auch die sozialen Verhältnisse zum Ausdruck, die beeinflusst werden sollen.

Symbolische Leitung lebt offenbar von der Wiederholung, vom Ritual, von einer bekannten und einprägsamen *Inszenierungsordnung*. Insofern kann man die symbolische Leitung auch als Pflege bestimmter Ordnungen, als symbolische Strukturierung des Sozialen beschreiben. Als eine besonders prominente Ordnung dieser Art kann das Rechtssystem begriffen werden: In seiner jeweils spezifischen Systematik macht es ausdrücklich, wie politischer Einfluss geregelt ist – und zwar ohne dass dieser Einfluss tatsächlich beständig ausgeübt werden muss[146].

Wenn diese knappen Bemerkungen sich vor allem am politischen System konkretisieren lassen, dann weist dies darauf hin, dass symbolische Leitung nicht nur in Organisationen, sondern eher noch in gesellschaftlich vorgegebenen und geregelten Sozialverhältnissen begegnet. Die *institutionelle* Dimension der sozialen Wirklichkeit ist wesentlich über ihre symbolischen Ordnungen zugänglich, und sie kann wohl auch nur über die Arbeit an diesen Ordnungen beeinflusst werden. – Auch die soziale Grundform der *Interaktion*, die unmittelbare Kommunikation unter Anwesenden, ist – wenn überhaupt – durch symbolische Ordnungen zu beeinflussen, die die Typik solcher Begegnungen: ihre Themen, Rollen, Kommunikationsmuster und Verlaufsformen regeln.

In der Kirche, deren Kernvollzüge ohnehin nicht von wirksamer, sondern von darstellender Art sind, finden sich zahlreiche Formen symbolischer Leitung. Insbesondere der Einfluss übergemeindlicher Leitungsorgane, der Synoden und der episkopalen Ämter, beruht im Wesentlichen auf symbolischen Akten; ihre Leitung betrifft daher vornehmlich die institutionelle, gesellschaftlich verankerte und vernetzte Dimension der kirchlichen Sozialität; dies gilt mutatis mutandis auch für das kirchliche Recht, das eben nicht nur durch seine konkrete Anwendung, sondern vor allem durch seine spezifische Struktur und deren situationsspezifischer Erläuterung zur Wirkung kommt[147].

Geht man jedoch davon aus, dass der Kern der kirchlichen Rechtsordnung, auch des kirchlichen Handelns und der daraus resultierenden Gemeinschaft, in der Institution des Gottesdienstes zu finden ist, dann dürfte die Art und Weise, in der symbolische Leitung in der Kirche stattfindet, sich exemplarisch an den Formen gottesdienstlicher Leitung zeigen lassen, also an der Art und Weise, in der die Strukturen des Gottesdienstes, seine institutionellen Gegebenheiten wie die Typik seiner Interaktion zwar ›nur‹ allmählich, indirekt, aber doch zielgerichtet beeinflusst werden.

Dabei ist freilich, bevor diese These entfaltet wird, auf die *Vielfalt* gottesdienstlicher Vollzüge hinzuweisen: ›Der‹ Gottesdienst ist keineswegs nur der »Hauptgottesdienst« am Sonntagmorgen, sondern zum gottesdienstlichen Leben gehören ebenso Fest- und Kasualgottesdienste, Andachten und die »alternativen Gottesdienste« für bestimmte, oft kirchenferne Zielgruppen. In der Vielfalt der gottesdienstlichen Kultur kommt die soziale Vielfalt der Kirche selbst zu einer ihrer prägnantesten Inszenierungen.

Die Leitung des Gottesdienstes vollzieht sich offenbar nach genau denjenigen *Kriterien*, welche oben als zentral für alles kirchliche Leiten herausgestellt wurden (↗5.2): Den Verantwortlichen muss es um eine prägnante, überzeugende und gewinnende Inszenierung des Glaubens und seiner Gemeinschaft gehen; das heißt, dass sie die Freiheit aller Beteiligten respektieren, eine breite und vielfältige Partizipation ermöglichen, den Ursprungsbezug der Kirche im Christusgeschehen markieren und die eschatologische Offenheit der liturgischen Vollzüge zum Ausdruck bringen muss.

Was die *Subjekte* dieser – auf symbolische Strukturierung zielenden – gottesdienstlichen Leitung angeht, so wird man zwar zuerst, dem kirchlichen Sprachgebrauch folgend, an die Pfarrpersonen denken, die eine konkrete gottesdienstliche Feier vorbereiten und ›von vorne‹ prägen (↗5.3.4 (g)). Freilich ist diese Leitungstätigkeit stets in hohem Maße an *vorgegebene Verhältnisse* gebunden – und zwar weniger an die jeweilige Agende, die von Pfarrerin und Gemeinde in hohem Maße variiert werden kann, als vielmehr an die Erwartungen der Beteiligten, die das Rollenverhalten, die Auswahl der liturgischen Medien und Sprachformen de facto prägen. Zu diesen Rahmenbedingungen gehören sodann die gottesdienstlichen Räume sowie andere materiale Voraussetzungen. Und schließlich ist auch an – ebenfalls vorgegebene – Texte und Textstrukturen zu denken; der Gottesdienst ist nicht nur eine Inszenierung der Gemeinde und ihrer liturgischen Tradition, sondern wesentlich eine »Textinszenierung« *(Plüss)*.

Diese Inszenierungsordnungen, die den Gottesdienst prägen und seine Wirkung – jenseits des einzelnen, konkreten Vollzugs – in der Kirche wie in der Öffentlichkeit bestimmen, werden nun ihrerseits nicht allein, nicht einmal primär von den Pfarrpersonen beeinflusst. Formale Entscheidungen über gottesdienstliche Räume und Rhythmen werden vom Kirchenvorstand gefällt; Agenden und Leseordnungen verdanken sich synodaler und kollegialer Gremienarbeit. Vor allem aber sind es die – häufigen wie die seltenen – Teilnehmenden selbst, die durch ihre Erwartungen wie ihr Verhalten die Ordnung des Gottesdienst beeinflussen: Das liturgische »Publikum« ist zugleich integraler Teil des liturgischen »Ensembles« (vgl. *Roth*, 219 ff.).

Die Art und Weise, in der sich symbolische Leitung in der Kirche vollzieht, kann dann als ein differenzierter und vielschichtiger, ein indirekter, aber doch gezielter *Umgang mit den liturgischen Ordnungen* beschrieben werden[148]:

Wer am Gottesdienst teilnimmt und sich insofern, wie indirekt auch immer, an dessen Gestaltung beteiligt, verhält sich im Rahmen der räumlichen und zeitlichen Gegebenheiten, dazu bestimmter Traditionen und Erwartungen. Jeder am Gottesdienst Beteiligte, auch jede interessierte Beobachterin *variiert* jedoch zugleich diese Ordnungen, indem sie individuelle Akzente setzt, eigenen Rhythmen der Beteiligung folgt und (mindestens) für sich regelmäßige Abweichungen inszeniert.

Deutlicher, aber prinzipiell nicht anders werden auch diejenigen Akteure, die einen Gottesdienst leiten, die Gegebenheiten wahrnehmen, auf deren Grundlage der Gottesdienst allererst symbolische Wirkung entfalten kann: Sie werden die räumlichen, zeitlichen, agendarischen Vorgaben beachten – und erst in diesem Rahmen eigene Akzente setzen (können). Dabei ergibt sich ihre Leitung stets in einem *Zusammenspiel*, in mehr oder weniger ausdrücklichen Verabredungen, die etwa Kantorin und Küster, Pfarrerin und Presbyter miteinander treffen, die sich aber auf die – von allen Teilnehmenden mitgeprägte – Ordnung beziehen. Von daher sind auch unter den Leitenden die Verabredungen, die man bereits gewohnt ist, erheblich wirksamer, auch prägnanter als die von Fall zu Fall getroffenen Absprachen. Der spezifische *Stil* eines liturgischen Vollzugs (vgl. *Plüss*, 244 ff.), seine prägnante Gestalt ergibt sich aus einem in hohem Maße ritualisierten Zusammenspiel verschiedener Akteure wie des Publikums – ein Zusammenspiel, das seinerseits symbolischen, nämlich darstellenden Charakter hat.

Wie sich in diesem immer schon strukturierten, und erst daraufhin auch strukturierenden Umgang mit den gegebenen Ordnungen auch neue Ordnungen der liturgischen Interaktion ergeben, die den sozialen und religiösen Wandel aufnehmen und symbolisieren, das lässt sich vielleicht besonders deutlich an der Leitung der sog. Zweitgottesdienste ablesen[149], zu denen neben »Gottesdiensten für Kirchenferne« etwa auch Krabbel- oder Segnungsgottesdienste gehören. In der Perspektive der Akteure sind bei solchen Projekten die Initiative Einzelner sowie ein eingespieltes Leitungsteam von konstitutiver Bedeutung. Aber ohne eine nachhaltige Resonanz bei den Teilnehmenden, die wiederum auf bereits vorhandene Erwartungen – und deren Irritation – beruht, und ohne die Herausbildung einer prägnanten liturgischen Gestalt, die nicht selten die Variation einer schon bestehenden Ordnung darstellt, sind solche neuen Gottesdienste nicht auf Dauer zu stellen. Es ist also auch hier die zielgerichtete *Gestaltung des Vorgegebenen*, der verantwortliche Umgang mit Erwartungen und Rollenvorgaben, der die gottesdienstlichen Interaktionsformen zu erweitern vermag und auf diese Weise – indirekt, aber nachhaltig – das allgemeine Bild der Kirche verändert.

5.5 Die geistliche Dimension kirchlicher Leitung: Religiöse Formen und theologische Reflexion

Literatur: *Schleiermacher, Friedrich:* Kurze Darstellung des theologischen Studiums (²1830), §§ 312–314, 328–334. – *Jüngel, Eberhard:* Was ist die theologische Aufgabe evangelischer Kirchenleitung?, in: ZThK 91 (1994), 189–209. – *Deuser, Hermann u. a.* (Hg.): Theologie und Kirchenleitung. FS Peter Steinacker, Marburg 2003. – *Rössler, Dietrich:* Moderation der Diskurse. Praktisch-theologische Erwägungen zu Art und Aufgabe der evang. Kirchenleitung, in: *F. Hauschildt* (Hg.), Sine vi, sed verbo, Leipzig 2005, 157–172.

In einigen Kirchenverfassungen der Nachkriegszeit, auch in der älteren kirchenrechtlichen Literatur wird dem Bischof die »geistliche Leitung« zugewiesen[150]. Damit wird ein Gegensatz zu den ›weltlichen‹, nämlich den rechtsförmigen, strukturellen oder organisatorischen Formen kirchlicher Leitung markiert, der die Debatte um jenen Begriff bis heute bestimmt. Im Unterschied zu den modernen Sachzwängen scheint »geistliche Leitung« eine *personengebundene* Vollmacht zu bezeichnen, sei es durch das (verkündigte) Wort, sei es durch seelsorgliche Begegnung. Gegenwärtig kann hier an Konzepte der »Geistlichen Begleitung« angeknüpft werden[151]: Wer geistlich leitet, weiß sich ihrerseits geleitet oder geführt; sie begründet oder motiviert eigene Entscheidungen ausdrücklich durch religiöse Erfahrung oder eine gemeinsame spirituelle Praxis[152].

Inzwischen hat sich die Gesprächslage allerdings geändert. So wird deutlicher gesehen, dass dem Presbyterium bzw. dem Kirchenvorstand hier ebenso eine Verantwortung zukommt[153]: »Geistliche Leitung« kann sich nicht auf personale Beziehungen beschränken, sondern betrifft auch die strukturellen Aspekte des kirchlichen Lebens, an denen sein eigentümliches Profil erkennbar wird – der Begriff zielt mithin auf eine bestimmte öffentliche *Wirkung*.

Nach innen wird damit des öfteren eine bestimmte *Haltung* umschrieben: eine »Offenheit für den Geist«, eine »Teilhabe am geistlichen Geschehen«[154].

Nach wie vor scheint »geistliche Leitung« vor allem ein problemanzeigender Begriff zu sein, der sich durch Abgrenzung gegenüber dem ›Weltlichen‹, dem ›Uneigentlichen‹, auch dem ›Unpersönlichen‹ definiert. Er markiert die Wahrnehmung einer kirchlichen Praxis, die entweder religiös unverbindlich und folgenlos zu bleiben scheint oder sich nicht von der allgemein bekannten Leitungspraxis unterscheidet. Die vorstehende Untersuchung der Aufgaben, Instanzen und Formen von Leitung in der Kirche hat in dieser Hinsicht ergeben, dass die gegenwärtig verbreiteten Leitungsinstrumente und -regeln auch hier in vollem Umfang Beachtung finden – spezielle Organe oder Medien einer eigentümlichen geistlichen Leitung lassen sich nicht namhaft machen. Wohl aber finden sich immer wieder bestimmte Akzente, mit denen die jeweiligen Organe und Formen einen spezifischen inhaltlichen Bezug, eine spezifische Dimension der kirchlichen Leitung erkennbar machen.

Zu dieser »geistlichen« Dimension gehört zunächst der Rekurs auf *genuin religiöse Formen*, vor allem die Formen des gottesdienstlichen Lebens (↗ 5.4.5). Zu nennen sind insbesondere die Predigt und andere Formen der Traditionsauslegung, in denen sich die »Leitung durch das Wort« auf eine Weise vollzieht, die eine weltliche Leitungspraxis nicht beschränkt oder entwertet, sondern in bestimmter Weise qualifiziert (↗ 5.3.4 (c)); 5.4.3). Zu nennen ist auch das (gemeinsame) Gebet um Klärung, wie es besonders im evangelikalen Milieu verbreitet ist, zu nennen sind seelsorgliche Formen der beruflichen Beratung und Begleitung (↗ 5.4.2) und nicht zuletzt Formen öffentlicher Auseinandersetzung, die sich explizit für das Wirken des Geistes öffnen (↗ 5.3.3 (f)); 5.4.1).

Mit seiner Rede von der »freien Geistesmacht« macht Schleiermacher darauf aufmerksam, dass eine solche religiös strukturierte Kirchenleitung sich nicht nur in geordneten, organisierten Formen vollzieht, sondern dass dazu auch religiöse Äußerungen in der Öffentlichkeit gehören (*Schleiermacher*, § 313). Eine geistliche Dimension kirchlicher Leitung kommt dann in der Gegenwart etwa publizistischen Beiträgen von Laien, aber auch von Amtspersonen in gedruckten wie in Fernseh-Formen zu, die sich – explizit oder implizit – religiöser Formen etwa des Bekenntnisses, der Predigt oder der Fürbitte bedienen.

Wenn Schleiermacher die »freie Geistesmacht« sodann in der theologischen Wissenschaft repräsentiert sieht (a. a. O., § 328), so nimmt er einen breiten Strom evangelischer Kirchentheorie auf, der auch und gerade der *Theologie* kirchenleitende Wirkung zuschreibt. Hinsichtlich der religiösen Formen kirchlicher Leitung, aber auch in ihren rechtlichen Ordnungen und organisatorischen Entscheidungen stellt die theologische Besinnung einen inhaltlichen Bezug auf die normative Überlieferung der Kirche her, der diese Tradition in ein kritisches, erhellendes und irritierendes Verhältnis zu den Anforderungen der Gegenwart setzt. Das gilt für die kirchenleitende Predigt ebenso wie für die Auslegung kirchlicher Verordnungen und die Projektierung struktureller Reformen. Auf diese Weise kann auch die Theologie »aufregend und warnend« (*Schleiermacher*, § 313) wirken; sie prüft die gegebene Praxis der Kirche, begrenzt sie und regt sie zu neuer Orientierung an (vgl. *Jüngel*).

Bedeutsam für die Kirchenleitung ist sodann der *soziale* Charakter der theologischen Reflexion. Theologie lebt von der Auseinandersetzung im Seminar, im Pastoralkolleg oder im Kollegium; diese gemeinsame Arbeit lässt Einsichten und Orientierungen für die kirchliche Leitung entstehen, die nicht einer Person oder einem bestimmten Text, sondern der »emergenten« Wirkung des (göttlichen) Geistes zugeschrieben werden können (*G. Wegner*). In solchen Auseinandersetzungen vollzieht sich eine doppelte Bewegung, die wiederum »konziliar« genannt werden kann. Zunächst artikulieren sich in der theologischen Arbeit, so ist zu hoffen, die wesentlichen *Konflikte* des kirchlichen Lebens, die zum Thema seiner Leitung werden müssen; diese Konflikte werden im Licht der Überlieferung gedeutet, vertieft und profiliert.

Sodann zielt die theologische Arbeit freilich darauf, die kirchlichen Konflikt-Diskurse auf ihre sachlichen, religiösen und sozialen Gründe hin auszulegen und sie auf diese Weise zu »moderieren« und zu vermitteln (vgl. *Rössler*). Die gemeinsame Reflexion zielt auf einen (erneuten) *Konsens*, um (wieder) eine zusammenstimmende kirchliche Praxis zu erreichen. Eine solche mitunter mühsame, mitunter überraschende Konsensbildung kann als menschliche Leistung gewürdigt werden – und zugleich als verstörende, erneuernde Wirkung des Heiligen Geistes selbst.

Anmerkungen

Kapitel 1 – Einleitung
Herausforderungen und Prinzipien einer praktisch-theologischen Kirchentheorie

1. Zu Beginn einzelner Kapitel und Abschnitte werden – in knapper, chronologisch geordneter Auswahl – diejenigen Beiträge genannt, welche die praktisch-theologische Diskussion nachhaltig prägen. Namen und Seitenzahlen im Text verweisen i.d.R. auf diese Bibliographien.
2. Eine erste Fassung der Einleitung, mit zahlreichen Literaturangaben, ist publiziert unter *Hermelink, Jan:* Kirche begreifen, in: ThLZ 135 (2010), Sp. 139–154.
3. Vgl. *Leitendes Geistliches Amt der Evang. Kirche in Hessen und Nassau:* Auftrag und Gestalt – Vom Sparzwang zur Besserung der Kirche. Theologische Leitvorstellungen für Ressourcenkonzentration und Strukturveränderung, Frankfurt/M. 1995.
4. Einen materialreichen Überblick gibt *Beckmann, Jens:* Wohin steuert die Kirche? Die evangelischen Landeskirchen zwischen Ekklesiologie und Ökonomie, Stuttgart 2007.
5. Vgl. *Lindner,* Kirche am Ort, 2000; *Pohl-Patalong,* Ortsgemeinde und übergemeindliche Dienste, 2003; *Hermelink,* Praktische Theologie der Kirchenmitgliedschaft, 2000; *Petry,* Leiten in der Ortsgemeinde, 2001; *Breitenbach,* Gemeinde leiten, 1994.
6. Vgl. *Abraham,* Evangelium und Kirchengestalt, Tübingen 2000; *Kumlehn, Martin:* Kirche im Zeitalter der Pluralisierung von Religion. Ein Beitrag zur praktisch-theologischen Kirchentheorie, Gütersloh 2000.
7. Vgl. *Bloth,* 66 ff.; *Rendtorff, Trutz:* Volkskirche in Deutschland. Eine historisch-theologische Problemskizze, in: *C. Nicolaisen* (Hg.), Deutsche und nordische Kirche im 20. Jahrhundert, Göttingen 1982, 290–317.
8. Vgl. *Barth, Thomas:* Elemente und Typen landeskirchlicher Leitung, Göttingen 1995.
9. Vgl. den Überblick bei *Pfleiderer, Georg:* Die Gemeinschaft der Gesellschaft. Ekklesiologie als Sozialontologie in den zwanziger Jahren, in: *Ders./A. Grözinger/G. Vischer* (Hg.), Protestantische Kirche und moderne Gesellschaft, Zürich 2003, 207–239.
10. Vgl. zur Diskussion bis in die 1990er Jahre *Leipold, Andreas:* Volkskirche. Die Funktionalität einer spezifischen Ekklesiologie in Deutschland nach 1945, Göttingen 1997.
11. Lange gehört zu den Autoren der Auswertung der ersten Kirchenmitgliedschafts-Untersuchung der EKD (1972), die 1974 unter dem Titel »Wie stabil ist die Kirche?« erschien (↗ 4.1.2. (b)).
12. Vgl. *Rössler, Dietrich:* Grundriss der Praktischen Theologie, Berlin/New York 1986, 58 f. 79–86.
13. Vgl. *Rössler, Dietrich:* Moderation der Diskurse. Praktisch-theologische Erwägungen zu Art und Aufgabe der evangelischen Kirchenleitung, in: *F. Hauschildt* (Hg.), Sine vi, sed verbo. Die Leitung der Kirche durch das Wort, Leipzig 2005, 157–172.
14. *Rössler,* Grundriss, a.a.O., 57.
15. *Lange, Ernst:* Die ökumenische Utopie oder Was bewegt die ökumenische Bewegung? Am Beispiel Löwen 1971: Menscheneinheit – Kircheneinheit (1972), München 1986,

247–249; vgl. auch *Ders.*, Kirche für die Welt, 209–211. – Vgl. weiterhin *Huber, Wolfgang:* Konziliarität – die Lebensform einer Kirche, die Frieden stiften will, in: *Ders.*, Der Streit um die Wahrheit und die Fähigkeit zum Frieden, München 1980, 119–147; *Cornehl, Peter:* »Das Konziliaritätsmodell ist und bleibt vielversprechend«. Zur Aktualität von Ernst Langes Kirchentheorie, in: PTh 86 (1997), 540–566, bes. 546–554.

16. *Lange,* Ökumenische Utopie, a. a. O., 310.
17. Vgl. die Skizze dieses Zusammenhangs bei *Luther, Henning:* Praktische Theologie als Kunst für alle. Individualität und Kirche in Schleiermachers Verständnis der Praktischen Theologie, in: ZThK 84 (1987), 371–393.
18. Zur Interpretation vgl. *Kunz,* 626 f. mit dem Spitzensatz: »[I]n der Kirche wird kommuniziert und nicht befohlen.« (627)
19. Vgl. *Hermelink, Jan:* Die kirchenleitende Funktion der Predigt. Überlegungen zum evangelischen Profil der Kybernetik, in: PTh 94 (2005), 462–479.
20. Einschlägig sind hier vor allem *Preul,* Kirchentheorie, a. a. O., § 5 f.; *Kumlehn,* Kirche im Zeitalter der Pluralisierung von Religion, a. a. O. (s. Anm. 6).
21. Vgl. das Vorgehen bei G. Breitenbach und H. Lindner; dazu die einschlägigen Beiträge von I. Karle sowie *Hermelink, Jan/Wegner, Gerhard* (Hg.): Paradoxien kirchlicher Organisation. Niklas Luhmanns frühe Kirchensoziologie und die aktuelle Reform der evangelischen Kirche, Würzburg 2008.
22. Vgl. *Bloth,* Praktische Theologie, a. a. O. (bei 1.2.), 63 ff.; *Pohl-Patalong, Uta:* Ortsgemeinde und übergemeindliche Arbeit im Konflikt, Göttingen 2003, 64 ff.
23. Dazu neigt nicht nur ein kirchliches Fortbildungsangebot, das sich kaum an Kirchenvorstände richtet, sondern auch ein großer Teil der literarischen Beiträge, vgl. etwa *Gärtner, Helmut* (Hg.): Leiten als Beruf. Impulse für Führungskräfte in kirchlichen Aufgabenfeldern, Mainz ²1994; *Höher, Friederike/Höher, Peter:* Handbuch Führungspraxis Kirche. Entwickeln, Führen, Moderieren in zukunftsorientierten Gemeinden, Gütersloh 1999; *Abromeit, Hans-Jürgen/Classen, Claus Dieter u. a.* (Hg.): Leiten in der Kirche. Rechtliche, theologische und organisationswissenschaftliche Aspekte, Frankfurt/M. 2006.

Kapitel 2 – Systematische Perspektiven

1. WA 50, 250 (Schmalkaldische Artikel (1537) III, 6); auch in BSLK, 489; vgl. auch WA 50, 624 (Von den Konziliis) = *Bornkamm/Ebeling,* Bd. 5, 182 f.
2. WA 2, 430; vgl. prägnant auch WA 42, 334: »Ecclesia enim est filia, nata ex verbo, non est mater verbi.«
3. WA 50, 624 f. (Von den Konziliis) = *Bornkamm/Ebeling,* Bd. 5, 182 f.; BSLK, 656 f. (Großer Katechismus), vgl. zum Ganzen *Wendebourg,* 405.
4. WA 6, 297 (Von dem Papsttum zu Rom); vgl. zum Folgenden *Härle, Wilfried:* Sichtbare und verborgene Kirche, in: *F. Schulz/H. Dickel* (Hg.), Vernünftiger Gottesdienst, Göttingen 1990, 243–255.
5. Vgl. WA 50, 628–642 (Von den Konziliis) = *Bornkamm/Ebeling,* a. a. O., 188–207. Vgl. zur systematischen Diskussion *Neebe, Gudrun:* Apostolische Kirche. Grundunterscheidungen an Luthers Kirchenbegriff unter besonderer Berücksichtigung seiner Lehre von den notae ecclesiae, Berlin / New York 1997, 95–116, 222–234.
6. Vgl. *Neebe,* Apostolische Kirche, 222–226.
7. *Rössler,* Grundriss der Praktischen Theologie, 245. Vgl. zum Folgenden *Rössler, Diet-*

rich: Der Kirchenbegriff der Praktischen Theologie, in: *D. Lührmann/G. Strecker,* (Hg.), Kirche. FS G. Bornkamm, Tübingen 1980, 465–470; *Preul,* Kirchentheorie, 72–88; *Wenz, Gunther:* Theologie der Bekenntnisschriften der evangelisch-lutherischen Kirche. Eine historische und systematische Einführung in das Konkordienbuch, Bd. 2, Tübingen 1998, 237 ff.
8. Vgl. die Argumentation bei *Härle, Wilfried:* Dogmatik, Berlin / New York 1995, 538–540.
9. Vgl. *Preul,* a. a. O., 85–88 und besonders *Rössler,* Kirchenbegriff.
10. Vgl. *Goertz, Harald:* Allgemeines Priestertum und ordiniertes Amt bei Luther, Marburg 1997; knapp zusammengefasst bei *Ders.:* Art. »Allgemeines Priestertum«, in: RGG[4] 1, 1998, 315–316.
11. Predigt vom Montag nach Invokavit (10. 3.) 1522; WA 10 III, 15; zit. nach: *Bornkamm, Karin/Ebeling, Gerhard* (Hg.): Martin Luther. Ausgewählte Schriften, Bd. 1: Aufbruch zur Reformation, Frankfurt am Main 1983, 278.
12. A. a. O., 278 f.
13. Vgl. den von Melanchthon für die kursächsische Visitation verfassten »Unterricht der Visitatoren« (1528), dazu Luthers Vorrede: WA 26, 195–201 = *Bornkamm/Ebeling,* Bd. 5, 83–89; daraus die folgenden Zitate.
14. Institutio IV,1 (Überschrift), vgl. 1,4 u. ö. – die folgenden Abschnittsangaben im Text beziehen sich auf die Institutio von 1559, Buch IV.
15. *Kreck, Walter:* Grundfragen der Ekklesiologie, München 1981, 35.
16. Ordonannces, 239; vgl. Institutio IV,3,5–9; zum Folgenden auch *Weinrich,* 5 f.
17. Institutio, 3.6; vgl. Ordonannces, 239 f.: »Ihre Aufgabe ist es, sowohl in der Öffentlichkeit wie gegenüber Einzelnen das Wort Gottes zu verkünden: zu lehren, zu ermahnen, zurechtzuweisen und zu tadeln. Sie sollen aber auch die Sakramente verwalten und zusammen mit den Ältesten […] die brüderlichen Zurechtweisungen vornehmen.«
18. Vgl. Ordonannces, 244–249; vgl. *Jehle, Frank:* Die Ordonnances Ecclésiatiques de l'Eglise des Genève von (1541 und) 1561. Ein reformierter Beitrag zur Kirchenorganisation und Ämterfrage heute (2001), 6–8 (im Internet unter: *www.frankjehle.ch/ Dateien/2001_OEEG_Kirchenorganisation_und_Aemterfrage.pdf*).
19. Vgl. Institutio IV,3,9; Ordonnances, 256–259.
20. Vgl. Ordonnances, 254 f.; die folgenden Zitate ebd.
21. Ordonannces, 254: »Leur office est de prendre garde sur la vie d'un chacun.«
22. Vgl. nur *Dinkel, Christoph/Preul, Reiner:* Art. »Synode III. Reformation bis zur Gegenwart«, in TRE 37, 2001, (559–582) 573 f.
23. Die Frage, wie verbindlich die Beschlüsse solcher Gremien für die einzelne Gemeinde sind, wird in den diversen reformierten Bekenntnisschriften sehr unterschiedlich beantwortet; vgl. *Rohls, Jan:* Theologie reformierter Bekenntnisschriften, Göttingen 1987, 299 f.
24. *Rohls,* a. a. O., 300.
25. Vgl. *Reuter, Hans-Richard:* Der Begriff der Kirche in theologischer Sicht, in: *Ders.,* Botschaft und Ordnung. Beiträge zur Kirchentheorie, Leipzig 2009, 13–55, bes. 33 ff.
26. Kirche im Leben der Gegenwart, 108. Zu dieser religions- und kirchenpraktischen Zuspitzung von Troeltschs Denken vgl. auch *Rendtorff, Trutz:* Art. »Troeltsch, Ernst«, in: TRE 34, 2002, (130–143) 132 f.
27. Vgl. die Übersicht über Troeltschs Diagnosen bei *Fechtner, Kristian:* Volkskirche im neuzeitlichen Christentum. Die Bedeutung Ernst Troeltschs für eine künftige praktisch-theologische Theorie der Kirche, Gütersloh 1995, 28 ff.

28. Vgl. besonders Protestantisches Christentum, 206 ff., 474 ff.; und die Einleitung zu KGA 7.
29. Religion und Kirche (1895), in: GS 2, (146–182) 180.
30. Vgl. Religiöser Individualismus, 113 f., 120.
31. Soziallehren, 967; eine Skizze der drei Typen etwa bei *Fechtner*, Volkskirche, 81 ff.
32. Zur Methodologie der Typologien vgl. *Fechtner*, a. a. O., 79 f.; *Ders.*, »Subjektivierung«, 197 f.
33. Religion und Kirche, 148.
34. Zum Folgenden vgl. Soziallehren, 980–983; dazu etwa Religiöser Individualismus, 112 f.; Kirche im Leben der Gegenwart, 95 f.; auch *Fechtner*, Volkskirche, 81 ff.
35. Kirche im Leben der Gegenwart, 99.
36. Religiöser Individualismus und Kirche, 132, vgl. a. a. O., 126 ff.; Kirche im Leben der Gegenwart, 106 f.
37. Religion und Kirche, 175.
38. Vgl. zu dieser Denkfigur *Anselm*, 217 f.
39. Vgl. nur a. a. O., 121 ff.; Kirche im Leben der Gegenwart, 101 f. – dort auch das folgende Zitat.
40. Vgl. auch *Fechtner*, »Subjektivierung«, 205; dazu auch die Weiterführung bei *Ders.*: Kirche und Gesellschaft, in: *W. Gräb/B. Weyel* (Hg.), Handbuch Praktische Theologie, Gütersloh 2007, 89–100.
41. Vgl. *Hauschild, Wolf-Dieter*: Zur Erforschung der Barmer Theologischen Erklärung von 1934, in: ThR 51 (1986), 130–165, hier 131 f.; *Stein, Albert*: Der Stellenwert von »Barmen« und »Dahlem« für die Entwicklung von Theorie und Praxis der evangelischen Kirchenverfassung, in: *W.-D. Hauschild* u. a. (Hg.), Die lutherischen Kirchen und die Bekenntnissynode von Barmen, Göttingen 1984, 186–205; *Burgsmüller, Alfred* (Hg.): Kirche als »Gemeinde von Brüdern« (Barmen III), Bd. 1: Vorträge vor dem Theologischen Ausschuss der EKU, Gütersloh 1980 – Bd. 2: Votum des Theologischen Ausschusses der Evang. Kirche der Union, Gütersloh 1981.
42. *Hauschild*, Zur Erforschung, a. a. O., 151.
43. *Barth*, Offenbarung, 162, vgl. das a. a. O., 158–160 entfaltete militärische Modell des Verhältnisses von Offenbarung, Schrift, Kirche und dem aktuellen Bekenntnis.
44. *Barth*, Offenbarung, 173; vgl. *Ders.*, »Quousque tandem …« (1930), in: Karl Barth Gesamtausgabe III. Vorträge und kleinere Arbeiten 1925–1930, hg. v. *H. Schmidt*, Zürich 1994, 521–535, bes. 531 f.
45. Vgl. *Barth*, Offenbarung, 166 f.; dort auch die folgenden Zitate im Text.
46. »Die Kirche hat keine eigene Einsicht, sie lebt von dem, was ihr gesagt ist. Die Kirche hat also keine eigenen Pläne und Programme, sondern sie wartet immer wieder auf das, was ihr befohlen werden wird. Die Kirche hat kein Thema, sondern sie hat einen Herrn und die Boten, die ihr seinen Willen ausrichten.« (Offenbarung, 174).
47. Vgl. *Burgsmüller/Weth*, 53: »Wir meinen, dass in der christlichen Gemeinde eine bischöfliche Verfassung und eine presbyteriale Verfassung sein *kann*. […] Keine der möglichen Verfassungen garantiert christlichen Brauch und christliches Leben. Vielmehr sollen Verfassungen der Kirche der Versuch sein, ein Zeichen aufzurichten, welches der Welt deutlich macht, was der Herr sagt: ›So soll es unter euch nicht sein‹.«
48. »Staat ist Herrschaft, Kultur ist Herrschaft, auch die beste und reinste Entfaltung menschlichen Wesens ist Herrschaft.« (*Barth*, a. a. O., 172).
49. Vgl. *Hünermann, Peter*: Volk Gottes – katholische Kirche – Gemeinde. Dreiheit und

Einheit in der Ekklesiologie des Zweiten Vatikanischen Konzils, in: ThQ 175 (1995), 32–45.
50. Vgl. *Miggelbrink*, 55 f.; auch die Liturgiekonstitution des II. Vatikanums (SC 2).
51. Vgl. neben LG 1,1 etwa LG 9,3: »sacramentum visibile huius salutiferae unitatis«, LG 48; dazu vgl. *Miggelbrink*, 57 ff.; *Pesch*, 161 ff., bes. 172 f.; *Kirschner*, 399 f.
52. »So verlässlich, wie der Empfänger im Sakrament der Gnade Gottes begegnet, [...] so begegnet das Kirchenglied in der Kirche objektiv dem Gnadenangebot und der Gnadenzusage Gottes« (*Pesch*, 166).
53. Vgl. *de Wall, Heinrich/Muckel, Stefan:* Kirchenrecht, Ein Studienbuch, München 2009, 114 ff. mit Bezug auf den Codex Iuris Canonici (CIC) von 1983.
54. Vgl. a. a. O., 116–118.
55. Vgl. a. a. O., 134–136.
56. Es ist am Besten greifbar in den Aufsatzbänden »Erfahrbare Kirche« (1990) und »Kirche – Geschöpf und Werkzeug des Evangeliums« (2010). Eine knappe dogmatische Skizze stellt der Beitrag »Kirche. Die evangelische Sicht« dar (a. a. O., 47–58).
57. Herms' Ekklesiologie wird praktisch-theologisch vor allem von *Preul*, Kirchentheorie (1997) rezipiert. Außerdem hat Herms die »Grundsätze für die Ausbildung und Fortbildung von Pfarrerinnen und Pfarrern der Gliedkirchen der EKD« (1988) mitverfasst, die ihrerseits das landeskirchliche Amtsverständnis wie die Curricula der theologischen Ausbildung bis heute prägen.
58. So der Untertitel des von Herms und W. Härle verfassten Bandes »Rechtfertigung«, Göttingen 1980.
59. Herms' ekklesiologische Basisskizze von 2005 will darum nichts anderes, als die Einsichten jenes Lehrtextes »Die Kirche Jesu Christi« (1994) »zusammen[zu]fassen« (Kirche – Geschöpf, 47 f.).
60. Vgl. zum Gottesdienst vor allem *Herms*, Kirche für die Welt, 318 ff.
61. Vgl. a. a. O., 311 ff.; ausführlicher: Erfahrbare Kirche, 209 ff.
62. Vgl. *Herms*, Was heißt es, 94 ff.; das folgende Zitat a. a. O., 97.
63. Vgl. zum Folgenden besonders »Was heißt ›Leitung‹ in der Kirche?«, in: Erfahrbare Kirche, 80–101.
64. Vgl. zu dieser Unterscheidung a. a. O., 81–83; Kirche – Geschöpf, 221 ff.
65. Vgl. a. a. O., 97 ff.
66. Kronzeugen sind vor allem M. Luther, D. Bonhoeffer und die BTE; vgl. dazu etwa *Huber, Wolfgang,* Die wirkliche Kirche. Das Verhältnis von Botschaft und Ordnung als Grundproblem evangelischen Kirchenverständnisses im Anschluss an die III. Barmer These, in: *A. Burgsmüller* (Hg.), Kirche als Gemeinde von Brüdern, Bd. 1, Gütersloh 1983, 249–277.
67. Vgl. Kirche, 181 ff.; Kirche in der Zeitenwende, 223 ff.
68. Vgl. nur *Ders.:* Öffentliche Kirche in pluralen Öffentlichkeiten, in: EvTh 54 (1994), 157–180; *Ders.:* Kirche in der Zeitenwende, 102 ff.
69. Kirche in der Zeitenwende, 152 f.
70. A. a. o., 158.
71. Kirche in der Zeitenwende, 10, 31 ff. u. ö.
72. Vgl. den Untertitel von *Huber,* Der christliche Glaube. Eine evangelische Orientierung (2008).
73. Kirche in der Zeitenwende, 114; das letzte Zitat: Kirche für das 21. Jahrhundert, 156.
74. Der christliche Glaube, 148. Zum »Mentalitätswandel« vgl. etwa *Huber,* Evangelisch im 21. Jahrhundert, 9.

75. Vgl. zum Folgenden *Huber, Wolfgang:* Theologie und Kirchenleitung, in: ZThK 102 (2005), 409–418, dort auch die Zitate im obigen Text.
76. Vgl. *Joas, Hans/Knöbl, Wolfgang:* Sozialtheorie. Zwanzig einführende Vorlesungen, Frankfurt/M. 2004.
77. Zur theologischen Rezeption von Luhmanns Soziologie vgl. *Dallmann, Hans-Ulrich:* Die Systemtheorie Niklas Luhmanns und ihre theologische Rezeption, Stuttgart 1994; *Thomas, Günter/Schüle, Andreas* (Hg.): Luhmann und die Theologie, Darmstadt 2006.
78. *Nassehi, Armin:* Eliten als Differenzierungsparasiten. Skizze eines Forschungsprogramms, in: R. Hitzler (Hg.), Elitenmacht, Wiesbaden 2004, 25–42.
79. A. a. O., 29. 32.
80. Vgl. *Nassehi,* Soziologie, 28 ff., bes. 40 f. 45 f.
81. Vgl. *Luhmann, Niklas:* Soziale Systeme, Frankfurt/M. 1984, 194 ff.
82. *Nassehi, Armin:* Soziologen: Eingeborene unter Eingeborenen, in: *U. Schimank/N. M. Schöneck* (Hg.), Gesellschaft begreifen, Frankfurt/M. 2008, 169–177, hier 178. 179.
83. Vgl. *Hermelink/Wegner;* ein Überblick bei *Strack, Helmut:* Alles Organisation – oder was? Kirche im Spannungsfeld von Bewegung, Institution und Organisation, in: PTh 97 (2008), 372–383.
84. *Hauschildt, Eberhard:* Organisation der Freiheit. Evangelisch Kirche sein verändert sich (Referat auf der EKD-Synode 2007, Dresden), www.ekd.de/download/07-11-19-Hauschildt_Organisation_der_Freiheit_(2).pdf, 3; vgl. auch Ders.: Hybrid evangelischer Großkirche vor einem Schub an Organisationswerdung. Anmerkungen zum Impulspapier »Kirche der Freiheit« des Rates der EKD, in: PTh 96 (2007), 56–66.
85. Vgl. *Hermelink, Jan:* Martin Schian, in: *C. Grethlein/M. Meyer-Blanck* (Hg.), Geschichte der Praktischen Theologie, Leipzig 2000, 279–330, bes. 301 ff.
86. Vgl. etwa *Bormann, Günther/Bormann-Heischkeil, Sigrid:* Theorie und Praxis kirchlicher Organisation. Ein Beitrag zum Problem der Rückständigkeit sozialer Gruppen, Opladen 1971; *Roosen, Rudolf:* Die Kirchengemeinde, Berlin / New York 1997, 382 ff.; ↗2.4.1 (Eilert Herms).
87. Vgl. *Barth, Karl:* »Quousque tandem ...« (1930), in: Karl Barth Gesamtausgabe III. Vorträge und kleinere Arbeiten 1925–1930, hg. v. *H. Schmidt,* Zürich 1994, 521–535.
88. Vgl. zusammenfassend: *Gabriel, Karl:* Modernisierung als Organisierung von Religion, in: *M. Krüggeler/K. Gabriel/W. Gebhardt* (Hg.), Institution – Organisation – Bewegung. Sozialformen der Religion im Wandel, Opladen 1999, 19–37.
89. *Herms, Eilert:* Religion und Organisation. Die gesamtgesellschaftliche Funktion von Kirche aus der Sicht der evang. Theologie (1988), in: Ders., Erfahrbare Kirche, Tübingen 1990, (49–79) 65.
90. Vgl. *Preul,* Kirchentheorie, 6.
91. *Herms, Eilert:* Kirche – Geschöpf und Werkzeug des Evangeliums, Tübingen 2010, 225.
92. *Luhmann,* Religion der Gesellschaft, 240. 248 f.; vgl. auch – mit Bezug auf den EKD-Reformprozess – *Tyrell, Hartmann:* Religion und Organisation. Sechs kirchensoziologische Anmerkungen, in: *Hermelink/Wegner,* Paradoxien, 179–204.
93. Vgl. *Nassehi,* Die Organisationen der Gesellschaft; Ders., Soziologie, 81 ff. (Fünfte Vorlesung).
94. Vgl. *Luhmann, Niklas:* Organisation und Entscheidung, Wiesbaden ²2006, 132 ff.
95. *Nassehi, Armin:* Eliten als Differenzierungsparasiten. Skizze eines Forschungsprogramms, in: R. Hitzler (Hg.), Elitenmacht, Wiesbaden 2004, (25–42) 32. 38.
96. Vgl. zum Folgenden *Luhmann, Niklas:* Die Organisierbarkeit von Religionen und Kirchen, in: *J. Woessner* (Hg.), Religion im Umbruch, Stuttgart 1972, (245–285) 259 f.,

dort auch die folgenden Zitate; vgl. *Hermelink, Jan:* Zwischen religiöser Kommunikation und organisationalem Entscheiden, in: *Ders./G. Wegner* (Hg.), Paradoxien, (205–235) 224 ff.

97. Vgl. zuletzt etwa *Wendebourg, Dorothea/Brandt, Reiner* (Hg.): Traditionsaufbruch. Die Bedeutung der Pflege christlicher Institutionen für Freiheit, Gewissheit und Orientierung in der pluralistischen Gesellschaft. Eine Studie des Theol. Ausschusses der VELKD, Hannover 2001. Auch R. Preuls Ausführungen über die »Kirche als Institution in der modernen Gesellschaft« kommen mit einer sehr allgemeinen Definition aus, vgl. *Preul,* Kirchentheorie, 128 ff.
98. Vgl. *Hauschildt, Eberhard:* Hybrid evangelischer Großkirche vor einem Schub an Organisationswerdung, in: PTh 96 (2007), 56–66.
99. Vgl. *Marsch, Wolf-Dieter:* Das Institutionen-Gespräch in der evangelischen Kirche, in: *H. Schelsky* (Hg.), Zur Theorie der Institution, 127–139.
100. *Gehlen, Arnold:* Urmensch und Spätkultur, Bonn 1956, 50; zit. nach *Rössler,* Grundriss, 413; vgl. auch das Referat bei *Marsch,* Institution, 118–120.
101. *Rössler, Dietrich:* Die Institutionalisierung der Religion, in: *Lohff/Mohaupt,* (41–69) 67.
102. Zit. nach *Marsch, Wolf-Dieter:* Art. »Institution«, in: RGG³, Bd. 3, 1959, (783–785) 784.
103. Zit. nach *Marsch,* Das Institutionen-Gespräch, a. a. O., 131. 132.
104. *Schelsky, Helmut:* Zur soziologischen Theorie der Institution, in: *Ders.,* Theorie, (9–26) 25 f.
105. *Schelsky, Helmut:* Ist die Dauerreflexion institutionalisierbar? Zum Thema einer modernen Religionssoziologie, in: ZEE 1 (1957), 153–174.
106. *Rendtorff, Trutz:* Das Problem der Institution in der neueren Christentumsgeschichte, in: *Schelsky,* Zur Theorie, (141–153) 152.
107. *Huber, Wolfgang:* Kirche (1979), München ²1988, 43.
108. *Lange, Ernst:* Überlegungen zu einer Theorie kirchlichen Handelns, in: *Ders.,* Kirche für die Welt, München/Gelnhausen 1981, (197 ff.) 199; dort auch die folgenden Zitate. Zum Kontext ↗ 1.3.
109. Vgl. zu dieser Debatte *Leipold, Andreas:* Volkskirche. Die Funktionalität einer spezifischen Ekklesiologie in Deutschland nach 1945, Göttingen 1997; *Huber, Wolfgang/ Schröer, Henning:* Art. »Volkskirche«, in: TRE 35, 2003, 249–262.
110. Vgl. zu diesem Grundgedanken *Rendtorff,* Das Problem der Institution, a. a. O., 144 ff.; *Ders.:* Theologische Probleme der Volkskirche, in: *Lohff/Mohaupt,* (104–131) 118 ff.
111. Vgl. *Luhmann, Niklas:* Soziale Systeme, Frankfurt/M. 1984, 560 ff.; *Kieserling, André:* Kommunikation unter Anwesenden. Studien über Interaktionssysteme, Frankfurt/M. 1999; *Nassehi,* 68 ff.
112. Vgl. etwa *Nassehi, Armin/Saake, Irmhild:* Die Religiosität religiöser Erfahrung. Ein systemtheoretischer Kommentar zum religionssoziologischen Subjektivismus, in: PTh 93 (2004), 64–81.
113. *Luther, Martin:* Vorrede zu: Deutsche Messe und Ordnung Gottesdiensts (1526, WA 19, 72 ff.); zit. nach Luther, Ausgew. Schriften, hg. v. *K. Bornkamm/G. Ebeling,* Bd. 5, Frankfurt/M. 1982, (74 ff.) 78. 75.
114. *Josuttis,* a. a. O., 72. Die These wird weiter entfaltet bei *Josuttis,* Volkskirche, 34 ff. 51 f.
115. *Josuttis,* Volkskirche, 35; die folgenden Zitate a. a. O., 36.
116. A. a. O., 9; vgl. *Josuttis, Manfred:* Kirche auf dem Markt – Ausverkauf oder Geistbega-

bung, in: *Ders.*, Wirklichkeiten der Kirche. Zwanzig Predigten und ein Protest, Gütersloh 2003, 125–145, bes. 125 f.
117. Vgl. *Karle*, 199 ff.; *Dies.*: Der Pfarrberuf als Profession. Eine Berufstheorie im Kontext der modernen Gesellschaft, Gütersloh 2001.
118. Vgl. *Josuttis*, Volkskirche, 184: »Geistliche, personelle und finanzielle Gaben werden ausgetauscht werden. Zusammengehörigkeiten konfessioneller, regionaler und operativer Art werden selbstverständlich […] organisiert.« – Noch differenzierter beurteilt *Karle*, 89 ff. die »Organisationsfähigkeit des Christentums«.
119. Zitate aus *Kirchenamt der EKD* (Hg.): Kirche der Freiheit. Ein Impulspapier des Rates der EKD, Hannover 2006, 49. 53. 85.
120. Das betont zuletzt auch *Nüchtern, Michael:* Kirche evangelisch gestalten, Heidelberg 2008, 14 f.: »Zeugnisorientierung«.
121. *Schleiermacher, Friedrich:* Der christliche Glaube, § 127.3.
122. Vgl. a. a. O., § 123 bzw. *Ders.*: Kurze Darstellung des Theologischen Studiums, § 313; ↗ 1.4.
123. Vgl. *Lange, Ernst:* Die ökumenische Utopie, München 1986, bes. 298 ff.; ↗ 1.3.
124. Vgl. *Dinkel, Christoph:* Was nützt der Gottesdienst? Eine funktionale Theorie des evangelischen Gottesdienstes, Gütersloh 2000, 168 ff. (Kapitel IV).
125. Vgl. zum Folgenden *Nassehi, Armin:* Die Organisationen der Gesellschaft. Skizze einer Organisationstheorie in gesellschaftstheoretischer Absicht, in: *J. Allmendinger/Th. Hinz* (Hg.), Organisationssoziologie, Sonderheft 42 der KZSS, Wiesbaden 2002, (443–478) 460 ff.
126. Vgl. etwa *Grözinger, Albrecht:* Der Gottesdienst als Kunstwerk, in: PTh 81 (1992), 443–453; *Meyer-Blanck, Michael:* Inszenierung des Evangeliums. Ein kurzer Gang durch den Sonntagsgottesdienst nach der Erneuerten Agende, Göttingen 1997; *Gräb, Wilhelm:* Der inszenierte Text. Erwägungen zum Aufbau ästhetischer und religiöser Erfahrung in Predigt und Gottesdienst, in: IJPT 1 (1997), 209–226; *Kabel, Thomas:* Liturgische Präsenz. Zur praktischen Inszenierung des Gottesdienstes, Gütersloh 2002; zuletzt *Klie, Thomas:* Fremde Heimat Liturgie. Ästhetik gottesdienstlicher Stücke, Stuttgart 2010. Vgl. zum Ganzen *Roth, Ursula:* Die Theatralität des Gottesdienstes, Gütersloh 2006, 129 ff.: »Liturgische Inszenierung«.
127. So bei *Grözinger*, a. a. O., bei *Meyer-Blanck*, a. a. O. wie bei *Gräb*, a. a. O.
128. Vgl. die eindrückliche Skizze bei *Claussen, Johann Hinrich:* Die offene Tür, in: *Ders.*, Zurück zur Religion. Warum wir vom Christentum nicht loskommen, München 2006, 19–23.
129. *Claussen*, Zurück zur Religion, a. a. O., 170, vgl. 145 ff.: »Bewahren oder Aufgeben«.
130. *Dinkel, Christoph:* Was nützt der Gottesdienst?, Gütersloh 2008, 168 ff.
131. Vgl. die Entfaltung dieses Gedankens anhand der Geschichte der praktisch-theologischen Kirchentheorie bei *Hermelink, Jan:* Praktische Theologie und Kirche, in: *Chr. Grethlein/H. Schwier* (Hg.), Praktische Theologie. Eine Theorie- und Problemgeschichte, Leipzig 2007, (399–455) 450 f.

Kapitel 3 – Historische Organisationstypen

1. Verfassung der Evang.-Luth. Landeskirche Hannovers, Art. 23 (1), hier zit. nach *Kraus, Dietrich* (Hg.), Evangelische Kirchenverfassungen in Deutschland, Berlin 2001, 286. In der Sache ähnlich formuliert das römisch-katholische Kirchenrecht: »Eine Pfarrei ist

eine bestimmte Gemeinschaft von Gläubigen, die in einer Teilkirche auf Dauer errichtet ist und deren Seelsorge unter der Autorität des Diözesanbischofs einem Pfarrer als ihrem Hirten anvertraut wird« (Codex Iuris Canonici von 1983, can. 515 § 1; zit. nach *Paarhammer, Hans/Winkler, Eberhard*: Art. »Pfarrei«, in: TRE 26, (1996, [337–350] 341).
2. Vgl. *Holtz*, Parochie, 4–14; im Detail auch *Stutz, Ulrich*: Art. »Pfarre, Pfarrer«, in: RE³ 15, 1904, 239–252.
3. »... dass eine jede Kirche eine Umgrenzung habe, aus welchen Häusern/Höfen sie den Zehnten empfängt«: Capitula ecclesiastica (810-813), cap. 10; zit. nach *Stutz*, Art. »Pfarre, Pfarrer«, a.a.O., 242.
4. »in genaue und je gesonderte Parochien, um für das Heil der Seelen Sorge zu tragen«: Sess XXIV can. 13 des Tridentinums, hier zitiert nach *Holtz*, 19.
5. *Sperling*, Parochialprinzip, 384 ff., verweist auf »Lockerungen« jenes Prinzips durch mögliche Umgemeindung und ein Dimissoriale (Abmeldung) für Amtshandlungen. Gottesdienstbesuch, Seelsorge und erst recht ehrenamtliche Mitarbeit sind ohnehin nicht – mehr! – an eine ortsgemeindliche Zuordnung gebunden.
6. Vgl. *de Wall, Heinrich / Muckel, Stefan*: Kirchenrecht, München 2009, 266 f.
7. Nicht selten engagieren sich für Unterhalt oder Wiederherstellung der Kirche auch Nichtmitglieder in hohem Maße; vgl. *Neugebauer, Grietje*: Wiederherstellung der symbolischen Mitte des Ortes, in: PrTh 44 (2009), 57–66.
8. *Pohl-Patalong*, 27. 30 u. ö., vgl. 25–33.
9. Die »Parochialstruktur vermeidet die in der Moderne üblich gewordenen Spezifikationen [...]. Die Parochie reproduziert immer auf's Neue die Frage, ob das Prinzip der Jedermann-Inklusion in der Kirche durchsetzbar ist.« (*Lehmann, Maren*: Einleitung, in: *Dies.*, Parochie, [7–16] 11 f.).
10. Vgl. dazu die Beiträge von Michael Lehmann, M. Kilian und A. Noack in *Lehmann*, Parochie.
11. W. Maurer erinnert in diesem Zusammenhang daran, dass auch die Confessio Augustana auf dem Reichstag von 1529 nicht von Theologen oder Gemeinden, sondern von den evangelischen Fürsten präsentiert wurde (Die Entstehung des Landeskirchentums in der Reformation, in: *Ders.*, Die Kirche und ihr Recht, Göttingen 1976, 135–144, bes. 136 f.).
12. Hier zitiert nach *Huber, Ernst R. / Huber, Wolfgang* (Hg.): Staat und Kirche im 19. und 20. Jahrhundert. Dokumente zur Geschichte des deutschen Staatskirchenrechts, Band I, Berlin 1973, 3–10. Vgl. *Link, Christian*: Art. »Preußisches Allgemeines Landrecht«, in: RGG⁴ 6, 2003, 1639 f.
13. Vgl. ALR §§ 435 ff., abgedruckt bei *Huber/Huber*, a.a.O., 10 f.
14. Vgl. Kirche der Freiheit, 2006, 94 f.
15. »Es gilt zu prüfen, auf welchem Wege die kirchlichen Lebensverhältnisse mit Hilfe größerer finanzieller Solidarität einander angenähert werden können.« (Kirche der Freiheit, 94).
16. Vgl. *Herms, Eilert*: Was heißt es, im Blick auf die EKD von Kirche zu sprechen?, in: W. Härle / R. Preul (Hg.), Kirche, Marburg 1996, 83–119.
17. Vgl. *Josuttis, Manfred*: »Unsere Volkskirche« und die Gemeinschaft der Heiligen, Gütersloh 1997, 34 ff.
18. »Im Vereinswesen artikuliert sich der Wille der bürgerlichen Gesellschaft zur Mitgestaltung des Öffentlichen, was bis zum Ende des Absolutismus allein Sache der Obrigkeit gewesen war. [...] Die sich durch die Beschränkung der staatlichen Aufgaben

ergebenden Freiräume nutzen die stadtbürgerlichen Mittelschichten zur Durchsetzung ihrer Ziele und Interessen, wobei die Vereinsstruktur zugleich der Erprobung und Einübung demokratischer Verfahrensformen und der Durchsetzung bürgerlicher Emanzipations- und Partizipationsansprüche dient.« (*Häusler*, 640).

19. *Greschat, Martin:* Die Vorgeschichte der Inneren Mission, in: *U. Röper / C. Jüllig* (Hg.), Die Macht der Nächstenliebe, Berlin 1998, (46–57) 55.
20. Aus dem Programm des Protestantenvereins, zit. nach *Reeken*, 45.
21. Vgl. zu Sulzes Reformkonzept *Knospe, Gottfried:* Emil Sulze und sein Gemeindeideal in zeitgenössischer und reformatorischer Sicht, in: *Ev.-luth. Kirchenamt Sachsens* (Hg.), Verantwortung, Berlin/Leipzig 1964, 105–121; *Lorenz, Wolfgang:* Kirchenreform als Gemeindereform – dargestellt am Beispiel Emil Sulze, Diss. masch. Berlin 1981; zuletzt *Reeken*, 47–51. Reeken (a. a. O., 68) macht auf zahlreiche Vorläufer von Sulzes Ideen aufmerksam: Er »bündelte Problemdiagnosen und Lösungsansätze, die ohnehin schon in der kirchlichen Luft lagen und sich aus zwei [...] Entwicklungen speisten: dem voranschreitenden Entkirchlichungsprozess und der trotz dieses Prozesses wachsenden Arbeitsbelastung der Pfarrerschaft in größeren, vor allem städtischen Gebieten.«
22. Vgl. *Schian*, Kirchengemeinde; zur Gemeindebewegung im Ganzen *Möller, Christian:* Lehre vom Gemeindeaufbau, Bd. I, Göttingen 1987, 138–148.
23. Erst um 1900 wird die Stellung der Pfarrer, die bislang zwischen »pastor primarius«, »pastor secundus« und/oder pastoralem »Diakon« deutlich unterschieden war, rechtlich und finanziell vereinheitlicht.
24. *Knospe*, Emil Sulze, a. a. O., 109.
25. Zu den überlieferten Bekenntnissen lässt Sulze große Distanz erkennen, vgl. *Knospe*, a. a. O., 106 ff.
26. Vgl. die detaillierte Beschreibung für Bremen, Oldenburg und Hannover bei *Reeken*, 51–68.
27. Vgl. etwa die Verfassungsurkunde für die Evangelische Kirche der altpreußischen Union (1922), Art. 4: »(1) Die Kirche baut sich aus der Gemeinde auf. (2) Die Kirche soll auf allen Stufen ihres Aufbaus der Gemeinde dienen [...]. (3) Die Kirchengemeinde hat als Gemeinschaft des Gottesdienstes, der Seelsorge und der Liebestätigkeit [...] den Beruf, evangelischen Glauben und christliches Leben zu wecken und zu pflegen.« (zit. nach *Kraus, Dieter* (Hg.): Evang. Kirchenverfassungen in Deutschland, Berlin 2001, 937).
28. Vgl. das Resumé bei *Reeken*, 69 f.: »Das entscheidende Problem aber für die Gemeindereformbewegung war, dass das Volkskirchenkonzept durch die gesellschaftliche Modernisierung massiv in Frage gestellt war. Die Kirchen befanden sich in einer Umbruchssituation, in der unklar war, ob [...] nicht [...] dem Anspruch auf Vertretung des ganzen protestantischen Volkes entsagt werden musste. So schwanken die Versuche zur Reform der Gemeinde denn auch zwischen zwei Zielgruppen: allen formalen Gemeindegliedern auf der einen, einem Milieukern auf der anderen Seite. In der Praxis allerdings neigte sich die Waage eindeutig in Richtung der letzteren Schale.«
29. *Lange, Ernst:* Chancen des Alltags (1965), Gelnhausen ²1984, 300 ff.
30. *Lange, Ernst:* Die Schwierigkeit, Pfarrer zu sein (1972); in: *Ders.*, Predigen als Beruf, München ²1982, (142–166) 153.
31. Vgl. *Josuttis, Manfred,* »Unsere Volkskirche« und die Gemeinde der Heiligen, Gütersloh 1997, 34–36. Josuttis markiert die Kompensationsfunktion des »parochialen Milieus«: »Wer nicht zum ›Rotlicht‹-Milieu gehört, wer nicht singen kann oder sportlich aktiv

sein will, wer kein Junggeselle, Skatbruder oder Schützenbruder ist, der findet in der Kirchengemeinde immer noch soziale Kontakte.« (a. a. O., 36).
32. Vgl. *Lindner, Herbert:* Kirche am Ort. Eine Gemeindetheorie, Stuttgart u. a. 1994, 324 f.
33. *Schulz, Claudia/Hauschildt, Eberhard u. a.:* Milieus praktisch, Göttingen 2008, 75 ff.
34. Vgl. Kirche in der Vielfalt der Lebensbezüge, Bd. 1, Gütersloh 2006, 307 ff.
35. Vgl. *Wohlrab-Sahr, Monika:* Kulturelle Diversität und *ein* verbindendes Kontrastprinzip, in: Kirche in der Vielfalt der Lebensbezüge, Bd. 2, Gütersloh 2006, (321–338) 325 ff.
36. Vgl. *Neubert, Ehrhart:* Religion in der DDR-Gesellschaft. Zum Problem der sozialisierenden Gruppen und ihrer Zuordnung zu den Kirchen (1985), in: *D.* Pollack (Hg.), Die Legitimität der Freiheit, Frankfurt/M. u. a. 1990, 31–40.
37. Vgl. *Hauschild, Wolf-Dieter:* Art. »Bruderrat/Bruderräte«, in: RGG[4] 1, 1998, 1782 f.
38. Vgl. *Möller,* 171 ff.; *Meyer-Blanck, Michael:* Leben, Leib und Liturgie, Leipzig 1995, 25 ff.
39. Vgl. *Müller, Karl-Ferdinand:* Die Neuordnung des Gottesdienstes in Theologie und Kirche, in: *H.* Liemar (Hg.), Theologie und Liturgie, Kassel 1952, (200–335) 280: »Der leibhaft gegenwärtige Christus stand auf einmal wieder inmitten seiner Gemeinde. [...] Jenseits aller dogmatischen Reflexion [...] ging die Saat der theologischen Erkenntnis und der geistlichen Bewegungen auf. [...] Aus der Versammlung der Hörenden wurde die der Bezeugenden. [...] Und wer bis dahin mit einer bloßen Innerlichkeit glaubte existieren zu können, wurde in der Anfechtung belehrt, dass Kirche [...] eine sichtbare Wirklichkeit ist.«
40. Vgl. *Bauer, Karl-Adolf* (Hg.): Predigtamt oder Pfarramt? Die »Illegalen« im Kirchenkampf, Neukirchen-Vluyn 1993.
41. Vgl. *Henkys, Jürgen:* Bibelarbeit. Der Umgang mit der Hl. Schrift in den evangelischen Jugendverbänden nach dem ersten Weltkrieg, Hamburg 1966.
42. Die Kirchen werden hier auf den Status von religiösen, nach Nationalitäten getrennten Vereinen zurückgestuft, denen nur Volljährige durch eine schriftliche Erklärung beitreten können. Sie dürfen außer den »Kulträumen« keinerlei Grund- und Immobilieneigentum besitzen; schulischer Religionsunterricht ist ebenso untersagt wie die Bildung konfessioneller »Nebenorganisationen (Jugendgruppen)« und diakonischer Arbeit; Geistliche dürfen nur nebenamtlich tätig sein. Vgl. dazu *Möller,* 208 f.
43. Vgl. das Referat von Materialien der 1940er Jahre bei *Möller,* 212–217.
44. Zur zeitgeschichtlichen, biographischen und theologischen Einordnung vgl. das Nachwort der Herausgeber in *Bonhoeffer,* DBW 5, 1987, 133–171. Zu Bonhoeffers Ekklesiologie vgl. nur *Lange, Ernst:* Kirche für andere. Dietrich Bonhoeffers Beitrag zur Frage einer verantwortlichen Gestalt der Kirche in der Gegenwart (1965), in: *Ders.,* Kirche für die Welt, Gelnhausen 1981, 17–62; *Huber, Wolfgang:* Wahrheit und Existenzform. Anregungen zu einer Theorie der Kirche bei Dietrich Bonhoeffer, in: *Ders.,* Folgen christlicher Freiheit, Neukirchen-Vluyn 1983, 169–204.
45. *Müller/Schönherr,* Nachwort, a. a. O., 144; dazu *Bonhoeffer,* 18 und 14.
46. Vgl. *Müller/Schönherr,* Nachwort, 140–143.
47. Vgl. die Kritik bei *Huber,* Wahrheit und Existenzform, a. a. O., 202: »Die Familie und die Kommunität von Predigerseminar und Bruderhaus scheinen mir die Erfahrungsfelder zu sein«, an denen die Eigenarten gefunden werden, »die als charakteristisch für die Existenzform der Kirche gelten. Es dominiert der Gesichtspunkt persönlicher Verantwortung für den Bereich personal verstandener Gemeinschaftsbeziehungen. [...] Die

Frage, wie Institutionen zu gestalten sind, hat Bonhoeffer [...] noch nicht in zureichender Weise gestellt.«

48. Vgl. *Hermelink, Jan:* Die Konstitution der Ortsgemeinde im Gottesdienst, in: *M. Lehmann* (Hg.), Parochie. Chancen und Risiken der Ortsgemeinde, Leipzig 2002, (45–68) 46–51.
49. Vgl. nur *Grethlein, Christian:* Grundfragen der Liturgik, Gütersloh 2001, 27 ff.
50. Vgl. beispielsweise ein Resultat der hannoverschen Pfarrerumfrage: Durch Landeskirchenamt und Landessynode sehen sich die Befragten besonders wenig unterstützt; vgl. *Institut für Wirtschafts- und Sozialethik (IWS) Marburg* (Hg.): Antworten – Fragen – Perspektiven. Ein Arbeitsbuch zur Pastorinnen- und Pastorenbefragung der Ev.-luth. Landeskirche Hannovers, Hannover 2005, 55 (Frage 3.1); vgl. auch a. a. O., 59 (Frage 5.3) und dazu a. a. O., 28.
51. *Wolf-Dieter Hauschild* (Evangelische Kirche und Theologie in der BRD zwischen 1961 und 1979, in: *Hermle u. a.,* Umbrüche, 51–90, hier 64) spricht prägnant von der »›dagobertinischen Phase‹ der westdeutsch-protestantischen Kirchengeschichte«.
52. *Raschzok, Klaus:* Art. »Gemeindezentrum«, in: RGG⁴ 3, 2000, (630 f.) 631. – Durch zwischenkirchliche Hilfe finanziert, werden seit den späten 1970er Jahren auch in den Neubaugebieten der DDR ähnlich konzipierte Gemeindezentren errichtet.
53. Vgl. *Hagmann, Gerald:* Ökumenische Zusammenarbeit unter einem Dach. Eine Studie über evangelisch-katholische Kirchen- und Gemeindezentren, Leipzig 2007.
54. Vgl. *Dahm, Karl-Wilhelm:* Art. »Pfarrer/Pfarrerin VI. Statistisch«, in: RGG⁴ 6, 2003, 1204–1212.
55. Vgl. *Spiegel, Yorick* (Hg.): Pfarrer ohne Ortsgemeinde. Berichte, Analysen und Beratung, München 1971, 9 ff.
56. Vgl. *Margull;* im Rückblick *Ratzmann, Wolfgang:* Missionarische Gemeinde, Berlin 1980.
57. Vgl. *Vicedom, Georg F.:* Missio Dei. Einführung in eine Theologie der Mission, München 1958.
58. Vgl. das Idealbild, wie es die Vollversammlung des ÖRK in Neu Delhi (1961) skizziert: »Eine Handvoll Stenotypistinnen und Verkäuferinnen in einem Warenhaus; ein Dutzend Arbeiter in den verschiedenen Werkabteilungen eines Betriebes; acht Wissenschaftler mit ihren Frauen in einer großen chemischen Fabrik; eine Gruppe christlicher Lehrer [...]; eine kleine Gemeinde aus zwei oder drei Straßen, die [...] in der Wohnung eines ihrer Glieder zusammenkommt. Sie sollten versuchen, in ihrem jeweils besonderen Lebensbereich Kirche zu sein, Volk Gottes.« (zit. nach *Pohl-Patalong,* Ortsgemeinde, a. a. O., 116).
59. Eine Bilanz auf hohem Niveau zieht *Marsch,* Institution im Übergang, a. a. O., bes. 112 ff., 211 ff.; unter den zeitgenössischen Beiträgen besonders umfassend: *Jetter, Werner:* Was wird aus der Kirche? Beobachtungen – Fragen – Vorschläge, Stuttgart 1968.
60. Vgl. *Daiber, Karl-Fritz / Simpfendörfer, Werner* (Hg.): Kirchenreform 4. Kirche in der Region, Stuttgart 1970.
61. Vgl. zum Folgenden *Cornehl,* Art. »Gottesdienst VIII«, a. a. O. (Lit. zu 3.4.), 78 ff.
62. *Rendtorff, Trutz / Tödt, Heinz Eduard* (Hg.): Theologie der Revolution. Analyse und Materialen, Frankfurt/M. 1968.
63. Vgl. *Hermelink, Jan:* Art. »Lange, Ernst (1927–1974)«, in: TRE 20, 1991, 436–439; *Simpfendörfer, Werner:* Ernst Lange. Versuch eines Porträts, Berlin 1997. ↗ 1.3.
64. *Lange, Ernst:* Ein anderes Gemeindebild. Erwägungen zum Problem »Kirche und Gesellschaft« (1967), in: *Ders.,* Kirche für die Welt. Aufsätze zur Theorie kirchlichen Han-

delns, hg. v. R. *Schloz*, Gelnhausen 1981, (177–194) 183 ff. Die folgenden Zitate a. a. O., 180. 181.
65. Zu den ambivalenten Folgen dieser Entwicklung vgl. *Rau, Gerhard*: Demokratisierung und Bürokratisierung. Zwei Programmbegriffe der Kirchenreform nach 1960, in: Ders. / H.-R. Reuter u. a. (Hg.), Das Recht der Kirche, Bd. 2, Gütersloh 1995, 377–407.
66. Vgl. *Feige, Andreas*: Kirchenmitgliedschaft in der Bundesrepublik Deutschland, Gütersloh 1990, 136 ff.
67. Vgl. die (selbst-) kritische Rückschau des (1969–1985 amtierenden) Kirchenpräsidenten der Evang. Kirche in Hessen und Nassau, Helmut Hild: »Nicht nur in der Synode, sondern in allen Bereichen wucherten nun die Mitbestimmungs- und Mitsprachegremien. Die Zahl der Sitzungen wurde Legion. [...] Man wollte den Apparat durch mehr ›Basis‹-Bezug beweglicher machen, aber man hat die Bürokratie verstärkt. [...] Die Demokratisierung sollte mehr Transparenz bringen. Entstanden ist dabei ein Dschungel von Zuständigkeiten, in dem nicht einmal mehr Insider durchblicken.« (*Hild, Helmut*: Erfahrungen mit der Kirchenordnung der EKHN und ihren Leitungsgremien. MS Darmstadt 1996, 6 f.). Vgl. auch meine Hinweise auf die nordelbische Kirchenverfassung von 1977 (in *Hermle u. a.*, 296 f.).
68. *Rau*, Demokratisierung, a. a. O., 402 f.
69. Ähnliches lässt sich derzeit für die Wertschätzung alternativer und experimenteller Gottesdienste feststellen – es sei denn, diese gelten als förderlich für eine vermehrte Mitgliederbindung.
70. Dies haben sehr differenziert, aber mit anderen Schwerpunkten etwa auch *Daiber*, Zur Sozialgestalt, und *Roosen, Rudolf*: Die Kirchengemeinde – Sozialsystem im Wandel. Analysen und Anregungen für die Reform der evangelischen Gemeindearbeit, Berlin / New York 1997, gezeigt.
71. Vgl. ausführlicher *Hermelink, Jan*: Doppelsinnigkeiten von »Gemeinde«. Potenzen eines Begriffs, in: *U. Pohl-Patalong* (Hg.), Kirchliche Strukturen im Plural, Hamburg 2004, 55–68.

Kapitel 4 – Empirische Bestandsbedingungen

1. Vgl. *Dütemeyer, Dirk*: Dem Kirchenaustritt begegnen. Ein kirchenorientiertes Marketingkonzept, Frankfurt/M. 2000.
2. Im Folgenden wird das individuelle Verhältnis zur Kirche als »Bindung« (aus der Sicht der Einzelnen) und als – vielfältig strukturierte – »Zugehörigkeit« (aus der Sicht der Kirche selbst) bezeichnet. »Mitgliedschaft« bezieht sich vor allem auf die rechtlich-organisatorische Dimension jener Zugehörigkeit.
3. Dass der Ärger über Pfarrpersonen oder andere kirchliche Mitarbeitende zum Austritt geführt habe, verneinen 54 % der westdeutschen und 72 % der ostdeutschen Ausgetretenen ausdrücklich; nur für 17 % bzw. 11 % hier liegt ein wesentlicher Grund ihrer Abwendung (*Huber u. a.*, Kirche in der Vielfalt der Lebensbezüge, [s. Lit. zu 4.1.2.(b)], 483).
4. *Volz, Rainer*: Massenhaft unbekannt – Kircheneintritte. Forschungsbericht über die Wiedereintrittsstudie der Evangelischen Landeskirche in Baden. Kurzfassung von *Michael Nüchtern*, Karlsruhe 2005, 15. Mit Pfarrpersonen oder kirchlichen Mitarbeitern hat nur ein Sechstel der Wiedereingetretenen gesprochen (a. a. O., 14).
5. Vgl. *Volz*, Massenhaft, a. a. O., 24 f.

6. Diese Aussage wird »von einer überwältigenden Mehrheit positiv bewertet« (a.a.O., 22).
7. Die folgende Argumentation ist entfaltet in *Hermelink, Jan:* Praktische Theologie der Kirchenmitgliedschaft, Göttingen 2000, 176–186.
8. Vgl. *Feige, Andreas:* Kirchenmitgliedschaft in der Bundesrepublik Deutschland. Zentrale Perspektiven empirischer Forschungsarbeiten im problemgeschichtlichen Kontext der deutschen Religions- und Kirchensoziologie nach 1945, Gütersloh 1990, 165 ff. zu den einschlägigen Studien von *G. Schmidtchen.*
9. *Hild,* 37 – Hervorhebung J.H.
10. Vgl. dazu nur *Schulz, Claudia/Hauschildt, Eberhard/Kohler, Eike:* Milieus praktisch. Analyse- und Planungshilfen für Kirche und Gemeinde, Göttingen 2008; *Ebertz, Michael N./Wunder, Bernhard* (Hg.): Milieupraxis – Vom Sehen zum Handeln in der pastoralen Arbeit, Würzburg 2009.
11. Vgl. *Matthes, Joachim:* Unbestimmtheit: Ein konstitutives Merkmal der Volkskirche. Anmerkungen zu einem Thema der Diskussion um die EKD-Mitgliedschaftsstudien 1972 und 1982, in: *Ders.* (Hg.), Kirchenmitgliedschaft im Wandel, Gütersloh 1990, 149–162; *Rau, Gerhard:* Das Alltägliche und das Außer-Alltägliche oder: Kirchenmitgliedschaft als Bewusstseinsphänomen, in: *Matthes* (Hg.), Kirchenmitgliedschaft im Wandel, a.a.O., 183–198; *Kretzschmar, Gerald:* Distanzierte Kirchlichkeit. Eine Analyse ihrer Wahrnehmung, Neukirchen-Vluyn 2002.
12. Vgl. *Studien- und Planungsgruppe der EKD:* Fremde Heimat Kirche. Erste Ergebnisse der dritten EKD-Umfrage über Kirchenmitgliedschaft, Hannover 1993, 15 ff.: »Die treuen Kirchenfernen oder Christen in Halbdistanz«.
13. Vgl. etwa *Rothfuchs, Wilhelm/Krause, Burghard u.a.:* Kirchenferne auf Gottes Nähe aufmerksam machen: Chancen für Mission in Deutschland, Oberursel 1998.
14. Vgl. zuletzt *Laepple, Ulrich/Roschke, Volker* (Hg.): Die so genannten Konfessionslosen und die Mission der Kirche, Neukirchen-Vluyn 2007.
15. Eine didaktische Aufbereitung einschlägiger Ergebnisse findet sich bei *Hermelink, Jan/Latzel, Thorsten* (Hg.): Kirche empirisch. Ein Werkbuch zur vierten EKD-Erhebung über Kirchenmitgliedschaft und zu anderen empirischen Studien, Gütersloh 2008.
16. So wird die Taufe von den Befragten ganz überwiegend und vor allem gedeutet, vgl. *Huber u.a.,* 441.
17. Vgl. *Kretzschmar, Gerald:* Kirchenbindung. Praktische Theologie der mediatisierten Kommunikation, Göttingen 2007, 310: »Der durch die Biografie erkennbare Grund- und Ausgangsmodus der Kirchenbindung ist soziale Distanz. [...] Nur ganz partiell und in je ganz unterschiedlicher Weise wechseln die Biografien von Nichtthematisierung zu Thematisierung von Kirche [...]«.
18. *Lange, Ernst:* Die Schwierigkeit, Pfarrer zu sein, in: *Ders.,* Predigen als Beruf, München 1982, (142–166), 153.
19. Vgl. *Huber u.a.,* 449. In Westdeutschland erfährt nur das Item »... weil ich auf kirchliche Trauung oder Beerdigung nicht verzichten möchte« höhere Zustimmung. Fast gleichrangig mit den o.g. Items steht nur noch der Hinweis auf die diakonische Aktivität der Kirche.
20. Vgl. zum Folgenden *Rau,* Das Alltägliche und das Außer-Alltägliche, a.a.O. (Anm. 11), bes. 189 ff.
21. Vgl. etwa *Karle, Isolde:* Kirche im Reformstress, Gütersloh 2010, 71 ff. 122 ff.
22. Vgl. *Wohlrab-Sahr,* Kulturelle Diversität, a.a.O. (↗4.1.3.), 325 ff.: »Religiöse Gemeinschaft und gesellschaftliche Organisation«.

23. Vgl. *Burkhardt, Martin:* Die Diskussion über die Unkirchlichkeit ... im ausgehenden 18. und frühen 19. Jahrhundert, Frankfurt/M. 1999.
24. 2002 wurde dies von knapp der Hälfte der Befragten bejaht, vgl. *Huber u. a.*, Kirche in der Vielfalt, 63.
25. Für ca. 24% ist dies ein wichtiger Grund der Mitgliedschaft, vgl. *Huber u. a.*, 61.
26. *Lange*, Chancen des Alltags, 295 ff.; *Ders.*, Die Schwierigkeit, Pfarrer zu sein, a.a.O. (Anm. 18), 153.
27. Das sind der letzten EKD-Erhebung zufolge ca. 22%, vgl. *Huber u. a.*, Kirche in der Vielfalt, 449: ca. 35% der Befragten lehnen diese Mitgliedschaftsbegründung dezidiert ab.
28. Vgl. *Brummer, Andreas/Freund, Annegret:* Freiwilliges Engagement, in: *Hermelink/Latzel* (Hg.), Werkbuch Kirche empirisch, Gütersloh 2008, 351–373, hier 358 f.
29. Vgl. *Brummer/Freund*, a. a. O., 364 f.
30. Vgl. *Buttler, Gottfried:* Art. »Kirchliche Berufe«, in: TRE 19, 1990, 191–213; *Hoburg, Ralf* (Hg.): Theologie der helfenden Berufe, Stuttgart 2007; *Kasparick, Hanna/Pohl-Patalong, Uta* (Hg.): Kirchliche Berufsbilder, in: PrTh 44 (2009), H. 1.
31. Zur wesentlich liturgischen Struktur der pluralen kirchlichen Mitgliedschaft vgl. *Hermelink*, Praktische Theologie der Kirchenmitgliedschaft, 110 ff. 347 ff.
32. Vgl. zum Folgenden die Skizze bei *Hermelink, Jan:* Kirchenmitgliedschaft in praktisch-theologischer Perspektive, in: J. Zimmermann (Hg.), Kirchenmitgliedschaft, Neukirchen-Vluyn 2008, (45–69) 54 ff.
33. Vgl. *Josuttis, Manfred:* Der Pfarrer ist anders. Aspekte einer zeitgenössischen Pastoraltheologie, München 1982, ⁴1991.
34. Vgl. zum Folgenden zuletzt *Zeddies, Helmut:* Überlegungen zur Kirchenmitgliedschaft in Ostdeutschland, in: *Zimmermann*, Kirchenmitgliedschaft, a. a. O., 93–101; *Wellert, Anne-Ruth:* Neuere Entwicklungen im Kirchenmitgliedschaftsrecht der evangelischen Kirche, in: PrTh 43 (2008), (176–186) 180 ff.; *Ennuschat, Jörg:* Kirchenzugehörigkeit ohne Kirchenmitgliedschaft?, in: ZEvKR 55 (2010), 275–289.
35. Vgl. *Denecke, Axel:* Begrenzte Gemeindegliedschaft, in: PTh 84 (1995), 650–653.
36. Vgl. *Zimmermann, Johannes:* Grenzgänger, Grenzräume und Annäherungsversuche. Zugänge zur Kirche in praktisch-theologischer Perspektive, in: *Ders.*, Kirchenmitgliedschaft, a. a. O., (114–125) 120–122.
37. Vgl. *Kühn, Ulrich:* Art. »Taufe VII. Dogmatisch und ethisch«, in: TRE 32, 2001, (720–734) 724.
38. Das Folgende ist angeregt durch die Skizze bei *Luhmann, Niklas:* Die Organisierbarkeit von Religionen und Kirchen, in: J. Woessner (Hg.), Religion im Umbruch, Stuttgart 1972, (245–285) 259 f.
39. Vgl. *Fechtner, Kristian/Friedrichs, Lutz* (Hg.): Normalfall Sonntagsgottesdienst? Gottesdienst und Sonntagskultur im Umbruch, Stuttgart 2008.
40. Vgl. *Schulz, Claudia:* Kirche in Veränderung: Wahrnehmungen einer sich wandelnden Organisation, in: J. Hermelink u. a. (Hg.), Kirche in der Vielfalt der Lebensbezüge, Bd. 2, Gütersloh 2006, (195–228) 220 ff.
41. Vgl. *Huber u. a.*, Kirche in der Vielfalt, 69; *Campiche, Roland:* Die zwei Gesichter der Religion, Zürich 2004, 42.
42. *Rau, Gerhard:* Ekklesiologie kirchlicher Haushaltspläne in Baden, in: W. Lienemann (Hg.), Die Finanzen der Kirche, München 1989, (335–352) 335.
43. Zur Geschichte der kirchlichen Einnahmen vgl. *Liermann, Hans:* Art. »Abgaben, kirch-

liche«, in: TRE 1, 1977, 329–347; *Hammer, Felix:* Rechtsfragen der Kirchensteuer, Tübingen 2002, 4–77.
44. So in der Kirchenprovinz Sachen in den 1990er Jahren, vgl. *Begrich, Thomas:* Kirchliche Finanzen – ein Herrschaftsinstrument? Die Kirche und ihr Geld unter dem Aspekt von Herrschaft und Dienst am Beispiel einer Gliedkirche der EKD, in: D. Aschenbrenner u. a. (Hg.), Der Dienst der ganzen Gemeinde Jesu Christi und das Problem der Herrschaft, Gütersloh 1999, (116–131) 123.
45. Zu diesen und den folgenden Zahlen vgl. www.kirchenfinanzen.de/817.php (Statistik / Finanzen); wenn nicht anders angegeben, beziehen sich die Angaben stets auf das Jahr 2005.
46. Zur Kirchenfinanzierung in anderen europäischen Ländern vgl. *Pohl, Dieter:* Kirche und Geld. Ein Wirtschaftsratgeber für Gemeinden, Leipzig 2007, 18–23.
47. Vgl. zum Folgenden *Huber, Wolfgang:* Die Kirchensteuer als »wirtschaftliches Grundrecht« – zur Entwicklung des kirchlichen Finanzsystems in Deutschland zwischen 1803 und 1933, in: W. Lienemann (Hg.), Die Finanzen der Kirche, München 1989, 130–154.
48. Vgl. *Nassehi,* Soziologie, 84: »Organisationen haben stets damit zu tun, dass in ihnen Unterschiedliches aufeinander bezogen wird. Organisationen organisieren vor allem Unterschiedliches«.
49. Vgl. *Bassler,* 316; *Immel, Georg:* Wie kommt die Kirche an ihr Geld?, in: *Medienverband der EKiR* (Hg.), Kirche und Finanzen (HB Gemeinde und Presbyterium, Bd. 1), Düsseldorf 2005, (51–53) 52 f.
50. Vgl. die besonders detaillierten Veröffentlichungen von *Frerk, Carsten:* Finanzen und Vermögen der Kirchen in Deutschland, Aschaffenburg 2002; *Ders.:* Violettbuch Kirchenfinanzen. Wie der Staat die Kirchen finanziert, Aschaffenburg 2010.
51. Vgl. *Bassler,* 322, 327 f.; www.kirchenfinanzen.de oder www.ekbo.de/969076.
52. Vgl. *Andrews, Claudia:* Fundraising, in: *Hermelink/Latzel,* Kirche empirisch. Ein Werkbuch, Gütersloh 2008, (329–348) 334 ff.
53. Vgl. zum Folgenden etwa *Alken, Ingrid/Dalby, Paul/Schulz, Lothar:* Kirchen und Fundraising, Berlin 2007; *Medienverband der EKiR* (Hg.): Arbeitsbuch Fundraising (HB Gemeinde und Presbyterium), Düsseldorf 2006.
54. Verfassung der Evangelischen Kirche in Mitteldeutschland (Juli 2008), Art. 85 (1), Satz 2. Vgl. ähnlich auch die Grundordnung der Evangelischen Kirche in Berlin-Brandenburg (April 2002), Art. 107 (1).
55. Vgl. *Barth, Hans-Martin:* Verschwenden – eine theologische Kategorie?, in: PTh 79 (1990), 504–514.
56. Vgl. die oben bei Anm. 54 zitierten Verfassungsbestimmungen.

Kapitel 5 – Orientierung: Kirche leiten

1. Hannover 1981. Zitate im Folgenden: a. a. O., 42 f.
2. Vgl. *Huber, Wolfgang:* Kirchenleitung als Herrschaft durch Dienst?, in: J. Ochel (Hg.), Der Dienst der ganzen Gemeinde Jesu Christi und das Problem der Herrschaft, Gütersloh 1999, (93–115) 111 f.
3. Vgl. exemplarisch *Leitendes Geistliches Amt der Evang. Kirche in Hessen und Nassau:* Auftrag und Gestalt – Vom Sparzwang zur Besserung der Kirche. Theologische Leitvorstellungen für Ressourcenkonzentration und Strukturveränderung, Frankfurt/M. 1995.

4. Vgl. nur *Lindner, Herbert:* Kontinuität und Systematik. Auf dem Weg zur Personalentwicklung in evangelischen Kirchen, in: PrTh 37 (2002), 253–264; *Felten, Armin/Petry, Bernhard:* Gut geführt. Ein Praxisbuch für Personalführung und Personalentwicklung in der Kirche, Hannover 2002.
5. Vgl. nur *Ceconi, Christian/Hartmann, Christian/Mainusch, Rainer:* Ziele vereinbaren – Ziele erreichen. Jahresgespräche in der Kirche, Hannover 2007.
6. G. Wegner hat darum dafür plädiert, »geistliche Leitung ausdrücklich als Einheit von (äußerlichem) Leitungshandeln und Seelsorge (im engeren Sinne) zu verstehen«, um nicht die Seelsorge auf regressive und den Organisationsbezug auf »ungeistliche« Vollzüge zu reduzieren, vgl. *Wegner, Gerhard:* Was ist geistliche Leitung? Zehn Vorschläge zur Verständigung über Führung in Kirche und Diakonie, in: PTh 96 (2007), (185–200) 199.
7. *Preul,* Kirchentheorie, 39 f.; Zitat: 40.
8. *V. Campenhausen,* Dokumentation, 51; vgl. auch *Kirchenamt der EKD* (Hg.): Kirche der Freiheit, 28 f. u. ö.
9. Vgl. *Herms, Eilert:* Das evangelische Pfarramt als Leitungsamt (2002), in: Ders., Kirche – Geschöpf und Werkzeug des Evangeliums, Tübingen 2010, (207–229) 225.
10. Vgl. neben *Breitenbach,* Gemeinde leiten, a. a. O., etwa *Gäde, Ernst-Georg:* Gemeinde leiten – aber wie? Werkbuch für Pfarrgemeinderäte und Kirchenvorstände, Mainz 1995; *Domay, Erhard* (Hg.): Arbeitsbuch Leiten in der Gemeinde, Gütersloh 1997; *Höher, Friederike/Peter:* Handbuch Führungspraxis Kirche. Entwickeln, Führen, Moderieren, Gütersloh 1999; zuletzt *Hoffmann, Roselies u. a.* (Hg.): Leiten und Entscheiden. HB Gemeinde und Presbyterium, Düsseldorf 2008.
11. Zum Verhältnis Kirchenvorstand/Pfarramt vgl. *Lück, Wolfgang:* Der Pfarrer und sein Kirchenvorstand. Eine komplizierte Beziehung, in: PTh 78 (1989), 139–152; *Hermelink, Jan:* Was die Gemeinde leitet – wer die Gemeinde leitet. Spannungsfelder zwischen pastoralem und presbyterialen Amt (Lübeck 2009), ⟨www.kirche-im-norden.de/fileadmin/Download/091205_Hermelink-Gemeinde.pdf⟩.
12. Vgl. *Barth, Thomas:* Elemente und Typen landeskirchlicher Leitung, Göttingen 1995; *Kienitz, Andreas:* Das Verhältnis der kirchenleitenden Organe zueinander nach lutherischem Verständnis, in: KuR 1998, 9–26.
13. Exemplarisch ist der Sammelband von *Abromeit u. a.,* Leiten in der Kirche, der neben praktisch-theologische und juristische Perspektive auch Beiträge aus den »Organisationswissenschaften«, der Unternehmensberatung, dem Marketing und der ökumenischen Praxis stellt; eine ähnlich breite Palette bei *Hildemann,* Spannungsfeld Führung.
14. Vgl. nur *Jäger, Alfred:* Konzepte der Kirchenleitung für die Zukunft. Wirtschaftsethische Analysen und theologische Perspektiven, Gütersloh 1993; *Thomé, Martin* (Hg.): Theorie Kirchenmanagement. Potentiale des Wandels, Bonn 1998. Aus solidarisch-kritischer Perspektive vgl. etwa *Weber, Friedrich:* Zum Problem der Ökonomisierung kirchenleitenden Handelns, in: DtPfBl 101 (2001), 291–294.
15. Vgl. etwa *Klessmann, Michael:* Leitung in der Kirche als kommunikatives Handeln. Pastoralpsychologische Aspekte, in: *H. J. Abromeit u. a.* (Hg.), Pastorale Existenz heute. Waltrop 1997, 174–200; *Mügge, Jutta/Bieger, Eckhard:* Inspirierend leiten. Verlässlich und innovativ, Hamburg 1998; *Josuttis, Manfred:* Die Einführung in das Leben. Pastoraltheologie zw. Phänomenologie und Spiritualität, Gütersloh 1996, bes. Kap. I: Führer/in; Kap. IV: Die Gemeinde der Heiligen.
16. Vgl. *Breitenbach,* Gemeinde leiten; dazu *Schmidt, Eva Renate/Berg, Hans-Georg:* Bera-

ten mit Kontakt. HB für Gemeinde- und Organisationsberatung, Offenbach/M. 1995 (NA 2004); *Gärtner, Helmut* (Hg.): Leiten als Beruf. Impulse für Führungskräfte in kirchlichen Aufgabenfeldern, Mainz ²1994.
17. Vgl. *Herms, Eilert/Schweitzer, Friedrich* (Hg.): Führen und Leiten im Pfarramt. Der Beitrag von Theologie und kirchlicher Lehre, Norderstedt 2002; *Weymann, Volker:* Management und geistliche Kirchenleitung, in: *Ders./U. Hahn* (Hg.), Die Superintendentur ist anders, Hannover 2005, 159–207; *Hauschildt, Friedrich (Hg.):* Sine vi, sed verbo. Die Leitung der Kirche durch das Wort. Leipzig 2005.
18. *Schleiermacher,* Kurze Darstellung, § 313; vorausgesetzt auch in § 84 und § 263. ↗ 1.4.
19. *Sichelschmidt/Rießbeck,* 165. Im Anschluss heißt es: »Solchen Argumentationen liegt in der Regel eine verkürzte Vorstellung von juristischer Arbeitsweise zugrunde.«
20. *Sohm, Rudolph:* Kirchenrecht, Bd. 1: Die geschichtlichen Grundlagen, Leipzig 1982, 1 und 700.
21. Vgl. in diesem Sinn auch *Rössler,* Grundriss der Praktischen Theologie, 279–281.
22. Besonders konsequent tut dies *Herms, Eilert:* Das Kirchenrecht als Thema der theologischen Ethik, in: ZEvKR 28 (1983), 199–277.
23. *Pirson, Dietrich:* Art. »Kirchenrecht II. Gegenwart 2. Evangelische Kirche«, in: RGG⁴, Bd. 4, 2001, Sp. 1276–1279, hier 1278.
24. Texte – auf dem Stand vom 1.1.2001 – bei *Kraus, Dieter* (Hg.): Kirchenverfassungen in Deutschland. Textsammlung m. einer Einführung, Berlin 2001; ein inhaltlicher Überblick bei *Richter,* 115–120. Als exemplarisch kann die derzeit jüngste »Verfassung der Evangelischen Kirche in Mitteldeutschland vom 5. Juli 2008« gelten, zumal sie aus dem Zusammenschluss einer unierten und einer lutherischen Landeskirche hervorgegangen ist.
25. Vgl. *Nottmeier, Christian:* Lebensordnungen und Leitlinien kirchlichen Lebens. Sinn und Grenzen einer spezifischen kirchlichen Rechtsform, in: PrTh 43 (2008), 187–197.
26. Vgl. *Scheliha, Arnulf v.:* Art. »Kirche und Staat. Staatskirchenrecht / Religionsrecht / Religion und Politik / Religionsfreiheit«, in: *W. Gräb/B. Weyel* (Hg.), HB Praktische Theologie, Gütersloh 2007, 101–112; *Winter, Jörg:* Staatskirchenrecht der Bundesrepublik Deutschland. Eine Einführung mit kirchenrechtl. Exkursen, Neuwied/Kriftel 2001.
27. Vgl. *Classen, Claus Dieter:* Religionsrecht, Tübingen 2006.
28. So *Honecker, Martin:* Art. »Kirchenrecht II. Evangelische Kirchen«, in: TRE 18, 1989, (724–749), 734 f.
29. *Rössler,* Grundriss der Praktischen Theologie, 281.
30. *Preul,* Kirchentheorie, 233 im Anschluss an *Herms,* Kirchenrecht als Thema der theologischen Ethik, a.a.O. (Anm. 22).
31. *Johannes Paul II:* Apostolische Konstitution »Sacrae disciplinae leges« zur Promulgation des neuen Canon Iuris Canonici (1983), zit. nach *de Wall/Muckel,* 99.
32. Vgl. *Nottmeier,* Lebensordnungen, a.a.O., 193 f. 197.
33. *Ehnes, Herbert:* Das Recht der Kirche. Zum Verhältnis von Botschaft und Ordnung aus kirchenrechtlicher Sicht, in: *E. Mechels/M. Weinrich* (Hg.), Die Kirche im Wort, Neukirchen-Vluyn 1992, (212–221) 213; ähnlich das Votum der EKU, vgl. *A. Burgsmüller* (Hg.), Kirche als »Gemeinde von Brüdern« (Barmen III), Bd. 2, Gütersloh 1981, 64 ff.: »Der Zeugnischarakter des kirchlichen Rechts«.
34. *Barth, Karl:* Kirchliche Dogmatik, Bd. IV/2, Zürich 1955, 792 ff.
35. *Link, Christian:* Rechtstheologische Grundlagen des ev. Kirchenrechts, in: ZEvKR 45 (2000), (73–87), 85.

36. Vgl. *Nottmeier*, Lebensordnungen, a. a. O., 190 zu den Lebensordnungen der Nachkriegszeit.
37. Vgl. Art. 16 (1) KVerf EKM: »Der Verkündigungsdienst wird wahrgenommen im Amt der öffentlichen Wortverkündigung und Sakramentsverwaltung, in den Diensten der Seelsorge, der Kirchenmusik, der Bildungsarbeit und der Diakonie sowie in weiteren Diensten für den Gottesdienst und die Versammlungen der Gemeinde.« Dazu vgl. a. a. O., Art. 24 (3): »Der Gemeindekirchenrat hat im Rahmen der kirchlichen Ordnung insbesondere folgende Aufgaben: 1. Er trifft Entscheidungen über Fragen der Gestaltung der Gottesdienste, der liturgischen Handlungen sowie über die Gottesdienstzeiten. [...]«.
38. Zur Geschichte der Kirchenverwaltung vgl. den Überblick bei *v. Campenhausen*, 14–25; dazu *Smend, Rudolf*: Die Konsistorien in Geschichte und heutiger Bewertung, in: ZevKR 10 (1962/63), 134–143; *Heun, Werner*: Art. »Konsistorium«, in: TRE 19, 1990, 483–488; *de Wall, Heinrich*: Die Verselbständigung der evang. Konsistorien in Preußen und Bayern im 19. Jhdt. als Schritt zur kirchlichen Unabhängigkeit, in: Jahrbuch für Europ. Verw.-Geschichte 14 (2002), 151–169. ↗ 3.2.1.
39. *V. Campenhausen*, 30; vgl. *Scholz-Curtius*, 4 f. 29.
40. Vgl. *Smend*, Die Konsistorien, a. a. O., 138–141, Zitat 140.
41. A. a. O., 138; vgl. dazu auch *Kienitz*, 47.
42. *Benn, Ernst-Viktor*: Zur Stellung und Aufgabe der landeskirchlichen Behörden, in: *H. Brunotte* u. a. (Hg.), Festschrift Erich Ruppel, Hannover u. a. 1968, (197–209) 207, ebd. auch das folgende Zitat.
43. *Vietinghoff, Eckhart v.*: Zwei Professionen – eine Sache, in: *R. Dill u. a.* (Hg.), Im Dienste der Sache. Liber amicorum Joachim Gaertner, Frankfurt/M. u. a. 2003, (689–693) 692.
44. Vgl. *Kienitz*, 24 f.: »Das konsistoriale Organ – ein starkes Organ in Bedrängnis?«.
45. *Benn*, Stellung und Aufgabe, a. a. O., 206; vgl. *v. Campenhausen*, 33.
46. *Smend*, Die Konsistorien, a. a. O., 141.
47. Verfassung der Evangelisch-reformierten Kirche (Synode evangelisch-reformierter Kirchen in Bayern und Nordwestdeutschland), von 1988, § 4.
48. Verfassung der Evangelisch-Lutherischen Kirche in Bayern, von 1971, § 21 (1).
49. *Härle, Wilfried*: Grundzüge einer Theologie der Synode, in: Anstöße. Aus der Arbeit der Evang. Akademie Hofgeismar 33 (1986), H. 2, (70–77) 75 (These III.1).
50. *Huber, Wolfgang*: Kirchenleitung als Herrschaft durch Dienst?, in: *Ochel, Joachim* (Hg.), Der Dienst der ganzen Gemeinde Jesu Christi und das Problem der Herrschaft, Gütersloh 1999, (93–115) 109; vgl. *Ders.*, Synode und Konziliarität, 319. 330.
51. *Ev. Kirche von Westfalen* (Hg.): Kirche mit Zukunft. Zielorientierungen für die Ev. Kirche von Westfalen, Bielefeld 2000, 57.
52. Vgl. die detaillierten Erwägungen bei *Halfar, Bernd/Borger, Andrea*: Kirchenmanagement, Baden-Baden 2007, 41–49.
53. *IWS Marburg* (Hg.): Antworten – Fragen – Perspektiven. Arbeitsbuch zur Pastorinnen- und Pastorenbefragung der Ev.-luth. Landeskirche Hannovers, Hannover 2005, 59 (Frage 5.3), dazu a. a. O., 28 f.
54. Eine Auswertung von Gesprächen aus der Kirchenmitgliedschaftserhebung von 2002/2003, auch unter dem Aspekt der Milieudifferenz, gibt *Hermelink, Jan*: Gemeindeleitung im Gespräch. Wie engagierte Gruppen den Kirchenvorstand bereden, in: *D. Plüss u. a.* (Hg.), Im Auge des Flaneurs. FS A. Grözinger, Zürich 2009, 197–212.
55. *Halfar/Borger*, Kirchenmanagement, a. a. O., 40; vgl. auch die Beobachtung, dass

Ehrenamtliche in der evangelischen Kirche seltener Wahlämter und Leitungsfunktionen inne haben als in anderen Institutionen: *Brummer, Andreas/Freund, Annegret:* Freiwilliges Engagement, in: *Latzel/Hermelink* (Hg.), Kirche empirisch, Gütersloh 2008, (351 ff.) 365.

56. Vgl. *Huber u. a.,* Kirche in der Vielfalt der Lebensbezüge, 235 (Tabelle 5).
57. Vgl. *Mehlhausen, Joachim:* Kirche zwischen Staat und Gesellschaft. Zur Geschichte des evangelischen Kirchenverfassungsrechts in Deutschland (19. Jhdt.), in: *G. Rau u. a.* (Hg.), Das Recht der Kirche, Bd. II., Gütersloh 1995, 193–271.
58. Vgl. *Hölscher, Lucian:* Kirchliche Demokratie und Synodalbewegung, in: *D. Bockermann u. a.* (Hg.), Freiheit gestalten. FS Günter Brakelmann, Göttingen 1996, 107–129.
59. Vgl. etwa die Beiträge in »Kirche in Bewegung« (Gemeindekolleg Neudietendorf), Mai 2009, 7 ff. 16 f.; *Halfar/Borger,* Kirchenmanagement, a. a. O., 41 ff.
60. Vgl. die Bemerkungen bei *Bielitz, Klaus:* Probleme heutiger Synodalpraxis, in: *G. Rau u. a.* (Hg.), Das Recht der Kirche, Bd. III, Gütersloh 1994, (349–369) 362 ff.
61. Vgl. etwa *Huber,* Synode und Konziliarität, 322–331; sehr viel kritischer etwa *Smend, Rudolf:* Zur neueren Bedeutungsgeschichte der ev. Synode, in: ZevKR 10 (1963/64), (248–264) 259 f., oder *Grethlein, Gerhard:* Theologie der Synode, in: *R. Ziegert* (Hg.), Vielfalt in der Einheit, 1993, (229–252) 241 ff. Strikt ablehnend auch *Heinemann,* Synode und Parlament.
62. Vgl. dazu sehr instruktiv *Bielitz,* Probleme heutiger Synodalpraxis, a. a. O., 355–359.
63. Verfassung der Evang. Kirche Berlin-Brandenburg-schlesische Oberlausitz (2003), Art. 5 (1).
64. Zit. nach *Lange, Ernst:* Die ökumenische Utopie, München 1986, 246 f.
65. Einen Überblick über die einschlägigen Aufgaben geben etwa *Höher, Friederike/Peter,* Handbuch Führungspraxis Kirche. Entwickeln, Führen, Moderieren in zukunftsorientierten Gemeinden, Gütersloh 1995.
66. Zum Verhältnis Kirchenvorstand/Pfarramt vgl. *Lück, Wolfgang:* Der Pfarrer und sein Kirchenvorstand. Eine komplizierte Beziehung, in: PTh 78 (1989), 139–152; *Kling-de Lazzer, Marie-Luise:* Klassische Konfliktbereiche: Pfarrer/Pfarrerin, Kirchengemeinderat und Finanzen, in: *E. Herms/F. Schweitzer* (Hg.), Führen und Leiten im Pfarramt, Norderstedt 2002, 85–99; *Hermelink, Jan:* Was die Gemeinde leitet – wer die Gemeinde leitet. Spannungsfelder zwischen pastoralem und presbyterialen Amt (Lübeck 2009), ⟨www.kirche-im-norden.de/fileadmin/Download/091205_Hermelink-Gemeinde.pdf⟩.
67. Vgl. *Karle, Isolde:* Der Pfarrberuf als Profession, Gütersloh 2001, 167 f., 246 f. *Dies.:* Kirche im Reformstress, Gütersloh 2010, 191 ff.
68. Vgl. *Weyel, Birgit:* Pfarrberuf. Amt/Amtsverständnis/Profession/pastoraltheologisches Leitbild, in: *W. Gräb/Dies.* (Hg.), Handbuch Praktische Theologie, Gütersloh 2008, 639–649.
69. Vgl. *Herms,* Das evangelische Pfarramt; *Herbst, Michael:* Spirituelles Gemeindemanagement, in: *Abromeit, Hans-Jürgen u. a.* (Hg.), Leiten in der Kirche, Frankfurt/M. 2006, 71–83.
70. Dieses Problem demonstrieren je auf ihre Weise drei einschlägige Handbücher: *Domay, Erhard* (Hg.): Arbeitsbuch Leiten in der Gemeinde, Gütersloh 1997; *Höher/Höher*: Handbuch Führungspraxis Kirche, a. a. O.; *Müller-Weißner, Ulrich:* Chef sein im Hause des Herrn. Führen und Leiten in der Kirche – eine Praxishilfe, Gütersloh 2003.
71. Vgl. nur *Breitenbach, Günter:* Gemeinde leiten, Stuttgart u. a. 1994; *Schmidt, Eva Renate/Berg, Hans Georg:* Beraten mit Kontakt, Gelnhausen 1995; *Lindner, Herbert:* Kirche

am Ort. Eine Gemeindetheorie, Stuttgart 1994, NA 2000; *Stöber, Anna:* Kirche – gut beraten? Betrachtung einer Kirchengemeinde aus betriebswirtschaftlicher und funktionalistisch-systemtheoretischer Perspektive, Heidelberg 2005.
72. Vgl. etwa *Klessmann, Michael:* Leitung in der Kirche als kommunikatives Handeln. Pastoralpsychologische Aspekte, in: H. J. Abromeit u. a. (Hg.), Pastorale Existenz heute, Waltrop 1997, 174–200; *Manzeschke, Arne:* Professionell Führen als pastorale Herausforderung, in: PTh 91 (2002), 509–519.
73. Vgl. zum Folgenden *Neuberger, Oswald:* Führen und führen lassen. Ansätze, Ergebnisse und Kritik der Führungsforschung, Stuttgart 6., neu bearb. Aufl. 2004, 436 ff. und 43.
74. Vgl. *Hermelink, Jan:* Pfarrer als Manager? Gewinn und Grenzen einer betriebswirtschaftlichen Perspektive auf das Pfarramt, in: ZThK 95 (1998), 536–563.
75. *Bornkamm/Ebeling* (Hg.): Martin Luther. Ausgewählte Schriften, Bd. 1, Frankfurt/M. 1983, 278 f.
76. *Preul,* Kirchentheorie, 43 im Anschluss an *Herms,* Erfahrbare Kirche, 89 ff. 119 ff.
77. Zum evangelischen Verständnis der Ordination vgl. besonders *Müller, Hans Martin:* Art. »Ordination IV.3. Seit der Reformation / V. Dogmatik / VI. Praktische Theologie«, in: TRE 25, 1995, 347–356. 362–367; *Lutherisches Kirchenamt der VELKD* (Hg.): »Ordnungsgemäß berufen«. Eine Empfehlung der Bischofskonferenz der VELKD zur Berufung zu Wortverkündigung und Sakramentsverwaltung nach evangelischem Verständnis, Hannover 2006 (Texte aus der VELKD 136); *Reuter, Hans-Richard:* Botschaft und Ordnung. Beiträge zur Kirchentheorie, Leipzig 2009, 140–149.
78. Vgl. etwa *Ahme, Michael/Beintker, Michael* (Hg.): Theologische Ausbildung in der EKD. Dokumente und Texte aus der Arbeit der Gemischten Kommission ... zur Reform des Theologiestudiums, Leipzig 2005.
79. *Reuter,* Botschaft und Ordnung, a. a. O., 142 (der erste Satzteil i. O. kursiv).
80. *Herbst, Michael:* Spirituelles Gemeindemanagement, in: H.-J. Abromeit u. a. (Hg.), Leiten in der Kirche, Frankfurt/M. 2006, (71–83) 78 (i. O. z. T. hervorgehoben).
81. Dies ist der Kern der Kritik von *Chr. Möller* an den einschlägigen Projekten der Gemeindeentwicklung, vgl. zuletzt *Ders.*: Ich weiß woran ich glaube. Halt und Perspektive in der Krise, in: DtPfBl 106 (2006), 569–574.
82. *Josuttis, Manfred:* Kirche auf dem Markt – Ausverkauf oder Geistbegabung. Ein Protest, in: *Ders.*, Wirklichkeiten der Kirche, Gütersloh 2003, (125–145) 136. Das folgende Zitat: *Ders.*: »Unsere Volkskirche« und die Gemeinschaft der Heiligen, Gütersloh 1997, 28.
83. *Josuttis, Manfred:* Der Traum des Theologen. Aspekte einer zeitgenössischen Pastoraltheologie 2, München 1988, 55.
84. Vgl. die Hinweise bei *Hermelink,* Pfarrer als Manager?, a. a. O. (Anm. 74), 546–549.
85. *Wagner-Rau, Ulrike:* Auf der Schwelle. Das Pfarramt im Prozess kirchlichen Wandels, Stuttgart 2009, 131.
86. Vgl. etwa *Josuttis,* Einführung in das Leben, a. a. O., 77 ff.; *Herbst, Michael:* Geistliche Führung wahrnehmen in der Kirche der Postmoderne, in: *M. Reppenhagen/Ders.* (Hg), Kirche in der Postmoderne, Neukirchen-Vluyn 2008, 221–246; *Petry, Bernhard:* Geistliche Begleitung und Gemeindeentwicklung – eine Annäherung, in: *D. Greiner u. a.* (Hg.), Wenn die Seele zu atmen beginnt ... – Geistliche Begleitung in evangelischer Perspektive, Leipzig 2007, 144–151. Zum Ganzen vgl. *Obenauer, Silke:* Vielfältig begabt. Grundzüge einer Theorie gabenorientierter Mitarbeit in der evangelischen Kirche, Berlin 2009.
87. Vgl. *Josuttis,* Einführung in das Leben, a. a. O., 83 f. Zur »Geistlichen Begleitung« vgl.

Greiner, a. a. O.; *Kießling, Klaus* (Hg.): Geistliche Begleitung zwischen Pastoralpsychologie und Spiritualität, in: WzM 60 (2008), 313–370.
88. *Josuttis*, a. a. O., 80.
89. Vgl. zum Folgenden *Schleiermacher*, Praktische Theologie, 428 ff.; leicht zugänglich in *K. Merle/B. Weyel* (Hg.), Seelsorge. Quellen von Schleiermacher bis zur Gegenwart, Tübingen 2009, 37 ff.
90. Vgl. *Wagner-Rau*, Auf der Schwelle, a. a. O., 97 ff. Die folgenden Zitate aus diesem Abschnitt. Vgl. dazu auch *Hendriks, Jan*: Gemeinde als Herberge, Gütersloh 2001.
91. Vgl. *Huber, Wolfgang*: Konziliarität – die Lebensform einer Kirche, die Frieden stiften will, in: *Ders.*, Der Streit um die Wahrheit und die Fähigkeit zum Frieden, München 1980, 119–147; *Cornehl, Peter*: »Das Konziliaritätsmodell ist und bleibt vielversprechend«. Zur Aktualität von Ernst Langes Kirchentheorie, in: PTh 86 (1997), 540–566. – Zu E. Lange ↗ 1.3.; ↗ 5.3.3 (f) zur synodalen Leitungsform.
92. Vgl. *Bischofskonferenz der VELKD*: Thesen zur Verbindlichkeit von Ordnungen des Gottesdienstes, in: Amtsblatt der VELKD, Bd. V, 219.
93. Vgl. *Wagner-Rau*, Auf der Schwelle, a. a. O., 104 ff.
94. Vgl. *Plüss, David*: Gottesdienst als Textinszenierung. Perspektiven einer performativen Ästhetik des Gottesdienstes, Zürich 2007.
95. Zu den landeskirchlichen Verhältnissen im Detail vgl. *Wall, Heinrich de*: Das personale Leitungsamt – Bischof, Präses, Präsident, in: *Ders./St. Muckel*, Kirchenrecht, München 2009, 309 ff.
96. Vgl. BSLK, 120–133; vgl. dazu *Hauschild, Wolf-Dieter*: Evangelisches Bischofsamt nach Artikel 28 der Confessio Augustana, in: *F. Hauschildt* (Hg.), Sine vi sed verbo, FS W. Lohff, Leipzig 2005, 11–28. Eine sehr anregende Interpretation findet sich auch bei *Meyer, Hans Philipp*: Kirchenleitung nach lutherischem Verständnis, in: ZevKR 25 (1980), 115–135.
97. Vgl. auch BSLK, 121: »Denselben Gewalt der [...] Bischofen ubt und treibt man allein mit der Lehre und Predigt Gottes Wortes und mit Handreichung der Sakramente [...].«
98. Vgl. hierzu und zum Folgenden die gründliche Darstellung von *Hauschild*, Zur Geschichte des ephoralen Amtes, a. a. O., hier 18 ff.
99. Das »ephorale« Amt bezeichnet – im Unterschied zum »episkopalen« Amt – seit dem 19. Jahrhundert die regionale Aufsichtsfunktion in der evangelischen Kirche, vgl. *Hauschild*, Geschichte, 9–12 mit Anm. 1 f. und 6.
100. Vgl. die Darstellung bei *Elert, Werner*: Der bischöfliche Charakter der Superintendenturverfassung, in: Luthertum 46 (1935), 353–367, bes. 360 ff.
101. Vgl. dazu anschaulich *Thomas, Ralf*: Aufbau und Umgestaltung des Superintendentialsystems in der sächsischen Landeskirche bis 1815, in: HerChr 10 (1975/76), 99–144.
102. Vgl. *Norden, Jörg v.*: Kirche und Staat im preußischen Rheinland 1815–1838. Die Genese der Rheinisch-Westfälischen Kirchenordnung vom 5. März 1835, Köln 1990; *Mehlhausen, Joachim*: Kirche zwischen Staat und Gesellschaft. Zur Geschichte des evang. Kirchenverfassungsrechts in Deutschland (19. Jhdt.), in: *G. Rau u. a.* (Hg.), Das Recht der Kirche, Bd. II, Gütersloh 1995, (193–271) 228–239.
103. Zur seither typischen strukturellen Überforderung des Superintendenten vgl. *Hauschild*, Geschichte, 30 f.
104. Vgl. etwa die Autobiographie des schlesischen Generalsuperintendenten *Martin Schian*: Kirchliche Erinnerungen eines Schlesiers, Görlitz 1940.

105. Paradigmatisch erscheinen hier die kirchlichen Karrieren von Theophil Wurm und Otto Dibelius.
106. Vgl. etwa die Hannoversche Kirchenverfassung von 1922/24, Art. 99,1: »Die Geistliche Führung in der Landeskirche hat der Landesbischof«. Seit 1965 heißt es: »Der Landesbischof hat die geistliche Leitung und Aufsicht in der Landeskirche.« (Art. 62, 1) Zit. nach *Hauschild*, Geschichte, 35; vgl. zum Folgenden a. a. O., 35–38.
107. Zum ephoralen Amt vgl. zuletzt *Hahn, Udo/Weymann, Volker* (Hg.), Die Superintendentur ist anders. Strukturwandel und Profil des ephoralen Amtes, Hannover 2005.
108. Vgl. *Josuttis, Manfred:* »Unsere Volkskirche« und die Gemeinschaft der Heiligen, Gütersloh 1997, 34 ff.; *Ders.:* Die Einführung in das Leben, a. a. O., 72 ff.
109. *Lohse, Eduard:* Theologie im Bischofsamt, in: *F. Hauschildt* (Hg.), Sine vi sed verbo, FS W. Lohff, Leipzig 2005 (29–44) 30.
110. Vgl. 2. Kor 5, 20: »So sind wir nun Botschafter an Christi Statt [...]; so bitten wir nun an Christi Statt: Lasst euch versöhnen mit Gott!«
111. Vgl. *Hauschild*, Evangelisches Bischofsamt, a. a. O. (Anm. 96), 26.
112. Vgl. die Schilderung bei *Lohse*, Theologie im Bischofsamt, a. a. O., 39 f.
113. Vgl. *Huber, Wolfgang:* Kirchenleitung als Herrschaft durch Dienst?, in: *Ochel, Joachim* (Hg.), Der Dienst der ganzen Gem. Jesu Christi u. das Problem der Herrschaft, Gütersloh 1999, 93–115, hier: 110 f.
114. *Ulrich, Gerhard:* Bischöfliche Verantwortung für die Qualifizierung der Pfarrer und Pfarrerinnen, in: *M. Lasogga u. a.* (Hg.), Zur Qualität pastoraler Arbeit. Eine Konsultation der VELKD, Hannover 2010, (167–183) 168. Das folgende Zitat a. a. O., 170.
115. *Ulrich*, Verantwortung für die Qualifizierung, a. a. O., 181.
116. Auch in der Verfassung der römisch-katholischen Kirche spielen die Bischofskollegien eine wesentliche Rolle, sowohl auf nationaler Ebene als auch im Zusammenspiel mit dem Bischof von Rom.
117. *Ulrich*, Verantwortung für die Qualifizierung, a. a. O., 174.
118. Zur Visitation ↗ 5.4.4 vgl. *Peters, Christian/Krause, Friedrich:* Art. »Visitation«, in: TRE 35 (2003), 151–166; *Meyer, Hans Philipp:* Die Visitation als Aufsicht mit dem Wort und mit Mitteln des Rechts, in: ZevKR 18 (1973), 164–177; *Karnetzki, Manfred:* Das visitatorische Amt der Kirche, in: PTh 73 (1984), 156–170; *Josuttis, Manfred:* Visitation und Kommunikation, in: PTh 64 (1975), 95–104; *Krause, Friedrich:* Begegnungsfeld Visitation, Leipzig 2003.
119. Vgl. *Peters/Krause*, Art. »Visitation«, TRE 35, 161; entfaltet bei *Krause*, Begegnungsfeld, a. a. O.
120. Paradigmatisch erscheint *Keil, Günther:* Gedanken zur Visitation, in: ZevKR 30 (1985), 317–331.
121. *Peters/Krause*, Art. »Visitation«, a. a. O., 164 (F. Krause).
122. Vgl. die Erläuterung des Begriffs bei *Maurer, Wilhelm:* Das synodale evangelische Bischofsamt seit 1918 (1955), in: *Ders.*, Die Kirche und ihr Recht, Tübingen 1976, 388–448; *Tröger, Gerhard:* Art. »Bischof IV. Das synodale Bischofsamt«, in: TRE 6 (1980), 694–697.
123. Vgl. dazu besonders *Körtner*, Kirchenleitung und Episkopé, a. a. O. und die sich daran anschließende Debatte in KuD 52 (2006), 25 ff. *(U. Wilckens, W.-D. Hauschild, U. Kühn u. a.).*
124. Insofern spricht U. Körtner zu Recht von einer »synodalen Episkopé« in der evangelischen Kirche (Kirchenleitung, a. a. O., 12 ff.). Die Einwände von *U. Wilckens* (KuD 52

(2006), 25 ff., bes. 43 ff.) und *W.-D. Hauschild* (a. a. O., 76 ff., bes. 80 f., 86 ff.) leiden an einer theologischen Unterbestimmung der synodalen Leitungsautorität.
125. Vgl. *Wendebourg,* Das bischöfliche Amt, 553 f.
126. Nach »Lumen Gentium« beruht die Identität von sichtbarer und von Gott geschaffener Kirche wesentlich im eucharistischen Vollzug, in der Hierarchie und in der apostolischen Sukzession des römischen Bischofs.
127. Vgl. zuletzt *Campenhausen, Axel Frhr. v.:* Evangelisches Bischofsamt und apostolische Sukzession in Deutschland, in: ZevKR 45 (2000), 39–56.
128. Vgl. die Berichte von *Kasparick, Siegfried:* Kirche als Lerngemeinschaft. Der Weg zur Evangelischen Kirche in Mitteldeutschland, in: PrTh 44 (2009), 242–249; *Wegner-Braun, Annegret:* Evangelisch-lutherische Kirche in Norddeutschland. Ein ambitioniertes Kirchenprojekt auf dem Weg, a. a. O., 250–256.
129. Vgl. die Überblicke bei *Klostermeier,* Teil 2, Abschn. 3.2; *Hermelink, Jan:* Die »Zukunft« der kirchlichen Organisation. Eschatologische Aspekte in der gegenwärtigen Debatte zur Kirchenreform; in: *H.-U.- Körtner* (Hg.), Die Gegenwart der Zukunft. Geschichte und Eschatologie, Neukirchen-Vluyn 2008, 85–103; eine Materialsammlung auf dem Stand von 2003 auch bei *Beckmann, Jens:* Wohin steuert die Kirche? Die evangelischen Landeskirchen zwischen Ekklesiologie und Ökonomie, Stuttgart 2007, 411 ff.
130. Vgl. die Website www.kirche-im-aufbruch.ekd.de.
131. Allerdings ist der hohe Kommunikations- und Zeitaufwand, den die Steuerungs- und Projektgruppen fordern, nur von einer bestimmten Schicht von Ehrenamtlichen zu erbringen.
132. Vgl. *Schleiermacher,* Kurze Darstellung, § 312 f.; 328. ↗ 1.4.
133. Vgl. zu den einschlägigen Techniken *Klostermeier,* Teil 2 – 3.2.2: »Konsens erzeugen«.
134. Vgl. etwa *Abromeit u. a.,* Spirituelles Gemeindemanagement, 128 ff.; *Asselmeyer u. a.,* 76 ff.; *Barz u. a.,* 111 ff.; oder *Nethöfel, Wolfgang/Grunwald, Klaus-Dieter* (Hg.): Kirchenreform jetzt! Projekte – Analysen – Perspektiven, Schenefeld 2005.
135. Vgl. etwa *Barz u. a.,* 37–52; *Abromeit u. a.,* Spirituelles Gemeindemanagement, a. a. O., 48 ff.
136. Vgl. nur *Nüchtern,* 266 f. zum badischen »Leitsatzprozess«; *Klostermeier,* Teil 2 – 3.2. (Kirchliche Leitbilder) oder *Dusza, Hans-Jürgen:* Schritte nach vorn. Wie Gemeinden Zukunftsperspektiven entwickeln, Bielefeld 2001. – Zum konstitutiven Schriftbezug der Projektarbeit vgl. *Bröckling,* 256 f.
137. *Rendtorff, Trutz:* Theologische Probleme der Volkskirche, in: *W. Lohff/L. Mohaupt* (Hg.), Volkskirche – Kirche der Zukunft, Hamburg 1977, (101–131) 116.
138. Vgl. *Rössler,* Grundriss, 85 zur gesellschaftliche Verfassung des Christentums: Es »geht aus einer kritischen Verhältnisbestimmung der Formen des neuzeitlichen Christentums deutlich hervor, dass sie ihr vitales Zentrum im kirchlichen Christentum haben [...]: Was nicht von der Kirche ausgeht, das existiert nicht und bewirkt nichts.«
139. ÖRK 1971, zit. nach *Lange,* Die ökumenische Utopie, München 1986, 246 f.
140. Vgl. nur *Ceconi, Christian/Hartmann, Christian/Mainusch, Rainer:* Ziele vereinbaren – Ziele erreichen. Jahresgespräche in der Kirche, Hannover 2007; *Pannen, Friedemann:* Ohne Ziel zu Zielen. Jahresgespräche in der Kirche, in: PTh 96 (2007), 30–44.
141. Vgl. nur *Kießling, Klaus* (Hg.): Geistliche Begleitung zwischen Pastoralpsychologie und Spiritualität, in: WzM 60 (2008), 313–370; *Greiner, Dorothea u. a.* (Hg.): Wenn die Seele zu atmen beginnt ... – Geistliche Begleitung in evangelischer Perspektive, Leipzig 2007.

142. Vgl. *Rössler, Dietrich:* Selbstbestimmung und Loyalität. Das Problem des Pluralismus im evangelischen Pfarrerberuf, in: *Ders.*, Überlieferung und Erfahrung. Ges. Aufsätze, Tübingen 2006, 278–292.
143. Vgl., auch zum Folgenden, *Hermelink, Jan:* Die kirchenleitende Funktion der Predigt. Überlegungen zum evangelischen Profil der Kybernetik, in: PTh 94 (2005), 462–479.
144. Dementsprechend hat Luther in der Vorrede zu Melanchthons »Unterricht der Visitatoren« (1528) Pfarramt und Bischofsamt parallelisiert: »Denn ein jeglicher Pfarrer soll seine Pfarrkinder besuchen, auf sie acht haben und darauf sehen, wie man da lehrt und lebt, und der Erzbischof soll solche Bischöfe besuchen, auf sie acht haben und darauf sehen, wie sie lehren.« (WA 26, [195–201] 200, zit. nach: *Luther, Martin:* Ausgewählte Schriften (Hg. *Bornkamm/Ebeling*), Bd. 5, Frankfurt/M. 1983, 88).
145. Vgl. *Luhmann, Niklas:* Die Politik der Gesellschaft, Frankfurt/M. 2000, 46 ff.
146. Zum Zusammenhang von politischer Macht und Recht vgl. *Luhmann*, a. a. O., 55 ff.
147. Vgl. *Sichelschmidt, Karla/Rießbeck, Walther:* Blicke und Einblicke in die Beratungspraxis von Kirchenjuristen, in: PrTh 43 (2008), 164–175.
148. Vgl. zum Folgenden *Herms*, Wesen des Gottesdienstes, These 5 und Erläuterungen.
149. Vgl. *Mildenberger, Irene/Ratzmann, Wolfgang* (Hg.): Jenseits der Agende. Reflexion und Dokumentation alternativer Gottesdienste, Leipzig 2003; *Kunz, Ralf:* Der neue Gottesdienst. Ein Plädoyer für den liturgischen Wildwuchs, Zürich 2006, bes. 17 ff. 91 ff. 105 ff.; *Friedrichs, Lutz* (Hg.): Alternative Gottesdienste, Hannover 2007.
150. Vgl. Kirchenordnung der Hannoverschen Landeskirche, Art. 62 (1); *Maurer, Wilhelm:* Geistliche Leitung der Kirche (1966), in: *Ders.*, Die Kirche und ihr Recht. Ges. Aufsätze, Tübingen 1976, 99–134.
151. Vgl. *Greiner, Dorothea u. a.* (Hg.): Wenn die Seele zu atmen beginnt … – Geistliche Begleitung in evangelischer Perspektive, Leipzig 2007.
152. Vgl. etwa *Langer, Heidemarie:* Geistliche Leitung. Ausschnitte aus einem Gespräch mit Heidemarie Langer, in: PrTh 37 (2002), 264–270; *Wegner, Gerhard:* Was ist geistliche Leitung? Zehn Vorschläge zur Verständigung über Führung in Kirche und Diakonie, in: PTh 96 (2007), (185–200) 191 ff.
153. Vgl. für die Rheinische Kirche *Dembek, Jürgen u. a.:* Das Presbyteramt – ein geistliches Amt zwischen Notwendigkeit und Anspruch, in: *Hoffmann*, Leiten und Entscheiden, a. a. O., 21 ff.; vgl. auch a. a. O., 92 f.
154. *Herbst, Michael:* Geistliche Führung wahrnehmen in der Postmoderne, in: *M. Reppenhagen/Ders.* (Hg.), Kirche in der Postmoderne, Neukirchen-Vluyn 2008, (221–246) 230; *Wegner*, Was ist geistliche Leitung?, a. a. O., 189.

Anhang: Häufig zitierte Werke

Breitenbach, Günter: Gemeinde leiten. Eine praktisch-theologische Kybernetik, Stuttgart 1994
Kirche der Freiheit. Perspektiven für die evangelische Kirche im 21. Jahrhundert. Ein Impulspapier des Rates der EKD, hg. v. *Kirchenamt der EKD,* Hannover 2006
Hermelink, Jan/Latzel, Thorsten (Hg.): Kirche empirisch. Ein Werkbuch, Gütersloh 2008
Huber, Wolfgang/Friedrich, Johannes/Steinacker, Peter (Hg.): Kirche in der Vielfalt der Lebensbezüge. Die vierte EKD-Erhebung zur Kirchenmitgliedschaft, Gütersloh 2006
Karle, Isolde (Hg.): Kirchenreform. Interdisziplinäre Perspektiven, Leipzig 2009
Lange, Ernst: Kirche für die Welt. Aufsätze zur Theorie kirchlichen Handelns, München 1986
Nassehi, Armin: Soziologie. Zehn einführende Vorlesungen, Wiesbaden 2008
Preul, Reiner: Kirchentheorie. Wesen, Gestalt und Funktionen der Evangelischen Kirche, Berlin / New York 1997
Rössler, Dietrich: Grundriß der Praktischen Theologie, Berlin/New York 1987, ²1994